Premiere Collection

中華と対話するイスラーム

17-19世紀中国ムスリムの思想的営為

中西竜也
Tatsuya Nakanishi

京都大学学術出版会

蒼天へそびえ立つ
北莊拱北

北莊拱北は、ナクシュバンディーヤ＝フフィーヤ派系のスーフィー教団、北莊門宦の創始者、馬葆眞（1772-1826）の墓廟である（馬葆眞については、本書第1章注19を参照）。場所は、甘粛省臨夏回族自治州東郷族自治県。

拱北（ゴンベイ gongbei）とは、ムスリム聖者墓（mazār）のこと。拱拝（ゴンバイ gongbai）とも書かれる。もとはペルシア語で「ドーム」を意味するゴンバド（gunbad）に由来する言葉である。まさしく写真の拱北でも、イスラーム世界のムスリム聖者廟によく見られるドーム屋根が、中国風の瓦屋根によって巧みに表現されている。

撮影日時は、2010年1月29日。この日は、金曜礼拝の日にあたっていた。北莊拱北のすぐ近くにある清真寺（モスク）に集まるついでに、多くの人が拱北にも参拝していた。

漢語を日常語とするムスリム・回族の人々

2012 年 8 月 26 日、祁介泉氏没後 40 日の法事（後述）に集まった回族の人々。甘粛省臨夏市の明徳清真寺にて、儀礼ののちに共食する回族の男たち（左）と、回族の女性たちによる食事の準備風景（右上、右下）。

食事は、まず男たちが済まして席を立った後、女たちの番となった。手抓羊肉（骨付き羊肉をボイルしたもの）や河州包子（油をかけた肉まん）などが振る舞われた。前日には、牛 1 頭、ヤク 4 頭、羊 5 頭が屠られたという。

回族は、大雑把にいえば、漢語を日常語とするムスリムたちのことである。中国西北部では、回族の男性は白い帽子を、女性はヒジャーブ（ベール）を、それぞれかぶること

上：奥の女性たちは「油香」の生地をつくり、手前の女性は、羊（？）の腸に、溶いた小麦（？）を流し込んで、ソーセージのようなものをつくっている。
下：回族が客をもてなすさいの伝統食品「油香」の完成品。

が多い。回族は、一般にトレード・マークの白い帽子やヒジャーブがなければ、外観上、漢族との見分けがつきにくい。彼らは、唐代以来アジア各地から来華したムスリムの末裔といわれるが、中国に定住して、現地人と混血しつつ世代を重ねるうち、多くは父祖たちの身体的特徴を失った。ただし、今の回族の中には、明らかに漢族とは異なる、彫りの深い顔立ちの人もいるようである。

なお「回族」とは、中華人民共和国の「少数民族」のひとつとして政府当局によって識別された民族カテゴリーである。本書では、歴史的な事象を取り扱うため、漢語を日常語とするムスリムを「中国ムスリム」と呼ぶ。

伝統的な中国風モスク・納家営清真女寺

2012年8月15日撮影。納家営清真女寺は、納家営清真寺を中東風のモスクに改築する（2004年完成）にあたり、その旧観を保存するために建てられた。両寺は、ともに現雲南省通海県納古鎮に所在し、道路1本をはさんで隣接する。中国ではモスクを「清真寺」と呼ぶ。「清真女寺」は、文字通り女性専用のモスクであり、中国特有である（水镜君・Jaschok［2002］参照）。清真寺・清真女寺では宗教教育が行われてきた（本書第1章第2節参照）。中国ムスリムの間では、女性への宗教教育も重視されてきた。

現在の納家営清真女寺が、納家営清真寺の往時の姿をどれほど伝えているかは定かでないが、おおよその雰囲気は伝えているだろう。伝統的な中国のモスクは、中国の寺廟を模してつくられた。それは、ムスリムが中国社会に溶け込むための努力のひとつであった。

納古鎮の一角にある古い街並み。細い路地が迷路のように行き交う。

現代の中東風モスク・納家営清真寺

2012年8月15日撮影。納家営清真寺じたいは、明の洪武3（1370）年に創建されたといわれる。同寺は、もともと、前殿、中殿、後殿から成っていたが、とくに中殿は、文革のさなかの1975年に拡張工事がなされたという［姚・肖 2001: 262-264］。文革中、中国各地の清真寺のほとんどが破壊された事実からすると、これは異例のことであった。納古鎮では、雲南全土でムスリムと非ムスリムの対立が極限に達した雲南ムスリム反乱のさいにも、両者が相互保全を約して互いに助け合ったという［ibid.: 138-147］から、そのような共存互助の風が文革のさいにも機能していたということであろうか。

1980年代以降、再建・改築される清真寺のなかには、納家営清真寺のように中東風の外観にあらためられるものが多く現れるようになった。これらは、イスラーム復興の潮流にさおさすものと見てよいだろう。

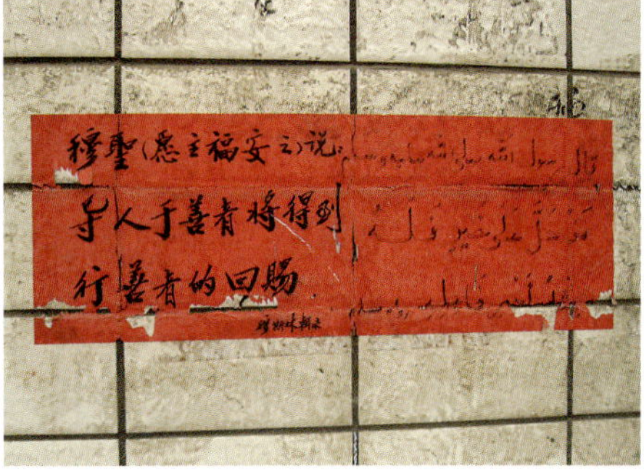

ムスリムが多数を占める納古鎮では、街のあちこちに、ムハンマド（穆聖）の言葉が掲げられている。

中国のペルシア語写本

筆者が甘粛省臨夏市で目にした、ジャーミー（‘Abd al-Raḥmān Jāmī, 1414-92）のペルシア語作品『閃光の照射（*Ashi‘‘a al-lama‘āt*）』の写本。中国で作成されたものにちがいない。『閃光の照射』は、イラーキー（Fakhr al-Dīn ‘Irāqī, 1211〜89）の『閃光（*Lama‘āt*）』にたいする注釈であるが、『閃光』の本文にあたる部分には、赤インクで線が引かれている。また、各節の見出し（「第 12 の閃光（lum‘a-yi dawāzdahum）」など）や韻文を示す語句（「四行詩（rubā‘iyya）」「詩（shi‘r）」など）なども、赤インクで記されている。

写本の書写年代は不明である。ただ、写本に栞のようにはさまっていた、陸軍騎兵第五軍第五師傳令第四隊隊長、馬魁良（字は善卿、臨夏の人）なる人物の名刺は、ある程度時代を感じさせるものである。「陸軍騎兵第五軍」は、かつて河西回廊をおさえる馬歩青によって率いられた軍団であろう［陈秉渊 1986, 75-78］。馬歩青は、民国時代のムスリム軍閥の将領として青海を支配した馬歩芳の兄にあたる。

ところで、アラビア語・ペルシア語の刊本が登場する近代以降も、アホン（中国のムスリム学者）たちは、経典の学習にさいして、既成の刊本ではなく、自前の写本を使用することを好んだようである。自前の写本であれば、テキストの行間を広くとって、そこに単語の意味や文法事項、文章の解釈や補説などを注記することができるからである。

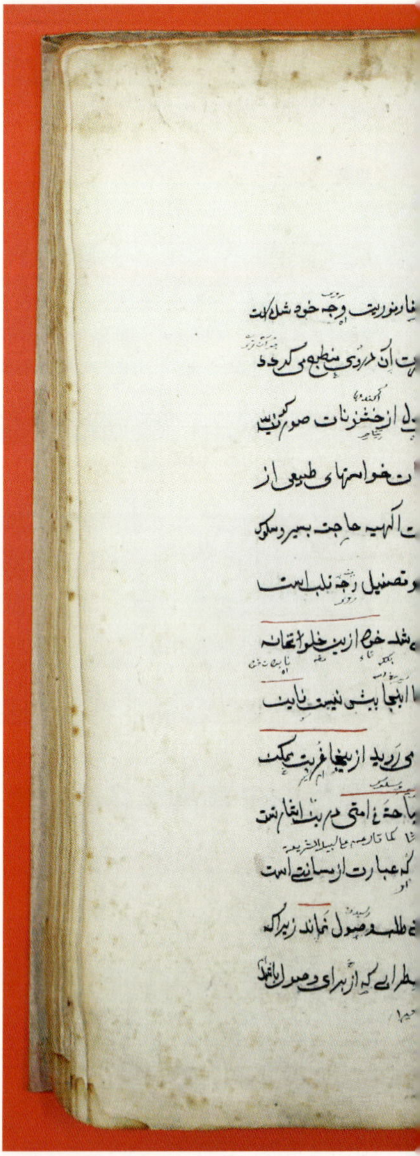

写真の写本でも、行間や欄外に注記がみえる。注記には、アラビア語・ペルシア語に加えて、「小児錦」が用いられている。小児錦（もしくは「小経」「消経」など）は、漢字の音をアラビア文字で写す表記法である。それは、漢語を日常語とする中国ムスリムのなか

でも、漢字の読み書きに不慣れで、なおかつアラビア語・ペルシア語の知識をもたない者にとっての言語ツールとして、長らく重宝されてきた。アラビア文字は、覚えるべき文字数が漢字よりも圧倒的に少ないので、教育水準の低い者であっても比較的容易に使うことができたからである。ただ、現在、小児錦はあまり使用されなくなってきている。正書法が確立されなかったことや、現代における漢字識字率の上昇やアラビア語教育の隆盛が原因であるという［黒岩 2012］。

中国ムスリムの翻訳❶――『電光理学』

『電光理学』は、現在の中国西北部で流通する、ペルシア語スーフィズム文献『閃光の照射』(前頁口絵の解説参照)のアラビア語訳の手稿本影印刊本である。翻訳は、李徳明というアホンが手掛けたようである。1987年5月3日付けの、李徳明アホン自身の漢語による序文に、そう記されている。

中国ムスリムのあいだでは、比較的学識のあるアホン(学者)たちが、伝統的にペルシア語文献に親しんできたが、ペルシア語識字層じたいは実は多くなく、それも時代をおうごとに減少していった(本書第8章参照)。加えて、文革のさいに、中国におけるイスラーム教学の伝統が一端とだえてしまったことで、現在、中国のペルシア語文化の伝統はほとんど滅びようとしている。改革開放で信教の自由が再開されて以降に、アホンとなるための勉強をおこなった人のほとんどは、アラビア語はできてもペルシア語ができない。李徳明というアホンが『閃光の照射』のアラビア語訳を手掛けたのには、そのような背景があったと考えられる。

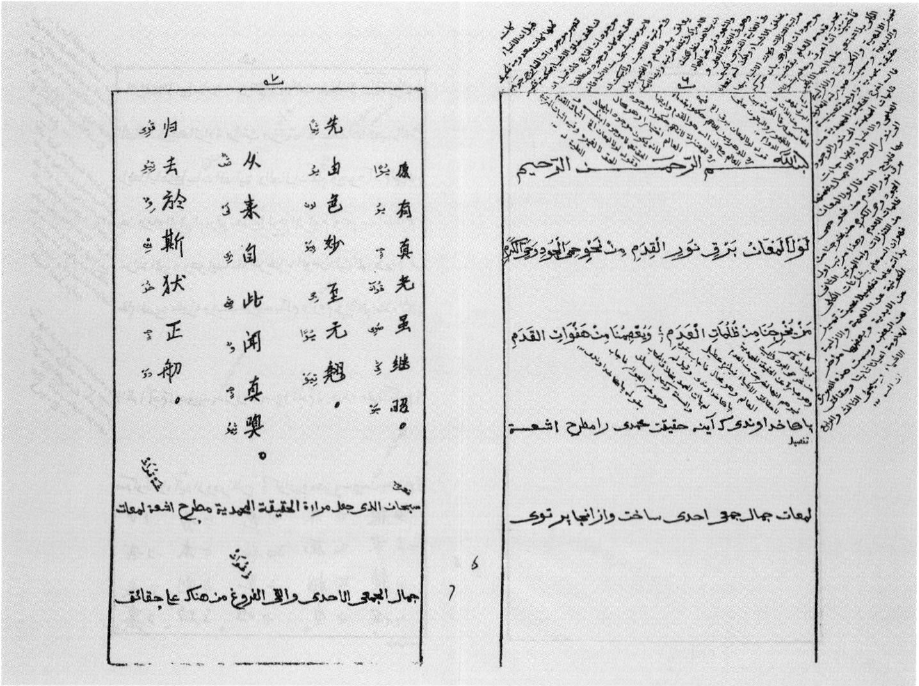

写真は『電光理学』の冒頭部分。右ページに『閃光の照射』の原文、左ページに李徳明アホンのアラビア語訳と漢文がみえる。漢文は、破衲癡こと舎起靈による『閃光の照射』の漢訳『昭元秘訣』のテクストである。漢字の傍らには、小児錦による注記もみえる。

中国ムスリムの翻訳❷——『天方道程啓徑淺説』

『天方道程啓徑淺説』は、小松 [1985] にその内容が紹介されている、ムハンマド・マズハル（Muḥammad Maẓhar）のアラビア語作品『タリーカの論考（*Risāla-yi ṭarīqa*）』（以下『論考』）の漢訳であると考えられる。ムハンマド・マズハルは、アフマド・サイード（Aḥmad Sa‘īd, 1802-1860）の息子で、アフマド・サイードは、ムジャッディディーヤ派の著名なスーフィー、グラーム・アリー（Shāh Ghulām ‘Alī Dihlawī, H.1156（1743 or 4）〜H.1240（1824））の後継者であった［Zarcone 2000, 324］。グラーム・アリーは、ハーリド・バグダーディー（Ḍiyā’ al-Dīn Khālid Baghdādī, 1776-1827）の師としても知られる［Rizvi 2002, II: 248-9; Weismann

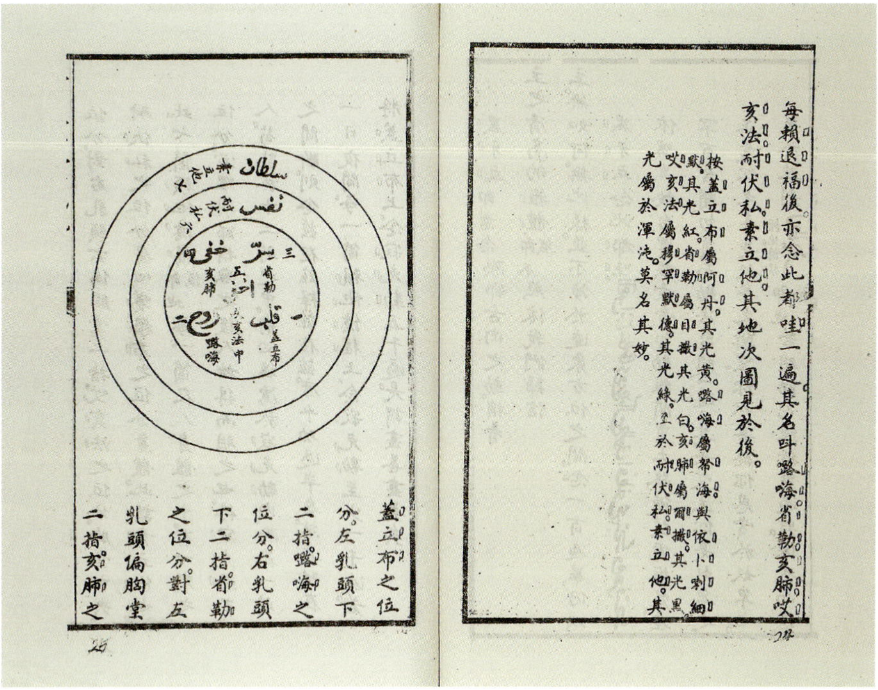
每賴退福後亦念此都哇一遍其名叫嚕嗨省勤亥肺吰
亥法耐伏私素立他其地次圖見於後。
按蓋立布屬阿丹。其光黃。嚕嗨屬努海與依卜剌細
默。其光紅。省勤屬目撒。其光白。亥肺屬爾撒。其光黑
吰亥法屬穆罕默德。其光綠。至於耐伏私素立他。其
光屬於渾沌。莫名其妙。

蓋立布之位分。左乳頭下二指嚕嗨之位分。右乳頭下二指省勤之位分。對左乳頭偏胸堂二指亥肺之

2007: 66-67, 88］。『論考』は、ムジャッディディーヤ派の修行手引きとして、ムハンマド・マズハルがマディーナで著したのち、中国ほか世界各地に流布したらしい。たとえば、同書はタシュケントで読まれていたことが確実である［小松 1985］。またトルコには『ナクシュバンディーヤの道における修行内容の説明についての論考（*Risāla fī bayān-i kayfiyya-yi ‘amal-i sulūk-i Naqshbandiyya*）』というタイトルのペルシア語訳［*Risāla*］が存在する。

写真にみえる図は、いわゆるラターイフ（laṭā’if）を表している（ラターイフについては本書第 1 章第 3 節参照）。

建設中の馬徳新の墓と、馬徳新のマッカ巡礼記『朝覲途記』

本書第1章第4節と第5章でふれることになる、馬徳新（字は復初、1794〜1874）は、清朝当局に処刑されたのち、現雲南省玉渓市北郊の桃源に葬られたといわれる。彼の墓は「極左路線が盛行した時期」（おそらく文革中か）に破壊され［马继祖 2009: 9］、以降そのままになっていたようだが、最近、同地に再建されることになった。過去の偉大な学者たちの存在は、現在の中国ムスリムたちのアイデンティティの重要な一部となっている。

下の写真は、おりしも建設中であった馬徳新墓の模様である（2012年8月17日撮影）。竣工は、インターネット上の情報によれば、2012年10月13日のことらしい。

馬徳新墓には、もともとは墓碑があったらしいが、今は行方知れずとなっている。ただ、その碑文じたいは、雲南巍山の馬應麟という人が1939-40年に筆写して伝存している［马继祖 2009: 9-13］。ちなみに、馬徳新墓があった場所には、彼との関係は不明だが、ある女性の墓が、いつのころからか造られていたという。彼女の墓には墓碑もあり、当該墓碑は、馬徳新墓の竣工後、その隣に安置されたようである。

右頁上の写真は、馬徳新のマッカ巡礼記『朝覲途記』の一部（京都大学文学研究科図書館蔵）。マッカの聖モスク（Masjid al-ḥarām）とカアバ神殿が描かれている。

曉初發至。滿克城名。
行朝謁始見凱爾白天庭名。

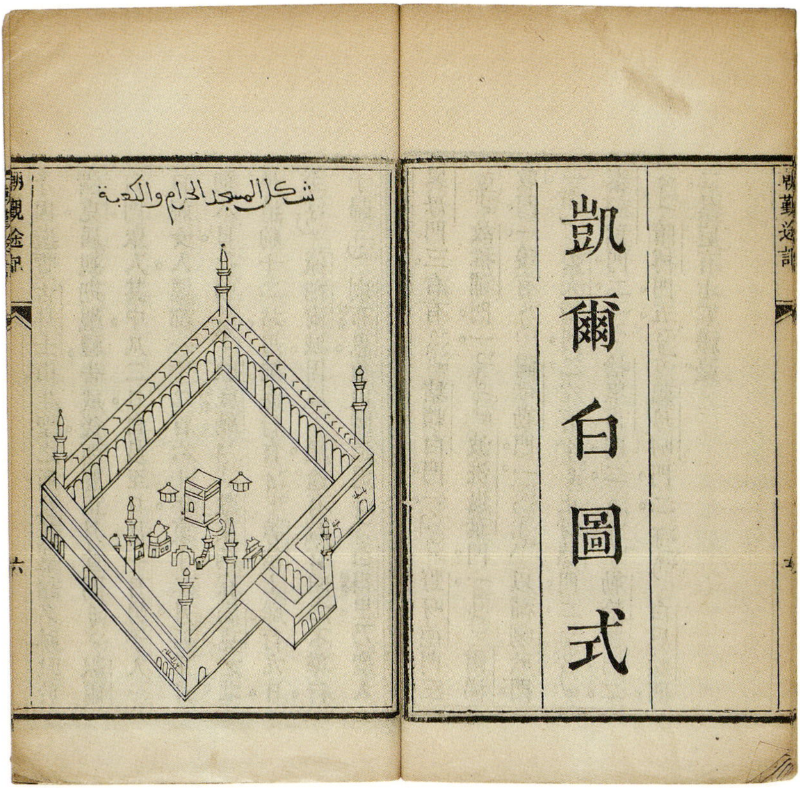

右下：雲南省昆明市の順城街清真寺入口。
左下：同清真寺内にある、馬徳新の撰文にかかる、金アホンのアラビア語墓碑（高さ約70cm）。

中国のムスリム聖者廟――中和堂、韭菜坪拱北

中和堂（右頁上下、2004年1月撮影）は、青海省西寧からバスで30分ほど北上したところにある、同省大通県の后子河に所在する。それは、中国のスーフィー教団（門宦）のひとつ、楊門門宦（后子河門宦）の第7代導師、楊保元（1780〜1873）が活動拠点としたスーフィズムの修道場である。のちに楊保元の墳墓もそこに築かれたので、后子河拱北とも呼ばれる（拱北とはムスリム聖者墓のこと）。中和堂・后子河拱北では、現在も、楊門門宦の修道者が隠遁修行の生活を送っている。楊門門宦は出家制度（独身主義）を採っており、その修道者は「出家人」と呼ばれる。

右頁上の写真は、中和堂の正門。右頁下の写真は、中和堂・后子河拱北のなかの、八卦亭と呼ばれる建物。かつてはこの地下に楊保元の遺骨が埋葬されていた。文革などの原因により、現在、遺骨は別地に移されているよ

左：韭菜坪拱北は、見てのとおり山上にあり、九彩郷の集落から離れている。
右上・右下：中和堂も、后子河の集落の外れにあり、周囲には畑が広がる。韭菜坪拱北ともども、隠遁静修の地の趣がある。

うである。実は、撮影後まもなくして中和堂の改築工事がおこなわれ、現在、八卦亭は趣をがらりと変えている（本書第 7 章扉参照）。

韭菜坪拱北、もしくは九彩坪拱北（左頁、2009 年 8 月撮影）は、寧夏回族自治区海原県九彩郷に所在する。それは、楊保元の弟子で、その後継の指導者（老人家）となった安洪維が、活動拠点とした所である。したがって安洪維以降の楊門門宦は、韭菜坪門宦とも呼ばれる。楊門門宦の現在の指導者である、穆風梧（ムスリム名はラティーフ Laṭīf）氏も、ここに活動拠点を置く。穆風梧氏は、2008 年 12 月に先代が亡くなったのを受けて指導者位を継いだ。なお、楊門門宦は独身主義を採るので、指導者位は世襲によらず師から弟子へ伝えられる。

2012年7月18日、甘粛省臨夏市の著名なアホン、ムハンマド・イブラーヒーム（Muḥammad Ibrāhīm）こと、祁介泉氏が亡くなった。彼の父は、同じく臨夏の著名なアホンで「聾阿訇」の名で知られた、ムハンマド・カマールッディーン（Muḥammad Kamāl al-Dīn）・祁明徳（1898〜1987）である。祁明徳は、ムジャッディディーヤ派の道統につらなるスーフィーで、聖者崇拝を批判したイフワーン派と論争したことでも知られる［聋阿訇: 35ff.］。祁介泉氏も、イフワーン派を「ワッハーブ派」と呼び、同派をはじめとする「ワッハーブ派」の所論に反駁を加えたアラビア語著作、『ワッハーブ派への反論におけるサイフッディーンの陳述（Taqrīr Sayf al-Dīn fī radd al-Wahhābiyya）』（2000年、明徳清真寺発行）を手がけている。

写真は、祁介泉氏の没後40日目（8月26日）の法事、アルバウーン（arba'ūn ＝ 40の意）の模様。左下は、臨夏市街郊外のムスリム共同墓地にある明徳拱北での儀礼の様子。この日そこでは、日の出前の礼拝ののち、午前7時前くらいから午前9時過ぎくらいまでのあいだ、『のこぎり（*Minshār*）』（漢語では『明沙勒』）という経典の朗誦や、ズィクル（神の名前などを唱える儀礼）などが行われた。『のこぎり』は、クルアーンの章句や神の美名、祈祷、詩などから成る書物で、馬來遲（1681〜1766）が、マッカ巡礼のさいに西方から持ち帰ったものといわれる［马通 2000a: 163］。

スーフィズムの儀礼

左下の写真は、その『のこぎり』の朗唱の場面。

午前10時ごろ、人々は臨夏市中の明徳清真寺に移動し、みなで簡単な食事をとったが、アルバウーンはその後もつづいた。筆者の知るかぎりでは、午後2時ごろから同清真寺の礼拝大殿内にて、『預言者頌詩（Mawlūd）』の朗誦が行われた。『預言者頌詩』の一節「おお、預言者（Yā al-nabī）」と呼ばれる部分にさしかかると、座っていた人々は、一斉に起立して線香を手にとった。右の写真はその場面。この際には、預言者ムハンマドその人が、目には見えぬが、霊魂のみならず肉体をもともなって臨在する、といわれる。

この儀礼ののち、人々は再びみなで食事をとった。今度は手づかみ羊肉（手抓羊肉）をもふくむ盛大な料理がふるまわれた。筆者の知るアルバウーンの儀礼はここまでである。

中国で流通するアラビア語・ペルシア語刊本

中国で流通するアラビア語・ペルシア語刊本の中には、中華民国期に西・南・中央アジア各地から将来された刊本のリプリントに加え、それらに基づいて著された中国ムスリム学者の作品もある。そしてこれらの著作においても、イスラームと中華の調和の努力はなされているだろう。ただし、このような刊本の多くは私家版であるため、最近、出版・販売が難しくなっているようだ。イスラームと中華の対話にとって、憂うべき事態である。

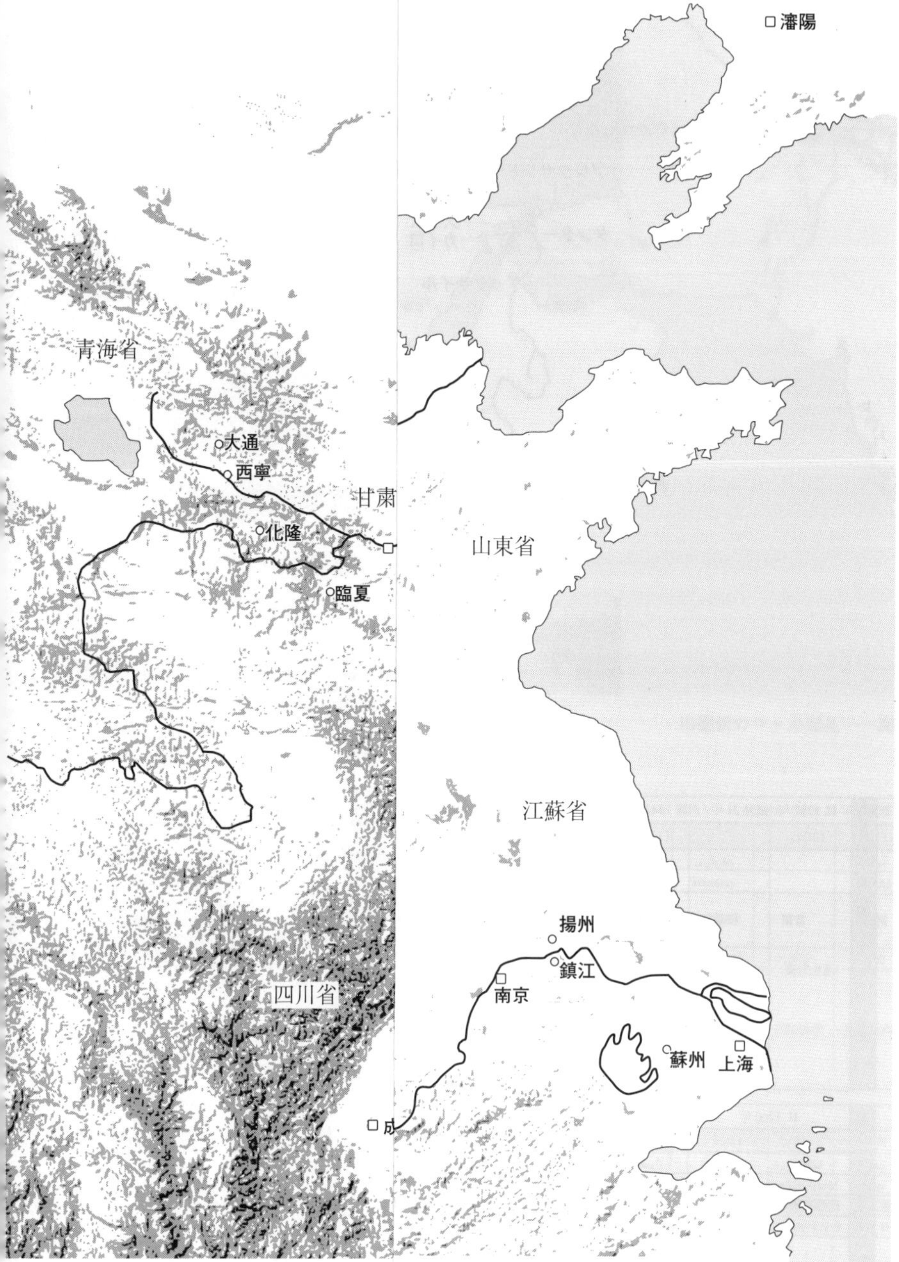
瀋陽
青海省
大通
西寧
甘粛
化隆
山東省
臨夏
江蘇省
揚州
鎮江
南京
四川省
蘇州
上海
成

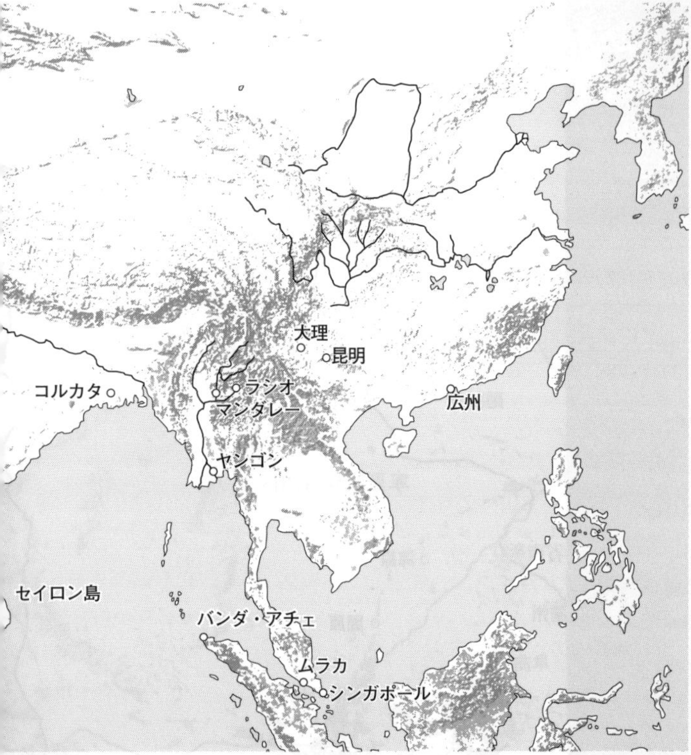

華とイスラーム——

			H. 1260 年（道光 24 年，西暦 1845 年）								
	［4/17］	5/1		2 月	［3/28］		9/20	9/24	10/5	10/24	
.	جدة	مكة		مدينة	مكة	جدة	قصيرة	قناء	مصر	اسكندرية	ميدلى
da	Jidda	Makka		Madīna	Makka	Jidda	Quṣayra	Qinā'	Miṣr	Iskandariyya	Mīdillī
德	諄德	滿克			滿克	諄德	古算里	更那	謎思爾	一思刊德令葉	米定里
ダ	ジッダ	マッカ		マディーナ	マッカ	ジッダ	クサイル	キナー	カイロ	アレクサンドリア	レスボス島
	4/28 発	H.1260/1/8 発	喇布恩（رابغ，Rābigh），白得里（بدر，Badr）通過	道光 24/1/17 着 H.1260/3/16 発	8/21 発	10 日滞在，9 月発	18 日で到着		10/20 出立（水路）	9日滞在，11/3ايضاليا，（Īḍāliyyā）着，後بذرم（Bidhrum）通過	12/22発

H. 1262 年		H. 1263 年（道光 27 年，西暦 1848 年）							H. 1264〜1265	
	7/5			8/23	［9/29］	10/18	11/24	11/27		6/24
،	جدة	مكة	جدة	حديدة	اچى	بولوبينان	مراقا	سنقافور	中国	
ys	Jidda	Makka	Jidda	Ḥudayda	Achī	Būlūbīnān	Marāqā	Sinqāfūr		
士	諄德	滿克	諄德	哈代德	阿期	補魯賓南	馬喇戞	新歌敷爾		
ズ	ジッダ	マッカ	ジッダ	フダイダ	バンダ・アチェ		ムラカ	シンガポール		帰宅
	26 日で到着	7/5Marwa から 'Umra 門に引越。	8/4 出港	9/7 كالندى（Kālandī），［9/22］ الفية（Alfiyya）着，［9/28］発	10/9 発	25 日間滞在 11/16 発		翌年 10 月（道光 28/8/15）発	1264/11/15 広州 1265/2/20 発，肇慶府を経て，3/15 梧州，3/25 潯州，4/14 南寧府，4/27 北塞，5/20 発。	

●網掛けは，海路で到着したことを示す。
●特に断りがなければ日付は全てヒジュラ暦のもの。ヒジュラ暦か中国暦か確実ではないが，おそらくヒジュラ暦と思しきものには [] を付した。
●データは［朝覲］にもとづく。

プリミエ・コレクションの創刊にあたって

「プリミエ」とは，初演を意味するフランス語の「première」に由来した「初めて主役を演じる」を意味する英語です。本コレクションのタイトルには，初々しい若い知性のデビュー作という意味が込められています。

いわゆる大学院重点化によって博士学位取得者を増強する計画が始まってから十数年になります。学界，産業界，政界，官界さらには国際機関等に博士学位取得者が歓迎される時代がやがて到来するという当初の見通しは，国内外の諸状況もあって未だ実現せず，そのため，長期の研鑽を積みながら厳しい日々を送っている若手研究者も少なくありません。

しかしながら，多くの優秀な人材を学界に迎えたことで学術研究は新しい活況を呈し，領域によっては，既存の研究には見られなかった溌剌とした視点や方法が，若い人々によってもたらされています。そうした優れた業績を広く公開することは，学界のみならず，歴史の転換点にある 21 世紀の社会全体にとっても，未来を拓く大きな資産になることは間違いありません。

このたび，京都大学では，常にフロンティアに挑戦することで我が国の教育・研究において誉れある幾多の成果をもたらしてきた百有余年の歴史の上に，若手研究者の優れた業績を世に出すための支援制度を設けることに致しました。本コレクションの各巻は，いずれもこの制度のもとに刊行されるモノグラフです。ここでデビューした研究者は，我が国のみならず，国際的な学界において，将来につながる学術研究のリーダーとして活躍が期待される人たちです。関係者，読者の方々ともども，このコレクションが健やかに成長していくことを見守っていきたいと祈念します。

第 25 代　京都大学総長　松本　紘

中華と対話するイスラーム

目　次

口　絵……i

地　図……xvii

目　次……xxii

凡　例……xxvi

序　章……001

第1章　中国ムスリム史および中国イスラーム史概観……013

はじめに……014

第1節　中国ムスリムの登場……014

第2節　「中国的」イスラームの形成……021

第3節　「中国的」イスラームの特徴……038

第4節　19世紀の中国ムスリムとそのイスラーム……061

章　結……074

コラム1　経堂教育の近代……026

コラム2　存在一性論にもとづく存在顕現のプロセス……046

第2章　イスラームの「漢訳」における中国伝統思想の浸潤 ——劉智の「性」の朱子学的側面……077

はじめに……078

第1節　「性」の基本的相貌……080

第2節　「性」の朱子学的側面……086

第3節　朱子学的「性」が構想された理由・意義……095

章　結……099

第3章　17・18世紀中国内地におけるスーフィズム……103

はじめに……104

第1節　中国ムスリムの導師たち……105

第２節　中国ムスリムのスーフィズム実践をめぐる言説……110

第３節　中国ムスリムの道統をめぐる言説……118

章　結……128

コラム３　スーフィーとしての馬明龍……122

第４章　中国ムスリムの法学派観……143

はじめに……144

第１節　納家営清真寺アラビア語碑文訳注……148

第２節　碑文製作年代の推定……155

第３節　納家営清真寺アラビア語碑文にみえるハナフィー派絶対正統主義……161

第４節　その他史料にみえるハナフィー派至上主義……165

章　結……171

付録１　納家営清真寺アラビア語碑文テクスト……178

コラム４　中国の『四節』……168

第５章　イスラームと中華のあいだを生き抜く
——19 世紀雲南におけるイスラーム法探求……181

はじめに……182

第１節　馬徳新と「戦争の家」での離縁……183

第２節　聖戦をめぐる馬聯元の探求……192

章　結……201

第６章　中国民間所蔵ペルシア語スーフィズム文献
『霊智の要旨』……203

はじめに……204

第１節　『霊智の要旨』の概要……211

第２節　『霊智の要旨』と『綱常』との対応関係……214

第３節　『霊智の要旨』の著者——内丹道教と対話する何者か？……231

章　結……235

付録１　『霊智の要旨』訳注……239

付録２　『霊智の要旨』ペルシア語テクスト　＊影印後付……267
コラム５　内丹道教のことばに彩られた漢語イスラーム文献……206

第７章　スーフィズムとタオイズム
――19世紀中国西北部における対話……289
はじめに……290
第１節　『綱常』「三五一解」と朱元育『悟眞篇闡幽』……291
第２節　『綱常』「三五一解」と「吸呼解」……297
第３節　『秘中の至秘，諸光の顕れる所』……301
第４節　『綱常』「三五一解」の真相……305
第５節　「坎離顚倒」のもうひとつの意味……314
第６節　「河圖」の意味……316
章　結……319
付録１　楊保元『綱常』と朱元育『悟眞篇闡幽』の比較……293
付録２　『綱常』「三五一解」訳注……309
付録３　『秘中の至秘』の関連記述……321

第８章　清代中国ムスリムのペルシア語文化受容……327
はじめに……328
第１節　ペルシア語文化の影響……329
第２節　貧弱なペルシア語識者層……335
第３節　ペルシア語による著述を抑制したアラビア語の威信……338
第４節　明代におけるペルシア語の地位……345
第５節　開封におけるペルシア語の地位の変遷……347
章　結……351

第９章　中国におけるペルシア語文法学の創成……355
はじめに……356
第１節　中国におけるペルシア語文化の衰退……357
第２節　『風』の雛型――『知れ』とその類似作品……361

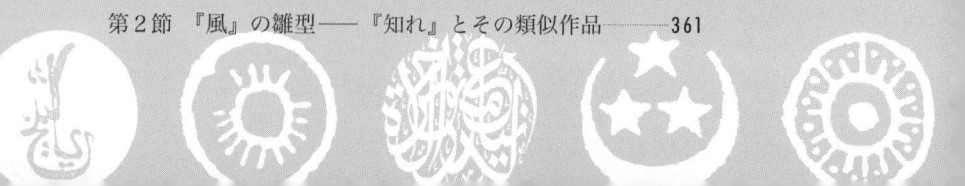

第３節　『風』と『知れ』……366
章　結……375
　コラム６　『風』『探求の道』について……358

終　章……377
第１節　中華と対話するイスラームの歴史的展開と今日的意義……378
第２節　今後の課題と展望――中華と対話するイスラームの近代……384

あとがき……391
文献一覧……397
事項索引……413
人名索引……419
書名索引……423

凡　例

❶………原語表記や語句解説には（）を，筆者による訳文の補足には〔〕を，漢文史料中の原注やアラビア語・ペルシア語史料中の賛辞などの表記には〈〉を，典拠表示には［］を用いる。クルアーンの典拠は，たとえば第2章（ṣūra）第142節（āya）であれば，［Qur'ān, II: 142］のように示す。

❷………クルアーンの章・節数は，カイロ版に準じた。なお，クルアーンの訳出に際しては，井筒俊彦『コーラン（上・中・下）』（岩波書店・岩波文庫，1957-1958年）を適宜参照した。

❸………『經學系傳譜』を引用する際は，中國宗教歴史文獻集成編纂委員会編纂『中國宗教歴史文獻集成之四 清真大典（第二十冊）』（合肥：黄山書社，2005，1-105頁）所収のそれと，楊永昌，馬繼祖 標注『經學系傳譜』（青海人民出版社，1989），双方の典拠を示したが，テクストとしては前者に拠った。ただし前者は，印刷が不明瞭で判読困難な部分があり，その場合は後者を参考にした。

❹………『岡志』を引用する際は，中國宗教歴史文獻集成編纂委員会編纂『中國宗教歴史文獻集成之四 清真大典（第二十冊）』（合肥：黄山書社，2005，106-223頁）所収のそれと，北京市政協文史資料研究委員会，北京市民族古籍整理出版規劃小組 編，劉東声，劉盛林 注釈『北京牛街志書―《岡志》』（第二版，北京：北京出版社，1991年），双方の典拠を示したが，テクストとしては前者に拠った。

❺………人物の生没年については，いちいち記さなかったが，大塚和夫ほか編『岩波イスラーム辞典』（岩波書店，2002年）を適宜参照した。

❻………アラビア文字のローマ字転写は以下の通りである。

◆子音：b, t, th, j, ḥ, kh, d, dh, r, z, s, sh, ṣ, ḍ, ṭ, ẓ, ', gh, f, q, k, l, m, n, h, w, y
（ペルシア語子音：p, ch, zh, g）

◆母音：a, i, u　長母音：ā, ī, ū　二重母音：ay, aw

◆ alif maqṣūra：ā

◆ tā' marbūṭa：a

◆アラビア語の格母音は適宜付した。

❼………年号は，とくに断りがなければ西暦である。H. ○○年はヒジュラ暦であることを示す。

序章

中国のアラビア書道。ご本地のアラビア書道とちがって，中国書道風に「かすれ」をだすのが特徴的。

本書は，中国におけるイスラーム思想の歴史的展開の一端を明らかにせんとするものである。すなわち，中国全土に居住する，漢語を日常語とするムスリムたち，いわゆる「中国ムスリム」[1]にスポットをあてる。直接扱う時間の幅は，ひとまず17世紀から19世紀までとする。そしてその間に，彼らが中華世界での適応・存続のためにイスラーム文明と中華文明とのあいだをいかに橋渡ししてきたのか，そのような文明間対話のなかで彼らのイスラーム思想はいかに育まれてきたのか，その歴史的動態の解明を目指す。

中国ムスリムは，かつて西アジアや中央アジア，南アジア，東南アジアより中国にやって来て定住するようになった外国人ムスリムの末裔である。すでに唐代から数多く存在したムスリム移民は，おそらくはユーラシアの東西融合がすすんだモンゴル帝国期にその数がピークに達し，その後も明の中葉までは相当な数に上った。彼らの後裔は，主に，現地人との通婚や養子縁組，貧窮家庭の子女を買収してムスリムとして養育することなどを通じて増えていった。

彼らは，世代を重ねるうちに，混血して身体的特徴の上で現地人と見分けがつかなくなっていった。のみならず，中国に長らく定住して現地人と様々な交渉をもつうちに，母語を忘れて漢語を日常語とするようになったのをはじめ，文化的にも土着化していった。極端な場合にはイスラーム信仰を完全に捨て去る者すら現れた。そのような土着化の現象は，明の嘉靖年間(1522〜1566年)あたりから，とりわけ顕著になったとみられる。ちょうど

1　漢語を日常語とするムスリムといえば，現代中国の少数民族のひとつである回族が想起されるだろう。ただし少数民族としての回族と，本書のいう中国ムスリムとは根本的に異なる。回族は，中華人民共和国政府当局によって識別された民族カテゴリーである。そして，ある人が，回族であるか否かは，やはり当局の認定にかかっている。しかもその認定基準は，イスラーム信仰の有無にあるわけではなく，親が回族であるか否かにある。ゆえに回族と認定されている人々が，全員イスラームの信仰をもつわけではない。また，本書のいう意味で中国ムスリムとよびうるような人々が，すべて回族と認定されているわけでもない。いずれにしても回族は，少なくとも前近代の中国ムスリムの呼称としては相応しくない。なお，中国ムスリムを指す史料上の呼称として「回民」の語があるが，これはムスリム一般を指し，トルコ語系の言語を話すムスリムをも含んでしまうので，本書のいう中国ムスリムを厳密に指示するには適当でない。

このころから，外国人ムスリムの流入は徐々に減少してゆき，以後，前代の規模を回復することはなかったということが，大きな一因である。

しかし彼らの一部は，身体的・言語的には土着化しながらも，イスラームの信仰を様々なレベルで堅持し，周囲の異教徒と完全に同化するまでには至らなかった。彼らは，遅くともだいたい16世紀の初めごろには，中国全土に独自の共同体を築き，しかも周囲の非ムスリム中国の社会と複雑な関係を取り結ぶようになっていた。ここに，自他双方から異質な集団として識別されながらも，中国社会にがっちりと根をおろした「中国ムスリム」と呼び得るような人々が形成されたといわれる。

ただし，彼らはそれ以来，中国というイスラーム世界の辺境において，イスラーム世界の中核から比較的孤立した状況のもとで，自らの信仰を実践せねばならない苦労を背負いこむこととなった。非ムスリム中国人の政治的支配と社会的優勢のもとでの不如意はいうまでもなく，人材や経典の不足といった悪条件は，彼らの信仰実践に少なからぬ影を落とした。くわえて彼らは，中華世界における圧倒的少数派，中華文明のなかの周縁的な存在として幾多の苦難にも耐えていかねばならなくなった。彼らはその独自の信仰のために，往々にして周囲の異端視・危険視をこうむり，幾度となく生存の危機にすらさらされてきたのである。

それでも自らの信仰を維持しようとした彼らは，イスラーム世界の辺境としての中華世界の特殊な事態に順応し，中華文明にたいするイスラーム文明の周縁性を緩和するための，様々な措置を講じてきた。たとえば儒教・仏教・道教といった中国伝統思想と対話し，イスラームをそれらと調和させるなどの方法によって，中国の現実に即したイスラームの再解釈を繰り返しおこなってきたのである。これらの措置・思想的営為は，意識的・戦略的になされたものもあれば，知らず知らずのうちになされたものもある。いずれにせよ本書では，それらをともに「イスラームの中国化」と呼ぶことにする。そして，実に本書の課題とは，そのような中国化の個々の実相，およびさまざまな時空・歴史的背景に応じてみられたその展開の具体相を明らかにすることにほかならない。これはまた，中国でイスラームがいかに定着し，中国ムスリムがいかにして現代にまで存続しえたかを問う作業でもある。さらに言えば，それは，「中国的」イスラームなるものの内実，歴史的実態を解明することにもなる。

中国ムスリムによるイスラームと中華の調和に向けた営為，中国の現実に即したイスラームの再解釈――イスラームの中国化――の歴史的動態の解明が，専心探求にあたいする，優れて普遍的かつ現代的な課題であることは，疑う余地がない。第1に，マイノリティとしての生死をかけ，さまざまな現実を直視しつつ展開されてきた，当該の営為を深いレベルで認識することは，マイノリティとマジョリティの多文化的共生を模索するうえで有意義である。第2に，イスラーム文明と中国文明の和解をはかるかたちで自らの思想を組み上げていった，中国ムスリムの歴史的経験からは，人類の共通財産として，文明間対話の叡智を汲み取ることが可能である。第3に，イスラームの多様性を把握するという意義に照らせば，イスラームの中国化の歴史的実相を明らかにすることは必須である。中東のイスラームで代表されてしまいがちなイスラーム像の偏向を，それは是正してくれるはずである。第4に，多民族国家としてありつづけてきた中国の政治・経済・社会・文化の多元性を理解するためにも，中国ムスリムの思想遍歴を押さえておくことは，いうまでもなく重要である。たとえば，現代中国の国際戦略――資源や対米のための親中東外交――を考えるうえでも，それはまったく無関係ではない。イスラーム諸国とのパイプ役を期待されている中国ムスリムが，歴史上，イスラームと中華のあいだをいかに架橋してきたかを把握しておくことは，けっして無駄ではないはずである。

本書の課題に関わる先行研究の概況を述べておこう。従来はとくにイスラームと中国伝統思想の対話の実相如何という問題が，研究者たちの関心を引きつけてきたといえる。当該問題は，中国ムスリムの手になる，いわゆる「漢語イスラーム文献」を主要な史料として論じられてきた。すなわち，漢語イスラーム文献では，アラビア語・ペルシア語のイスラーム経典の内容が，中国伝統思想の術語を駆使した漢語で表現されたが，それは単なることばの借用にすぎなかったのか。つまり，彼らは，アラビア語・ペルシア語原典のイスラームを忠実に翻訳，祖述していたにすぎないのか。それとも，中国伝統思想の浸透をうけて原典に特殊な解釈をほどこし，いわば「中国化」されたイスラームを語っていたのか。こうした議論を通じて，イスラームと中国伝統思想の対話の具体相が探求されてきたのである。そしてそのような研究は，とくにここ最近の10年ほどのあいだに，まことに目覚ましい進展をとげた。

それ以前の研究は，漢語イスラーム文献の漢文の文字面の上に中国伝統思想の術語や言い回しが認められるということのみをもって，イスラームが中国伝統思想の浸透を受けて変容したと論じる類のものだった[2]。しかし10年ほど前から，漢語イスラーム文献と，その原典となったアラビア語・ペルシア語文献とを比較することで，原典の内容が漢語イスラーム文献への「翻訳」を経ていかに変容したかを明らかにする，本格的研究が現れはじめた[3]。現在，そのような本格的研究が徐々に積み重ねられ，堅実な成果が生みだされつつある[4]。

とはいうものの，イスラームと中国伝統思想の対話の実相をめぐっては，全体的解明にほど遠いのが現状である。たとえば，本書の第6章，第7章で扱うことになる，西北の中国ムスリムによる道教との対話の模様などは，ほとんど検討されてこなかった。

また，これまでの研究では，中国伝統思想との対話以外の方式による，イスラームの中国化にたいしては，ほとんど注意すら向けられてこなかった。たとえば，本書の第3章でみるように，余浩洲という中国ムスリム学者は，

2 たとえば，伍贻业［1991］は，中国ムスリムのイスラームが，認主独一の神学上はイスラームが独自に有する原則を保持し，宗教哲学上はイスラームと儒教を結合していずれにもなかった自身の特徴を具有し，倫理道徳上は三綱五常の倫理道徳の影響が濃厚で完全に「儒家化」したと総括する。くわえて冯今源［1982: 272–275］，秦惠彬［1995: 108–109］，杨・余［1995: 390］も，イスラームの倫理道徳上の「儒家化」の説を唱える。また，冯今源［1991: 81–82］は，中国西北部のカーディリーヤ派系スーフィー教団，大拱北門宦における荘子の影響を指摘している。だが，それらはいずれも皮相な観察に留まっている。

3 松本［1999b］，Murata［2000］，濱田［2000］。

4 松本［2002］，佐藤・仁子［2002］，松本［2004］，松本［2006］，濱田［2007］，松本［2007］，仁子［2007］，沈一鸣［2008］，松本［2009］。手前味噌ながら，筆者も参加する「中国伊斯蘭思想研究会」発行の雑誌『中国伊斯蘭思想研究』に連載中の，劉智『天方性理』の訳注［青木ほか 2005; 青木ほか 2006 など］も，「堅実な成果」に数えたい。

ペルシア語スーフィズム経典の所説を漢語に翻訳するさいに，中国の現実に合致するような独自のアレンジを加えた。あるいは第5章でみるように，馬徳新や馬聯元といった中国ムスリム学者たちは，イスラーム法と矛盾する中国の現実に適応しつつ同時にイスラーム法に抵触しないよう生きる方法をもとめて，イスラーム法そのものを従来よりも深く研究した。これらの思想的営為は，中国伝統思想との対話という括りには入らないものの，イスラームと中華の調停に向けた中国ムスリムの思惟の一環であることには違いなく，イスラームの中国化の全体像を把握しようとするのならば，やはり見落とされるべきではない。

さらに，従来の研究では，イスラームの中国化のあり方がさまざまな時空・歴史的背景の別に応じてどのように変化していったかという問題が，十分に考察されてこなかった。これは，イスラームの中国化に関わった中国ムスリム思想家それぞれの思想史的位置づけを明らかにするうえで必須の作業である。のみならず，イスラームと中華の対話がいかなる歴史的条件のもとでどのようになされたかを理解することは，現代世界における文明間対話のあり方を模索するうえでも極めて有意義に違いない。当該の不足は是非とも補われるべきであろう。

本書は，先行研究の不備のなかでもとくにこの点を反省し，イスラームの中国化の歴史的展開を追うことを念頭に，9章を配置する。以下に，その概要を示そう。

まず，第1章では，17世紀から19世紀までの中国ムスリム史の展開や中国イスラームの基本事項を概観する。また，その中で後続各章の位置づけも確認する。

次いで第2章から第4章までは，17・18世紀の中国内地（中国西北部にたいして陝西・四川・雲南およびそれよりも東の地域を内地と呼ぶ）におけるイスラームの中国化を問題とする。17・18世紀は，中国ムスリムにとっては，イスラームに関する学術の興隆と再イスラーム化の時期にあたる。明中葉を過ぎた16世紀後半，彼らの間では，「土着化」の進展に伴って，イスラームの何たるかがほとんど忘れ去られ，信仰が消滅の危機に瀕していた。しかし，いわゆる経堂教育の勃興により，イスラーム教学が発展し，再イスラーム化が徐々に進んでいった。17・18世紀には，彼らのあいだから，アラビア語・ペルシア語経典に通じる多くのムスリム学者が輩出されるようになり，その中からはさらに，いわゆる漢語イスラーム文献を著す者も現れるようになった。

第2章では，中国ムスリム学者，劉智（南京の人，1724年以降没）の漢語イスラーム文献『天方性理』における，中国伝統思想との対話の一端を垣間見る。より具体的にいえば，彼がイスラームの運命論と，朱子学の根本テーゼである聖人可学論を，どのように調停していたかを論じる。そして，彼がペルシア語スーフィズム文献にみえる「ルーフ（rūḥ）」の概念を，朱子学的特徴を加味したかたちで解釈・翻訳することによって，朱子学の聖人可学論と親和的なイスラームを構想していたことを明らかにする。

第3章では，イスラームの信仰実践に必要な人材の不足という中国の「辺縁性」にたいして，中国ムスリムがいかなる対応を示したかという問題を論じる。ここでいう人材の不足とは，具体的にいえば，とくに内地（陝西以東）の中国ムスリムのあいだで，預言者ムハンマド以来の師伝の系譜・道統に連なる人材がほとんど不在だったということである。これは，そのような人材の教導を必需とするスーフィズムの実践に支障をきたした。本章では，この事態にたいする，余浩洲という中国ムスリム学者（18世紀ごろの人）の対応を取り上げる。そして，彼がペルシア語スーフィズム経典の内容を，中国の現実に合致するように若干アレンジして翻訳していたことを明らかにする。

また，17・18世紀の内地の中国ムスリムが，ムハンマドの師伝の系譜に直接つながっていなかったにもかかわらずムハンマドの学問・知識を継承しえたと自負し，ムハンマドとのあいだの道統の断絶をむしろ誇ってさえいたこと，くわえてこの心性こそが，ムハンマドの道統との連続性を重視したスーフィー教団の，中国内地への浸透を阻む一因であったことをも指摘する。

この2つの章で扱われるイスラームの中国化は，イスラーム経典の翻訳操作という点で共通する。中国伝統思想との対話が介在するか否かという違いはあるものの，いずれも，おそらくは意識的・戦略的におこなわれたと思しき，イスラームの中国化の事例である。これにたいして，無意識的・不可抗力的に進行した事例もあった。

それが第4章で論じる，17・18世紀の内地の中国ムスリムにおける独特のイスラーム法学派観である。彼らの独特の法学派観とは，彼らが，スンナ派の四大イスラーム法学派はいずれも正統であるとの一般的言説を知りながら，実際にはそのうちのハナフィー派だけを排他的に信奉しなければならないと考えていたことを指す。これは，イスラーム経典の欠如，すなわち彼らのあいだにハナフィー派以外の法学派の文献が流布していなかったという，中国の「辺縁性」からおのずと醸成されたと考えられる。本章では，このような法学派観をイスラームの中国化の一事例とみなし，とくに各種史料より析出する。

なお，問題の法学派観は，近代のイスラーム改革主義の「中国的」なあり方との関連からも重要である。近代中国のイスラーム改革主義は，西南アジアのイスラーム改革思想の影響下に成立した。しかし後者がときに法学派に批判的な見解を提出したのとは異なって，前者はむしろ「ハナフィー派原理主義」の様相を呈した。これは，ハナフィー派を絶対視する中国ムスリムの伝統的な法学派観が強く作用した結果であると考えられる。

さて，ここまでは，17・18世紀の中国内地におけるイスラームの中国化のあり方についての議論である。次章以降では，いよいよ，時空・歴史的背景の別によってイスラームの中国化がどのように展開したかをみていく。

第5章では，19世紀の雲南におけるイスラームの中国化のあり方を検討する。この時空においては，馬徳新や馬聯元といった中国ムスリム学者が，離婚や聖戦をめぐるイスラーム法と中国的現実の矛盾を，イスラーム法の妥協的改変によってではなく，むしろイスラーム法の精密な再探求を通じて解決しようとしていた。くわえて，このイスラームの中国化として全く新しいあり方とみられる彼らの営為は，彼らのマッカ巡礼や，いわゆる雲南ムスリム反乱を背景としていた。

第6章，第7章では，舞台を19世紀の中国西北部に移す。西北の中国ムスリムたちのあいだでは，17世紀末ごろからスーフィー教団，漢語でいう「門宦」の活動が活発化し，内地もしくは沿岸部とは著しく様相を異にするイスラームが展開されていた[5]。

第6章では，中国民間所蔵のペルシア語スーフィズム文献『霊智の要旨』を取り上げ，同文献が楊保元の『綱常』をはじめとする漢語イスラーム文献の典拠となっていたこと，ならびに当該ペルシア語文献がおそらく中国ムスリムによって著されたものであったことを論じる。その過程で，『霊智の要旨』におけるイスラームと道教の対話に言及することになるだろう。ペルシア語文献に中国伝統思想の痕跡がみられるというのは，イスラームの中国化の興味深い一事例である。

第7章では，楊門門宦の導師，楊保元（1873年没）を主人公として取り上げ，彼の漢語著作『綱常』の上でなされた道教との対話の実相を明らかにする。具体的には，次のようなことを指摘する。すなわち楊保元は，アラビア語スーフィズム文献を内丹道教の比喩的言辞で漢訳し，あえて意味不明瞭で神秘的な訳文を作成した。そうすることで自己を神仙として演出し，門宦の導師をめぐる社会的通念に応えたと考えられる。それは，門宦が活動する中国西北部の特徴的な現象であったと見なせる。くわえて，西北ムスリム反乱を背景として，楊保元には，スーフィズムの教説を特定の思想の枠組みを超えた普遍的なかたちに還元しようとする発想がみられた。これらは，中国内地におけるイスラームと中国伝統思想の対話のあり方とは異なる，まったく新しいあり方であった。

以上に加えて，さらに2つの章を置く。この2章では，ペルシア語文化，とりわけペルシア語で表現されたイスラームが，中国ムスリムのあいだで，どのような命運を辿ったかを問う。第8章では，17・18世紀のイスラーム再生のなか，アラビア語の威信が高まるいっぽうで，ペルシア語文化が衰退していった様が描かれる。第9章では，しかしそのようなペルシア語文化の斜陽のなかでも，独立した書物としては世界最古のペルシア語文法書が著された背景を問う。この2章を通じて我々は，イスラームの「中国化」が必ずしもイスラーム的要素の消失や弱化を意味しないことを理解するだろう。

5 黒岩［2004］は，中国内地もしくは沿岸部と，西北部との間におけるムスリム社会の様相の差異を分析する。

最後に，本書のデザインについて，付言しておきたい。

本書では，各章の本文冒頭や表紙・カバー等に様々な図像をあしらった。その中には，イスラームの抽象的議論を図式化したものもあれば，中国ムスリムの写本や出版物に施された装飾の類もある。前者は，本書のテーマであるイスラームと中華の対話をめぐる表現形式のひとつとして興味深い。後者は，自らのルーツを確認するかのように，イスラーム世界の洗練された装飾を懸命に踏襲しようとする中国ムスリムの心性や，どこか素朴な彼らの意匠センスをうかがわせるものとして，味わい深い。また，印影や書跡も，デザインとして用いた。それらは，イスラーム文化と中国文化の融合によって到達された，独特な美の高みを示している。読者には，これらの図像からも中国ムスリムたちの息遣いを感じていただけると幸いである。

以下，主な図像の出所と意味を簡単に解説しておく。

序章図像：図像は，印影である。著名なアラビア書法家，済南清真南大寺の金述龍アホンから頂戴した，同アホンの手になるアラビア書道作品に押印されていたもの。「賽倆目」と書かれている。すなわち，サラーム（salām＝アラビア語で「平安あれ」の意）の音写。なお、この図像は，表紙ほか，その他の箇所にも用いた。

第1章冒頭図像：第4章頁下図像のうちのひとつと同じもの。詳細は後述。

第2章冒頭図像：出所は，劉智『天方性理』巻首「總圖」の「天人合一圖」（左）と「大世界造化循環圖」（右）。前者は，絶対的純一（眞一），統合的一（數一），完全人間（體一），世界が照応・合一するさまを表す。後者は，神の顕現，万物・世界の生成，そして人間の神への回帰，という循環構造を表す。なお，「天人合一圖」はカバー前袖にも用いた。

第3章冒頭図像：出所は，虎嵩山（1879–1955）『諸源の精髄とペルシア語の基礎（*Ṣafwa al-maṣādir maʻa Qawāʻid-i Fārsī*）』（呉忠：寧夏私立中阿師範学校，n.d. Rept. in 同心：清真北大寺，1988），3頁。図像は，「おお，シャイフよ（Yā Shaykh）」と書かれている。

第4章頁下図像：出所は，『回教國民用　清真沐浴禮拜教科書』（民國11年（1922）初版，民國13年（1924）校改）の一部（王建平 主編，白潤生 副主編『中國伊斯蘭教典籍選』第三冊，上海：上海古籍出版社，2007年，1686–1698頁）。図像は，

礼拝の所作を図示したもの。なお，その一部を表紙やカバーにも用いている。

第 5 章冒頭図像：出所は，查尔法勒 原著，合明道 译编『至圣实录』(昆明：出版者不明，［2001 年］)。図像は，「現世は来世〔での収穫〕のための田畑 (al-dunyā mazraʻa al-ākhira)」と書かれている。また，本章扉の図版は，『朝覲途記』(京都大学文学研究科図書館蔵) の一部。

第 6 章冒頭図像：上の図像の出所は，劉智『天方性理』巻首「總圖」の「後天形化次第圖」の一部。人間の胎児形成の初期段階を表す。左下の図像の出所は，藍煦『天方正學』巻一「道統圖説」の「眞一隱顯圖」。神の顯現，世界と人間の生成を表す。

第 7 章冒頭図像：出所は，藍煦『天方正學』巻一「道統圖説」の「清濁顯然圖」。ムハンマドの霊 (性命) と人間 (呼吸) を表す。

第 8 章冒頭図像：出所は，Murād khwāja b. al-Ḥājj Ṣāliḥ Khwāja Tashkandī, *Shawq-i Gulistān*, Tashkent: Maṭbaʻ-i Ghulāmī, 1328, p.80。

終章冒頭図像：出所は，王建平 主編，白潤生 副主編『中國伊斯蘭教典籍選』第三冊，上海：上海古籍出版社，2007 年，1623 頁。図像は，清真書報社のロゴ。

カバーには，上記の一部に加え，次の図像もあしらった。

カバー表：先述の，済南清真南大寺の金述龍アホンの手になるアラビア書道作品。「神の御名において (bismillāh)」と書かれている。見た目の美しさも十分に感動的だが，力強くも繊細な筆致からは，作者の真心，高い精神性が偲ばれ，まことに印象的な作品である。金アホンには，このように素晴らしい貴重な作品を賜わったうえ，本書のカバーデザインに使用することを快くお許しいただき，深心より感謝申し上げる。なお，中国ムスリムのアラビア書道は，本場のそれと異なり，「かすれ」を出すところに特徴がある (本序章扉も参照)。この点は，黒岩高氏や佐藤実氏よりご教示いただいた。

カバー前袖：「先天來降，後天復升」と書かれた図。本書第 2 章扉参照。

カバー裏：アラビア文字で描かれた人型。出所は，藍煦『天方正學』巻二「天方字母爾立甫圖」。絶対的純一から顕現する宇宙の全体，ないしそれと照応する人間の全身を表している。

カバー裏：「江蘇鎭江現有經書木板」の図。出所は，馬明龍『認己醒語』

民國 8 年楊德誠重刊本（天理大学附属天理図書館蔵）。楊徳誠が経営する鎮江の印刷所が所蔵していた，漢語イスラーム文献各種の版木のリスト。

第1章

中国ムスリム史および中国イスラーム史概観

ハミの蓋思の墓。伝説によれば，中国にはじめてイスラームを伝えたのは，預言者の教友，サアド・イブン・アビー・ワッカース（Sa'd b. Abī Waqqāṣ）だったという。また，万個思（ワッカース）は，蓋思（原音不明）と呉哀思（Uways）とともに，マッカから陸路で中国に来たが，蓋思と呉哀思は嘉峪関まで来て病没した，とも伝えられる［西來宗譜，188］。

はじめに

本章では，本書の理解に便宜をはかるために，中国ムスリム史の展開や中国イスラームの基本事項を整理しておきたい。ポイントは4つある。

1. 中国ムスリムの定義，15世紀後半から16世紀前半（明代中葉）における彼らの登場にいたるまでの歴史過程。
2. 17，18世紀（明代後半から清代前期）における中国ムスリムの政治的・社会的状況と「中国的」イスラームの形成過程。
3. 「中国的」イスラーム思想の基本的特徴。
4. 19世紀における回漢対立の激化と中国イスラームのその後の展開。

以下，それぞれのポイントについて節を分かってみていくことにする。同時に，後続の各章の位置づけについても言及しておこう。

第1節　中国ムスリムの登場

本書のいう「中国ムスリム」は，序章でも述べたように，来華したムスリム移民の末裔として15世紀後半から16世紀前半にかけての時期（明代中葉）に登場する。「異邦人」であった父祖たちとの識別指標は，中国社会への定着と，日常言語の漢語化をはじめとするさまざまなレベルの中国化・土着化である。本節では，彼らの登場に至るまでのプロセスを概観する。

唐宋時代の来華ムスリム

ムスリムの，中国への到来じたいはかなり早かった。

たとえば，唐の高宗の永徽2（651）年，イスラームがアラビア半島で成立してから間もなくといってよい時期に,「大食國」の使節が唐朝治下の中国にやって来た,という記録が中国の史書にみえる。この使節を送った「大食」の王は,名を「噉密莫末膩(Amīr al-mu’minīn =アラビア語で「信徒の長」の意,カリフの称号)」と言ったといい,いわゆる正統カリフの3代目,ウスマーンのことだと考えられている[田坂 1964, 上: 250–253, 333–335]。この使節にムスリムが含まれていたとすれば,その者こそは記録上もっとも早く中国にやって来たムスリムということになる。

また,唐の粛宗の上元1(760)年に,揚州が劉展の乱を鎮圧しにきた田神功の兵によって略奪されたさい,同地にいたアラブ・ペルシアの商人(大食波斯賈胡)が巻き添えをくらい,数千人が殺害された,との記録がある。彼らのなかにムスリムが含まれていたことは疑いなく,このころにはすでに多数のムスリム商人が中国に到来していたとみられる[桑原 1989: 44; 田坂 1964: 上 365]。

しかしムスリムの来華が,本書のいう「中国ムスリム」の登場をただちに意味するわけではない。唐代,そして続く五代,宋代に,アジアの各地から中国にやって来たムスリムは,ほとんどが貿易商人で,多くは中国に一時滞在したにすぎなかった。彼らのなかには中国に居を定めて代を重ねる者もいたが,「蕃客」という呼称(中国で生まれた「蕃客」は,とくに「土生蕃客」とよばれた)が示唆しているように,あくまで異邦人にすぎなかった。原則的には「蕃坊」とよばれた外国人居留地で暮らさねばならず,かつ大幅な自治を認められ,あまり深くは中国社会に溶け込まなかった[桑原 1989: 79–154; 田坂 1964: 上: 395–447][1]。

モンゴル時代中国のムスリム移民

モンゴル時代(元代)になると,状況に変化が生まれる。まず,モンゴルの世界征服によってユーラシアの東西が統合されたことで,中国に到来するムスリムの数が激増した。中国へのムスリム流入は,おそらくこの時代にピークを迎えた。くわえて,彼らの中には一時滞在の貿易商人のみならず,

1　ただし,遼朝,金朝治下におけるムスリム移民の情況は,田坂[1964, 上: 558–570]がいくらか明らかにしているものの,よくわかっていない。

中国に定住した商人や職人，技術者，学者，軍人，兵士，官僚なども大勢含まれていた。また，彼らは前代までのムスリム移民が原則として蕃坊に隔離されたのとは異なって，中国社会のただ中に雑居した。しかも彼らは，あくまでマイノリティではあったものの，中国全土に広く分布するようになった。まさしく「元時，回回（ムスリム）天下に遍し」と形容されるような状況が出現したのである［田坂 1964, 上: 598–724］。彼らこそは「中国ムスリム」の主な来源のひとつであり，この時代に「中国ムスリム」の登場の基礎が形成されたといえる。

ただし，明代以降と比べると，モンゴル時代の中国で暮らしたムスリムは，中国化の程度が低かったと考えられる。彼らを「中国ムスリム」とよぶのは，まだ早かろう。モンゴル時代のムスリム移民は，中国で生活する以上，もちろん漢語を操ることもできただろうが，まだ多くの者がアラビア語やペルシア語，ないしはトルコ語などの母語を保っていたとみられる。イスラームの信仰やそれに伴う慣習についても，後代に認められるような程度の中国化が進展していた様子はない。そもそもアラビア語・ペルシア語などを母語とするムスリムが頻繁に往来し，国際的多様性が促進・放任されていたモンゴル時代の中国では，ムスリムに中国化を迫るような圧力が弱かった。彼らが政権中枢への参画や高い経済力の保持によって，政治的・社会的実力を有していたことも，その圧力を減じたはずである。

明代以降の中国におけるムスリム移民の漸減とその影響

ところが明代になると，状況は一変する。

まず，外国人ムスリムが中国へ自由に出入りすることが難しくなった。明朝の下では，原則として，朝貢使節による貿易以外の外国貿易が禁じられた。また，中国の居民が国外に出ることも禁じられた。それでも，明朝への帰順を許されて中国に移住したムスリムの数は，全体としてはそれほど少ないわけではなかった。だが，モンゴル時代の水準を上回ることはやはりなかっただろうし，しかも明末に近づくにつれて漸減したようである。そして記録上は，嘉靖 36 (1557) 年に哈密衛都督の米兒馬黒木 (Mīr Maḥmūd?) が一族を率いて明朝への帰順を請い，甘粛に居所を与えられたのを最後に，ムスリムの帰順の事例が途絶えている［田坂 1964, 下: 1056–1094; 和䶮 1984］。また，清代以降の中国でも，明代前半まで見られたムスリム移民の比較的大規模な流入は、もはや生じなかった。

といってもムスリム移民の減少は，中国のムスリム人口の減少を意味したわけではない。というのも彼らは，新来の移民に加えて，非ムスリム中国人との通婚などを通じて同胞を獲得していたからである。通婚は，基本的には非ムスリム中国人の女性を改宗させて娶るという方法でおこなわれ，生まれた子もムスリムとして育てられた。また，中国のムスリムのあいだでは，非ムスリム中国人の子弟を養子にしたり，貧窮家庭の子女を購買したりしたのち，彼らをムスリムとして養育するということもおこなわれていた[2]。さらに，このようにして中国のムスリム人口の増大が図られていたほか，布教的努力が積極的におこなわれた様子はないが，非ムスリム中国人の自発的改宗が稀にではあるものの確かにみられた［田坂 1964, 下: 1158–1171; 中田 1955］。結果，明代中国のムスリム人口それじたいは，モンゴル時代のそれを上回ったとみられる。

実際，ムスリムが中国全土に分布するというモンゴル時代以来の情勢は，明代にも維持されたどころか，発展した形跡がある［田坂 1964: 下, 1095–1132］[3]。中国のムスリムは，もちろんいつの時代も圧倒的なマイノリティでありつづけたが，明代以降その広がりと密度を着実に拡大していったようである。

ただし，ムスリムと通婚や養子縁組をおこなった非ムスリム中国人は，おおむね貧困層に属したに違いない。このことは，中国のムスリムが人口増加とひきかえに全体的に貧窮化していくことを意味した。後にも述べるように，明代中葉以降のムスリム流賊の頻発は，まさしくそれを物語る。

2　本書でたびたび言及することになる舎起靈（1638～1703）も，『經學系傳譜』によれば，元来は魏姓の漢人の子であったが，ムスリムの舎氏の養子になったことからイスラームに改宗したという［清真，XX: 76; 系传谱: 84］。

3　雲南では，モンゴル時代，ムスリムは昆明や大理など少数の地区に集住していたが，明代になると昆明を中心とする周辺の広大な地域に分散するようになったことが，多くの家譜から窺われるという［李兴华 2005a, 105; 李兴华 2011，上: 160］。

また，ムスリム移民の減少は，中国のムスリムの身体的土着化を加速化させた。新しい移民の血が入りにくくなったうえに，非ムスリム中国人との通婚などを通じて代を重ねた結果，中国のムスリムは，身体的特徴のうえで非ムスリム中国人とほとんど見分けがつかなくなっていった[4]。

いや，それよりも何よりも，明清時代に外国人ムスリムの往来が減少したことは，中国のムスリムの文化的側面により深刻な影響を与えた。その事態はまず，彼らの母語の喪失と漢語化を促進しただろう。また，イスラーム世界中核地域との連絡を断絶こそしなかったものの疎遠にしたことで，彼らのイスラームに独自の発展を遂げる環境を与えた。なお，その具体的様相——イスラームの実践に必要な人材や経典の欠如が，いかに特殊「中国的」なイスラームを結果したか——は，本書の第3章と第4章にて詳述されるだろう。

明代中国におけるムスリムの政治的・社会的状況と文化的土着化

明代に生じた，ムスリムをとりまく状況の変化として，もうひとつ，ムスリムの政治的・社会的地位の低下が重要である。わずかな例外をのぞけば，基本的に明朝では，ムスリムがモンゴル時代のように政権中枢に参画することはほとんどなかったし，政権から経済的な保護や特権を享受することもなかった。むしろ明初には，商業にたいする抑圧的な政策が採られ，商業的成功によって支えられていたムスリムの政治的・社会的勢威を著しく削いだ［田坂 1964, 下: 868–869］。明朝の貿易制限によって，モンゴル時代に彼らが築き上げていたイスラーム世界中核地域との国際的ネットワークが弱体化したことも，これに追い打ちをかけただろう。また，明初には「漢文化（中國之舊）」への原理主義的回帰と「異文化（胡俗）」の排撃，「異民族（蒙古色目人）」の同化を目指した諸政策が打ち出された［田坂 1964, 下: 864–867］。こうしたムスリムに不利な施策は，後代になれば徐々に緩和されていったとはいえ，ムスリムが独自の信仰や文化のゆえに蔑視・迫害される土壌をつくり出すことに一役買ったことは否めない。くわえて，モンゴル時代にムスリ

4　ただし，明末においても「外国人」の容貌を保つ者が依然として存在していたこともまた事実である［田坂 1964, 下: 1151–1152］。

ムが政権と癒着することで政治的・社会的成功を享受していたとの「記憶」が，モンゴル政権の衰退に伴って，非ムスリム中国人のあいだで歪曲的に増幅され，ムスリムへの敵意さえもが醸成された［田坂 1964, 下: 893–895］。

このような状況のもとでは，もはや中国のムスリムがムスリムとして生きていくことは難しくなった。当然ながら彼らのあいだには，独自の信仰や文化を放棄してムスリムであることをやめてしまう者，非ムスリム中国人に完全に同化してしまう者もたくさん現れた[5]。いっぽうでは上でも述べたように同胞獲得の努力が不断につづけられてもいたから，ムスリムの数じたいが激減するようなことにはならなかった。しかし彼らは，独自の信仰や文化を固守し，かつ強固な団結を示したことで，非ムスリム中国人の反感を買い，その蔑視，異端視を被り，さらには危険視をも招いた［田坂 1964, 下: 895–902; 片岡 1975; 黒岩 2002］[6]。このような圧力に押されて，彼らの信仰や文化は，中国で存続可能なかたちへの適応・土着化を，さまざまなレベルで迫られた。

また，政治的・社会的に劣勢となった明代中国のムスリムにとって，非ムスリムとの交渉の比重は高まっていく。その交渉の便宜・円滑化のためにも，文化的変容が要請されたと考えられる。さらに，非ムスリム中国人との

5　たとえば，仏・道教に改宗した者の例が知られる［中田 1955］。また，福建省晋江県陳埭郷の丁氏の族譜を分析した寺田［1984: 72］は，明中期頃（萬暦以前というから嘉靖年間あたりか）から，それまではイスラームの規範を遵守していた丁一族に，豚肉を食うなどの棄教の傾向が現れ始めたと指摘する。くわえて，Gladney 氏によれば，この丁一族は，1979 年に「回族」として民族認定を受ける以前は，イスラームを完全に棄てて豚肉を食べていたが，1984 年の調査の時点では，宗廟に豚肉を供物として捧げることを忌避するようになっていたという。その宗廟の祭壇には茶が置かれ，その茶は，豚肉を食べていた故人が，ムスリムであった祖先に会う前に自身の口を豚肉の残留物から清浄にするためのものである，と称されていたという［Gladney 1991: 261–265, 270–273］。そして，Gladney 氏がその調査のさい，丁氏のメンバーに豚肉を宗廟に供えぬ理由を問うたところ，彼らは，自分たちがムスリムの子孫であって，かつ祖先が族譜においてそれを禁じているからだと答えたという［Gladney 1991: 270］。

6　豚の禁忌や，礼拝，断食，アラビア語・ペルシア語の使用，正朔を奉じずヒジュラ暦を使用すること，遺体の埋葬や運搬の際に棺を用いぬこと，清真寺を中心に集住して周囲から排他的・閉鎖的に見える社会を築くことなどが，王朝の官僚たちや非ムスリム大衆の偏見・敵視をしばしば刺激したようである。

接触が密になったことで，その文化的影響を受けやすくなったことも，明代中国のムスリムが文化的に土着化することとなった大きな原因のひとつであったに違いない。くわえて，政治的・社会的成功を保証した科挙の存在は，とくに彼らを儒教文化に接近させただろう。

かくして明代中国においてはムスリムの文化的土着化が，不可避的に進行した。具体的事例としては，日常言語の漢語化・母語の喪失のほか，漢人姓への改姓［田坂 1964, 下: 1133–1150］，一族墓地や宗廟の造営，埋葬時の棺の使用［中田 1955; 寺田 1984］などが知られている。また，そのあらましは次節で述べるが，もちろん本書で取り上げるイスラームの「中国化」も，この文脈のなかで生じた。逆にいうと，これらの文化変容・土着化があったからこそ，ムスリムは中国において適応・存続しえたのである。

中国ムスリムの登場

ところで，こうしたムスリムの文化的土着化が顕著になるのは，遅くとも万暦年間 (1573～1620) 以前のことのようである［寺田 1984: 72］。先にも述べたように，おりしも嘉靖 36 (1557) 年を最後に外国人ムスリムの明朝への帰順が記録のうえで途絶えたことは，このことと親和的である。

また，ムスリムの文化的土着化と密接に関わる事態として，大規模なムスリム流賊 (回賊) の騒擾・反乱が，明の成化 12 (1476) 年に最初に記録されて以降，しだいに頻発するようになっていたことが知られる。ムスリム流賊は，それ自体あなどりがたい勢力を有したが，しばしば非ムスリム流賊をも傘下に吸収し，明朝の脅威となった。逆にムスリム流賊が非ムスリム流賊に参加することもあった。たとえば，明朝を滅亡に追いやった明末の大流賊，李自成の反乱軍中に，老回回こと馬守應のひきいるムスリム勢が有力な一翼を成していたことは，よく知られている。このようなムスリム流賊の存在は，中国社会におけるムスリムの定着を意味する。すなわち，15 世紀後半においてすでに，中国のムスリムが非ムスリム中国人の貧困層を同胞に迎えることで一定の社会的勢力に成長していた反面，全体的に貧窮化していたこと，ならびに非ムスリム中国人とのあいだに密接かつ複雑な関係を結んでいたことの証左となる［田坂 1964, 下: 1180–1218］。

中国のムスリムは，基本的に清真寺（モスク）を中心に集住し，内部で強固に結束する比較的自立性の高いコミュニティを形成したが，いっぽうで周囲の非ムスリム中国人およびその社会ともさまざまな交渉を持ち，後代になるほど複雑な関係を取り結ぶようになっていったようである。遅くとも15世紀の後半には，そのようなコミュニティが中国全土に普遍的にみられるようになり，「大分散，小集中」と呼ばれる形勢が確固となっていたと考えられる。

要するに，明代（1368〜1644）のおよそ300年のうち，中葉の100年にあたる15世紀後半から16世紀前半のあいだに，ムスリム移民の末裔は，人口増加と文化的土着化によって中国社会での存続の基盤を固めるとともに，そこに深く参入することで確実に定着していったのである。まさにこの時代にこそ「中国ムスリム」が登場したとみなしえよう。

第2節　「中国的」イスラームの形成

前節でみたように，「中国ムスリム」と呼びえる存在は，明の中葉に登場した。本節では，つづく時代に，彼らがいかに自らのイスラームを育んでいったかに焦点をあてつつ，彼らの歴史的な歩みを追うことにする。

経堂教育の興隆

中国ムスリムの文化的土着化が，遅くとも明の万暦年間（1573-1620）以前に顕著になっていたことは，すでに述べた。はたしてその文化的変容と一連の現象として，ちょうど16世紀の後半になると，中国ムスリムのあいだからアラビア語・ペルシア語の運用能力やイスラームの知識が急速に失われつつあったようである。しかし，いっぽうで同じころ，この危機的事態に対応すべく，彼らのあいだにイスラーム再生の気運が澎湃として沸き起こったといわれる。いわゆる「経堂教育」として知られる，宗教教育システムの整備がはじまったのである。

「経堂教育」は，中国の清真寺（モスク）で伝統的におこなわれてきた，イスラーム諸学に関する教育，ないしはそのシステムを指す。この呼称自体は，中華民国時代から使われはじめ，当時は「寺院教育」などの呼称もあったが，現在は「経堂教育」の呼び名が定着している。その名は，清真寺の蔵書部屋である「経堂」が，しばしば教室となったことに由来する。

経堂教育は，一般にいわれるところによれば，イスラーム世界に古くから存在した教育施設「マドラサ」や中国の私塾における教育方式をモデルとして，胡登洲（1597年没）が陝西において開始したとされる。当時，中国ムスリムのあいだでは，彼らの漢語化と並行してイスラームの知識が急速に失われつつあったが，胡登洲が経堂教育を創始してこの危機を救ったというのである。しかしこの物語は，胡登洲の学統への帰属を称することで自らの正統性を誇った後代の学者（アホン）たちの言説に出たものにすぎず，実際のところはよくわからない[7]。ただ，のちに経堂教育と呼ばれることになるものが16世紀後半に萌芽し，17世紀を通じて徐々に整備され，そのなかで中国のイスラームが衰微から復興へと向かったことは確かである。そして18世紀初頭には，後代にみられるような経堂教育の姿がほぼ出来上がっていたと思われる。以下では，その成熟した経堂教育の様子をみていくことにしよう[8]。

経堂教育の教師は「アホン」（阿訇，阿衡，阿轟などさまざまな表記がある）とよばれる人々がつとめた。アホンはペルシア語で「学者」を意味する「アーホンド（ākhund）」がなまった言葉である。アホンは，ムスリム学者一般の呼称としても用いられ，経堂教育の教師にあたる者は，とくに「開学ア

7　そもそも胡登洲が創始したものが具体的に何であったかは，実はよくわからない。彼は，経堂によらず自らの邸宅で教育したという（『經學系傳譜』及び「建修胡太師祖佳城記」［清真，XX: 26; 系传谱: 28; 余・雷 2001: 513］）から，少なくとも「寺院教育」は彼の発案ではない。また，彼以前に経堂教育に類するものがはじまっていた形跡がある［胡云生 2007: 170］。彼の学統とは別系統の人間によって，初期の経堂教育に類する宗教教育がおこなわれていた可能性も，十分にあるだろう。が，いずれにせよ，後世の史料は経堂教育創始の功を軒並み胡登洲に帰していることから，彼の学統が経堂教育をリードし，その形態を整備していったことは間違いない。

8　以下の経堂教育に関する記述は，基本的には，佐口［1948］，岩村［1949–1950，上: 85–134，下: 5–40］，勉维霖［1997: 165–239］; 李兴华等［1998: 505–554］，黒岩［2004］，黒岩［2005］といった研究による。

ホン（開學阿訇）」とも呼ばれた。

中国ムスリムは，一般に清真寺を中心に集住してひとつのコミュニティを形成するのだが，そのようなコミュニティごとに，このアホンが招請された。今も昔も多くの場合，コミュニティの長老（郷老，郷耆）たちが人選を合議し，なるべく博学有徳の聞こえのあるアホンを遠近にかかわらず招聘した。ただし，イスラーム神秘主義教団（門宦）の影響下にあるコミュニティの場合は，教団指導者がアホンの人選を指図した［勉维霖 1997: 333］。また，中華民国時代の青海では，軍閥の支配の下，本山（海乙寺）が末寺（稍麻寺）にアホンを派遣する体制がしかれた［马通 2000a: 80; 勉维霖 1997: 199–201］が，これらは例外である。

各コミュニティに招致されたアホンは，清真寺に起居しながら，経堂教育のみならず，およそイスラームの知識が必要なコミュニティ内のさまざまな業務をつかさどった。その職位は，ふつう「教長」の名で呼ばれる。教長に就任したアホンの職務内容は，経堂教育のほかに，集団礼拝の指導，新月の目視による断食の開始・終了の決定，冠婚葬祭での読経，屠畜，イスラーム法に照らした是非判断や対案提示，イスラーム法違犯者の処罰，さらには雨乞いなどがあった[9]。

アホンがあるコミュニティの開学アホンに就任して開校することを，史料上には「開學」「設帳」などと呼ぶが，これには任期があるのが普通で，その期間は一般に3年ほどといわれるが，コミュニティ内の評判次第では，再任も可能であった。逆に，コミュニティ側の慰留にもかかわらず，他のコミュニティの強い勧誘によって去ってしまうアホンもおり，その際には自らの弟子を代理として残していくこともあった。

経堂教育では，コミュニティ成員の子弟にイスラーム教育が施された。それらの学生のなかには，イスラームの基礎知識やアラビア語の初歩を学んだ

9　経堂教育の勃興前夜，コミュニティ内の重要事は，イマーム（imām ＝礼拝先導役），ハティーブ（khaṭīb ＝説教師），ムアッズィン（mu'adhdhin ＝礼拝の呼び掛け役）の役職を世襲する共同体内の有力者たちによって取り仕切られていたが，彼らが世襲に甘んじて宗教知識の琢磨を怠ったその弊害が顕著になるに及んで，やがてアホンの手に帰するようになっていったという［勉维霖 1997: 175–180］。

だけで卒業する者もおれば，より高度な学問を授けられて次世代のアホンとして養成される者もいた。くわえて，アホンの名声にひかれて遠路はるばるやってきた学究の徒や，赴任先を転々とする師につき従ってきた古参の弟子も，アホンになるための指導を受けた。彼らのようなアホン候補生は，「ハリーファ」(もとはアラビア語の khalīfa ＝「代理人」の意) や「マンラー」(「主」「師」を意味するアラビア語の mawlā もしくはペルシア語の mullā がなまったもの) と呼ばれた。彼らは，アホンとのあいだに強固な師弟関係を結び，ともに清真寺に寄宿してその職務を補佐しながら学問の研鑽を積んだ。

アホンの給料や寄宿学生の生活費をはじめとする経堂教育の諸経費は，アホンを招聘したコミュニティのメンバーによって賄われた。経堂教育の初期段階では，有志のアホンが私財をなげうって，あるいは商売などをしながら，自らの学堂を経営していたようである (『經學系傳譜』[清真, XX: 46–47; 系传谱: 49]) が，やがてコミュニティのメンバーが，経堂教育の諸経費をザカート (ムスリムの 5 つの義務行為のひとつである喜捨) やサダカ (自発的義捐) などの名目で負担しあい，アホンを招聘するようになった。「義産」や「義田」とよばれる特定の店舗や田畑からの収入が，そうした経費に割り当てられることもあった。

経堂教育の学課についていえば，まずアラビア語の語形論 (ṣarf) や文法 (naḥw), 次いで修辞学 (bayān) や論理学 (manṭiq) を攻め，そのうえでイスラームの神学 (kalām) や法学 (fiqh) を修得することが，ひとまずの目標とされた。優秀な学徒は，さらにペルシア語の学習とペルシア語で書かれたスーフィズム (taṣawwuf) 文献の研究に進んだ。これらのイスラーム諸学の一部ないし全てを 10 数年から 20 年前後かけて修了すれば，師アホンの認可の下に，候補生は晴れて新アホンとなった【コラム 1】。

経堂教育の盛況

経堂教育は，16 世紀後半の萌芽以来，数多の優秀なアホンを世に送り出し，中国において一時は消滅の危機に瀕していたイスラームの再生を強力に推進した。その様子は『經學系傳譜』という史料に詳しい。同書は，16 世紀末から 18 世紀初頭にかけて中国全土で活躍した，アホンたちの伝記を主な内容とする。そこには，胡登洲による経堂教育の創唱ののち，当該時空において，彼の学統の伝播に伴い各地に経堂教育が隆盛した様，すなわち多くの優れたアホンが輩出され，イスラーム諸学の教育や研究が活況を呈していた様が描かれている[10]。

たとえば，常志美（字は蘊華，1610～70）が山東済寧で教鞭を執っていたころ，西寧（青海）で李定寰，南京で馬君實，武昌（湖北）で馬明龍（1597～1679）がそれぞれ学堂を開いていたが，彼らはとくに有名なアホンとして知られ，時の人に「四鎮」と称されていたという［清真，XX: 53; 系传谱: 58］。また，常志美の弟子，舎起靈（字は蘊善，1638～1710）は，河南，河北，北京，東北などの各地に招かれ，多くの弟子を育てたという［清真，XX: 79–83; 系传谱: 87–91］。

『經學系傳譜』は，舎起靈の監修下に，その弟子の趙燦という人物が編纂した書物であり，本章注10で述べたようにその記述に偏りがあることは否めないが，そもそもこのようなアホン列伝がつくられたことじたいが，当時の経堂教育の盛況を物語っているといえるだろう。

漢語イスラーム文献の出現

さて，そのような雰囲気のなかで，新たな注目すべき活動が起こってくる。ちょうど17世紀ごろから，中国ムスリムの一部の識者たちが，イスラームの教理や典礼を漢語で著述しはじめるのである。以来，「漢語イスラーム文献」とでも呼ぶべき漢語典籍が，陸続と出現することとなった[11]。

10　ただし，『經學系傳譜』におけるアホンの立伝に偏りがあることには，注意が必要である。その監修者である舎起靈は，後述する新行派の領袖であった。本書第4章でも言及することになるが，『經學系傳譜』には，新行派をひいきするような記述が散見されると同時に，対立する古行派のアホンは，ほとんど収載されていないようにみえる。また，『經學系傳譜』の凡例［清真，XX: 22］に，アホンのなかには「遠方ゆえに事情がわからない者や，往時ゆえに事績を検証しえない者」があると告白されているように，そもそも舎起靈や趙燦のよく識らないアホンも，当然ながら収載されていない。

11　漢語イスラーム文献各作品の概要については，余・杨［1993］，吴建伟等［2010］を見よ。また，漢語イスラーム文献各作品の版本については，Leslie［1981］を見よ。とくに劉智の『天方性理』『天方典禮』『天方至聖實録』の版本については，佐藤［2008: 233–

コラム

伝統的な経堂教育は，数多の優秀なアホンを輩出し，中国イスラームの歴史上間違いなく重要な役割を果たした。しかし近代になると，学制や進級制度がなく教育の効率が悪いことや，教育内容が硬直化して現実に適応できていないことなどが問題視されるようになった。そして，これらの欠陥を改めた近代的なムスリム教育を旨とする新式学校（小・中・師範学校）が，20世紀初頭より各地に設立されるようになった。その背景には，中国ムスリムがイスラームの正しい理解や，漢語の運用能力，近代的諸知識を欠いていることにより，中国社会のなかで立ち遅れているという現実への反省があった。また，宗教教育はもとより普通教育や政治的・社会的活動をも担える人材を育成することによって，中国ムスリムの政治的・社会的地位を高めるとともに，列強の前に滅びに瀕する中国を救おうとする抱負もあった。さらには，中国への帰属意識がイスラームの教義に沿うものとして強く肯定されたうえで，愛国精神の涵養が重要な教育課題であると認識されていた［馬松亭 1936: 2-4; 王永亮 1987］。

新式学校のなかでも規模や影響力の最も大きかったのは，成達師範學校である。同校では，学生がアラビア語と漢語の双方に精通し，イスラーム諸学のみならず，歴史・数学などの近代的諸科目や，教育学，世俗的法律の知識などを習得することをも目標としたカリキュラムが組まれていた（ただし，アラビア語が優先され，ペルシア語教育は切り捨てられた）。くわえて，イスラーム文化こそが，列強の攻勢のただなかにあっても世界中のムスリムを存続させた要因だとして，それを発揚することで中国の富強に貢献することも教育の目的に掲げられていた［馬松亭 1936: 6; 刘东声 2006］。

中華人民共和国の時代になると，新式学校の近代的ムスリム教育を引き継ぐものとして，イスラーム教経学院が北京ほか各地に設立された。近年，臨夏外国語学校（臨夏中阿学校）をはじめとする私立のアラビア語専門学校なども各地に現れてきている。これらの専門学校では，アラビア語教育を中心に，イスラームの知識のほか，教育学やコンピュータの知識なども教授されている。なかには金融・経済・貿易などに関する課程を設けるところもある。こうした新しいムスリム教育機関の叢生は，しかし決して清真寺での経堂教育を淘汰しなかった。とくに改革開放以降，甘粛省臨夏市の堡子清真寺など一部の清真寺では，学制・カリキュラムの整備，教材や教育方法の改良，漢語教育の強化といった改革が積極的に行われ，経堂教育は新たな発展段階をむかえているといえる

❶経堂教育の近代

[周传斌 2008: 173-186; 丁士仁 2006]。

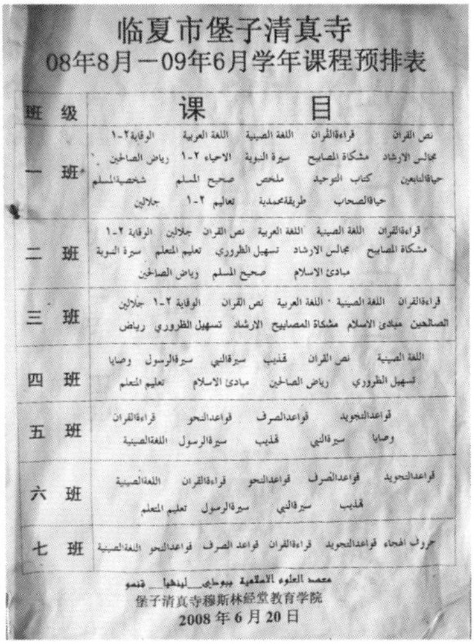

現代の経堂教育における学徒の
カリキュラム。

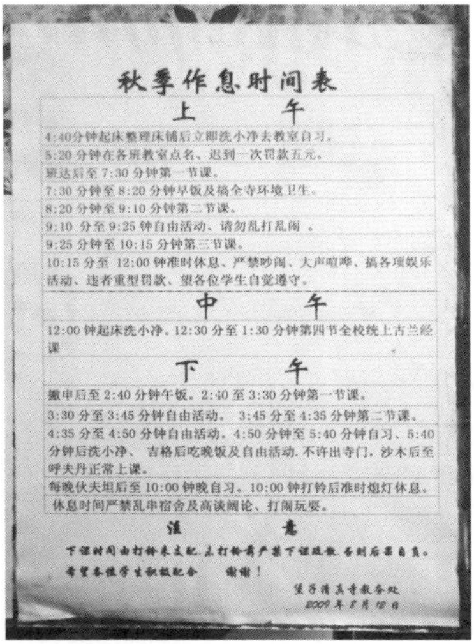

現代の経堂教育における学徒の
1日のスケジュール。

堡子清真寺の学徒たち。休み時間も学習に余念ない。

漢語イスラーム文献は，大きくふたつのタイプに分かれる。ひとつは，何らかのアラビア語・ペルシア語文献がまるまる漢語に翻訳された「全訳型」，もうひとつは，複数のアラビア語・ペルシア語文献を典拠として漢語で編述された「編纂型」である。いずれにせよ，その著者たち自身は，経堂教育において育まれ，アラビア語・ペルシア語に精通する人たちであったが，彼らが著述言語として漢語を選んだのは，漢語しか理解することのできない同宗者を主な対象として，イスラームの何たるかを啓蒙しようとしたからであった。これらの文献が何度も重版され広範に流布したことからすると，著者たちの意図はかなりの程度達成されたものと思われる。

漢語イスラーム文献は，それゆえまずは，漢語しか解さぬムスリムの啓蒙，ひいては中国ムスリム社会全体の再イスラーム化に多大な貢献をなしたという意味で，注目にあたいする。のみならずそれらは，非ムスリム中国人に向けても発信され，彼らのイスラームにたいする偏見をある程度緩和し，中国におけるイスラームの存続に大きく寄与したという意味でも，きわめて重要である。さらにいえば，これらの文献は，イスラームと中国伝統思想の対話の場となって「中国的」イスラームの形成に決定的な役割を果たした点に，その重要性の核心がある。

漢語イスラーム文献は，単なる漢語ではなく，儒教・仏教・道教といった中国伝統思想の術語や表現を駆使して書かれ，それらの思想的枠組みをも借用して著された。とくに，イスラームと儒教との親和性は，直接的な言辞によっても訴えられた[12]。ゆえに，非ムスリム中国人の一部によってもある程

272］を見よ。東長・中西［2010］には，王岱輿，張中，舎起靈，劉智，馬德新，馬聯元の著作の刊本で，日本に所属されているものがリストアップされている。くわえて，漢語イスラーム文献の目録として Mason［1925］（300余のタイトルを挙げ，それぞれに若干の解題を付す）もある。

12 中国ムスリム学者たちは，イスラームと儒教は「二教同源」（教理同源，道統同源）で，イスラームは儒教の不足を補うものであると主張し，かつイスラームを教条的に理解するのではなく，実情に応じて柔軟に解釈せねばならないと説いた［秦惠彬 1995: 93-103］。漢語イスラーム文献には，イスラームと儒教の同根相補を謳った官職保有者の序文や，中国ムスリムの保護ないしイスラームの賞賛を内容とする上諭が掲げられることもあった。

度評価され，彼らにイスラームが少なくとも異端思想でないことを認めさせた。その証拠に，いくらかの漢語イスラーム文献には，非ムスリム官僚が序文を寄せている。また，漢語イスラーム文献のひとつ『天方典禮』は，その解題が『四庫全書總目提要』に書き入れられた。ただしそのいっぽうで漢語イスラーム文献は，典拠となったアラビア語・ペルシア語文献の内容とのあいだに微妙なズレを抱え込むことになった。そしてこのズレこそは，まさしくイスラームと中国伝統思想との対話が結実した，イスラームの「中国化」にほかならない。その詳細については，本書の第2章，および第6章，第7章で論じることになる。

漢語イスラーム文献の地理的ひろがり

現存する最古の漢語イスラーム文献は，明崇禎15 (1642) 年刊行の，王岱輿の『正教眞詮』である［田坂 1964, 下: 1384–1388］が，それ以前にも同種の文献が存在したことは，その断片の残存によって知られる［Leslie1981: 21］。また，イスラームの教義を漢語によって表現するという営為じたいは，山東済南の清真南大寺所存の，明の嘉靖7 (1528) 年に刻まれた碑文「來復銘」のうえに確認される［田坂 1964, 下: 1329–1347; 馮今源 1987］。いずれにせよ，漢語イスラーム文献の出現が明末より遡ることはないだろう。

漢語イスラーム文献の著者[13]は，王岱輿が南京の人であったように，とくに初期においては江南出身者が多かった。たとえば，『天方性理』や『天方典禮』『天方至聖實録』などを著した，漢語イスラーム文献の著者のなかでもとくに有名な劉智 (字は介廉，1724年以降没) も，南京の人であった。くわえて『歸眞要道』(1672年完成) や『修眞蒙引』の著者として知られる伍遵契 (字は子先) も，同じく南京の人だった。また，崇禎11 (1638) 年から数年間，南京でインドから来た阿世格 (‘Āshiq) なる人物に師事し『歸眞總義』や『四篇要道』を著した張中や，18世紀末に『眞功發微』を刊行した余浩洲は，蘇州の人であった。

漢語イスラーム文献の著者を輩出した土地としてもうひとつ重要なのは，

13　漢語イスラーム文献の著者の伝記的情報については，さしあたって，桑田［1925］，白寿彝［2000］，李兴华等［1998: 555–601］などを見よ。

雲南である。王岱輿，劉智とともに現代に中国四大ウラマーと並び称される2人，『清眞指南』の著者，馬注（1710年以降没）や，『四典要會』などの作品を著した馬徳新（字は復初，大理出身，1794～1874）が，同地の産であった。雲南は，モンゴル時代に賽典赤ことサイイド・アジャッル・シャムスッディーン（Sayyid Ajall Shams al-Dīn, 1211～79）による統治を重要な契機として，中国イスラームの中心地のひとつとして栄えた。雲南には，馬注や馬徳新のように，サイイド・アジャッルの後裔を称するムスリムが多くいた。それは今なお同様である。ただし中国イスラームの中心地としての雲南の繁栄は，後述する19世紀の雲南ムスリム反乱をさかいに著しく後退した。

江南，雲南以外でも漢語イスラーム文献は生み出された。たとえば，『教款捷要』（1678年完成）を著した馬伯良は山東済寧の人であったし，馬明龍（1597～1679）の『認己醒語』や藍煦（字は子羲）の『天方正學』（1852年付の自序をもつ）は湖北武昌で書かれた。くわえて19世紀には中国西北部で比較的多くの漢語イスラーム文献が書かれた（詳細は本書第6章を参照）。

さらに，漢語イスラーム文献は各地で幾度も印刷され，中国全土に広範に流布した。たとえば，道光年間（1821～1850）に四川成都の馬大恩なる人物が何種類もの漢語イスラーム文献を重刊したことが知られる［白寿彝 2000, 下: 951-2］。また成都では清末にも余海亭の経営する寶真堂から多くの漢語イスラーム文献が再版された［马彦虎 1992］。

漢語イスラーム文献の執筆の背景

漢語イスラーム文献は，先に述べたように，非ムスリム中国人のイスラームにたいする偏見を緩和することにも一定の作用があった。逆にいえばそれらの文献は，非ムスリム中国人のイスラームにたいする異端視を抑止する目的で書かれたともいえる。実際，それらの執筆の背景には，周囲がイスラームを異端視し，中国ムスリムを蔑視どころか危険視さえする状況が存在していた。いつの時代も圧倒的にマイノリティであり続けた中国ムスリムにとって，この状況はきわめて深刻だった。

そこで，こうした状況を改善するために，漢語イスラーム文献の著者の多くは，自著において，とくに儒教の言い回しを多用し，イスラームと儒教の親和性を強調した。いうまでもなく，儒教こそは正統思想として王朝の認可を受け，伝統中国社会の支配的イデオロギーだったからである。イスラームと儒教の調和を目指した代表的な作品としては，王岱輿の『正教真詮』，馬注の『清眞指南』，劉智の『天方性理』，『天方典禮』，馬徳新の『四典要會』などが挙げられる。なかでも劉智の『天方性理』，『天方典禮』は，多くの人から漢語イスラーム文献の最高傑作として認知されてきたといっても過言ではないが，その称賛は，多分に同2書がイスラームと儒教を実に見事に架橋したことに由来する。『天方性理』は，イスラームと儒教の教理上の調和に成功した（なお，この架橋がイスラームの「中国化」を招いたことは前述のとおりであるが，その詳細は本書第2章に譲る）。『天方典禮』は，儒教の「礼」に類似するものが，イスラームにも存在することを示した。

ただし，漢語イスラーム文献の著者がみな儒教に親和的だったわけではない。たとえば，とくに中国西北部で書かれた漢語イスラーム文献には，儒教よりもむしろ道教に歩み寄ろうとする傾向が顕著に認められた。もちろん道教も正統思想ではないにしろ中国社会で広く歓迎されたものなので，イスラームへの偏見緩和のために道教との調和をはかることは，まったく無意味というわけではなかっただろう。が，同じ目的のためならば，やはり儒教との一致を強調したほうが効果的だったはずである。したがって，道教に歩み寄るかたちで書かれた漢語イスラーム文献というのは，一見奇妙で興味深いわけだが，その様相や執筆の背景は第6章と第7章で検討することにして，今はそういう傾向のものもあるということだけ指摘しておく。

新行・古行の論争

「中国的」イスラームの形成，と一言でいっても，その信仰のあり方は必ずしも固定されなかった。むしろ絶えず論争の的となってきた。そのことを示すのが，新行・古行（新行・舊行）の論争[14]である。それは，先にも名を挙

14　この論争については，岩村［1949–50，下: 63–90］，佐口［1969］，李兴华等［1998: 618–23］を見よ。ほかにも関連研究として，楊德元［1936］，吴丕清［1999，上: 91–96］，李兴华［2004a（李兴华 2012，上: 33–57 に転載）］，李兴华［2004b（李兴华 2012，上: 78–90 に転載）］，中西ほか［2012］がある。

げた，常志美と舎起靈の師弟が，当時中国でおこなわれていたイスラーム儀礼を，クルアーンやスンナにもとづいて改革しようとしたことにはじまるといわれる。彼らが提唱した，イスラーム儀礼の新しいやり方は，一部の人々から支持されたものの，別の一部の人々からは「新行」と蔑称され，激しく批判された。また，「新行」に反対した人々は，自らのイスラーム儀礼の方法を「古行」と称し，父祖伝来のものとしてその正統性を誇った。この論争は，やがて中国各地に飛び火し，ときにはコミュニティの分裂にまで発展した。それは長らく中国ムスリム社会内部の深刻な対立として存在しつづけ，現在の情況は不明だが，民国時代を通じてなお激しく争われていたことが知られている。

新行・古行の論争は，結論だけいえば，イスラーム法学派 (madhhab) 間の対立ではなく，ハナフィー派内部の衝突であった。

イスラーム法 (シャリーア) は，いわゆる法律に相当するもの以外に，イスラーム儀礼の所作に関する規定をも含む。イスラーム法学派とは，そのようなイスラーム法をクルアーンやハディースなどの法源から導出するさいの方法論や解釈の違いによって分岐したもので，イスラーム史の初期には多くの法学派が存在した。が，やがて淘汰され，スンナ派では最終的に四大法学派 (ハナフィー，マーリキー，シャーフィイー，ハンバリー) がそれぞれ正統学派として広く受け入れられるようになった。また，四大法学派はいずれも正統でどの学派に従ってもよいという認識も，やがて人々のあいだに定着した，と一般にはいわれる。

しかし第 4 章で詳述する通り，中国ムスリムたちは，少なくとも前近代においては，スンナ派四大法学派の学説はいずれも正当であるとの理念的言説を知りながら，実際上はハナフィー派の学説こそをイスラームの真正の教義とみなし，それ以外の学派学説をほとんど異端として退けてきた。ゆえに新行・古行の論争も，この文脈のなかで争われ，ときに新行派・古行派の双方は，シャーフィイー派の学説を採用しているとのレッテルによって相手を非難した。

ハナフィー派絶対主義

ところで，このようにハナフィー派学説こそが絶対的に正当であるとする法学派観は，中国ムスリムのあいだでおおむね共有されていたとみられるが，そのような通念の形成は，そもそも彼らの父祖たちの圧倒多数が中央アジアをはじめとするハナフィー派の支配的な地域の出身者であったことに，多分に由来しよう。また，中国ムスリムのハナフィー派への嗜好と，イスラーム世界の辺縁に位置するという中国の地理的条件によって，同地にハナフィー派以外の法学派の学者や法学文献が全くといってよいほど到来・流伝しなかった（少なくとも残存しなかった）ことも，当該観念の定着・普遍化を促進したはずである。つまり，ハナフィー派絶対主義とでもいうべき観念が共有されたことは，中国の歴史的・地理的条件にもとづく，まさしく「中国的」な現象であったといえる。そして，ハナフィー派絶対主義のイデオロギーがもっとも強く表明され，再確認された場として，新行・古行の論争は注目されるのである。

くわえて近代になると，西南アジアのイスラーム改革思想の洗礼を受けた馬萬福（1849〜1934）の創始にかかるイフワーン派[15]が，あらたに中国の伝統的イスラームの改革を唱えるようになる。興味深いことに同派は，「ハナフィー派原理主義」とでもいうべき立場を採った。同時代の西南アジアのイスラーム改革思想では，イスラームの本来あるべき姿に立ち返るために既存の法学派を乗り越えることが往々にして唱えられたが，中国のイフワーン派は，実質的にはあくまでハナフィー派の伝統に立ち帰ることを主張したのである。また，同派の台頭にたいして，反対派は自らを「カディーム派」（「カディーム」はアラビア語で「古来の」という意味）と称したが，同派もまたハナフィー派の伝統への忠誠によって自らの正統性を訴えた。このように，近代においてもハナフィー派絶対主義が抜きがたく存在したことは「中国的」イスラームのあり方として注意されるが，その前段を地ならししたという意味でも，新行・古行の論争は重要だといえよう。このあたりの詳細も，第4章にゆずる。

15　同派については，さしあたって，中田［1993: 27-54］，勉维霖［1997: 351-379］を見よ。

門宦の叢生

17世紀の後半になると，中国のイスラームをめぐる状況に，またひとつの変化が生まれる。中国の西北部に，漢語で「門宦」とよばれる，スーフィー教団が成立しはじめるのである[16]。

スーフィー教団の中核的成員は，スーフィズム（イスラーム神秘主義）を実践するスーフィー（イスラーム神秘主義者）である。スーフィズムとは，イスラームにとっての絶対的真理である神との合一の境地に到達することを目標とした思想・実践の体系である。

スーフィーたちは，専門的な修行の実践を通じて神との合一体験を目指したが，その修行は，シャイフ（shaykh）と呼ばれる達道のスーフィーの教導を必須とした。したがってシャイフのもとには，修道を志す弟子（ムリード murīd）が集まった。また，シャイフは奇蹟を起こして，人々の願いをかなえたり，自身に仇なす者に，不思議な力による制裁を加えたりすることができる，と人々から信じられ，ワリー（walī＝聖者，神の友）とみなされた。そして，その聖者性が崇拝者（ムヒッブ muḥibb）を引きつけ，従わせた。かくしてスーフィー教団（タリーカ ṭarīqa）が，シャイフ（漢語では「老人家」）を核としてイスラーム世界の各地に形成されることとなった。多くの場合，弟子や崇拝者たちは，シャイフから教導や奇跡による救助を受けるかわりに，彼の命令（漢語では「口喚」）に絶対服従したので，スーフィー教団は政治的・社会的に強大な力を有した。

シャイフが亡くなると，その高弟ないし血縁のなかから後継者が立ち，先代シャイフの聖性と権力を継承した。また，弟子のなかには，独自に弟子や崇拝者を結集してシャイフとなり，支教団を形成する者もいた。いずれの教団も，そういったシャイフたちの継承の連鎖，いわば「道統」が，預言者ムハンマドにまで遡りうると主張することで自らの正統性を誇ったが，いっぽうで各教団は，道統の途中をつなぐ自分たちの名祖，およびその後につづく歴代のシャイフたち，その継承の系譜こそを，自らのアイデンティティの拠り所とした。支教団にしても，親教団へのゆるやかな統派的・流派的な帰属

16　門宦の概要については，马通［2000a; 2000b］，李兴华等［1998: 624–714］を見よ。

意識は保ちつつも，あくまで直接の創始者や彼の道統に後続するシャイフたちの統制に従った。

スーフィー教団は，イスラーム世界の全域に普遍的にみられたが，中国西北部では，17世紀の後半以降にその叢生をみた。これら中国西北部の教団＝門宦は，それぞれ4つの統派のいずれかに帰属意識をもつといわれる。すなわち，ナクシュバンディーヤ＝フフィーヤ（Naqshbandiyya-Khufiyya）派，ナクシュバンディーヤ＝ジャフリーヤ（Naqshbandiyya-Jahriyya）派，カーディリーヤ（Qādiriyya）派，クブリーヤ（Kubriyya）派の4つである。

これらの4つの統派のいずれかに帰属する門宦は，現在の中国西北部に40ほど存在しているといわれる。それらは，スーフィー教団の例にもれず，それぞれに一定の政治的・社会的勢力を保持してきた。といってもほとんどの門宦は，中国西北部を出て中国の内地もしくは沿岸部へ教線を伸ばすことには成功しなかった。ジャフリーヤ門宦をはじめとする一部の例外も，内地にそれなりの数の信徒を獲得したものの，広く浸透することはできなかった。逆にいえば中国の内地は，ムスリムが多く存在しながら，スーフィー教団の浸透をみなかった，稀有の土地であったということになる。ただし内地でも，スーフィズムの理論じたいは広く研究・教授され，中国ムスリムの思想に多大な影響を与えた。その概要については次節で述べることにする。

門宦の種類

その前に，各門宦がそのいずれかに帰属するという，4つの統派について，簡単にまとめておきたい。

第1に，ナクシュバンディーヤ＝フフィーヤ派[17]。これに帰属する諸門宦は，ホージャ・アーファーク（Khwāja Āfāq，1694年没）[18]や，シャー・アウリ

17　中国の同派については，马通［2000a: 152–227］；李兴华等［1998: 641–657］を見よ。また，马通［2000b: 40–62］は，ヒダーヤトゥッラー（Hidāyatullāh＝ホージャ・アーファーク）の中国における活動やその弟子たち，とくに穆夫提（Muftī）門宦の創始者，馬守貞について詳述している。

18　ホージャ・アーファークとその中国における活動については，さしあたってFletcher［1995: 10–15, 20–22］を見よ。ちなみに，後で言及する華寺門宦の創始者，馬來遲（1681～1766）は，ホージャ・アーファークに直接師事したわけではないが，ホージャ

ヤー（Shāh Awliyā'）[19]などから道統を継いだと主張する。それによって，バハーウッディーン・ナクシュバンド（Bahā'al-Dīn Naqshband, 1318〜89）に端を発するナクシュバンディーヤ派や，その支派でアフマド・スィルヒンディー（Imām Rabbānī Aḥmad Sirhindī, 1564〜1624）に端を発するムジャッディディーヤ（Mujaddidiyya）派[20]の道統に，連なると主張する。華寺門宦，北荘門宦などが，該派に属す（右【図 1-1】参照）。

第2に，ナクシュバンディーヤ＝ジャフリーヤ派[21]。これに帰属するジャフリーヤ門宦は，フフィーヤ派と同じくナクシュバンディーヤ派の道統に連なるものの，とくに中国ムスリムの馬明心（1719〜81）を直接の名祖と仰ぐ。

の奇蹟によって誕生したとされる。馬來遲と華寺門宦については，Fletcher［1995: 15–20］，马通［2000a: 160–180］を見よ。

19 北荘門宦の初代シャイフ馬葆真（ムスリム名はḤamza, 1722〜1826）は，ヤルカンドでシャー・アウリヤーなる人物に師事し，彼を介して，ナクシュバンディーヤ＝フフィーヤの道統に連なったという（北荘門宦については，马通［2000a: 198–210］を見よ）。このシャー・アウリヤーという人物（漢語では，舍赫烏尼亚，夏・奥里亚などと書かれる）は，アフマド・スィルヒンディーの弟子筋にあたる人物のようである。陈慧生［2000, II: 276］によれば，シャー・アウリヤーは「夏・买合苏木」なる人物の再伝の弟子だという。Papas［2007: 321 (n. 6)］は，「夏・买合苏木」を有名なシャー・ワリーウッラー（Shāh Maḥsūm Walī Allāh Dihlawī, 1703〜1762）に同定する。いっぽう，馬葆真の第三子ムハンマド・ユースフ（Muḥammad Yūsuf）のペルシア語著作『心魂の歓喜（*Nuzha al-qulūb*）』のアラビア語訳［*Nuzha*: 277–8］によれば，シャー・アウリヤーの道統は以下のとおりだという。Imām Rabbānī——Ma'ṣūm walī（＝ムハンマド・マアスーム Muḥammad Ma'ṣūm, 1599〜1668）——Muḥammad Ṣibgha Allāh（H. 1032 (1622/3)〜H. 1120 (1708/9)）——Shāh Ghulām Ma'ṣūm Walī——Shāh Mīr Ghiyāth al-Dīn al-Badakhshānī（H. 1117 (1705)〜H. 1182 (1768)）——Shāh Awliyā' al-Badakhshānī al-Fayḍābādī。Ma'ṣūm walīことムハンマド・マアスームは，スィルヒンディーの第三子である。Muḥammad Ṣibgha Allāhはムハンマド・マアスームの長子である。両人については，Rizvi［2002, II: 242–244］を見よ。ギヤースッディーン（Shāh Mīr Ghiyāth al-Dīn al-Badakhshānī）については，Papas［2003］を見よ。

20 中国における同派については，陈国光［1989: 82–84］，陈慧生［2000, I: 396–399］を見よ。

21 中国の同派については，Fletcher［1995: 24ff.］，張承志［1993］，马通［2000a: 271–332］，李兴华等［1998: 657–677］を見よ。

図 1-1a（左）　甘粛省臨夏市に所在する華寺拱北。華寺門宦の創始者，馬來遲（1681〜1766）の墓。拱北とはムスリム聖者墓のこと。歴代導師の墓が，しばしばスーフィー教団の活動拠点となる。

図 1-1b（右）　北荘門宦の創始者，馬葆真（1722〜1826）の拱北で祈る人々。泉下の聖者も祈願に応えるとされ，人々の崇敬を集める。

図 1-1c　華寺拱北。馬來遲の命日にちなんだ縁日の模様（西暦 2003 年 10 月に撮影）。この縁日は，ヒジュラ暦ではなく，農暦（中国の旧暦）の 9 月 9 日に，毎年おこなわれる。

第3に，カーディリーヤ派[22]。これに帰属する諸門宦は，マディーナから来華したホージャ・アブドゥッラー（Khwāja ‘Abdullāh, 1689年没）などを介して，アブドゥルカーディル・ジーラーニー（‘Abd al-Qādir Jīlānī, 1077/8～1166）を名祖と仰ぐカーディリーヤ派の道統に連なると主張する。大拱北門宦，楊門門宦，靈明堂，文泉堂などが，該派に属す。

第4に，クブリーヤ派。これに帰属する張門門宦は，中国にやって来たアブドゥルカーディル・ジーラーニーの子孫が代々のシャイフを継いできたと主張する[23]。

第3節　「中国的」イスラームの特徴

前節では，「中国的」イスラームが歴史的にどのように形成されたかをみた。本節では，そうやって形成された「中国的」イスラームの特徴をまとめておきたい。「中国的」イスラームを特徴付ける要素としては，すでにふれたハナフィー派絶対主義に加えて，スーフィズムの理論，とくに存在一性論の浸透，ペルシア語文化の影響，を挙げることができる。以下，それらについて順にみていきたい。

22　中国のカーディリーヤ派については，马通［2000a: 228–270］，马通［2000b: 63–83］，李兴华等［1998: 678–701］を見よ。

23　クブリーヤ派張門門宦に関する研究は，马通［2000a: 333–336］，李兴华等［1998, 701–705］のほかにも，马世英［1991］，杨・王［2011］がある。なお，張門門宦の現指導者（張明義氏）のご子息，張開基氏によれば，クブリーヤ派は，しばしば混同されるクブラウィーヤ派（Kubrawiyya）とはまったく無関係だという（この混同は马通［2000a］，李兴华等［1998］にもみられる。杨・王［2011: 16–34］は，クブリーヤ派とクブラウィーヤ派とがいかに無関係かを検討している）。たしかにクブリーヤ派は，ナジュムッディーン・クブラー（Najm al-Dīn Kubrā, 1145～1220）の道統（silsila）への接続を主張していない。むしろ，カーディリーヤ派の名祖ムフイッディーン・アブドゥルカーディル・ジーラーニー（Muḥyī al-Dīn ‘Abd al-Qādir Jīlānī）を，初代シャイフと仰ぐ。伝説によれば，このムフイッディーンが，中国にやって来て，現在の甘粛省東郷族自治県の大湾頭に住み着き，張姓を名乗ったという。そして，クブリーヤの道統は，彼から，彼の子孫である張氏に代々伝えられたという。

ハナフィー派絶対主義にもとづく典礼の追究

中国ムスリムのハナフィー派絶対主義それ自体については，すでに前節であらましを述べた。そこでここでは，次の事柄を補足説明しておきたい。すなわち，彼らがハナフィー派絶対主義のもとで，イスラーム法のなかでも，とくに宗教儀礼に関する諸問題に多大な関心を払っていたこと，加えて彼らが，後述のスーフィズムや存在一性論のような教理的知識と同じかそれ以上に，宗教儀礼についての知識の獲得を重視していたことを指摘しておきたい。

イスラーム法は，人々のあいだの相互行為のあり方を規定する，まさしく法律といってよい部分と，神にたいする人間の奉仕のあり方を規定する，宗教儀礼ないし典礼と呼ぶべき部分に二大別される。前者は，ムアーマラート（mu‘āmalāt ＝相互行為）といい，後者はイバーダート（‘ibādāt ＝神の下僕としての奉仕）という。より具体的にいえば，ムアーマラートは，犯罪の構成要件や罰則，婚姻・離婚，相続，商取引，異教徒との交渉などに関する規定をふくむ。いっぽうイバーダートは，主にいわゆる五行（信仰告白，礼拝，喜捨，断食，巡礼）のやり方を指す。

中国ムスリムは，漢語イスラーム文献などにおいてイスラーム法を論述するさい，往々にしてムアーマラートへの言及を避けた。その理由はおそらく，彼らにとって，ムアーマラートの厳密な遵守が困難だったからであろう。たとえば，イスラーム法のなかには，窃盗罪にたいする手首切断刑のように，量刑を固定した規定（ハッド刑）が存在するが，こうした規定は，清律のような中国法と一致しなかった。また，本書第5章でみるように，イスラーム法の離婚に関する規定も，清律と矛盾した。ゆえにムアーマラートを真正面から論じることは，大方の中国ムスリムのはばかるところとなった。

しかしそのいっぽうでイバーダートは，彼らのあいだでも厳正かつ盛大に論じられた。漢語やアラビア語の著作や碑文などにおいて，五行の所作が，ハナフィー派の所説に照らして，微に入り細に入り詳説された。また，新行・古行の対立でも，ムアーマラートではなくイバーダートこそが争点となった。部外者にとってみれば全くどうでもよさそうな儀礼上の細かな所作の違いをめぐって，いずれがハナフィー派学説に沿うものであるかが熱く議論されたのである。

イスラームはそもそも，教義理解の正しさと同じかそれ以上に，典礼実践の正しさを重視する宗教である。そして中国ムスリムにとっても，イスラームの信仰は，正統典礼の忠実な実践と，ほとんど同義であったと思われる。漢語イスラーム文献のうちに，五行の所作マニュアルが多く含まれていたことは，その証左である。たとえば『天方性理』においてイスラームの存在論や認識論を論じた劉智も，『天方典禮』においてイスラームの典礼を説くことを忘れなかった。また余浩洲の『眞功發微』は，スーフィズムの教理・修行内容に触れてはいる（詳細は本書第3章を参照）が，それは同書全体の僅かな部分を占めるにすぎず，その紙幅の多くはむしろ礼拝や浄めの所作の解説に割かれている。

要するに，中国ムスリムのハナフィー派絶対主義とは，厳密にいえば，ハナフィー派学説にもとづいて宗教儀礼の正しさを追求することなのであった。そしてそれこそが，彼らのイスラームをめぐる関心の大半を占め，信仰の実質を構成していたと考えられるのである。換言すれば，彼らにとって，ハナフィー派法学にのっとった典礼を実践しているか否かは，ほとんどイスラームを信仰しているか否か，あるいはムスリムであるか否か，と同義であったということである。前節にみた，いわゆる新行・古行の論争が過熱化した理由のひとつは，ここにある（中国ムスリムの典礼重視の傾向に関する，以上の議論は，濱田正美氏から筆者が個人的にいただいたご指摘にもとづく）。

なお，中国ムスリムが，イスラームの教理と同等ないしそれ以上に典礼に多大な関心を示したのは，イスラームそれじたいの性格に起因することもさることながら，儒教における「礼」の重視とも関係があったかもしれない。たとえば『天方典禮』などは，イスラームにも儒教の「礼」に類似するものが存在することを示すことでもって，イスラームと儒教の親和性を演出する戦略を明確に有していた。そして『天方典禮』が著された清初はといえば，ちょうど明代の陽明学派が主観的な「心」を是非の準則として絶対視したあげくに社会秩序を乱したことへの反省から，客観的で可視的な倫理規範としての「礼」の重要性があらためて強調された時期にあたる［伊東 2005: 63, 115］。このような儒学界の思潮が，中国ムスリムの儀礼重視の態度に拍車をかけたことは，十分にありそうなことである。

スーフィズムの理論

スーフィズムは，先にも述べたように，神との合一境を目指す思想・実践の体系である。それは，神への専心・恋慕こそを信仰の核心とみなし，神との合一をその究極に据えるとともに，当該の境地を真理の認識をめぐる至高の形態としても位置づける。

スーフィズムの認識論（以下の記述は，井筒［1980］などを参照した）によれば，人間の理性的認識は，けっして事物の実像ないし真相（ḥaqīqa）に迫ることができない。というのも理性的認識をささえている五感や言語・理性は，対象を限定的もしくは歪曲的にしか捉えられないからである。錯視・錯聴の類はしばしば起こるし，一番確実そうな触覚も，天体のような遠方のものや気体のような無形のものを，そもそも知覚・識別できない。未体験の事柄を言葉にもとづいて再現・実感することや，理性が常識という名の偏見陋見から自由になることも，きわめて困難である。しかしながら，五感にかえて「こころ」や「霊魂」といった高次の精神や本来的霊性の類――いわゆる「ラターイフ（laṭā'if）」――を覚醒させていくと，それらはいわば霊的認識器官として機能し，言語・理性に依存しない「深層意識」や「心眼」のような認識能力が開発・発揮されるようになる。そうすることで，事物のあるがまま（本然，真如）を直観的に把握しえるようになっていく。事物の本来の有様をいわば自己の内面を掘り下げていくことで探究し，真理真相に近づくことができるのである。

諸々の霊的な認識器官・能力の開拓には，清貧や知足といったさまざまな徳性の修養が必要となる。また，特別な呼吸法とともに神の名を唱え続けるズィクル（dhikr）のようなテクニカルな修行も有効である。こうした修養・修行は，先にも述べたようにシャイフの教導のもとになされる。結果，より霊妙で高級な認識器官が順次発動していくことで，それだけ事物の実相に接近することができる。いうなれば意識のより深い層が開かれ心眼が研ぎ澄まされていくにつれ，事物が本来の有様を段階的に開示していくのである。

こうした自己探求の果てには，至高の霊的器官を介して対象を把握するという段階がくる。至高の霊的器官とは，実は自己の究極の本体にほかならない。が，それによって得られる認識は，事物の究極の真相にかぎりなく近いものの，まだそのものではない。その段階にはまだ次なる境位がある。すなわち，いかなる認識器官にも依存せず，主体の認識と対象とが無媒介に一致する境地である。至高の認識器官，自己の究極の本体を介した主客対立の次元から，パラダイム・シフトにも似た驚異の飛躍によって到達される，主客一致の次元。まさしく事物の「直観」が真の意味で成立する，認識の極致はここなのである。このレベルでは，主体と対象を隔てるものはなく，両者の区別がない。内面を探求していた主体（自己）も，その内奥で把握されようとしていた対象（事物）も，いつの間にか消滅している。ただ純粋な一者のみが相対を絶して立ち現われている。これこそはあらゆる事物の真相・本然なわけだが，要するにそれは，唯一なる神が文字どおり絶対者としてある地平にほかならない。スーフィズムではこのレベルを，認識主体が神に融け込んで消滅する境位とみなし，自己消滅（fanā'）と呼ぶ。神人合一の境地が，最高の認識形態とされる所以である。

存在一性論

以上のようなスーフィズムの認識経験と相即するような存在論を基調として，独特の世界観を打ち立てたのが，イブン・アラビー（Muḥyī al-Dīn Ibn 'Arabī, 1165〜1240）の「存在一性論（waḥda al-wujūd）」である。この思想は，イスラーム世界の全体に多大な影響を与え，多くの支持・継承者を得た。

存在一性論によれば，万物は，神の顕れである。神が万物として顕れるのは，人がいくつもの歪んだ鏡に自己を映しだすのに似ている。神が自らを，限定的・歪曲的にではあるが，その外側に映し出し，万物として顕現させることで，多様な万物は存在するようになるのである。そして，これこそが神の万物創造にほかならない。

このような神の自己顕現（tajallī）ないし万物創造は，さまざまな段階，レベルに分かれる。神が物質的・形而下的な次元の万物として顕現するのが最終段階もしくは最低レベルだとするならば，その手前の段階もしくは高次には，万物の形而上的なあり方である霊的次元の諸存在者として神が顕現するレベルがある。また，神がいわゆる「神」として顕現するのも，実は別のひとつのレベルを成している。というのも，神もまた，いわば彼自身の本体が自らにたいして顕現したものだからである。

神の究極の本体は，絶対的に純一な何かである。それは，それ自体のレベルでは，他の存在者の存在を全く前提しておらず，あらゆる形容をその相対性のゆえに峻拒する。「小さい」を前提してしまう「大きい」や，「黒い」を前提してしまう「白い」など，あらゆる説明を絶して遠ざける。このレベルでは，他の存在者が「無い」とさえいえない。「無い」は「有る」を前提した言い方だからである。ゆえにこの何かは，ただ「絶対有」(「無」を前提しない「有」)や「絶対的純一性」と呼ぶほかない。といってもこの何かは，それを対象化してしまう（認識主体という他者を前提してしまう）あらゆる認識や呼称をも拒絶するはずなので，原理的にはそのように呼んだ時点で，別者になってしまうのだが[24]。

これにたいして，いわゆる神は，ならぶ者なき唯一神ではあるが，さまざまな名前や属性を帯びるために，それによって他者の存在を少なくとも前提はする。たとえば神は，自らの名前のひとつとして「全知者」という名前をもち，付随して「知」という属性をもつが，それによって無知な被造物，もしくは神に知られる対象としての万物の存在を前提する。このように神は，いまだいかなる被造物としても顕現していないうちから，自らの名と属性によって万物の存在を前提するのである［Izutsu 1983: 40–41, 99–115］。

絶対的純一性，すなわちそれ自体のレベルでは他の存在者を全く前提しない絶対有が，この，いわゆる神として顕現するのは，ほとんど説明のつか

---

24 『閃光の照射』に次のようにある。

> 「存在の真相（ḥaqīqat-i wujūd）には，あらゆるものからの孤絶という関係性はあるかもしれないが，それ自体のレベルでは（min ḥayth huwa），〔他者との〕関係性（nisab wa i‘tibārāt）が見られない。それは，絶対的存在（wujūd-i muṭlaq），純粋な本体（dhāt-i bakht），混じりけのない存在（hastī-yi ṣirf），彼性の不可視界（ghayb-i hūwiyyat），絶対的純一性（aḥadiyyat-i muṭlaq），本体の純一性（aḥadiyyat-i dhātiyya）と呼ばれる。この相におけるそれは，理性的認識（‘ilm）や直観的認識（kashf wa shuhūd）が結び付き得るレベルよりも高次元にあって，理性的認識の手がその理解の裾をつかむこともなければ，直観的認識がその美の光線を目の当たりにすることもない。」［*Ashi‘‘a*: 5–6］

ない契機による[25]。が，ともあれ絶対的純一性が神として自己を顕現し，その神がまた他のあらゆる存在者として顕現（万物創造）していくわけである。ゆえに存在者は，実のところ神をも含め，すべて絶対的純一性の顕れなのである。しかもそれらは，限定的で歪曲的な顕れ，もしくは幻影である。つまり逆の言い方をすれば，絶対的純一性こそが，あらゆる存在者の究極の真相なのである。

また，絶対有たる絶対的純一性こそは，それによって顕れる，神をも含めた，あらゆる存在者の存在（有ること）の根源といえる。したがって絶対的純一性は「存在（wujūd）」とも呼ばれる。これは存在（有ること）そのもの，存在のリアリティそのものである。対して，あらゆる存在者は，この「存在」の顕現によって存在するので，いわば「存在」に借りて存在しているにすぎない。Xが存在しているのではなく，「存在」がXしている（Xとして顕れている）のが，事の真相である［井筒 1980: 149］。およそ存在者は，そういう意味でも，いわば幻のようなものなのである。

ただし，「存在」を本体とする神のみは，存在そのものではないにせよ，真に存在する者ではある。また，あらゆる存在者が一律に幻なのではなく，真幻の程度には差異がある。たとえば，霊的次元の存在者のほうが，物質的次元の存在者よりも真相に近い有様をしており，実在性も高い［Chittick 1989: 14–15］。神ともなれば，真相にかぎりなく近く，真に実在する。かくして「存在」の自己顕現によって，「存在」の諸次元が展開し，真幻の程度によるグラデーションを成すことになる。

整理すると，絶対的純一性（存在そのもの）は，いわゆる「神」（真の存在者）から，形而上の万物（霊的次元の存在）を経て，形而下の万物（物質的次元の存在）へ，というように顕現・展開する【コラム 2】。この展開の方向へ進む

25　イブン・アラビーは，絶対的純一性が突如として他（多）者を前提し顕現しはじめるその初端を，「慈愛の息吹（nafas raḥmānī）」と表現する。絶対的純一性のうちに忽然と顕現の衝動が湧きおこるのは，ちょうど胸内の気圧が高まって息を吐き出さずにおれなくなるのに似ていると説明する［Izutsu 1983: 131–132］。要するに「慈愛の息吹」がいかにして発生するかは，やむにやまれぬ衝動によるとしか説明のしようがないということである。

表1-1

ラターイフ	存在の次元
秘奥（sirr）に宿る神聖な霊（rūḥ qudsī）	ラーフート（lāhūt）界：神の諸々の美（名前と属性）が統合的に顕れ，絶対的一性が「アッラー」として顕れている次元
心奥（fu'ād）に宿るスルターンの霊（rūḥ sulṭānī）	ジャバルート（Jabarūt）界：神の諸々の美（名前と属性）が分かれて顕れている次元
心臓（qalb）に宿る精神的霊（rūḥ rawānī）	マラクート（malakūt）界：被造物が霊的なかたちで顕れてくる次元
胸（ṣadr）に宿る肉体的霊（rūḥ jismānī）	ムルク（mulk）界：被造物が物質的なかたちで顕れてくる次元，現象界

ラターイフと存在の諸次元との対応の例。『閃光の照射（*Ashi''a al-lama'āt*）』や『光芒（*Lawā'iḥ*）』（本章注27を参照）の記述を参照しつつ，『秘中の至秘（*Sirr al-asrār*）』（本書第7章の付録3を参照）をもとに作成。

ということは，絶対的純一性の本来の有様から遠のいていくということである。また，本当の意味での存在が覆われ隠され，存在の真実味が減少していく過程である。

ただし現象界の我々にとってみれば，その展開方向へ進むほど，存在がより具体的・可視的な存在者として顕現してくるわけであるから，存在の具体性・可視性が増していく過程であるともいえる。いっぽう，その方向とは逆向きに，つまり収斂の方向に進むと，存在の真実味は増すが，存在の可視性は減る。我々にとっては，具体的な個々の存在者として，明らかに見えていたはずの存在が，まさしく「暗がり」へと隠れていくことになるのである。しかしこの「暗がり」を奥に行けば行くほど，存在のリアリティの輝きが増し，事物の真相がより明瞭になっていく。

この「暗がり」は，自己の内面を探求し，より霊的な認識器官を発動することによって，分け入ることができる【表1-1】。たとえば，肉体の五感によっては，物質的次元の万物しか感知できないが，「こころ」の眼によっては，万物の形而上的な姿を捉えることができる[26]。あるいは「こころ」よりも霊妙な「霊魂」の類によって，万物の真相としての神の直観に近づいて

26　イブン・アラビーは，「こころ（qalb, rū'）」において，理性を超えた認識が生じるとする［Chittick 1989: 159, 169］。

コラム ❷ 存在一性論にもとづく存在顕現のプロセス

中国ムスリムのあいだでよく読まれていた，アブドゥッラフマーン・ジャーミー（‘Abd al-Raḥmān Jāmī, 1414〜92）の『光芒（*Lawā’iḥ*）』と『閃光の照射（*Ashi“a al-lama‘āt*）』によって，存在顕現のプロセスをもう少しくわしく述べれば，次のようになる（『光芒』の翻訳にあたっては，松本［1999a］を参照した）。

【1】『光芒』［*Lawā’iḥ*: 44］では，存在顕現プロセスの第1段階として，まず，存在そのもの（wujūd），ないし神の本体のみが純然とある段階が措定される。それは『閃光の照射』［*Ashi‘‘a*: 5-6］において「絶対的存在（wujūd-i muṭlaq）」「純粋な本体（dhāt-i bakht）」「絶対的純一性（aḥadiyyat-i muṭlaq）」などと呼ばれている。

【2】『光芒』［*Lawā’iḥ*: 46］によると，第2段階は，「第1次自己規定（ta‘ayyun-i awwal）」の段階とされる。すなわち，神の自己規定のはじまりである。存在顕現ないし神の自己顕現（tajallī）とは，実のところ，神の自己規定・認識の展開にほかならない。神の自己規定・認識とは，神が，本来は絶対無相で無限定な自己を，「全知者」や「主」のような相対的・限定的な何かとして規定・認識することである。「全知者」や「主」は，「知られるもの」や「下僕」を前提するがゆえに，もはや絶対的純一性そのものではない。しかし，このような自己限定・分析を通じて，絶対的純一性が分節され，いわゆる「神」や多様な存在者が出現することになるのである。そして「第1次自己規定」の際には，いわゆる「神」はまだ顕れていないものの，先んじてそのような認識活動における最初の神的認識が突如として湧きおこってくる。

「第1次自己規定」によって生じる神的認識は，『閃光の照射』［*Ashi“a*: 6-7］によると，存在そのもの，ないし神の本体が「神に属したり被造物に属したりする無始無終な諸々のもの全てを，統合した総合的なもの（sha’n-i kullī-yi jāmi‘ mar jamī‘-i shu’ūn-i ilāhiyya wa kawniyya-yi azaliyya-yi abadiyya rā）」を帯びる，との認識だとされる。「神に属したり被造物に属したりする無始無終な諸々のもの」とは，「本体に含まれる諸々の関係性（nisab wa i‘tibārātī ast mundarij dar dhāt）」とも説明されるが，要するに，神と被造物のあいだの「知る・知られる」「主人・下僕」のような諸々の関係性，すなわち神名と神的属性を媒介とする諸々の関係性のことである［Chittick 1989: 35-36］。この段階において，それらの関係性は，その全てが統合・未分化された「総合的なもの」

として認識されてある。なおかつその「総合的なもの」は，実際に顕れているのではなく，あくまでその顕れの可能性が認識されているにすぎない。しかしこれは，いまだいかなる関係性も生じていない「純一性 (aḥadiyyat)」の段階とみなすこともできるいっぽうで，すでにあらゆる関係性を確立・包括している「統合的一性 (wāḥidiyya)」の段階とみなすこともできる。よってこの段階における「存在」は，そのような両義性をそなえた以上，もはや絶対的純一性，ないし存在そのものではない。代わってそれは，「ムハンマドの真相 (ḥaqīqat-i Muḥammadī)」と呼ばれる。

なお，ムハンマドの真相の「統合的一性」としての側面は，「数字の一 (wāḥid-i ʻadadī)」に比される。「数字の一」は，二, 三, 四が生じる前に, 2分割, 3分割，4分割を可能的に包括しているからである。これにたいして，二, 三, 四を前提しない，独一という意味の一は，「純一 (aḥad)」と呼ばれる。

【3】『光芒』[*Lawā'iḥ*: 46] によると，その次の段階 (『光芒』の言い方では「第3段階」) は，「〔被造物に神的諸名や諸属性の〕痕跡を残す能動的な諸々の自己規定の全てを統合した純一性 (aḥadiyyat-i jamʻ-i jamīʻ-i taʻayyunāt-i fiʻliyya-yi mu'aththira)」の段階，「神性 (ulūhiyyat) の段階」と呼ばれている。この段階では要するに，先に可能的に認識されているにすぎなかった例の「総合的なもの」が，実際に神の本体の「外面 (ẓāhir)」に顕れた，と規定されることで，実際にそのように顕れてくる。くわえて，それによってこの段階は，神的諸名の全てを総合した名称である「アッラー」の名で呼ばれるようになる。『閃光の照射』[*Ashiʻʻa*: 21] では，「必然的で能動的な神的諸名という諸々の関係性の全てを統合した純一性 (aḥadiyyat-i jamʻ-i jamīʻ-i nisab wa iʻtibārāt-i asmā'iyya-yi fiʻliyya-yi wujūbiyya)」から成る「神性 (ilāhiyyat) の段階」は，認識 (ʻilm) を許容し，「アッラー」の名を付されるという議論がみえる。ここでようやく，神と呼びうるものが顕れるのである。

【4】『光芒』[*Lawā'iḥ*: 46] によると，つづく段階 (『光芒』の言い方では「第4段階」) では，「総合的なもの」として統合されていた諸々の関係性が分析される。総合的名称である「アッラー」の具体的内実が分析されるといってもいい。つまりこの段階にいたると，神的諸名や諸属性でもって認識・把握できるような「神」が顕れる。また，それは別の言い方をすれば，神的諸名や諸属性を介して神と関係付けられる諸々の被造物の存在が前提されるということでも

ある (Izutsu [1983: 40–41, 99–115] も見よ)。

また，おそらくはこれとほぼ同じレベルの事態をいったものと考えられるが，『閃光の照射』[*Ashi“a*: 54] に次のようにある。すなわち，「〔神が〕自身の本体に属す諸々のもの (shu'ūn-i dhātiyya-yi khud) によって自己を認識し，それらの表象 (ṣuwar) によって自らにおいて自己顕現すると，神の知識内において恒常的諸実在 (a‘yān-i thābita) が分化された (muta‘ayyin)」とある。要するに，神と個々の被造物との関係性に照らして，恒常的諸実在，つまりは万物各々の本質 (māhiyya＝それは何であるかということ) が，神の知において把握されるようになるということである [*Ashi“a*: 64]。この段階では，諸々の被造物が，神の知のうちに観念的にではあるが実在することになる。とはいうものの，この段階における諸々の被造物は，「〔神の知の〕外側のレベルでは無 (‘adam-i khārijī)」[*Ashi“a*: 46] といわれる。つまり神の外側のレベルからみれば，諸々の被造物はいまだ実体的に顕現しておらず，その存在が前提されているだけで，可能的に存在しているにすぎない，ということである (恒常的諸実在については，Izutsu [1983: 159–196]，Chittick [1989: 83–88] を見よ)。

【5】『光芒』[*Lawā'iḥ*: 46–47] によると，この後の段階 (『光芒』の言い方では「第5段階」) は，「痕跡を残されることと受動性を性質としてもつ受動的な諸々の自己規定の全てを統合した純一性 (aḥadiyyat-i jam‘-i jamī‘-i ta‘ayyunāt-i infi‘liyya......ki az sha'n-i īshān-ast ta'aththur wa infi‘āl)」の段階，「可能的な被造物に関する段階」とされる。要するに，神がはじめて自身の外側に顕現する段階，つまりは神の最初の被造物が顕れる段階である。

ちなみに，『光芒』や『閃光の照射』とならんで，中国ムスリムによく読まれた存在一性論に関するペルシア語作品，アズィーズ・ナサフィー (‘Azīz Nasafī, 1300年以前没) の『至遠の目的地 (*Maqṣad-i aqṣā*)』[*Maqṣad*: 240] によれば，神の最初の被造物は，「筆 (qalam)」「ムハンマドの霊 (ruḥ-i Muḥammadī)」「〔神に〕帰属する霊 (rūḥ-i iḍāfī)」などと呼ばれる。そして『閃光の照射』[*Ashi“a*: 23] によると，「筆」は，神の自己顕現の当初に顕れる「ムハンマドの真相」そのものが霊的次元に顕現したもので，「ムハンマドの真相」を「霊的次元の実存として表象するもの (ṣūrat-i wujūdī-yi rūḥānī)」[*Ashi“a*, 23] といわれる。そして，その「ムハンマドの霊」が，物質的・肉体的次元に顕現すると，ムハンマドその人になるわけである。

【6】「ムハンマドの霊」が顕現した後の次の段階（『光芒』のいい方では「第6段階」）は，「可能的な被造物に関する段階の分析」の段階とされる［*Lawā'iḥ*, 47］。すなわち，あらゆる被造物が，霊的次元や物質的次元に顕現してくる段階である。

この際には，次のようなことが起こる。すなわち，いわゆる「神」が，あらゆる神名と属性を伴って，個々の被造物として顕現するが，それにたいする受容力（isti'dād, qābiliyya）は，被造物の本質（恒常的諸実在）にもとづくかたちで限定され，被造物によって異なるので，個々の被造物は，互いに異なる神名と属性を受け取ることになる。かくして，多様な個性をもった万物が生じることになる。換言すれば，万物各々の個性は，神の諸名や諸属性をどれほど受容・反映しているかに依存しているのである。万物の諸特性や諸効能が，神の諸名や諸属性の「支配や痕跡（aḥkām wa āthār）」と表現される所以である。

以上のような，万物の個性，多様性が生じる仕組みについては『閃光の照射』に以下のようにある。

> 「可能的な被造物どもは神の諸名や諸属性の現れの場であり，表象である。〔被造物どもの〕各々に現れる者は，それ（被造物）がそれら〔諸名や諸属性〕の出現に対して持つ受容力（qābiliyyat）に見合った，真なる者の諸名や諸属性である」［*Ashi"a*: 13］。
>
> 「詩。フクロウが太陽によって力を無くすならば / それは自身の弱さのためであって，太陽のせいではない / 汝の心の表面が透明であればあるほど / 彼からの自己顕現に対して，汝の備えはより十分である」［*Ashi"a*: 111］。
>
> 「彼（神）が為す最初の自己顕現とは，こうである。彼が自身の本体に属す諸々のものによって自己を知解し，それらの表象に従って自らにたいして自己顕現すると，神の知識内において恒常的諸実在が分化された。第2に彼は，その諸実在の諸特性や諸効能（aḥkām wa āthār）によって染められ，個物において出現し，外在する実体的被造物ども（mawjūdāt-i 'aynī-yi khārijī）となった」［*Ashi"a*: 52］。
>
> 「存在が個物として顕現する際に存在にたいして加えられる諸限定（sharā'iṭ-i wujūd-i 'aynī）が，可能的存在者どものうちのあるものに実現さ

コラム

れる時，それ（可能的存在者）と，存在の内面に対して鏡としてある存在の外面とのあいだに，様相不可知の特別な関係が生じる。その相互関係性のゆえに，その可能的存在者の恒常的実在（‘ayn-i thābita）の諸特性や諸効能（aḥkām wa āthār）が，存在の外面という鏡に映し出され，存在の外面はそれら諸特性や諸効能によって色付けされ，自己分節したかのように見えるのである。そして，あるもの（可能的存在者）――その可能的存在者の恒常的実在とは，神の知の中におけるその形相（ṣūra）である――の特殊性（khuṣūṣiyyat）が要求する程度に従って，それの諸名や諸属性が現れる。それで存在の外面は，外在する実体的被造物どものうちのあるものの諸特性や諸効能（aḥkām wa āthār）によって，自己分節し，色付けされるのである」［*Ashi“a*: 8］。

イブン・アラビーの同様の議論については，Chittick［1989: 89–96］を参照されたい。なお，イブン・アラビーは，神の外側に 3 つの次元を措定する。すなわち，霊の次元（malakūt）と物質の次元（mulk）のあいだに，半ば霊的で半ば物質的なイメージの次元（jabarūt, ‘ālam al-mithāl）を置く。神の外側に出現した被造物は，まずは霊的次元の霊体として現れた後，イメージの次元の仲介によって半物質化し，最終的に現象界に物質化するというプロセスを踏むのである［Chittick1998: 258–262］。

ところで，存在一性論によれば，神の外側にあらわれる様々な存在者は，先にも述べたように，それぞれの受容力に応じて，神の名前や属性の一部を反映することで，個性を発現させる。これは逆にいえば，様々な存在者の個性が，全体として神と照応し，神の内実を表現している，ということでもある。たとえば，霊的次元に顕現した諸々の存在者は，個々には神の限られた側面を表現するに過ぎないが，全体として神と照応する。また，物質次元に顕現した諸々の存在者も，霊的次元のそれとは別に，全体として神の内実を表現する。したがって神は，様々な次元ごとに自己の等身大の写しをもつことになる。

さらに，あらゆる神の名前と属性を反映する「完全人間（insān kāmil）」とよばれる者が措定される。具体的には預言者ムハンマドがそれにあたる。彼は他の存在者たちとは異なり，たったひとりで神と照応し，その内実を表現する。つまり彼もまた，神の等身大の写しとなる次元のひとつに数えられるのである。

加えて同様に，ムハンマドの形而上で対応する存在者，ムハンマドの真相も，それ自体でひとつの次元をなすとみなされる[Izutsu 1983: 112, 218–246]。

かくして存在一性論の世界観では，神じしんと，その霊的な写し，半物質的な写し，物質的な写し，完全人間，ムハンマドの真相などが，互いに照応しながら平行世界よろしく併存するとされる。そしてこれらの諸次元は，神の自己認識活動を通じて，円環構造をなす。すなわち，神は，自己顕現によって得られるこれらの写しを通じて，自己を認識する。ちょうど人が自身の姿を鏡に映しだして自身を認知するように。いっぽう，完全人間もまた，自己の内面探求の果てに，世界の真相たる神を直観的に認識するに至る。これは，換言すれば，完全人間として顕れた神が，自身それじたいを認識するということでもある。つまり，神の自己顕現は，神の自己認識で開始され，神の自己認識で完結するのであり，したがって，その過程で顕現する諸次元は，ひとつの円環をなすことになる。その円環の始点と終点は，神の本体である。厳密にいえば，完全人間による真相直観の究極の境地で立ち現れる純粋一者は，神の本体たる絶対的純一性ないし存在そのものではないかもしれない（それらは原理的にあらゆる認識を峻拒する）が，限りなくそれに近い。

また，存在顕現の円環は，「愛（maḥabba）」に貫かれている[Izutsu 1983: 136–138]。まず，神が自己顕現する動機は，次の有名なハディース・クドゥスィーにしたがって，「愛」とされる。「私は隠された宝（kanz makhfī）であった。私は認識されることを愛した（aḥbabtu）。ゆえに私は認識されるために被造物を創造した」。くわえて，人間が神を認識しようとするのも，神への愛に端を発する。神人合一は，愛の究極のかたちである。つまり，存在一性論の宇宙は，愛にはじまり，愛におわる，愛で満たされた宇宙なのである。

いくことができる[27]。最終的には，神人の主客対立を超えた完全な合一の境地，絶対的純一性の地平において，存在の本来のありさま，存在そのものが姿を現わす。そこでは，認識それ自体が成立しなくなるものの，あらゆる存在者の究極の真相が立ち現れるのである。

要するに，スーフィズムの認識論がいうところの，認識器官の霊妙さに応じて得られるさまざまなレベルの認識や境地は，存在一性論と結びつくことで，いずれも存在論的裏付けをもつことになる。五感によって捉えられる現象世界のみならず，自己の内奥，心眼に映し出される深層意識の諸々の風景が，神の自己顕現の諸段階，存在の諸次元に対応するものとして，それぞれに一定の実在性を帯びるといってもよい。

また，この存在の諸次元と認識の諸地平は，全体として，神の自己展開と自己回帰のサイクルを成してもいる。すなわち，神が自らの本体たる存在を自己顕現させることで万物を創造したのち，人間（人間として顕現した神）が，自らの内面探求の果てに，ふたたび絶対的純一性へ回帰する，というサイクルである。そして存在一性論は，このサイクルこそを世界の全体像ないし実像として提示する思想体系なのであった。

中国におけるスーフィズムと存在一性論

前節で述べたように，中国の西北部に展開したスーフィー教団は，中国内地にあまり浸透しなかったものの，スーフィズムの認識論や存在一性論は，内地の中国ムスリムのあいだで盛んに研究された。その大きな理由のひとつは，それらの理論が中国伝統思想とのあいだに親和性を有していたからであろう。イスラームと中国伝統思想の架橋を目指した中国ムスリムにとって，スーフィズムのこの点はきわめて魅力的であったはずである。

たとえば，儒教のとくに朱子学の考え方は，スーフィズムの認識論と似ているところがある。

朱子によれば，人間は，通常の状態であると欲望によってその本性を覆われ隠されているために，本来の人間らしい振る舞いができなくなっている。

27　さまざまな霊的認識器官と存在の諸次元との対応関係の具体相については，たとえば，Buehler［1998: 112–115］に，ナクシュバンディーヤ派の議論が紹介されている。

悪くすれば，見た目は人間だが，心と体の振る舞いは禽獣ないしそれ以下というような有様を呈してしまう。そこで人間の本来あるべき様を回復すべく，人間本性を探求せねばならない。すなわち，人間本性に適った人間らしさとは，どういう心根や行為をいうのかを，個々の事例について考究（格物）し，自己の徳性を磨いていくのである。すると，あるとき突如としてその全体を律する究極の原理，人間性の根本となる「理」が認識され，体得されるようになる（致知）。このさいには，個々の事例における人間像を逐一考えずとも，いつでもどこでもおのずと人間らしい心と体の振る舞いが可能になる。これこそが，人間本性の回復・発揮である。朱子学ではこの境地が目指されるのであるが，それはいうなれば「理」との合一境にほかならない［吾妻 2004: 339］。そしてこの「理」は，人間性の根本であると同時に，宇宙の全体を律する原理（太極）でもある。すなわち，宇宙がなぜかくあるか，その全体的な秩序でもあるのだ。つまり，人間本性の探求の果てに，宇宙の存在論的根拠と一致するという理屈は，まさにスーフィズムの認識論と親和的である。

また朱子学では，個物それぞれがなぜそうあるかという，その個別的な原理は，いずれも宇宙の全体的秩序に収斂されると考える。逆にいえば，宇宙の統一的秩序が個物の原理としてもはたらいているとみなすのである（理一分殊）。全体が一に収斂されるというこの考え方も，万物が神の顕れであり万物の真相が神の絶対的純一性に帰される，存在一性論の構造とよく似ている。

はたして，スーフィズムの認識論や存在一性論が漢語に翻訳されるときには，しばしばこうした朱子学の思想的枠組みが援用された。そしてそれがイスラームの「中国化」に道を開いたことは，何度も述べた通りである。なお，中国における存在一性論の影響に関しては，第2章と第7章において，もう少し繊細な議論がなされるだろう。

ペルシア語文化の影響

「中国的」イスラームのもうひとつの特徴が，ペルシア語文化の影響である。ペルシア語は，現在でこそイラン，アフガニスタン，タジキスタンの公用語でしかないが，かつてはより広大な地域で通用していた。ペルシア語文化とは，そうした地域で育まれ，ペルシア語を媒体として表現された文学や思想，芸術，価値観などを指す［森本 2009: 26］。中国ムスリムの父祖たちの多くが，イランや中央アジアをはじめとするペルシア語文化圏中核地域の出身であったことの自然の帰結として，中国ムスリム社会は，ペルシア語文化圏の周縁をかたちづくることとなった。

ペルシア語文化の影響は，とくに彼らのイスラームにおいて顕著だった。すなわち，ペルシア語によって表現されたイスラームが，彼らの信仰を思想的に支えていたのである。イスラームそれ自体は，もちろんアラビア語文化の代表的な要素である。神の啓示，聖典クルアーンがアラビア語で語られ書かれたので，アラビア語こそがやはりイスラームの聖なる言語であった。実際，イスラームに関する著述には，アラビア語が用いられることが多かった。しかしイスラームの表現において，しばしばペルシア語が用いられたこともまた事実である。たとえば，スーフィズムに関する文献のなかには，ペルシア語のクルアーンと称された，ルーミー（Jalāl al-Dīn Rūmī, 1207〜73）の『精神的マスナウィー（Mathnawī ma‘nawī）』をはじめ，多くのペルシア語作品が存在する。のみならず，ペルシア語で著されたイスラーム法学文献も，少なくない。こうしたイスラーム文献は，まぎれもなくペルシア語文化の一部を成している。そして，そのようなペルシア語のイスラーム文献は，中国ムスリムのあいだでもよく読まれ，彼らが自らのイスラームを育むうえでの非常に重要な肥やしとなった。

しかし 8 章で詳しく述べるように，19 世紀以降になると，ペルシア語イスラーム文献にたいする警戒感が，中国ムスリムのあいだで顕著になる。アラビア語文献に記された「まともな」イスラームに比べると，ペルシア語文献に説かれるイスラームははなはだ怪しげだという言説が現われはじめるのである。直接の原因は，ペルシア語スーフィズム文献にたいする不信感にあった。背景には，西南アジアのイスラーム改革思想の影響があっただろう。

だが，こうした傾向は，そのような外部の影響によって突如としてはじまったのでは，おそらくない。それ以前に彼らの社会内部で進行していた，ペルシア語そのものの威信低下に連続する現象で，それはあったに違いない。すなわち，17世紀ごろからイスラームの再生が進むなかで，アラビア語の威信が高まったが，それに応じてペルシア語の地位が相対的に低下していったとみられる。

ペルシア語文化の中国的受容

この趨勢は，中国ムスリムの過剰な中国化による脱イスラーム化とその状態からの蘇生・再イスラーム化という，彼らに特有の歴史的経験に起源がある。ゆえにこの趨勢は，ペルシア語文化の受容，もしくはペルシア語を介したイスラームの摂取のあり方として，特殊「中国的」であるといってよい。実際，ペルシア語文化圏の周縁地域では，中国ムスリム社会と同様に，遅かれ早かれペルシア語の威信低下が生じたものの，それは各地の固有言語が文章語として台頭したことに，主な要因があった[28]。いっぽう中国ムスリム社会では，彼らの漢語化もさることながら，イスラームの再興とアラビア語の威信の増大が，ペルシア語の命運に大きく関わったところに特徴があるといえる。

といっても，中国ムスリムのあいだでは，ペルシア語文化がただ単に衰退していったわけではない。たとえば，9章でも登場する，独立したペルシア語の文法書としては世界最古といわれる作品，『風 (*Hawā'*)』と『探求の道 (*Minhāj-i ṭalab*)』が，1660年に山東済寧の常志美によって著された。本格的なペルシア語文法書が，ペルシア語文化圏の中核地域ではなく辺境で先駆けて書かれたというのは，一見奇妙である。ましてや今まさに述べたように，この時期の中国ではペルシア語の威信低下が進行していたことを思えば，いっそう驚かれるかもしれない。が，歴史の常として，文化がその影響圏の辺境でこそ問い直され，新たに創造されてきたことを思い出すならば，世界最古のペルシア語文法書が中国に出現したことは，それほど不思議ではない。また，文化の消滅の危機に際して反動的復興が起きるのも，しばしばみられることである。

要は，中国ムスリム社会がペルシア語文化圏の辺境に位置し，しかもペル

28　スーフィズム文献における各地の固有言語の台頭については，矢島［2009］を見よ。

シア語文化の消滅の危機を迎えようとしていたという，特別な地理的・時期的条件が，ペルシア語文化の創新を促したということである。したがって，ペルシア語文化衰退期に常志美がペルシア語文法書を執筆したことは，ペルシア語文化受容の中国的なあり方として注意されてよい。そしてそのことは，イスラームの「中国化」が必ずしもイスラーム的要素の消失や弱体化を意味するものではないことを示唆する。

以上のことは，第 8 章，第 9 章であらためて論じよう。

中国イスラームの「経典」

ここまで述べてきた「中国的」イスラームの特徴，すなわちハナフィー派絶対主義，スーフィズム理論と存在一性論の浸透，ペルシア語文化の影響は，中国ムスリムのあいだで流布していたアラビア語・ペルシア語文献[29]の上からも確認できる。本節の最後に，この点を確認しておこう。

中華民国のころ，中国ムスリムのあいだでは，儒教の「十三經」にならっ

29　中国ムスリムのあいだに流布していた文献について知るには，たとえば，次のようなものがある。中西ほか［2012］は，河南省開封とその近郊の朱仙鎮に存在するほぼ同内容の 2 つのアラビア語碑文（17・18 世紀の交にその原テクストが成立したと考えられる）にみえる，27 種のイスラーム法学文献の同定を試みる。Leslie and Wassel［1982］は，劉智の『天方性理』『天方典禮』に列挙されている参考文献を同定する。Leslie et al.［2001］は，1782 年に乾隆帝の御覧に呈せられたアラビア語・ペルシア語文献を同定する。Blodget［1866］は 19 世紀北京に存在したアラビア語・ペルシア語文献を報告する。Bouvat［1908］と Hartmann［1908］は，20 世紀初頭の北京三里河清真寺の蔵書を報告し，同定を試みている。Vissière et al.［1911: 284–293］は，20 世紀初頭にドローヌ調査団が甘粛から持ち帰ったペルシア語文献について説明する。Vissière et al.［1911: 377–8］は，20 世紀初頭の北京は “Kiao tseu lou tong”（牛街の東側に平行する教子胡同か）の清真寺のアホンの蔵書目録を掲げる。佐口［1950］は，1944 年の内蒙古長城地帯における調査結果として，当時同地の諸清真寺で使用されていたアラビア語・ペルシア語の経典を報告，同定する。白蓮父［1985］は，馬德新以後の雲南の経堂教育で使用されてきたアラビア語・ペルシア語経典を列挙する。

また，中国に残存するアラビア語・ペルシア語作品の写本については，Dānish-pazhūh［1362 AHS］や，Bakhtyar［1994］とそこに挙げられている諸カタログ類を見よ。くわえて，現代中国で流布しているアラビア語・ペルシア語の刊本については，杨・余［1995: 368–377］を見よ。

て，「十三部経」とよばれる一群のアラビア語・ペルシア語文献が主要経典として認知されていた。その内訳は，必ずしも固定されていたわけではないが，おおむね次のようなものであった［杨・余 1995: 347–368; 龐士謙 1937］。

① 5部作[30]から成るアラビア語文法書『諸々の知識の基礎（*Asās al-ʻulūm*）』[31]。中国では「連五本」の通称で知られる。

② イスファラーイニー（Tāj al-Dīn Muḥammad b. Muḥammad Isfarā'inī, H. 684（1285）没）の『灯明の光輝（*Ḍaw' al-miṣbāḥ*）』。ムタッリズィー（Abū al-Fatḥ Nāṣir al-Muṭarrizī, 1143～1213）のアラビア語文法書『文法についての灯明（*Miṣbāḥ fī al-naḥw*）』の注釈である［GAL, GI: 293, SI: 514］。

③ ジャーミー（ʻAbd al-Raḥmān Jāmī, 1414～92）のアラビア語文法書『輝きの効用（*al-Fawā'id al-ḍiyā'iyya*）』，またの名を『ムッラー・ジャーミー（*Mullā Jāmī*）』［GAL, G2: 207］。イブン・ハージブ（Jamāl al-Dīn Abūʻ Amr Uthmān b. ʻUmar b. Abū bakr b. al-Ḥājib, after. H. 570（1174）～H. 646（1249））のアラビア語文法書『十分（*al-Kāfiyya*）』の注釈である［GAL, GI: 304, SI: 533］。

④ タフターザーニー（Saʻd al-Dīn al-Taftāzānī, 1322～89/90）の修辞学書『《鍵》の摘要（*Talkhīṣ al-Miftāḥ*）』。中国では『修辞学（*Bayān*）』もしくは『修辞学の要約（*Mukhtaṣar al-maʻānī*）』の名でも知られる。サッカーキー（Sirāj al-Dīn Abū Yaʻqūb Yūsuf b. Abū Bakr al-Sakkākī, H. 555（1160）～H. 626（1229））の『諸学の鍵（*Miftāḥ al-ʻulūm*）』の第3部の摘要『長い注釈（*al-Sharḥ al-muṭawwal*）』か『短い注釈（*al-Sharḥ al-mukhtaṣar*）』のいずれかで

30　次の5作品である。『語形変化論（*Ṣarf*）』。『ムイッズィー（*Muʻizzī*）』。ʻIzz al-Dīn ʻAbdal-Wahhāb al-Zanjānī が H. 625（1257）年に著した『ザンジャーニー（*Zanjānī or Taṣrīf al-Zanjānī*）』［GAL, GI: 283, SI: 497］。Abū Bakr ʻAbd al-Qāhir b. ʻAbd al-Raḥmān al-Jurjānī（H. 471（1078/9）年没）の『語形変化を左右する百の因子（*Mi'a ʻawāmil or Kitāb ʻawāmil al-mi'a*）』［GAL, GI: 287, SI: 503］。『灯明（*Miṣbāḥ*）』（後出のムタッリズィー『文法についての灯明』のこと）。

31　パキスタンのパンジャーブの人，Muḥammad Ḥayāt という人が編纂したという［杨・余 1995: 347］。

あろう［GAL, GI: 295, SI: 516］。

⑤　タフターザーニーの神学書『ナサフィーの《信条》の注釈（*Sharḥ al-ʻAqā'id al-Nasafiyya*）』［GAL, GI: 427, SI: 758］。ナサフィー（Najm al-Dīn Abū Ḥafṣ ʻUmar al-Nasafī, 1068～1142）の『信条（*ʻAqā'id*）』の注釈である。

⑥　サドルッシャリーア2世（ʻUbayd Allāh b. Masʻūd Ṣadr al-Sharīʻa al-Thānī, 没年はH. 747（1346）年ほか諸説あり）の法学書『《護り》注釈（*Sharḥ al-Wiqāya*）』［GAL, GI: 377, SI: 646］。サドルッシャリーア1世（Burhān al-Dīn ʻUbayd Allāh b. Maḥmūd al-Maḥbūbī）の『伝承の護り（*Wiqāya al-riwāya*）』[32]の注釈。

⑦　イブン・ワドアーン（Muḥammad b. Aḥmad b. ʻAlī b. Wadʻān, H. 494（1101）年没）による40のハディースの注釈『説教集（*Khuṭab or Kitāb al-khuṭab al-arbaʻīn al-Wadʻāniyya*）』［GAL, GI: 355, SI: 602］。

⑧　タージュッディーン（Tāj al-Dīn Ḥāfiẓ Bukhārāyī）の『40のハディース（*Arbaʻīn aḥādīth*）』もしくは『預言者の講話（*Khuṭab al-nabawī*）』にたいする，フサームッディーン（Ḥusām al-Dīn b. ʻAlā al-Dīn al-Nūjābādī）[33]による注釈『40の講話の注釈（*Sharḥ Khuṭab al-Arbaʻūn*）』。

⑨　ナジュムッディーン・ラーズィー（Najm al-Dīn Rāzī, 1177～1256）の神秘主義著作『下僕たちの大道（*Mirṣād al-ʻibād*）』。

⑩　ジャーミーの神秘主義著作『閃光の照射（*Ashiʻʻa al-lamaʻāt*）』。ファフルッディーン・イラーキー（Fakhr al-Dīn ʻIrāqī, 1211～89）の神秘主義韻文作品『閃光（*Lamaʻāt*）』の注釈である。

⑪　常志美（ムスリム名はMuḥammad b. al-Ḥakīm, 1610～1670）のペルシア語文法書2部『風（*Hawā'*）』と『探求の道（*Minhāj al-ṭalab*）』。

⑫　サアディー（Saʻdī al-Shīrāzī, 1210頃～92頃）の教訓物語書『薔薇園

32　同書は，マルギーナーニー（Burhān al-Dīn Marghīnānī, 1117～97）の『導き（*Hidāya*）』の摘要である。

33　彼は，ブルハーヌッディーン・サーガルジー（Burhān al-Dīn Sāgharjī）の弟子だという［Afshār 1360 AHS: 93, Dānish-pazhūh 1362 AHS: 1017］。このサーガルジーは，イブン・バットゥータ（1368/1369/1377年没）が言及する，彼と同時代の大都（北京）の有力者で，クブラウィーヤ（Kubrawiyya）派のシャイフとして知られる人物に同定できるだろう。サーガルジーについては，磯貝・矢島［2007: 131–2］を見よ。

(*Gulistān*)』。

⑬ 『クルアーン』。

これらは，民国時代よりも前に中国で流布していたものばかりである。すなわち，清代の初めに河南や北京などの清真寺で教鞭をとった舎起靈の教科書リスト［清真, xx: 19; 系传谱: 19–20］や，ほぼ同時代に生きた南京のムスリム学者劉智の『天方性理』『天方典禮』に掲げられた参考文献書目［Leslie and Wassel 1982］，および1782年に乾隆帝の御覧に呈せられたアラビア語・ペルシア語文献の目録［Leslie et al. 2001］のなかにも見出されるのである。そしてこれらは，中国ムスリムの伝統的な読書傾向を，よく反映している。

その傾向とは，第1に，ペルシア語文献がよく読まれてきたということである。「十三部経」のうち，⑧〜⑫がペルシア語文献である。ちなみに，先述の通り，⑪の文献は，ペルシア語文法を専門に扱った独立著作としては世界最古といわれる。作者の常志美は，山東のムスリム学者であった。

第2の傾向としては，スーフィズムに関する書籍が珍重されてきたということが挙げられる。「十三部経」には，その手のものとして⑨と⑩がエントリーされている。ほかにも，アズィーズ・ナサフィー（Azīz Nasafī, 1300年以前没）の『至遠の目的地（*Maqṣad-i aqṣā*）』や，ジャーミーの『光芒（*Lawā'iḥ*）』（これらもペルシア語文献である）などが，清初以来よく読まれてきた。ついでながら，アズィーズ・ナサフィーやジャーミーといえば，イスラーム思想界の巨人イブン・アラビーの思想の解説者として有名である[34]。中国ムスリムのあいだにもイブン・アラビーの思想が浸透したのは，彼らの著作を通じてであった。

さらに第3の傾向として，中国ムスリムはスンナ派四法学派のひとつであるハナフィー派に属し，彼らのあいだでは，同派の著作が他派のものを排し

34　アズィーズ・ナサフィーについては，Ridgeon［1998］を見よ。ナサフィーは，中央アジアのナサフ出身で，クブラウィーヤ派のスーフィーとして知られる。ジャーミーについては，たとえばNizami［1997: 174–5］を見よ。ジャーミーは，アフガニスタンのジャーム出身で，ティムール朝下のヘラートで活躍した。優れた詩人であり，ナクシュバンディーヤ派のシャイフとしても知られる。

て数多く流布してきたということが指摘できる。「十三部経」中の唯一の法学書である⑥も，やはり該派の法学書に相違ない。

ところで，とくに前近代の中国ムスリムが親しんだ諸経典のうちには，中央アジアやイランで著されたものが数多く目につく。くわえて，それらの成立年代は，モンゴル時代，あるいはそれ以前に書かれたものが多数を占める。この傾向は，中国ムスリムの父祖たちの多くが中央アジアやイランの出身者であったこと，あわせて彼らの来華がユーラシアの東西統合のすすんだモンゴル時代にピークに達したことに起因している。ただし，中国と西方の行き来が比較的疎遠になったとみられるモンゴル時代以降も，中国への経典の伝来はけっして途絶えなかった。たとえば，ティムール朝下で活躍したジャーミーやタフターザーニーの作品などが，中国ムスリムのあいだで古くから流布してきたことからも，それは明らかである。

ともあれ，結果として，中国ムスリムが古くから奉じてきた経典は，同じくペルシア語文化とハナフィー法学派の強い影響下にあった中央アジアや南アジアのムスリムたちのあいだで権威を認められてきた作品と，種類が非常に似通うこととなった。中国と中央アジア，南アジアは，ペルシア語のイスラーム神秘主義文献やハナフィー派の法学書の数々を共有した。ほかにも，たとえば，伝統的イスラーム教育におけるアラビア語文法の教科書は，中国と中央アジアとでほぼ共通している[35]。

35　近代に入ると，中国ムスリムが手にする経典のヴァリエーションは，各段にふえた。鉄道や汽船などの交通手段の発達によってマッカ巡礼やイスラーム世界の各地に行きやすくなり，中国ムスリムがイスラーム諸国から新たな書籍を携えて帰国することが多くなったことも一因である。そうこうするうち，イスラーム諸国の活版や石版の印刷刊本が，数多く輸入されるようになった。たとえば王静齋（1879～1949）は，1903 年の段階で，河北省孟村県の海思福という人が 200 余種もの印刷刊本を所有していたと述べている［王静齋 1937: 108］。王静齋自身も，マッカをはじめとする中東を旅したのち，600 余種の印刷刊本を携えた帰国した［王静齋 1937: 112］。現在中国で出回っている，19 世紀末から 20 世紀前半のデリー版やムンバイ版，マッカ版，エジプトのブーラーク版，イスタンブル版，カザン版などの印刷刊本は，おそらくその当時の遺産であろう。

そのうえ，とくに 19 世紀以降になると，中国ムスリム自身がアラビア語やペルシア語で著述をおこなうようになった。たとえば，馬徳新（1794～1874），馬聯元（1841～1903），馬良駿（1867～1957）などが，比較的多作で有名である。

第4節　19世紀の中国ムスリムとそのイスラーム

17，18世紀を通じて形成された「中国的」イスラームは，19世紀にさらなる変貌を遂げる。背景には，中国ムスリム社会をめぐる歴史的状況の激変と，西南アジア由来のイスラーム改革思想の影響があったと考えられる。本節ではそのあらましをみておきたい。

回漢対立の激化

清代の中国ムスリム（回民）は，周囲の非ムスリム中国人（漢人）と交渉しさまざまな関係を取り結ぶいっぽうで，内部で強固に団結した自立性の高いコミュニティを営んだ。また，固有の信仰や慣習を頑なに守り，文化的にも独自性を保った。さらに彼らは尚武の気質に富み，ともすれば周囲に粗暴な印象を与えた。こうした彼らの異質性は，しばしば彼らをとりまく非ムスリム中国人を不安にさせ，苛立たせた。中国ムスリムの側でも，周囲の人々から蔑視や危険視の眼を向けられると，往々にして態度を硬化させ，対決姿勢をとったので，これがまた周囲の偏見を助長した。

このような「回」と「漢」のあいだの緊張関係は，前述したように，漢語イスラーム文献の著者たちによって緩和に向けた努力がなされたほか，清朝の皇帝たちによっても調停が試みられた。たとえば雍正帝は，中国ムスリムの存在にたいする危機感をいたずらに表明した地方官たちを叱責ないし処分した。乾隆帝は，中国西北部で発生したジャフリーヤ門宦の反乱にたいしては冷厳な態度で臨んだものの，いっぽうで反乱に加担しない者は明確に区別し，基本的には中国ムスリムにたいする一視同仁の姿勢を崩さなかった。これらの努力は一定の効果を生んだようで，清代前半には回漢関係が決定的に悪化することはなかった［片岡 1975］。

ところが清代も後半になると，両者の対立は先鋭化していった。背景には，景気が後退するなか人口の増大と流動化が生存競争を激化させたことや，社会不安が増大するなか地域社会の武装化が進んでいったことが挙げられる［安藤 2002; 黒岩 2002］。そして回漢対立は，清の咸豊年間（1851～61），同治年間（1862〜74）に，中国の西南部と西北部においてクライマックスを迎える。両者のあいだの武装闘争，報復合戦がエスカレートし，最終的に中国ムスリムによる清朝への反乱，いわゆる「回民起義」へと発展していったのである。

雲南ムスリム反乱（1856〜1874）

雲南における回漢間の武装闘争は，すでに嘉慶5（1800）年を皮切りに道光年間（1821〜50）を通じて頻発していた［安藤 2002］が，ムスリム反乱[36]の直接の原因となったのは，咸豐4（1854）年の楚雄府南安州の石羊銀鉱における衝突であった。そして咸豐6（1856）年，回漢が互いの報復に疑心暗鬼となるなか，省城の昆明で地方官の認可のもとにムスリムの虐殺（洗回）がおこなわれたのを機として，雲南各地でムスリムたちが自衛のために次々と蜂起する事態となった。

各地の蜂起集団は，やがて二大勢力へ糾合されていった。すなわち，著名なイスラーム学者の馬德新（字は復初，1794〜1874）を指導者と仰いだ雲南東部の勢力と，杜文秀（1823〜1872）が率いた雲南西部の勢力である。

結局，反乱の主体となったのは後者であった。杜文秀は，咸豐6（1856）年に大理を攻略して以来，そこを拠点に独立政権をうち建て，自らをスルターン・スライマーンと称し，最期まで清朝に抵抗した。同治11（1872）年，清軍が大理城内に攻め入ったさい，彼は服毒自殺を遂げたといわれる。翌年に大理が陥落した後も，残党が抗戦を続けたが，同治13（1874）年に雲南ムスリム反乱は尽く平定された。

いっぽう雲南の東部では，咸豐6（1856）年に臨安（建水）で蜂起した馬如龍が，反乱の核となり，咸豐7（1857）年には，馬德新を反乱軍の領袖にかつぎだして，雲南省城昆明を攻囲した。しかし馬德新と馬如龍は，咸豐8（1858）年に清軍と和議を結び，この和議は一度決裂するものの，けっきょく彼らは同治1（1862）年に清軍の慰撫に応じて投降した。その後，馬德新はアホンとしての活動やイスラーム関連の著述刊行に専念するようになる

36　以下，雲南ムスリム反乱についての記述は，基本的に王樹槐［1968］，今永［1976］，荆德新［1991］による。

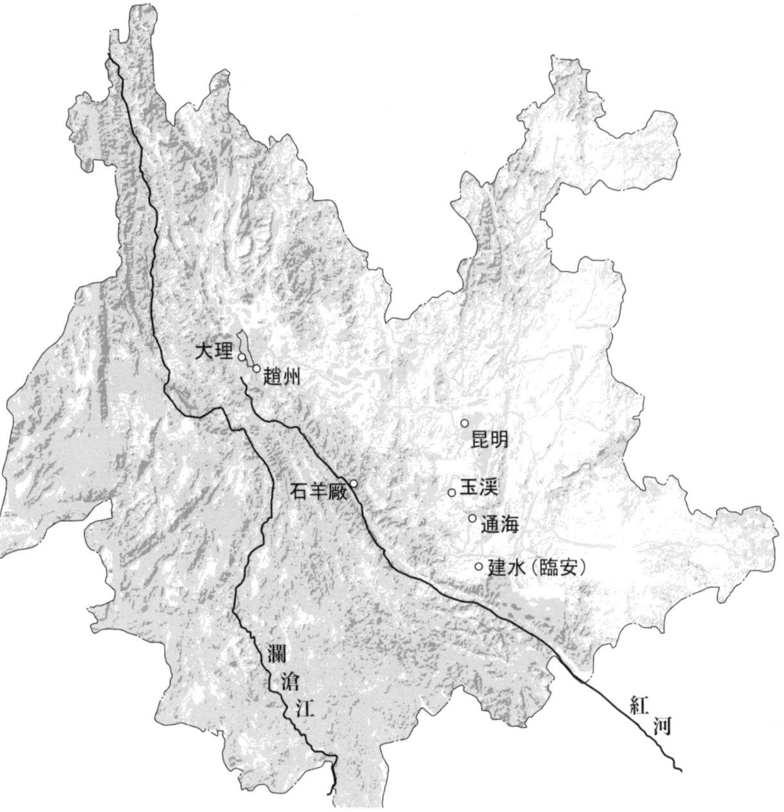

図1-2　雲南ムスリム反乱関連地図

が，彼を旗頭としていた反乱勢力は，逆にムスリム反乱を鎮圧する側にまわることとなった。この集団は，馬如龍によって率いられ，清軍の手先となって杜文秀政権を攻撃した。

馬徳新も馬如龍も，圧倒的な少数派である中国ムスリムが，中国社会やその支配者に背を向けることは非現実的であると考えていたようである。自衛のためにやむにやまれず蜂起に踏み切っただけで，清朝が中国ムスリム社会の安全を保障できるのであれば，その支配を受け入れることにやぶさかでは

図 1-3a　杜文秀が拠った大理の風光。洱海を望む。

図 1-3b (左下)　杜文秀殉難の地。下兑村の清真寺境内。

図 1-3c (右下)　通海県大回村 (大東溝) のジャフリーヤ派清真寺の裏手山中に設けられた焼香台。大東溝は，雲南ムスリム反乱のさいに，清軍に抵抗するジャフリーヤ派の拠点であったが，同治 10 年末に陥落し，指導者の馬聖麟 (馬明心の孫) をはじめ，多くの人が清軍に殺害された［張承志 1993: 176-181］。焼香台は，その殉教者たちの魂を弔うためのものであろう。

ない，むしろ歓迎する，というのが彼らの本意だった[37]。くわえて，対応を誤れば雲南ムスリム社会の消滅もありうるという切迫した状況が，現実に存在したのだろう。少なくとも彼らはそう認識し，それを直視し，困難な舵取りを迫られた。彼らが同胞を裏切って清朝の側についたのは，同胞の存続を確保するための苦渋の決断であったに違いない。

しかしムスリム反乱の終息後，馬徳新は，中国ムスリム社会にたいするその影響力の大きさを懸念され，まもなく罪を帰せられて処刑された。馬如龍も，結局は警戒，冷遇され，光緒17(1891)年に失意のうちに世を去った[白寿彝2000: 1451–1452]。雲南ムスリム社会はかろうじて消滅を免れたものの，多くの指導的人物を失い，争乱で荒廃しきった状態から，再出発せねばならなかった。

西北ムスリム反乱（1862～78）

雲南のムスリム反乱に少し遅れて，中国の西北部でもムスリム反乱が勃発する[38]。直接の原因は，今回も回漢の局地的衝突であった。伝えられるところでは，同治1(1862)年のこと，陝西で太平天國軍の侵攻に備えて集められたムスリム民兵(團練，郷勇，回勇)が，とある漢人村落を通過したさい，民家の竹を無断で伐採したために村民に殺されたのが発端だという。報復が報復を呼び，紛争が拡大していくなか，皇帝がムスリムの虐殺(洗回)を認可したという噂が飛び交い，これが起爆剤となった。絶望したムスリムたちが，陝西各地で自衛のための反乱に立ち上がったのである。白彦虎(1841～1882)などがこれを指揮した。

反乱の火の手は間もなく陝西から甘粛へと飛び火し，各地のムスリムたちを巻き込んで，燎原の火のごとくに燃え広がった。ジャフリーヤ門宦の領袖，馬化龍(1810～71)も，同治2(1863)年ごろ決起に踏み切った。以来，

37　松本[2006]は，馬徳新の平和主義について次のような興味深い指摘をなしている。すなわち彼は，ペルシア語文献『遥かな目的地』(本書では『至遠の目的地』と呼ぶ)の漢訳において，原文を発展的に訳し，非暴力，不殺生，清貧を強調しているという。

38　以下，陝西・甘粛・寧夏・青海の西北ムスリム反乱についての記述は，中田[1959]，張承志[1993]，中田[1994]による。

彼とその根拠地があった寧夏靈州の金積堡（現呉忠市金積鎮）は，西北ムスリム反乱のひとつの核となった。

そのほか，馬占鼇アホン（1830～86）の指揮する一団が，同治3（1864）年に甘粛の河州（臨夏）を奪取してそこを拠点とし，たびたび清軍を撃退して反乱勢の有力な一角をなした。また青海では，同治2（1863）年ごろから，華寺門宦の指導者，馬桂源が反乱を主導していた［马通 2000a: 168-171］。彼は，一度は当局の慰撫に応じ西寧知府を代理したが，裏では相変わらず反乱諸勢力とつながっていた。反乱末期の同治11（1872）年に，白彦虎などの率いる敗残の陝西ムスリム勢が逃れてくると，これと連携し，西寧に拠って再び公然と反旗を翻した。さらに甘粛の肅州には馬四が起こった。

西北のムスリム反乱勢力は，太平天國軍や捻軍とも呼応しつつ清軍を大いに苦しめた。しかし指揮系統が統一されず，各地のムスリム勢力がばらばらに動いていたため，結局は各個撃破されていった。左宗棠（1812～85）ひきいる清軍は，同治8（1869）年に陝西の反乱勢力をおおむね平らげ，同治9（1870）年末には金積堡を攻略した。馬化龍は翌年に処刑された。

いっぽう河州では，同治10（1871）年に馬占鼇が清朝に帰順した。この帰順は，雲南ムスリム反乱における馬徳新や馬如龍と同様の意図からなされたものと考えられる。すなわち，中国ムスリム社会の安全と存続こそが，彼らの最優先事項なのであった。実は，馬化龍にしても同じ意図のもとに何度も清軍への帰順を申し入れていたのだが，彼の場合，結局は許されず，最期まで抗戦せざるをえなかったにすぎない。

馬占鼇は，清朝に投降した後，ムスリム反乱の鎮圧に協力せねばならなかった。が，その見返りに，河州のムスリムは殲滅を免れた。その後，馬占鼇やその部下の子孫たちは，民国時代の西北ムスリム軍閥へと成長した。また河州も，中国有数のムスリム集住地区として発展し，やがて「中国の小マッカ」と称されるまでになり，現代では中国イスラームの学術的中心地となっている。

陝西や甘粛・寧夏・青海のムスリム反乱は，同治12（1873）年ごろまでに鎮定された。反乱じたいはしかし，その後も新疆・東トルキスタンで継続された[39]。同地ではすでに1864年以来，反乱がつづいていた。クチャにおいて中国ムスリムがトルコ系ムスリムと連合して蜂起したのがはじまりだった。反乱はその後，各地のトルコ系ムスリムをも巻き込みながら，またたくまに東トルキスタン全域に波及した。やがて各地の反乱勢力は，コーカンドからやって来た梟雄ヤークーブ・ベグの掌握するところとなり，同治9（1870）年ごろには東トルキスタンのほぼ全域がその支配下に入った。ただし，イリ地方のみは，同治10（1871）年にロシア軍が火事場泥棒よろしく，どさくさに紛れて占領してしまう。そして，1877年にヤークーブ・ベグが死んで政権が瓦解すると，ほどなくして反乱は平定された。また，イリ地方は1881年に，ロシアへの多額の賠償金と引き換えに，清朝に返還された。

19世紀における中国イスラームの変容と馬徳新

19世紀における中国イスラームの変容として，まず注目されるのは，第5章に登場する馬徳新の思想である。上でも述べたように，彼は雲南ムスリム反乱を実地に指導した経歴をもつ。また，西北ムスリム反乱の情況も伝え聞いていただろう。これらの経験は，間違いなく彼の思想に多大な影響を与え，中国イスラームに新たな展開をもたらす一因になったと思われる。

雲南ムスリム反乱の指導を通じて，あるいは西北ムスリム反乱の推移についての伝聞を通じて，彼は雲南ムスリム社会の消滅の危機を十分に現実的なものとして感じていただろう。そして，その強烈な危機感は，必然として，イスラームと中国伝統文化や中国社会とのあいだの調和をめぐる彼の関心を，並々ならぬものとした。くわえて同時に，それとは矛盾するようではあるが，同じ危機感は，中国ムスリム社会の独自性の根幹をなすイスラームの保全への意志をも，従来にないほどの強固さで，彼のなかに植え付けたようである。

のちに彼は，雲南ムスリム社会の存続を期して清朝に帰順し，以降はイスラーム関係の著述と刊行に没頭するようになる。刊行された著作の中には，アラビア語の自著や，それを弟子たちに漢訳させたもの，また自ら漢語で書

39　以下，新疆の反乱の記述は，濱田［1999］による。

いて弟子に校正させたものもあった。そのうち漢語の作品では，漢語イスラーム文献のセオリーに従い，イスラームと儒教の親和性が示された。ただし，いっぽうで馬徳新の漢語イスラーム文献では，イスラームと儒教の差異も，かなり強調されている。

従来の漢語イスラーム文献でも，その差異は言及されてきた。そして，大体においてそれが語られる文脈は，イスラームは儒教の不足を補うがゆえに中国社会にとって有用であるという，やはり融和主義的なものであった。もちろんその議論の背後には，イスラームが中国伝統文化に埋没してしまうことへの危惧が，多かれ少なかれあっただろう。しかしその危惧を，馬徳新は誰よりも強く抱いていたに違いない。彼がイスラームと儒教の差異を目立って強調しているのは，彼がイスラームと中国伝統文化や中国社会とのあいだの調停を図るのと同じくらい，イスラームの純粋性や中国ムスリム社会の独自性を維持することに相当の注意を払っていたからであろう[40]。

ところで，そのような意識・態度は，馬徳新のもうひとつの特別な経験である，マッカ巡礼と西南アジア周遊を通じても培養されたものと思われる。

40　馬徳新は，儒教が「人道」(現世の人倫) に関心を払うのにたいして，「天道」(神や来世の問題) を重んじるのがイスラームの特徴であるとみなし，ムスリム文化の独自性を維持するために，とくに「天道」の闡明に努めた [杨桂萍 2004: 82–87]。また，彼にとってイスラームの「天道」(因果応報) の追及は，儒教の「人道」の保守と相互に補完しあうことであるとも観念されていた [杨桂萍 2004: 87–99]。また，松本耿郎氏は，馬徳新が「イスラーム思想と儒教思想を折衷したのではなく儒教思想をイスラーム的コンテクストに埋め込もうとした」ことを指摘する。すなわち，まず松本 [2007] は，いわゆる「全體大用」が，朱子や劉智においては生前の人格完成によってただちに実現するとされているのにたいして，馬徳新においては生前の人格陶冶を踏まえて死後に実現するとされている，と指摘する。そして松本 [2009] は，馬徳新における全体大用の死後実現の思想や，その思想を支える2種類のルーフ (生命としてのルーフと，死後の復活の主体としてのルーフ) と2種類の身体 (滅ぶべき肉体と，復活の日の身体) という観念が，ガザーリーに淵源することを指摘した。くわえて松本 [2007] は，馬徳新が，『孟子』の「反身而誠楽莫大焉」の「反身」を，「身に反みて」ではなく，「身を反す」と読んで，死ぬ意味に理解していることを指摘する。さらに松本 [2009] は，馬徳新が，『論語』「先進」の「未だ生を知らず，焉んぞ死を知らん」を，死が生よりも重要であるとの意味で解釈していることを指摘する。このように松本氏は，馬徳新が，朱子の「全體大用」を特殊イスラーム的な来世の問題とからめて論じていたことを明らかにしている。

彼より前，とくに中国内地のムスリムのあいだで，マッカ巡礼に出かけたことのある者は，めったにいなかったようである。彼の巡礼体験は，中国では比較的特異であった。しかも，彼が旅した頃の西南アジアでは，ヨーロッパ列強の進出がようやく本格化し，ムスリムによるヨーロッパ近代文明の摂取が進むなか，イスラーム改革の気運も高まりつつあった[41]。馬徳新は，そのような時代の空気に直接に触れていたのである。

馬徳新の西南アジア周遊

馬徳新がマッカ巡礼および西南アジア周遊に旅立ったのは，アヘン戦争のさなか，道光21（1841）年のことである（以下，巻頭の折込地図も参照のこと）。この旅行の記録『朝覲途記』によれば，彼は雲南からビルマへ抜け，ヤンゴンからは船で，マッカの外港であるジッダを目指したという［朝覲: 2a］。その途中には，インドのカルカッタを経由し，同地では船を待つために4か月ほど滞在した。旅行記によれば，そこにはムスリムが刊行した印刷刊本が数多くあったという［朝覲 : 2b–3a］。

マッカには，道光23（1843）年5月に到着した［朝覲: 4a］。そして，同年12月に出発し，マディーナやカイロ，アレクサンドリアなどを経由して［朝覲: 6b–8b］，道光25（1845）年1月にイスタンブルに到着，7月までそこで過ごした［朝覲: 9b–11a］。その後，エルサレム［朝覲: 11b–13b］などを経ながらアレクサンドリアにもどって，イスタンブルで購入した書籍など，あらかじめ送っておいた荷物を受け取り［朝覲: 14ab］，さらにカイロへもどった。カイロには，道光25年内に到着し，6か月ほど滞在した［朝覲: 14b］。またその後は，道光26（1846）年5月にマッカにもどり，1か月ほどのちに帰途についた［朝覲: 15b–16a］。

帰りは，途中シンガポールに1年弱滞在する［朝覲: 17ab］などして，道

41　イスラーム改革のいっぽうの旗手として後で言及する，イブン・アービディーン（1836年没）は，オスマン帝国が西洋列強の圧迫に苦しみ，セリム3世やマフムト2世のもとで欧化政策に邁進しはじめたころ，同帝国統治下のシリアで活躍した。イブン・アービディーンの著作には，当時の状況への危機感を明確に見出すことはできないものの，伝統の窮屈な側面にたいする彼の苛立ちがみてとれるという［Hallaq 2002: 44］。

光28 (1848) 年9月に広東に到着した［朝覲: 18a］。最終的に雲南に帰り着いたのは，道光29 (1849) 年4月のことだった［朝覲，18b］。

西南アジアにおけるイスラーム改革，とくに聖者崇拝への批判

この旅行を通じて馬徳新は，当時の西南アジアで唱えられていたイスラーム改革思想の潮流に接していたはずである。まず，彼が現地で購入した書籍がそれを可能にしただろう。彼は，少なくともイスタンブルで書籍を購入していることは確かであるが，おそらくカルカッタやその他の都市でもアラビア語・ペルシア語の文献を入手していたものと思われる。また，彼はマッカやイスタンブル，カイロでそれぞれ半年ずつほど滞在しているので，その間に現地のムスリム学者の薫陶を受けていたに違いない。実際，後でも述べるように，彼はマッカで出会ったイスマーイールという名の学者に感化されている。そして，それらのルートを通じて馬徳新に影響を与えたかもしれない改革思想としては，厳密に特定することは難しいものの，たとえば次のようなものが想定される。

すなわち，ムハンマド・イブン・アブドゥルワッハーブ (Muḥammad b. ʻAbd al-Wahhāb, 1703〜92) の唱道に端を発する思想として知られる，いわゆる「ワッハーブ主義」[42]。彼は，神の唯一性の確信 (タウヒード tawḥīd) に徹底してこだわり，聖者崇拝に類する諸慣行を厳しく糾弾した［Delong-Bas 2004: 65–75］[43]。また，神の啓示たるクルアーンの解釈をめぐって，過去の権威的

42 「ワッハーブ主義 (Wahhābiyya)」あるいは「ワッハーブ派 (Wahhābī)」は，他称であり，蔑称のニュアンスを帯びる。いわゆる「ワッハーブ派」の自称は，「一神教の徒 (muwaḥḥidūn)」である。また，「ワッハーブ派」と呼ばれるのは，必ずしも「一神教の徒」を称する人々にかぎらない。「ワッハーブ主義」や「ワッハーブ派」は，スーフィーたちの思想的対立者，とくに聖者崇拝に批判的な者たちへの批判的レッテルとしても機能する。たとえば，南アジアのバレールウィー派の領袖アフマド・リダー (Aḥmad Riḍā Barēlwī, 1921年没) は，デーオバンド (Deoband) 派を「ワッハーブ派」と呼んだ［Buehler 1999: 472 (n. 16)］。同様に中国でも，甘粛省臨夏の著名なアホン，祁明徳が，イフワーン派を「ワッハーブ派」と呼んで論難した。また現在も，祁明徳の衣鉢を継ぐ明徳清真寺の人々が，イフワーン派を「ワッハーブ派」と呼んで批判している。

43 ただし，ムハンマド・イブン・アブドゥルワッハーブは，現象としてのスーフィズムそのものやそれをおこなう人々を攻撃したというよりはむしろ，特定の諸慣行を問題に

見解に盲従すること（タクリード taqlīd）も，神以外のものに信を置くことだとして非難し［Delong-Bas 2004: 62, 106］，聖典の再解釈の努力（イジュティハード ijtihād）を放棄せぬよう訴えた［Delong-Bas 2004: 105–115］。そして，解釈の方法としては，クルアーンの文言を解釈するさいに，クルアーン全体との整合性や，個々の啓示が下されたさいの歴史的背景を吟味すること，ハディースその他もクルアーンと一致するかぎりにおいて信用することを提唱した［Delong-Bas 2004: 11, 100–105, 233, 238］[44]。

周知のとおり，ワッハーブ主義は，第1次サウード朝（現在のサウジアラビア王国＝第3次サウード朝の前身）による支配と征服のためのイデオロギーとして採用されたほか，イスラーム世界全体に巨大な思想的インパクトを与えた。とくに，サウード朝の軍事的躍進，なかでもマッカ・マディーナ両聖都の征服と預言者廟の破壊に伴い，その論争的な主張は，各地に賛否両論の盛大な渦を巻き起こした。また，サウード家の政治的・軍事的野望は，1818年にエジプトのムハンマド・アリー軍の討伐を受けて，いったん頓挫するものの，ワッハーブ主義はその後もイスラーム思想界を揺さぶりつづけた。たとえば，馬德新が西南アジア周遊に出かけたころ，ワッハーブ主義はすでにインドにまで到達していたかもしれない。サイイド・アフマド（Sayyid Aḥmad Barelwī, 1786〜1804）による，シャイフ・聖者崇拝への批判が，それを示唆している［Weismann 2007: 137–8］。

そして馬德新は，少なくともマッカにおいて，その類の思想に感染したらしい。彼は，先にも言及した，イスマーイール（以斯莫恩來＝Ismāʻīl）という名の学者から，シャイフを求めることの愚を諭され，結果としてそれまでの態度を改め，シャイフや聖者というものに批判的になったようである（馬德新『四典要會』巻四「正異考述」［清真，XVII: 259］，［杨桂萍 2004: 186–195］）。

していた［Delong-Bas 2004: 84］。

44　これにたいして，イブン・カイイム・ジャウズィイヤ（Ibn Qayyim Jawziyya, 1292〜1350）やサイイド・クトゥブ（Sayyid Quṭb, 1906〜66）は，クルアーン全体の整合性を勘案するのではなく，クルアーンの章句に優劣をもうける選択的解釈をおこなった［Delong-Bas 2004: 263］。

イジュティハードの精神

聖典の再解釈の努力，すなわちイジュティハードに関するムハンマド・イブン・アブドゥルワッハーブの主張も，馬德新の思想になにがしかの影響を与えていたかもしれない。詳しくは第5章でみるが，この中国ムスリム学者は，中国社会におけるイスラームの融和的実践とイスラームの純度の維持を同時に追求し，その実現の可能性を探るために，イスラーム法を精査し直した。これは，従来の中国ムスリムにはみられない，まったく新しい態度だった。そして，イスラーム法の現実的な運用と厳格な遵守とを両立させるために，イスラーム法の可能性を再点検しようとした，彼の姿勢それ自体は，まさしくイジュティハードの精神と相通じるところがある。

ただ，イジュティハードの重要性じたいは，西南アジアにおいて，とくに18世紀以降，多くの人物によって盛んに唱えられていた［Peters 1980］。したがって，イスラーム法をめぐる馬德新の思想に影響を与えた人物は，ムハンマド・イブン・アブドゥルワッハーブ以外にもさまざまな可能性が想定できる。単純に，馬德新の西南アジア周遊と重なる時期に活躍していた人物ということであれば，たとえば，シリアの学者イブン・アービディーン（Muḥammad Amīn b. ʻĀbidīn, 1784～1836）も，そのうちのひとりに数えられるかもしれない。

彼は，伝統的なスーフィーであった。ゆえに，ムハンマド・イブン・アブドゥルワッハーブの思想を奉じる，いわゆる「ワッハーブ主義者」を，イスラームから出て行った輩（khwārij）として非難した［Weismann 2005: 72］。が，イブン・アービディーンはまた，改革的な法学者でもあった。法学マニュアルに載る既成の法学説を墨守することに終始していた当時の法学者たちを批判し，イスラーム法の再解釈を訴えたのである。ただし，イブン・アービディーンは，イブン・アブドゥルワッハーブとは異なり[45]，イスラーム法の

45　イブン・アブドゥルワッハーブは，クルアーンやスンナとの一致こそを重視し，イスラーム法に社会の慣習を含めるべきではないと考えていた。ただし，社会の公益（maṣlaḥa）をイスラーム法解釈の重要な原理とみなしてはいた［Delong-Bas 2004: 100–103］。

導出の方法として，時代や社会の要請や慣習を考慮すべきだと唱えた[46]。また，ムハンマド・イブン・アブドゥルワッハーブが，既存の法学派の学説を，クルアーンと矛盾しないかぎりでのみ正しいと，消極的に容認したにすぎなかったのにたいして，イブン・アービディーンは，あくまでハナフィー派の学者として同派の学説を尊重した。ハナフィー派絶対主義を奉じる中国ムスリムにとっては，ムハンマド・イブン・アブドゥルワッハーブよりもイブン・アービディーンのほうが親しみやすかったかもしれない。

はたして，イブン・アービディーンの著作は，馬徳新が読んでいたかどうかは残念ながら定かではないが，少なくとも彼の弟子の馬聯元（1841〜1903）の議論においては，確かに重要な典拠となっていた。そして，19世紀における中国イスラームの新展開として，馬徳新が方向づけた道筋をたどり，それを大道となすべく踏みならしたのは，ほかならぬこの馬聯元であった。師を引き継ぎ，荒廃した雲南ムスリム社会の再生と存続を，自らの使命と感じていたようである。彼もまた師と同様に，雲南ムスリム反乱の惨禍を目の当たりにして衝撃を受け，それを思想形成の糧としていたに違いない（馬聯元についても，詳細は第5章で論じる）。

中国社会との融和を目指しながらも，あくまでイスラームの純潔を守るために，イスラーム法を見直すこと。これは，中国では全く新しいやり方であったが，馬徳新と馬聯元の師弟は，その先にこそ，中国ムスリムの未来を見すえた。彼らを新たな方向へと突き動かしたものを厳密に特定することは難しいが，雲南と西北のムスリム反乱や18・19世紀の西南アジアのイスラーム思想シーンが，その追い風となったことは確かだろう。

46　時の移ろいとともに社会の慣習は変化し，それに応じてイスラーム法も変化するべきである，というのが，イブン・アービディーンの信条だった。彼は，預言者のスンナやハナフィー派の権威的先達の見解も，当該時空の慣習にもとづくものであるから，ハナフィー派の権威的先達たちがもしイブン・アービディーンの時空に生きて同社会の慣習に接したならば，きっとそれをイスラーム法に組み入れたはずである，と考えていた。くわえて，クルアーンやスンナと全面的に衝突するような慣習は無効だが，少しでも一致するところがあれば，そのわずかな一致箇所こそを重んじて，その慣習をイスラーム法解釈において考慮すべきである，とも論じた［Hallaq 2002］。

章結

19 世紀になって中国ムスリム社会は，大規模なムスリム反乱を経験し，かつ西南アジアの思想界とリンクするようになった。そうした状況の中から，馬徳新や馬聯元といった人々が，新しい思想を展開するようになった。17，18 世紀を，中国イスラームの再生とその基本的形成の時期と位置づけるならば，19 世紀は中国イスラームの変容の時代であった。

馬徳新や馬聯元の後，つまり 20 世紀に入ると，中国ムスリムは，前代よりももっと容易に西南アジアの新思潮にふれることができるようになった。交通機関の発達によって彼ら自身が西南アジアに赴く機会が増えたほか，イスラームの新知識をのせた大量の印刷物が中国に流入するようになったからである。また，中国が近代化を本格化させ，このこともまた中国ムスリムに思想的インパクトを与えることとなった。その結果，当然ながら，中国イスラームもさらなる新展開を見せることになったようである。だが，その実相の究明は，これからの課題であり，本書の守備範囲とするところではないので，ここでは追究しない。

次章以下では，以上に述べた 17，18 世紀における中国イスラームの再生と形成から，19 世紀における変容までの具体相を，順にみていくことにしたい。

図1-4 「中国の小マッカ」こと，甘粛省臨夏。

第2章

イスラームの「漢訳」における中国伝統思想の浸潤

——劉智の「性」の朱子学的側面

「升降來復圖」(『天方性理』巻四)。「ムハンマドの霊（繼性）」から万物が順に顕現してゆき（來降），最後に顕れた人間が「ムハンマドの霊（繼性）」に回帰していく（復升），というプロセスを表している。

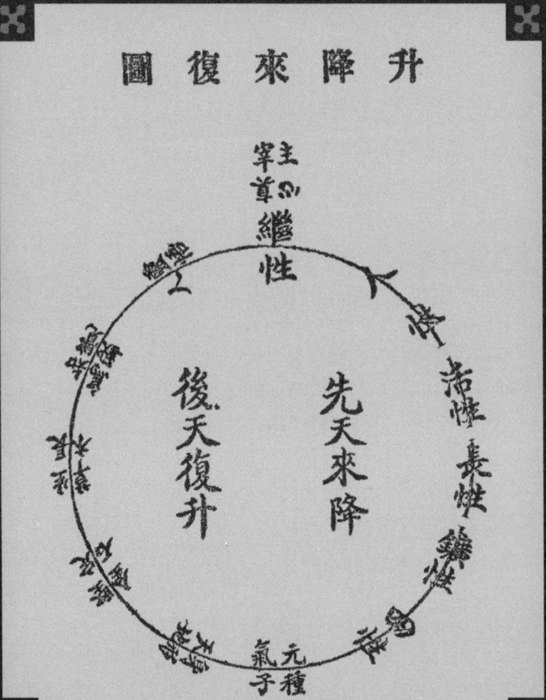

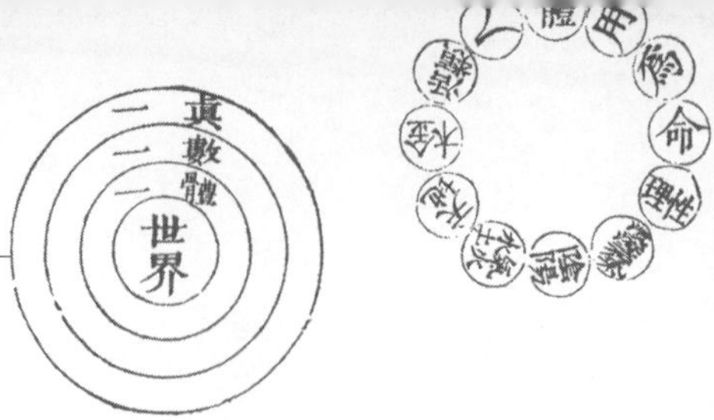

はじめに

明末以来，中国ムスリムの学者たちの手によって，アラビア語・ペルシア語を理解しない同宗者を啓蒙すべく，イスラームの教義を漢語で解説した書物が，さかんに著されるようになった。漢語イスラーム文献とでも呼ぶべき，それら一群の漢文典籍においては，アラビア語・ペルシア語で記されたイスラームの経典の内容が，中国伝統思想の術語を駆使した漢語で表現された。

ただし，この「漢訳」は，アラビア語・ペルシア語の語彙を，ただ単純に漢語で置換するだけというものでは，かならずしもなかったようである。すなわち，アラビア語・ペルシア語語彙の訳語として用いられた漢語が，ただ純粋にアラビア語・ペルシア語原語の概念を意味するだけにとどまらず，アラビア語・ペルシア語原語にはなかった中国伝統思想由来のニュアンスをも帯びるという現象が，どうやら生じていたらしいのである[1]。その現象は，中国ムスリムが，アラビア語・ペルシア語語句の翻訳，あるいは理解において，中国伝統思想から一定の影響を受けていたことを，意味するであろう。であればそれは，イスラームの「中国化」を考えるうえで，まことに興味深い現象である。

そこで本章では，上のような現象を伴う「漢訳」の一例として，劉智（南京の人，1724年以降没）[2] の『天方性理』のキー・タームのひとつである「性」

1　たとえば，仁子［2007］によれば，劉智の『天方性理』にみえる「真」と「有」のそれぞれは，アラビア語の「実相 (ḥaqīqa)」と「存在 (wujūd)」に対応しているが，「真」と「有」の関係は，朱子学の「無極而太極」の構造を模したものだという。

2　劉智は漢語イスラーム文献の著者として最も有名な一人である。主著は，スーフィズムに関する『天方性理』のほかに，イスラーム法学に関する『天方典禮』や，ムハンマドの伝記である『天方至聖實録』などがある。劉智の生涯や著作については，佐藤［2008: 5–27］を見よ。劉智の思想を扱った研究は数多くあるが，佐藤［2008］は，劉智の自然学という類例のないテーマを扱っている点で際立っている。劉智の思想を扱った注目すべき研究としては，ほかに，『天方性理』の訳注である Murata［2010］が挙げられる。『天方性理』のアラビア語・ペルシア語文献の典拠を丹念に調べている点が，非常に有用である。ただ，その訳文じたいは，残念ながら，単語の機械的な置き換えがなされるだけで意味が十分に通じていない箇所が多い。『天方性理』の訳注については，筆者も参加の語を取り上げる。それは，基本的には，アラビア語で「霊」を意味するルーフ（rūḥ）の訳語であるが，同時に，ルーフとは異なる，朱子学の術語としての「性」の語が特徴的にもっていた意味の一部をも帯びている[3]。このことの詳細に光をあてることで，劉智のイスラーム理解に儒教思想がどの程度介在していたかという問題，ひいては中国のイスラームにおける中国伝統思想の影響の実相如何という問題の一端を明らかにすることが，本章の目的である。

以下ではまず，劉智の「性」の語がもつ基本的相貌，すなわちアラビア語のルーフの訳語としての性の意味内容を，確認する。次に，劉智の性における朱子学的側面を指摘する。そして，劉智の性に，その原語のルーフにはなかった朱子学的側面がそなわったのはなぜか，それにはどのような意義があったのかを，考えることにしたい[4]。

なお，劉智の「性」の基本的相貌と朱子学的側面を腑分けするにあたっては，もちろん『天方性理』とその典拠となったアラビア語・ペルシア語文献との比較という方法をとるが，本論に入る前に，この手法の重要性を確認しておきたい。すなわち，アラビア語・ペルシア語原典の内容が，漢語イスラーム文献への「翻訳」によってどのように変容したかを，両者の綿密な比較を通じて分析することは，イスラームの中国化の実相を解明するうえで，最も王道的な手法であることを強調しておきたい。

従来の研究では，しばしば漢語イスラーム文献の漢文の文字面だけを根拠に，中国イスラームにおける中国伝統思想の影響が論じられてきた。たとえ

する「回儒の著作研究会」（またの名を「中国伊斯蘭思想研究会」）が刊行中のもの（佐藤・仁子［2002］や青木ほか［2005; 2006］など）もある。こちらは，可能なかぎり達意の訳文を提示することにつとめたうえで，充実した語釈を付し，のみならず訳文理解を助けるための詳細な解説をも付している。この解説は，劉智思想の研究としても十分読み応えがあるだろう。

3　劉智の「性」がルーフの翻訳であることは，つとに知られている（たとえばMurata［2010: 51–59］）。

4　本章は，「回儒の著作研究会」でかわされた議論に，非常に多くを負っている。また，『天方性理』テキストの解釈，訳出に際しては，いちいち記さなかったが，同会の発行する雑誌『中国伊斯蘭思想研究』にて連載中の『天方性理』の訳注［青木ほか 2005; 2006］を，大いに参考にした。同会のメンバーの方々には，この場を借りて，深く感謝申し上げたい。ただし，いうまでもないことだが，本稿の誤りは，全て筆者の責任である。

ば，王岱輿の『正教眞詮』をはじめとする漢語イスラーム文献において，「太極」の語が，神を起点とする創造プロセスの中間に位置づけられているのを指して，ここにイスラームと朱子学の結合がみられる，ということがしばしばいわれてきた。漢語イスラーム文献において「太極」はもはや朱子学のそれではなく，むしろ創造主のほうが，朱子学の「太極」に似る，という議論もよくみられる[5]。しかし，少なくとも『正教真詮』の太極は，実のところ基本的に，すぐ後で言及するペルシア語スーフィズム文献『下僕たちの大道』の「実体 (jawhar)」の訳語にほかならない。したがって，ここで問題にしなければならないのは，王岱輿のいう太極と，その「実体」や朱子学の太極とのあいだの微妙な差異だろう。しかし，そのような点は十分に検討されぬまま，イスラームと朱子学の和合という結論だけが主張されてきたのである。

イスラームの「中国化」や「中国的」イスラームの真相に迫ろうとするならば，そういう議論の仕方では不十分だろう。やはり，漢語イスラーム文献の内容を，そのアラビア語・ペルシア語原典の記述，および中国伝統思想の所説と比較し，三者の微妙な差異を明らかにし，その上で議論を組み立てていくことが求められる[6]。

第1節　「性」の基本的相貌

劉智の『天方性理』は，序跋のほか，「本經」5章と，各章を図と文によって注釈した「圖傳」5巻から成る。実質的には「本經」よりもむしろ「圖傳」こそが『天方性理』の主要部分であるといえる。「圖傳」各巻はさらに，それぞれ12の「圖説」から構成される。「圖傳」各巻の内容をごく簡単にいえば，次の通りである。巻一と二は，世界 (マクロコスモス) の生成，巻三と四は，人間 (ミクロコスモス) の生成と神への回帰，巻五は神，人，世界の全

5　このことは，早くは冯今源 [1982] によって論じられており，その後も，まったく同様の議論がしばしばみられる。たとえば，杨怀忠等 [1995: 388] や沙宗平 [2004: 160] など。

6　この研究手法は，つとに濱田 [2000] によって提唱されている。

体的な構造。

このような『天方性理』の内容は，さまざまなアラビア語・ペルシア語経典を典拠としている。なかでも「性」の基本概念は，ナジュムッディーン・ラーズィー・ダーヤ（Najm al-Dīn Rāzī Dāya, 1177〜1256）のペルシア語作品『下僕たちの大道（*Mirṣād al-ʻibād*）』[7]に出てくる，アラビア語のルーフ（rūḥ,「霊」の意）という語に，その主な淵源がある。たとえばその語は，同書の創造論のなかで言及されているが，その創造論とは次のようなものである。

神は世界の創造にさいして，まず，自らの「純一性（aḥadiyyat）の光のかがやき」を源に，そこから「ムハンマドのルーフの光（nūr-i rūḥ-i Muḥammadī）」を顕現させる［*Mirṣād*, 37］。「ムハンマドのルーフの光」は，またの名を「筆」ともいう。この最初の被造物は，「ムハンマドのルーフ（rūḥ-i khwāja）」および「知性（ʻaql）」とともに，はじめ３つで１つを成しているが，次に神は，あとの２つを分かれさせる［*Mirṣād*: 52］。そして，ムハンマドのルーフの方から，預言者，神の友（walī），信徒，反逆者，偽善者，不信者というさまざまな等級の人間や，天使，ジン，悪魔，動物，植物というさまざまな種類の生物，それぞれのルーフを，順に顕現させる。また，知性の方からは，アルシュ（ʻarsh，神の玉座），クルスィー（kursī，神の足置き），天の碑（lawḥ）と筆（qalam），諸天球（aflāk），星々，地水火風の中枢（markaz），鉱物，単一元素，複合物，といった無生物，それぞれのナフス（nafs，アラビア語で「魂」の意）を，順に顕現させる［*Mirṣād*: 38, 46–47, 56］。かくして，諸々のルーフやナフスからなる，霊的で不可視の形而上世界，マラクート（malakūt）界を創造した神は，しかるのち，肉体的・物質的万物のひしめく，可視の現象界，ムルク（mulk）界を創造する［*Mirṣād*: 57–59］[8]。

7　ダーヤは，イランのレイ（テヘラン）出身で，アナトリアでも活動した。クブラウィーヤ派のスーフィーである。彼についての詳細は，Algar［1982: 1–22］を見よ。なお，以下『下僕たちの大道』の訳出にさいしては，Algar［1982］の英訳を参照したところもある。

8　マラクート界の創造からムルク界の創造への移行は，『下僕たちの大道』によれば，次のようになされる［*Mirṣād*: 56–59］。まず，ムハンマドのルーフから，さまざまなルーフが顕現していくことで，ルーフの「清浄なるもの」が費やされていくと，最後に「しずくのごときかす（durdī quṭāra-ṣifa）」が残り，そこから「実体（jawhar）」が創造されこの神の万物創造プロセスに現れる，ルーフやナフスとは，万物の霊的要素，生命のごとき存立基盤，とでもいいえるものである。またそれらは，万物の個別性を生みだす役割も果たす。たとえば人間は，ダーヤがしばしばその創造を「ルーフと肉体の結婚」と表現している（たとえば［*Mirṣād*: 175］）ように，マラクート界のルーフが肉体と結合することでムルク界に存在するようになるが，このとき，預言者のルーフが肉体と結合すれば，預言者その人となるのである。また，マラクート界で神の友のルーフを，自らのルーフとして割り当てられた人は，神の友としてこの感覚世界に顕れることになる。あるいは，預言者であれば，預言者のルーフをその生命ないし個性として割り当てられており，神の友であれば神の友のルーフを備えている，といってもよい。

このことは，ダーヤが次のように述べているところから明らかである。すなわち彼は，「万物各々のマラクート」，つまりルーフもしくはナフスは，「そのものの生命（jān）であり，それによって，そのものは存立する」という。また，「万物各々のマラクートは，そのものに相応しいものである。〔神が〕“彼らは諸天と地のマラクートを見なかったか”［Qur’ān, VII: 185］とのたもうたように，天のマラクートは天に相応しく，地のマラクートは地に相応しい」と述べている［*Mirṣād*: 46］。

くわえて，とくにルーフについては，ムハンマドのルーフから顕現してくる，さまざまな等級のそれを，砂糖黍の原汁から煮込みをくりかえして抽出されてゆく，各種の糖にたとえて，大体次のようなことを述べている。すなわち，医薬としての白ざら糖（nabāt）と白糖（shakar）のあいだに互換性がないのと同様，ルーフはそれぞれ異なる特性をもつため，ほかのルーフを代理して別の者のルーフとなることはできない，と［*Mirṣād*: 39］。たとえば，神の友のルーフが，預言者のルーフとなることはできず，したがって神の友のルーフを割り当てられたものが，預言者になることはできない，ということである。

そして，ダーヤがいうルーフは，人間それぞれのアイデンティティの一環

る。次に，この実体が火と水に分かれ，さらにそこから蒸気と泡が生じ，蒸気から天が，泡から大地が創造される。

として，各人の帰趨をも左右する。すなわち，どのルーフを備えるかによって，その人の最終的に到達しうる位階・境地が，画定されてしまうのである。さらに言えば，各人の到達位階ないし最終境地が，彼が肉体を得てこの感覚世界に顕れる以前に，ルーフが創造されるマラクート界の段階で，彼の宿命として予定されてしまうのである。

ダーヤはつぎのように主張している［*Mirṣād*: 345–347］。人々のルーフは，4等級からなる。第1は，預言者と，神の友のなかの選良のルーフの等級，第2は，一般的な神の友と，信徒のなかの選良のルーフの等級，第3は，一般的な信徒と，罪人のなかの選良のルーフの等級，第4は，一般的な罪人のルーフと，偽善者や不信者のルーフの等級。それらのうち，第1の等級のルーフをもつ人々だけが，彼らに定められた段階を超えて，霊性の段階（maqām-i rūḥānīyat）から神的属性の世界（‘ālam-i ṣifāt-i khudāwandī）へと進むことができるが，ほかの等級のルーフをもつ人々は，そうはいかない。「みずからの分が許すかぎりにおいて完全に陶冶されるならば，当初はなかったような完全な上昇によって，みずからに固有の位階に到達する」のがせいぜいのところである。ただ，「各隊伍（等級）の人々のルーフが，潜在能力の美や清浄さを獲得したとき，その上級にある別の隊伍と向きあい，彼らの諸々の完全性を投影されるようになることで，彼らのうちに属すことはないが，彼らとともにあるようにはなる」。しかしいずれにせよ，預言者と神の友のなかの選良以外の者は，どうあがいても，そのルーフによって予定された分を超えることができない，というのがダーヤの見解なのである。

以上のようなルーフの諸特徴は，以下の3点が示すように，劉智の「性」においてもほぼ認められる。

第1に，劉智の性も，万物生成プロセスの形而上的段階において肉体・物質に先立って生成される。

劉智の生成論は，万物はそれぞれ唯一なる神がさまざまな程度の限定を加えられて顕現したものであるとする，いわゆる「存在一性論（waḥda al-wujūd）」から霊感を得て，神の万物創造を，「眞宰」[9]が万物として顕現・分化

9　最初の被造物であるムハンマドのルーフの顕現——世界・万物の顕現開始——以後の神は，「眞宰」と呼ばれる。ムハンマドのルーフがまだ顕れておらず，世界・万物がい

する事態として読みかえつつ，上にみたダーヤの創造論を取り込んでいる。『天方性理』巻一「眞理流行圖説」「性理始分圖説」および巻二「先天性品圖説」「後天形器圖説」によって，その概要を示せば次の通りである。すなわち，劉智は，眞宰の最初の顕れ（眞宰發現之首品）を，「大命」ないしは「至聖（ムハンマド）の性」とし，それを「大筆」とも呼んでいる。続いて，そこから「性」と「智」が分かれ，性の側からは，至聖，大聖，欽聖，列聖，大賢，知者，廉介，善人，庸常という9等級の人の「性」，さらに鳥獣，草木，金，石の性が分かれ出る，という。また，智の方からは，アルシュ（阿而實），クルスィー（庫而西），土天，木天，火天，太陽，金天，水天，太陰という9つの天の「理」，さらに風・火・水・土，鉱物・植物・動物（金木活）の理が分かれる，という。そして，この諸々の性と理が分かれでる形而上の段階，いわゆる「先天」ののちに，「後天」と呼ばれる，現象界の顕現がはじまる，というのである[10]。この生成論にみえる性と理が，ダーヤのいうルーフとナフスに相当し，先天と後天がマラクート界とムルク界に相当することは，明白であろう【図2-1】。

第2に，劉智の性も，個々の人間のアイデンティティの源となる。

『天方性理』巻二「性品知能圖説」によれば，9等級の人（至聖，大聖，欽聖，列聖，大賢，知者，廉介，善人，庸常）や禽獣・草木・金・石おのおのを特徴づける異なる能力（知能）は，先天でそれぞれに割り当てられる各等級の性にもともと含まれているのだという。つまり，各人が後天でどんな能力を備えて，どの等級の人になるかは，彼が先天で割り当てられる性の等級に対応している，ということである。

第3に，劉智の性も，個人の帰趨を運命づける。

まだ顕れていない段階の神は，「主宰」と呼ばれる［青木ほか 2005: 70］。

10 「先天」から「後天」への移行は，『天方性理』巻一「性理始分圖説」「氣著理隠圖説」に説かれている。そのプロセスは，本章注8でみた『下僕たちの大道』の説く，マラクート界からムルク界への移行のプロセスと，ほとんどパラレルである。たとえば「しずくのごときカス」は「溟渣」と呼ばれ，「実体」は「氣」や「元氣」と訳されている（各圖説の末尾におかれている黒鳴鳳の按語では，この元氣を「太極」とみなしている）。また，『天方性理』巻一「陰陽始分圖説」「四象始形圖説」には，元氣が陰陽に分かれ，陰陽が水火に化すとある。これも，「実体」が水火に分かれる，と説く『下僕たちの大道』の記述とパラレルである。

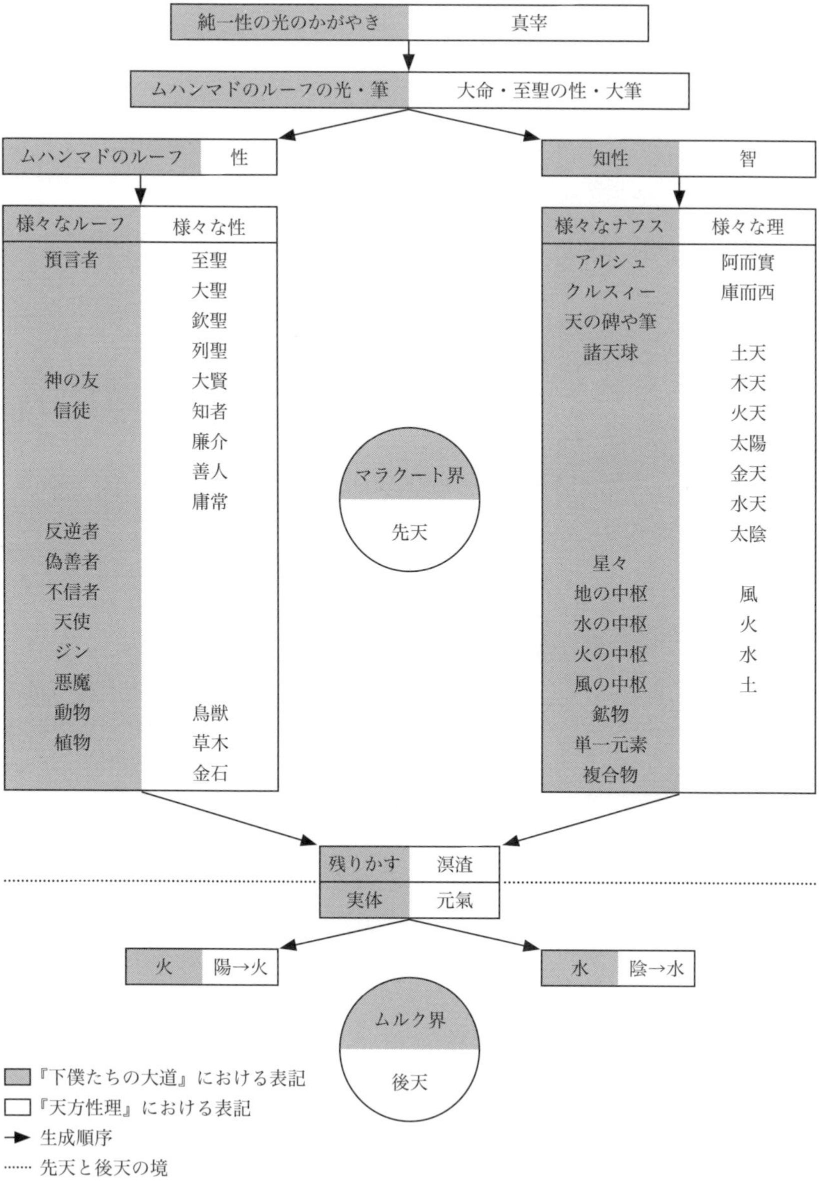

図2-1　マラクート界（先天）とムルク界（後天）の創造プロセスに関する『下僕たちの大道』と『天方性理』の対応関係

劉智において，人間の最高の境地とは，「歸眞」，すなわち「本然」と渾然一体になることである。本然，あるいは「もともとそうであること」とは，万物それぞれの本来の面目のことである。が，万物を眞宰の顕れとする劉智の体系において，万物の本来とは，つまるところ眞宰であり，より究極的には眞宰自身の本然を指す。実は，眞宰もその本然の顕れなのであって，眞宰よりも根源的な，眞宰のいわば本体が，本然なのである。

しかし『天方性理』巻四「聖功實踐圖説」「聖賢智愚圖説」によれば，この本然と渾然一体になるという最高レベルの境地に到達しえるのは，「聖人」(「至聖」ムハンマドを含む預言者たち) だけで，聖人以外の賢人・知人・愚人は，それぞれに相応しい中途のレベルにしか到達しえない，とされる。そして，ある人が聖・賢・知・愚のうちどの人間のタイプに属すかは，彼が先天で分与される性の等級と，生まれながらに受領する「氣」の清濁の度合い，さらにその氣の清濁にもとづく知識と行為の程度によって，決定される，という。要するに，各人の最終到達レベルを左右するのは，性と氣だというわけである。各人の帰宿に氣がかかわってくる点は，ダーヤの見解と異なっており，明らかに中国伝統思想の浸透がみられる。が，性そのものにかぎっていえば，先天の性が各人の到達限界を予定するという観念自体は，ダーヤのルーフ概念に由来するものであろう。

以上より，劉智の性の概念が，ダーヤのルーフのそれをおおむね踏襲するものであったことは，確認できたと思う。が，先にも述べたように，劉智の性は，ダーヤのルーフの単なる訳語なのではない。それは，ダーヤのルーフには認められない，朱子学の術語としての性がもともと備えていた特徴をも帯びているのである。次節では，その具体相を分析する。

第2節　「性」の朱子学的側面

劉智の「性」の朱子学的側面とは，結論からいえば，それが先天において「大命」ないし「至聖の性」から分かれ出る，その独特の仕様，ないしはその仕様を可能にする「性」の性質，にある。劉智は，それについて次のようにいう。

先天之性理，其所以分別者，義理之分別也。義理非有跡者也。是以雖有所別而不見其有分之跡。渾然一理之中，自有不相淆亂之妙。

先天の性理が分かれているのは，義理が分かれているからである。義理には，目に見える痕跡がない。それゆえ〔性理は〕分かれているといっても，分かれた痕跡が見えない。渾然たる一理のうちに，〔性理が〕ごちゃ混ぜにならない不思議さが，おのずとある。(『天方性理』巻二「理象相屬圖説」)

この記述は，次のような問題への回答としてある。すなわち，現象界の人・物（象）は，至聖，大聖，欽聖，列聖，大賢，知者，廉介，善人，庸常，あるいはアルシュ（阿而實），クルスィー（庫而西），土天，木天，火天，太陽，金天，水天，太陰，といった具合に，様々なレベルに分かれているが，それぞれを他でもなくそのものたらしめている「性」（＝性理）は，どんなかたちで存在するのか。見聞しえぬいずこかで渾然となって一理としてあるのか，それとも，それぞれに何らかの場所を占めてごちゃ混ぜにならずにあるのか。この問題にたいする劉智の答え，つまり上引文のいうところは，要するに「性理」は，ある意味では分かれているものの，分かれている痕跡がないので渾然たる一理としてあるともいえる，というものである。そして，性理がこのような仕方で分かれるのは，「義理」が痕跡のないかたちで分かれているからだという。

結論からいうと，ここでいう義理とは，あるものが他でもなくそのものであるためにのっとるべき原則（あるべきあり方，たとえば，人間が人間であるために維持しなければならない人間らしさ）のことだろう。たいして性理は，あるものが他でもなくそのものであることの根拠（アイデンティティ，たとえば，人間を禽獣などその他のものと区別する人間らしさ）のことだろう。

そして，それをパラフレーズして，義理は責務，性理はその責務に対応する地位や身分のようなもの，と考えると，上引文は，よりよく理解できるのではないだろうか[11]。たとえば，皇帝を頂点とする官僚組織では，さまざま

11　木下［2009: 110–112］によれば，朱子学の性は，「職務条項」と解すべきだという。以下の論述は，この議論にインスピレーションを得ている。

な責務（義理）があることで，それに応じてさまざまな職位（性理）が分かれ，その職位によって，さまざまな官僚（人・物）が識別，アイデンティファイされることになる。しかしいっぽうで，官僚それぞれの責務は，皇帝の統治を支えるという点で，いずれも同一であるといえる。つまり責務（義理）の区分は絶対的なものではない（痕跡がない）のである。またそういう意味では，さまざまな職位（性理）も，区分がない（渾然たる一理）ともいえる。とはいうものの，官僚たちは職分を守り，各々の職位に固有の責務を果たそうとする。この意味では，職位（性理）の区別は確かに存在する。

同様に人間は，世界全体のある種の秩序のなかで，人間に割り当てられた責務（義理）を果たすからこそ，人間の地位（性理）を保ち，他でもなく人間でいられるのである。逆にいうと，かりに，ある種の礼節を守ることが人間としての責務であるとすれば，この原則を遵守できない者は，禽獣などの地位につくことになる。ただし，禽獣もまた禽獣なりの責務を果たしてはいる。そして，人間であれ禽獣であれ，はたまたそれ以外のどんなものであれ，各自の責務を果たし，それぞれの仕方で世界全体の秩序に貢献しているのである。つまり，世界全体の秩序の形成・維持に何らかの形で参与するという意味では，あらゆるものの責務（義理）は同一である。またそういう観点からすると，あらゆるものの地位の区分（性理）は渾然曖昧となり消失する。

また，先にも述べたように，劉智によれば，人間は「本然」への回帰における到達レベルに応じて，聖・賢・知・愚という4等級に分かれるとされる。これは，神についての認識をどのような水準で達成すべきか（義理）に応じて，聖・賢・知・愚のような人間の等級（性理）が分かれるということでもある。合一境にて神を直観的に把握すべき（そしてそれが可能な）「聖人」と，神を理性的に認知しておけばよい（そしてそれ以上のことが不可能な）その他の凡夫とは，責務（義理）のちがいにともなって，等級（性理）を異にするのである。ただ，神を認識するさいの水準や程度はともかくとして，神を認識するということそれ自体を責務（義理）とするという点では，万人に差異はない。もっといえば，後に述べるように，実は聖人もその他の凡夫も，神以外は何もないという絶対的一性の地平への回帰，すなわち「歸眞」が可能である。ただ，聖人は自力でそれを達成するのにたいし，その他の人は，聖人の回帰に付随して回帰するにすぎず，自らは「歸眞」していることに気づかない。このとき，至聖と凡夫は，責務（義理）を異にしているとも同じくしているともいえ，等級（性理）の境は曖昧となる。

ともあれ重要なのは，劉智のいう性理も義理も，見方によって区別があるともないともいえる代物であって，ある種の絶対的な輪郭（痕跡）を有するようなものでは決してない，ということである。そして「性」がもつ，このような性質こそが，後述するように，まさしく朱子学的側面にほかならないのである。

ところで，義理（責務，あるべきあり方）の区分に応じて性理（地位・身分，アイデンティティ）が分かれるという構造それじたいは，いわゆる「恒常的諸実在（a‘yān thābita）」とマラクート（ルーフやナフス）の対応関係を彷彿とさせる。恒常的諸実在は，劉智が参照したペルシア語文献のひとつ，アブドゥッラフマーン・ジャーミー（‘Abd al-Raḥmān Jāmī, 1414〜97）の『閃光の照射（*Ashi’’a al-lama‘āt*）』でも言及されているので，劉智がそれを知っていたことは確かである。

恒常的諸実在とは，創造主たる神の知において把握されている，万物それぞれの「本質（māhiyya，直訳すれば，それは何であるかということ）」［*Ashi’’a*: 64］のことである。それは，最初の被造物であるムハンマドのルーフが神の外側に顕れるよりもまえの段階ですでに，無始永遠なる神の知のうちに，文字どおり恒常的に存在するものである。そして神は，この自身の知のうちにある諸本質にもとづいて，あらゆる存在者のマラクートを創造する[12]。『クルアーン』には「我ら何事かを欲するときは，ただ一言，これに“あれ”と言

12 『閃光の照射』には，マラクートやマラクート界への言及はほとんどない。ただ，マラクート界ないしあらゆるマラクートの起点になる，と『下僕たちの大道』でいわれている「筆」については，次のような言及がある［*Ashi’’a*: 23］。

> 他の諸真相（ḥaqā’iq: 恒常的諸実在）に対する〔神の〕知解の光の拡張は，それ（ムハンマドの真相 ḥaqīqat-i Muḥammadī）を介して行われる。〔神が〕全てを知ることは，それ（ムハンマドの真相）を知ることから生起するのである。同様に，他の諸真相に対する外在的存在（wujūd-i khārijī）の拡張やこれに付随する諸々の完全さ（kamālāt: 神の諸属性）の拡張は，それ（ムハンマドの真相）の霊的次元における実体的表象（ṣūrat-i wujūdī-yi rūḥānī），すなわち至高の筆を介しておこなわれる。

いさえすれば，たちまちそのとおりになる」[Qur'ān, XVI: 40; XXXVI: 82] とあるが，神が万物創造のさいに“〔かくかくしかじかと〕あれ”と命じる前に，頭の中にいだくその「かくかくしかじか」の観念こそが，恒常的諸実在なのである [Izutsu 1983: 198; *Ashi"a*: 45]。恒常的諸実在は，神がいだく，万物それぞれの「いかにあるべきか」の観念に相当するともいえるだろう。たいしてマラクートは，その観念が神の“あれ”の命令によって神の外側に具現化したもので，個物のアイデンティティを決定する直接の因子としてはたらくものである。要するに，諸々の存在者のマラクートが多種多様に分かれ出てくるのは，そのまえにそれぞれの本質ないし「いかにあるべきか」が，神の知において分別把握されているからなのである。

上引文に「先天の性理が分かれるのは，義理の分別によってである」とあるのは，確実にこの構造が下敷きになっている [青木ほか 2006: 192–193]。また，「義理には痕跡がない」というのも，恒常的諸実在が，神の外側で存在を得るものではないという意味で，「無」とされる[13]のを，おそらく踏まえている。

ただし，マラクート（ルーフやナフス）のほうは，神の外側で存在を得るものなので，恒常的諸実在と同じ「無」ではない。それはまさしく存在者である。現象界の存在者たちと比べると，より霊的であるという点ではレベルを異にするものの，絶対的区分・輪郭（痕跡）のあるかたちで分化・個体化している点は同様である。したがって，恒常的諸実在とマラクートとの関係は，「無」なる恒常的諸実在に分裂の痕跡がないからといって，マラクートにも分裂の痕跡が見えない，という構造をとらない。ということは，上引文中の「義理には，目に見える痕跡がない。それゆえ〔性理は〕分かれているといっても，分かれた痕跡が見えない」という文言をめぐって，性理や義理

「ムハンマドの真相」は，「神の知に属する表象（ṣūrat-i 'ilmiyya）」[*Ashi"a*: 6] ともいわれるように，神の知に存するムハンマドの本質（ムハンマドはいかなるものか，いかにあるべきか）のことである。そして「筆」は，そのムハンマドの本質が，神の外側にある「霊的次元」において実体化させられたものだと，ここで説明されている。霊的次元とは，マラクート界のことにほかならない。

13 『閃光の照射』では，「〔神の〕外側のレベルでの無（'adam-i khārijī）」と表現されている [*Ashi"a*: 46]。

を，マラクートや恒常的諸実在として，そのまま理解することは難しいように思われる。

結局，劉智の義理や性理は，一面において朱子学にもとづく理解が必要なようである。

義理と性理は，朱子学の文脈では同じものを指す。すなわち，いずれも「理」の言い換えにほかならない。理は，あえて分析すれば，2つの意味をもつ。すなわち「あるものが他でもなくそのものであるためにのっとるべき原則」と「あるものが他でもなくそのものであることの根拠」である。この2つは，同じ事柄の異なる側面を指しており，ある意味では同じものだといえる。たとえば，人間が人間であることの根拠が，ある種の礼節を守ることにあるとすれば，だから人間は原則として礼節を守らなければならない，となる［吾妻 2004，201–202］。ただ，『天方性理』の文脈では，義理と性理を異なるレベルのものとして理解する必要がある。すなわち，劉智の義理と性理は，先に結論として示しておいたように，それぞれ「原則」と「根拠」として定義できると考えられる。というのも，すでに述べたとおり，それらをパラフレーズして，責務（義理）と地位（性理）と解せば，上引文がうまく理解できるからである[14]。

また，劉智が「〔性理は〕分かれているといっても，分かれた痕跡が見え

14　義理と性理を，それぞれ「原則」と「根拠」として理解すると，次のような物語を想定することもできる。劉智は，義理と性理のあいだに，先に言及した，神の“あれ”の命令を彷彿とさせる「大いなる命令（大命）」を措定している。すなわち，神の最初の被造物であるムハンマドのルーフ（至聖の性）を，彼は「大命」と呼ぶ。この同定は，『中庸』の「天が命じたところ，それを性という（天命之謂性）」を踏まえている。すなわち劉智は，『中庸』の「天命之謂性」に霊感を得つつ，『クルアーン』にいう神の「あれ」という命令を，ムハンマドのルーフに重ねたのである［Murata 2000: 40］。なるほど，劉智の考える世界生成プロセスでは，至聖の性から，あらゆる人・物の性・理が分化するが，これはまさしく，神の“あれ”という命令から，万物が創造されることと対応する。そうすると，義理→大命 / 至聖の性→性理という構造は，次のように解釈できる。すなわち，まず，万物それぞれは「いかにあるべきか」の原則（義理）ができる。→次に，“〔その原則にしたがって〕あれ”との「大命」が生じる。→それによって，万物それぞれが「どうしてそのようにあるか」の根拠（性理）が成立する。これは，先にみた，恒常的諸実在→“あれ”の命令→マラクートという構造とパラレルになる。

ない」といい「渾然たる一理のうちに,〔性理が〕ごちゃまぜにならない微妙さが,おのずとある」というのも,朱子学の考え方に近い。換言すれば,性理は,渾然たる一理としてあるともみなせるし,諸々の性や理に分かれているともみなせる,ということである。

これは,まさしく朱子学のいわゆる「理一分殊」のことをいっている。「理一分殊」とは,「理」は,その実ひとつでありながら,現に無数に分かれているという,理の特殊な分かれ方をいう。朱子学において,理とはそもそも,宇宙全体・森羅万象がかくあるゆえん,その至一の原理として措定されるものである。宇宙全体がかように秩序立てられている,そのさいの全体的秩序そのもの,あるいはそこに一貫する普遍的法則が,理である。いっぽう,あるものをそのものたらしめる原理——先述の「性理」も,理である。万物各々にそなわるこの理は,人間や動物に備わる理の場合,とくに「性」ともよばれる。そして,この理は,万物各々にやどり,みた目には無数に存在するのだが,その実はいずれも,同じ至一の理にほかならない,とされる[15]。

たとえば,アリクイは,アリを食べるからアリクイである。アリを食べるのに適した体型や習性・能力をもつから,ほかでもなくアリクイでいられるのである。したがって,アリクイをアリクイたらしめている原理とは,アリを食べることだと,ひとまずいえる。そしてこの原理は,ホタルハムシなどの蓼食い虫を蓼食い虫たらしめている,蓼食いという原理とは,異なっている。しかしこうもいえる。アリクイがアリを食べたり,蓼食い虫が蓼を食ったりするのは,万物は生態系のバランスを保つようにできているといった,自然界を貫く法則にのっとって,そうなっている。したがって,アリクイをアリクイたらしめている原理も,蓼食い虫を蓼食い虫たらしめている原理も,いずれもより根本的には,生態系の維持のような普遍的法則ないし全体的秩序にほかならない,と。

15　山田慶兒氏は,理はパターンだという[山田 1978: 440–445]。そして,縦ひごがひとつのパターンを成し,横ひごが別のひとつのパターンを成し,結果,竹籠の組織の全体的なパターンができあがるように,世界も,理の網の目がすみずみまではりめぐらされた一つの組織であると語っている[山田 1978: 459–460]。これはまさしく理一分殊のイメージであろう。

要するに，「理一分殊」とは，理が，本当はひとつなのだけれども，万物個々のしかるゆえんを問題にするような局面では，無数に分かれて立ち現われてくる，ということの謂いである。そして，一でありながら多に分かれるという，この一見矛盾する現象は，どうして起こりえるかというと，理が，具体的な存在者ではなく，秩序や法則，原理といったものだからである。

したがって，劉智の性理が，「渾然たる一理のうちに，〔性理が〕ごちゃまぜにならない微妙さが，おのずとある」という理一分殊の分かれ方をするとされたのも，それが原理の類として構想されていたからこそである，といえる。あるいは，劉智の性理は，理一分殊の分かれ方をするとされたがゆえに，まさしく上に見たような，朱子学的な意味合いを帯びざるをえなかった，と考えるべきかもしれない。

いずれにせよ劉智の性は，その原語にあたる，ダーヤのルーフと齟齬をきたすことになる。というのも，ダーヤのルーフは，どちらかといえば原理というよりむしろ，具体的な存在者に近いからである。たとえば，『下僕たちの大道』［*Mirṣād*: 175］には，肉体と別離したあとのルーフの存続に言及がある。ダーヤのルーフは，具体的な存在者（氣質）からはなれて存在することのできない朱子学の性のような原理の類［吾妻 2004: 199–201］ではなく，肉体からはなれても存在しえる具体的存在者として描かれているのである。ゆえにダーヤのルーフは，朱子学の理や劉智の性理と異なり，それぞれの輪郭がはっきりしている。各ルーフが，それぞれの分を超えず，互いの境を曖昧にしないことは，前節にみた。ダーヤのルーフは，朱子学の「理」のように，「一」に収斂していくものではなかった。

それとは逆に，劉智の性は，多にして一の構造をもち，具体的な存在者というよりはむしろ原理の類として構想されていた。この対比は，アズィーズ・ナサフィー（ʻAzīz Nasafī，1300 年以前没）の『至遠の目的地（*Maqṣad-i aqṣā*）』におけるルーフの描写と，『天方性理』におけるその翻訳との比較からも窺える。

まず，『至遠の目的地』［*Maqṣad*: 270］に，ルーフに関する次のような記述がある。

彼（9等級からなる神秘道の旅人たち各々）のルーフは，肉体を離れたのち，高き世界の諸々の知性（'aql）やナフス（nafs）へと向かうが，その際には，彼が適合性を得ていたところの，いずれかの知性が，彼のルーフを自らの方に引きつける。……月天球の知性と適合性を得ていた者はみな，月天球の知性に帰り，天球のなかの天球の知性と適合性を得ていた者はみな，天球のなかの天球の知性へ帰る。存続とは，このようであると知れ。消滅の乗り物からの解放をえて，存続の乗り物に乗り，永遠にこの乗り物の上で存続するのである。が，これらの高き世界の知性やナフスとの適合性を得られなかった者はみな，そのルーフが月天球の下にとどまる。月天球の下とは，地獄である。

「高き世界の諸々の知性やナフス」とは，9つの天球（falak）のそれぞれに一対ずつある知性とナフスのことである。要するに，9等級からなる神秘道の旅人たち各々のルーフが，死後，9つの天球のうちの対応する天球に回帰し，その天球の知性とナフスへ帰着する，というのがこの文の趣旨である。ここでいわれているルーフも，肉体（気質）から独立した存在者であるようにみえる。

しかしながら，劉智は，この個所を次のように読みかえている。

至其理象相屬也，亦不過屬於其義，而非域於其跡也。阿而實爲至聖之位，庫而西爲大聖之位………月天爲庸常之位。要皆因其品第而屬之以其位也。又各以其性與其天之義理相近似者而爲位也。

理（9等級の人の性と，禽獣，草木，金，石の性）と象（9つの天と風火水土の四行）がそれぞれ相属しあうとは，それらの原則（義理）が互いに関係しあうということであって，それら自体がたがいに物理的に囲いあうということではない。アルシュは至聖のための位階となり，クルスィーは大聖のための位階となり……月天は庸常のための位となる。要するに〔各天は〕みな，その〔9つの天の〕序列に応じて，〔ある等級の人にたいして，その〕位階として関係する。また，〔天は〕各々，〔ある等級の人の〕性と，その天の原則（義理）とがたがいに近いことによって，〔その等級の人の〕位階となるのである。（『天方性理』巻二「理象相屬圖説」）

9等級の人の「性」と，9つの「天」とのあいだに，対応関係があることを説明している，この記述は，9等級のルーフと9つの天球を対応させる上の記述を踏まえていると，ひとまずはいえるだろう。だが，劉智のほうは，こういっているのである。人の位階（9等級のうちの何番目か）は，その人の性（なぜそうあるかの原理）に近似する「義理」（どうあるべきかの原則）にしたがってあるところの天，その天の序列（9つの天のうちの何番目か）と一致している，と。ここで，ルーフがわざわざ読みかえられて，「性」が原理として観念されていることは，明らかであろう。

ともあれ劉智が性を，具体的な存在者ではなく原理の類として構想したのは，ダーヤのルーフ概念を朱子学的に改変したもの，とみなさざるをえない。また，そもそもダーヤは，ルーフの分裂が具体的な物質のそれとは異なるのか否かなどということについては説明を加えていない。ゆえに劉智が性の分裂を，理一分殊のそれとして描いたのは，ダーヤのルーフ概念にはない，朱子学的特徴の付加であった，ということができる。

第3節　朱子学的「性」が構想された理由・意義

では，なぜそのような改変や付加を，劉智はわざわざおこなったのであろうか。直接の理由をいえば，先天で「至聖の性」から分かれて人々に割り当てられた諸々の性が，いずれも最終的には至聖の性へ収斂・回帰する，その仕組みを説明しようとしたのだと考えられる。すなわち劉智は，各人の性たる「本性」が，至聖の性たる「繼性」へと収斂していく過程を，次のように描いている。

本性與繼性原非二也。本性未分之先，祇此繼性而無本性。繼性分與之後，名爲本性，而不名繼性。本性未顯之時，公共之繼性何嘗不日顯於天地之間，而但其顯也無與於我。本性既顯之時，則顯與顯合而兩顯成爲一顯矣。猶光與光合而無可分其爲此之光彼之光也。猶水與水合而無可分其爲此之水彼之水也。兩光成爲一光，兩水成爲一水，是則兩顯成爲一顯之義也。各具之顯歸入於公共之顯，則公共之顯遂若獨顯於我，而繼性遂得爲我之繼性矣。此繼性之顯著也。

> 本性と繼性はもともと2つ〔の別物〕ではなかった。本性がまだ分かれる前にはただ繼性しかなかった。繼性が〔各人に〕分与されると，本性という名になり，繼性とは呼ばれなくなった。本性がまだ顕れていないとき，公共の繼性が天地のあいだに顕れていない日はないが，その顕れは〔本性の所有者である〕我とは関係がない。本性が顕れると，〔繼性の〕顕れと〔本性の〕顕れが合わさって，ひとつの顕れとなる。ちょうど，光と光が合わさって，この光とあの光に分けられなくなるように。水と水が合わさって，この水とあの水に分けられなくなるように。2つの光がひとつになったり，2つの水がひとつになったりする，これが2つの顕れがひとつの顕れになるということである。〔かくして〕各人にそなわる〔本性の〕顕れが，公共の〔繼性の〕顕れへと帰り入ると，公共の〔繼性の〕顕れが，ついに我においてひとり顕れているかのようになり，繼性はついに我の繼性となりえる。以上が，繼性の顕れ方である。(『天方性理』巻三「繼性顯著圖説」)

本性が「顕れる」とは，各人が先天で得た本性のはたらきが，現実（後天）の認識や行為のうえに十全に発揮されるようになることである。ここでは，それがただちに，本性が繼性へ収斂すること，もしくは繼性の「顕れる」ことを意味する，と述べられている。注目したいのは，本性が繼性へ収斂する伏線として，「本性と繼性はもともと2つ〔の別物〕ではなかった」と述べられているところである。まさしくそこは，諸々の本性が繼性より分かれる仕方，つまりは「分かれているといっても，分かれた痕跡が見えない」という「理一分殊」の分かれ方こそが，本性の繼性への収斂を可能にする，と述べている。

また，劉智は，繼性が「眞宰の本然」と渾然一体であること［『天方性理』巻四「聖功實踐圖説」］を踏まえ，上引文につづいてこう述べている。繼性が顕れると，「我」と繼性が相即となるのみならず，我と眞宰が「名は異なるが実は同じ」になる，と。換言すれば，人々の本性が繼性に収斂・回帰すると，ただちに各人が眞宰の本然と渾然一体となる，というのである。したがって，劉智が「性」をめぐって，ダーヤのルーフ概念に，「理一分殊」という朱子学的特徴を補足したのは，つまるところ，万人が繼性を経て，眞宰の本然へ回帰――「歸眞」――しえる理由を説明するためにほかならなかった，ということになる。

たしかに劉智には，そのような説明をなすべき事情があった。

まず，万人が眞宰の本然へ回帰しえるというのは，先にも触れた，劉智の参考文献のひとつ，ナサフィーの『至遠の目的地』に典拠がある。同書［*Maqṣad*: 258］には，人というもの（ādamī）は，「知性（ʻaql）」に到達することによって，「神の本体（Dhāt-i Khudāy）」に到達する，と述べられている［Murata 2009: 410 (n. 2)］[16]。とはいえ，ナサフィーは，様々なタイプの人間（ないしはそのルーフ）が，なにゆえ一様に神の本体ないし眞宰の本然に回帰しえるのか，その仕組みを詳細には説明していない。だから，ナサフィーの所説を説得的に示すためには，その理由を何らかの形で補説する必要があった。

また，ナサフィーの万人帰真説は，朱子学の根本テーゼである「聖人可学論」，「聖人学んで至るべし」のスローガンを彷彿とさせるものだった。これに，朱子学に沿うような形で多少の潤色を施すことは，非ムスリム中国人たちの理解を得るうえで有用な措置だったのだろう[17]。

そして，先にみたとおり，劉智の性が多くを負っているダーヤは，各人に固有のルーフを措定し，各人にはそのルーフに相応しい異なる帰宿があると述べ，万人の神への回帰をはっきりと否定していた。それは朱子学と矛盾した。朱子学は，人間の共有する同一の「性」（人間を禽獣その他と区別して人間たらしめる人間性）を措定し，その「性」を回復することで聖人となることができるとして，万人に人間完成の潜在的可能性を開いた。ダーヤの所論は，これと根本的に矛盾したのである。それどころか，劉智自身も，いっぽうで

16　ナサフィーは，『完全人間（*Insān al-kāmil*）』という別の著作において，不信者もムスリムと同様に神の本体に到達しえると論じているようである［Ridgeon 1998: 149–150］。いっぽうダーヤは，当然ながら，それに反対する意見を述べている［Ridgeon 1998: 148; *Mirṣād*: 292–294］。

17　「聖人学んで至るべし」は，陽明学においても唱えられた。よく知られるように王陽明は「街中が聖人で一杯だ（滿街是聖人）」といい，陽明学の影響を受けた人々は，庶民でさえ聖人となることを目指すようになった。ただ，王陽明じしんは，各人はその程度に従って固有の完成を有する，と考えていたようである［島田 1970: 45–46］。ちなみにダーヤも，次のようにいう。すなわち，一部のひとの意見によれば，「キャパシティ（istiʻdād）をこえた位階（maqām）には至らない」ものの，「誰もが自身の位階のうちで養育をえるとき，自身の分（martaba）にみあった完成に到達する」と［*Mirṣād*: 344］。そしておそらくダーヤもこの意見を支持していたと考えられる。

はダーヤにならって，万人が眞宰の本然へ回帰できるわけではないと明言していた。実のところ，『天方性理』では，すぐあとでみるように，ナサフィーの万人帰真説とダーヤの宿命論とが整合的に併存している。が，それにしても，非ムスリム中国人たちの理解を得るためには，ナサフィーの万人帰真説の成立可能性を，ダーヤの宿命論に見劣りしない程度に強調しておく必要が，やはりあったにちがいない。

劉智は，ナサフィーの万人帰真説とダーヤの宿命論とを，矛盾なく併存するものと解釈してはいた。彼によれば，ダーヤ説ないしそれを踏まえた劉智の発言は，ナサフィー説とは，異なるレベルのことを語っているにすぎないのであった。すなわち，劉智は大体次のようなことをいっている。

眞宰の本然があまねく行き渡り（万物として顕現し），多くの段階をへて多種多様のものが生じるようにみえるけれども，それは，人の側でそう見えているだけで，真相としては，本然はそもそも行きも帰りもしていないし，まして天も地も，我も他者も，からだもこころもない。つまり，本然そのものの地平からいえば，もともと本然しかないのである[18]。だから，「歸眞する人」もしくは聖人が，自己の本然（つまり繼性[19]）を通じて，眞宰の本然に回帰すると，天地が巻き上がって時空はその痕跡を消す。万物・万人が本然に渾然一体となりゆき，本然そのものの地平が開けてくるわけである。賢人・知人・愚人の側で勝手に作り出していた，彼らを眞宰とへだてる障碍も，もちろん解消されてゆく。賢人・知人・愚人自らがそれを目のあたりにできるわけではないが，聖人の体験のなかでは，たしかにそれが起こる[20]。

18　本然しかないとは，それ以外の何も想定できないということである。したがって，この地平では，世界を顕現させる眞宰どころか，世界の顕現を開始してはいなくとも想定はしている主宰すら，ない。そしてそれが，もともとのありさま──本然だ，というのである。

19　『天方性理』巻四「聖功實踐圖説」に「聖人以繼性爲性者也」とある。

20　「歸真之人以本然而還本然，當斯之際，天地從此捲矣。時光處所咸泯其迹矣。即此便是復生之日矣。天地豈特爲此一人而捲乎。蓋以本然中原無有天地也。自人見之而以爲有是天地也。時光處所豈特爲此一人而泯其迹乎。蓋以本然中原無有是時光處所也。自人見之而以爲有是時光處所也。此其境惟歸真之人知之，而未至於歸真者不知也」［『天方性理』巻四「本然流行圖説」］。「聖人者統賢智愚三者之障礙而還之於本然者也。又化賢智愚三

要するに，劉智の考えはこうである。すなわち，自ら歸眞の境地を体験することができない，賢人・知人・愚人の観点に即していえば，ダーヤの説にならって，各人の最終境地はたしかに異なるといわねばならない。しかし，歸眞する聖人の体験に照らしていえば，ナサフィーの説に従って，各人の本性が繼性へと収斂し，さらには眞宰の本然に回帰しえる，すなわち万人が歸眞しえるといえる。このように考えることで，劉智は，ナサフィーの万人帰真説とダーヤの宿命論とを見事に調停していたのである。

とはいうものの，劉智としては，非ムスリム中国人の理解を得るために，朱子学の聖人可学論と親和的なナサフィーの万人帰真説こそを強調すべきであった[21]。したがって劉智は，当該説を補説・補強すべく，朱子学の「理一分殊」の概念を導入し，結果，性を朱子学的な意味合いで構想することになったのである。

章　結

劉智は，非ムスリム中国人の理解を得るために，朱子学の発想に近い，ナサフィーの万人帰真説の成立可能性を補強しようと企てた。それによって劉智の「性」は，ダーヤのルーフ概念を基礎としながらも，朱子学の「理一分殊」の特徴をも帯びることとなった。そしてそれは，劉智の性が，ダーヤのルーフのような具体的存在者ではなく，朱子学の「性」のような原理の類として構想されることを要請した。あるいは，次のようにもいうことができる。劉智は，ダーヤのルーフを「性」という訳語に置き換えて翻訳したが，その訳語は，「性」という朱子学の術語がもっていたもとの概念を保存したので，ダーヤのルーフには本来なかった意味を帯びることとなった。

ところで，劉智が，哲学的な問題をめぐってイスラームと朱子学のあいだを架橋することに強い関心をもっていたことは確かである。ただ，いっぽう

者之障礙而並不存一還於本然之跡者也」［『天方性理』巻四「障礙層次圖説」］。

21　佐藤［2008: 209-216］も，劉智が「聖人可学論」を意識して，万人の歸眞の可能性を肯定していたと論じている。

で，イスラーム的理念と中国的現実の調和という，同じベクトルの別の課題にたいする彼の関心は，それほど高かったとはいえない。詳しい議論は第5章に譲るが，それは馬德新の微妙に異なる態度とくらべると比較的鮮明になる。なるほど劉智は，イスラーム法に関する自著『天方典禮』において，イスラーム法の「大綱（大節）」を傷つけないのであれば，中国の風俗・習慣に従ってもよいということを，わざわざ述べてはいる。しかし続けて彼はまた，イスラーム法の「大綱（大節）」を傷つけるような風俗・習慣については，断じて従わないようにと，ばっさり切り捨てている。こうした態度は，中国ムスリムのあいだで普遍的にみられたわけではない。すなわち馬德新も，イスラームと朱子学の架橋に腐心したが，のみならず彼は，イスラーム法と中国の風俗・習慣とがいかにすれば衝突しないかということにも注意を払っているのである。この差異は，イスラーム法と中国的慣習の矛盾が，劉智の時代にはまだ，馬德新の時代ほど問題視されていなかったことを意味するだろう。馬德新が生きた19世紀の雲南では，その矛盾が深刻な摩擦をうみ，回漢対立を助長するようになっていた。ちなみに，第4章では，18世紀初頭の雲南におけるイスラーム法に関する論争の様子をみることになるが，少なくともその論争においても，イスラーム法と中国的慣習の調停にたいする強い関心が存在した形跡は窺われない。

また，イスラームと中国伝統思想の哲学的架橋において劉智は，いわばアラビア語・ペルシア語原典の内容を朱子学よりに改変するという手法を採ったわけだが，こうしたやり方も，常に中国ムスリムのあいだでまかり通っていたわけではなかった。第7章において我々は，イスラームと中華の架け橋が，19世紀の西北部において異なる工法で構築されるのをみることになるだろう。この差異の原因のひとつには，西北部における門宦（スーフィー教団）の存在が想定される。17，18世紀の内地で活動した劉智自身にとって，門宦はほとんど無関係であった。

17，18世紀の中国内地における門宦不在の状況は，詳しくは次章でみるように，同時空の中国ムスリムたちのあいだに，スーフィズムの実践よりも学問を重んじる傾向を生み出した。それは彼らが，個人的な神秘体験よりも，万人に理解できる知識を尊んだことを意味する。いっぽう19世紀の西北部においては，門宦の存在を背景として，体験こそが重視され，知識を伝達する言葉は秘教的であった。ムスリムのみならず，非ムスリムでさえもが理性的に納得できるイスラームの構築を目指した劉智の知的努力は，やはり17，18世紀の中国内地の所産といえるだろう。

第3章

17・18世紀中国内地におけるスーフィズム

済寧東大寺の境内にある「經壇」。ここで常志美が講義したと伝えられる。

はじめに

17・18世紀の中国内地のムスリムたちのあいだに，スーフィズムの影響があったことについては，つとに指摘がある。彼らのあいだにはスーフィズム文献が流布し，経堂教育や漢語イスラーム文献を通じてスーフィズムの教義が広まっていた［佐口 1950］。スーフィズムの最高の境地である，神人合一による神の体験的認識は，彼らにとっても，イスラーム信仰の究極的なあり方であると考えられていたのである［金宜久 1983: 103; Aubin 1990: 501–502］。ところで，周知の通り，スーフィズムの一般原則によれば，その境地に到達するためには，然るべき導師，いわゆるシャイフ（shaykh）による教導が必要不可欠とされる。その原則は，たとえば，中国ムスリムのあいだで最もよく読まれたスーフィズム文献の一つである，ナジュムッディーン・ラーズィー・ダーヤ（Najm al-Dīn Rāzī Dāya, 1177～1256）のペルシア語作品『下僕たちの大道（*Mirṣād al-ʻibād*）』においても，口酸っぱく強調されている［*Mirṣād*: 226–235 etc.］。しかしながら，中国内地もしくは沿岸部（陝西以東）においては，中国西北部を主な活動の舞台としていたスーフィー教団，いわゆる門宦の浸透がほとんどみられなかった[1]。ゆえに当該地域には，門宦の

1　ただし若干の例外はある。たとえば，カーディリーヤ（Qādiriyya）派のホージャ・アブドゥッラー（Khwāja ʻAbdullāh, 1689年没）は，甘粛・寧夏・青海一帯で宣教活動を行い，大拱北門宦の創始者となる祁靜一等を弟子にしたほか，雲南・長沙・漢口・陝西西郷・四川閬中（保寧）などでも，若干の信奉者を得たという［马通 2000b: 64–66, 72–83］。くわえて，ホージャ・アブドゥッラーとホージャ・アーファーク（Khwāja Āfāq, 1694年没）に師事して両人から伝教の許しを得たといわれる，鮮門門宦の創始者，鮮美珍（1661～1739）は，広州・揚州・開封・北京等でも宣教活動を行ったといい，彼の八大弟子のひとり，沈維眞（1673～1753）は揚州の人であった［马通 2000b: 57–62］。また，ジャフリーヤ（Jahriyya）門宦の初代導師，馬明心（1719～81）の弟子は，甘粛・寧夏・青海のみならず，雲南や山東済南にも存在した［马通 2000b: 94–96］。とくに雲南は，馬明心の息子たちの流罪地となったことで，後にジャフリーヤの重要な拠点の一つとなった［張承志 1993: 85–87, 118, 175ff.］。第3代導師，馬達天（1817年没）の流罪・殉教は，北京や東北地方における信徒の獲得に結果した［張承志 1993: 139］。第4代導師，馬以德（1849年没）の時，山東や江南との連絡が強化され［張承志 1993: 155–156］，両地のアホンは，

シャイフの如く，スーフィズムの実践的修行を教導して至高の境地に誘いうるような資格や能力を備えた然るべき導師が，ほとんど存在していなかったとみられる。このように原則と現実が乖離した状況において，中国ムスリムたちはスーフィズムをどのように受け入れていたのだろうか。本章では，この問題の検討を通じて，イスラームの「中国化」の具体的な様相のひとつに迫ってみたい。

第1節　中国ムスリムの導師たち

17・18世紀の中国内地において，門宦と関係をもたなかったムスリムがスーフィズムと接したのは，経堂教育の場においてであった。しかしながら，経堂教育の教師たるアホンたちは，然るべきシャイフとしてあったわけでは決してなかった。結局，当時の中国内地に，然るべきシャイフはほとんど不在であった。つまり，現実に中国内地のムスリムがスーフィズムを遂行することは，ほぼ不可能だったということになる。以下本節では，この点を確認しておきたい。

『經學系傳譜』は，胡登洲 (1522〜97)[2] の学統に連なるアホンたちの系譜と事績をつづった，経堂教育に関する第一級の史料である。同書は，自身も胡登洲5伝の弟子であった舎起靈 (字は蘊善，またの名を破衲癡 1638〜1703)[3] の監修のもと，その弟子の趙燦によって編纂され，舎起靈の死後まもない清の康熙53 (1714) 年に完成した[4]。この『經學系傳譜』からは，17世紀の中国内地もしくは沿岸部の各地で経堂教育に従事していたアホンたちが，ペルシア語スーフィズム文献の研究と教授に勤しんでいた様を窺うことができる。たとえば舎起靈は，先にも言及したダーヤの『下僕たちの大道』をはじめ，アズィーズ・ナサフィー (Azīz Nasafī，1301年以前没) の『至遠の目

第5代ムルシド馬化龍 (1810〜71) の側近となった［張承志 1993: 194, 206］。

2　生没年は余・雷［2001: 512–514］掲載の「建修胡太師祖佳城記」に拠る。

3　生没年は余・雷［2001: 642–643］掲載の「記舎雲由事」に拠る。

4　該書については杨永昌［1988］を参照。

的地（*Maqṣad-i aqṣā*）』，およびアブドゥッラフマーン・ジャーミー（ʻAbd al-Raḥmān Jāmī, 1414～1492）の『閃光の照射（*Ashiʻʻa al-lamaʻāt*）』といったペルシア語スーフィズム文献の研究に情熱を傾けて自ら奥義を会得したといい，そのうえそれらの文献の翻訳までも手掛けるかたわら，『下僕たちの大道』や『閃光の照射』を門下生のための教科書に採用し，河南・安徽省境付近の各都市や瀋陽，北京などで教鞭をとったという［清真，XX: 19, 79–83; 系传谱: 20, 87–91］。また，彼の師で山東済寧に学堂をひらいていた常志美（字は蘊華，1610～1670）[5]も，『下僕たちの大道』をよく究めたという。さらに，その書を彼に課したのは，南京におけるイスラーム教学興隆の端緒を開いた馬眞吾であったとされる［清真，XX: 48, 52; 系传谱: 51, 57］。くわえて，湖北武昌の馬明龍（1596～1678）[6]も，『下僕たちの大道』に精通したアホンだったようである［清真，XX: 42–43; 系传谱: 44–45］。

ただし，経堂教育の学徒たちは，簡単にペルシア語スーフィズム文献に接することができたわけではなく，アラビア語・ペルシア語文法や修辞学，論理学，神学，法学といったイスラーム諸学を修めたのち，さらにもし師に許されるならば，そこではじめてペルシア語スーフィズム文献を紐解き，「性理學」ないしは「理學」とよばれたスーフィズムの教義の研究に進んだようである。『岡志』[7]に記録されている，舍起靈と王允卿の間に交わされた，次のような論争がそれを示唆している［清真，XX: 165–174; 冈志: 45–50, 75–78］。すなわち馬は，『黙格塞德』（ナサフィーの『至遠の目的地（*Maqṣad-i aqṣā*）』に違いない）は馬と舍の共通の師である常志美によってその閲覧を禁じられた異端の書であると言って，その書を人々に講釈した廉で舍を非難した。たいして舍は，師の常が馬にその書の閲覧を禁じたのは，馬が「因果応報の学」を修めたとはいうものの，その書を学ぶほどのレベルには達していなかったからにすぎないと反論した。この論争からは，スーフィズムの学習が上級者にしか許されないものだったことが看取されよう。が，いずれにせ

5　生没年は，李兴华［2011，上: 43］に拠る。

6　生没年は，馬明龍『認己醒語』民国8年楊德誠重刊本に収録された彼の伝記「馬四爸爸傳畧」に拠る［醒語: 11a-b］。

7　該書については，刘・刘［1992］参照。

よ17世紀の大半の中国ムスリムにとっては，経堂教育こそが，スーフィズムに向かって狭いながらも開かれた，ほぼ唯一の門戸であった点は動かない。

しかしながら，経堂教育のアホンたちが，スーフィズムの遂行に欠くべからざる然るべきシャイフの役割を果たしていたわけでは決してない。『下僕たちの大道』には，シャイフによる教導の具体的内容として，たとえば，ズィクルのやり方の教示（talqīn-i dhikr）[8]を挙げる。また，修行中のムリード（murīd＝弟子）に生起してくる諸々のイメージないしはヴィジョン（wāqi'a/ pl. waqā'i'）の解釈[9]も，シャイフの教導内容のひとつであった。対して『經學系傳譜』には，経堂教育におけるアホンの模範的で理想的な教導のあり方として，舍起靈のケースが以下の如く報じられている。

> 每晨諸生受經，但字有錯差，即取別經對閱，若果有錯，隨親手筆改註之。或諸生有曠蕩愚鈍者，畧述一二古人相礪，如猶不省，方擰耳而面責之。然其説亦無枉，門人自無不服者。及授經畢，即進早膳，方畢，復命諸生序次携所接之經講政之。如 نحو 經，天房文藝字義之經，則字字指其根源何出，文風何法，而其義俗何説。謂之聽經。除晝寢片刻朝禮午餐外，雖隆冬日短，而指授直至夜分，猶伺察於諸窓下，以驗勤惰。或漏深歸息，未幾猶有及門扣難者，不因自重，而必示答之，故終日無寸暇。（ポイントを下げたところは双行注。『經學系傳譜』のテクストは，とくに断りがなければ清真大典版に依拠する。以下も同様。）

毎朝，門下生たちは経典の講釈を受けた。〔舍は〕少しでも字に誤りが有るよ

8　ズィクルは，神に思念を集中し神の名前を唱えつづける修行。シャイフの教示によらない「模倣のズィクル（dhikr-i taqlīdī）」には，「効き目が無い（kārgar niyāyad）」とされる［*Mirṣād*: 275］。また，シャイフによるズィクルの教示について具体的な手順についても説明がある［*Mirṣād*: 276–277］。

9　wāqi'a/ waqā'i' とは，「ムリードの過不足に関する不可視界からの指示」，「彼が進むべきか休止すべきかについての導き」，「心（dil）の清濁の徴であり，魂（nafs）の非難されるべき諸属性と称賛されるべきそれらについての知識」，「現世と来世の諸ヴェールの，そしてシャイターンや魂や慈悲遍き者から〔受け取る〕諸状態の，標識」，「不可視界の舌」などと説明されている。シャイフはそれらを解釈してムリードの進捗状況を見極め，修行の方針を定めるのである。そのような教導が受けられない場合，「それらの指示や諸知識から取り残され，〔神秘階梯の〕上昇は可能でなくなり，階梯（maqāmāt）の知識（現在どの位階に居るかということに関する知識）も得られない」［*Mirṣād*: 231–232］という。

うであれば，直ちに別の経典を取り出して見比べ，果たして錯誤があったならば，自ら筆を下し訂正事項を注記した。怠け者で愚鈍な門人がいると，1，2人の古の人に関する逸話を略述して勉励し，なおも反省しないようであれば，その時初めて耳をねじり面と向かって叱責した。しかしその説に曲がった所はなく，門人はみな自ずと従った。授業が終わると直ちに朝食を取り，それが終わればまた，門下生をして順番に，取り組んでいるところの経典を携えて来させ，それについて講義した。文法 (naḥw) の経典〈原注：アラブの文芸の字義に関する経典〉の如きは，字毎にその根源 (語根？) は何に出るかを，そして構文はどんなタイプで，その意味は何であるかを指摘した。これを"聴経"と謂った。僅かな時間の昼寝と朝の礼拝，昼食の他は，冬の最中は日が短くても，指摘・教授が夜中までぶっ通しで続いた。〔舎はその後も〕なお窓の下にて〔門下生の〕様子を伺い勤勉か怠惰かを調べた。夜が更けて就寝しても，未だ幾ばくもせずなおも訪ねてきて難解な個所を質問する者が有り，為に自身を顧みることもなく，それに答えてやった。故に終日寸暇も無かった。[清真，XX: 18–19; 系传谱: 19]

ここには，舎起靈がスーフィズムの実践的修行を指導していたというようなことは微塵もふれられておらず，むしろ門下生のために終日寸暇もなく経典読解の指導にあたる姿が称えられている。同様に，アホンたちがスーフィズムの実践的修行を指導していた形跡は，管見のかぎりいかなる史料からも全く窺うことができない。一部のアホンがある種のスーフィー的勤行に励んでいたことは，『經學系傳譜』から窺うことができる[10]が，それにしても師の厳格な指導の下に行われていたようには語られておらず，個人的な活動としてしか描かれていない。中国ムスリムにとっての「導師」たるアホンたちは，あくまでブッキッシュな知を専門に取り扱う，学問の教師にすぎなかったのである。

ところで，経堂教育の隆盛という学術的環境のなかから生み出された漢語

10　すでに金宜久 [1994] や李兴华等 [1998: 540–544] において紹介されている以外にも，次のような例がある。寡黙・夜の礼拝・非合法の飲食物に対する徹底的警戒に努めた馮通宇 [清真，XX: 70; 系传谱: 76]。神への絶対的信頼から，増水した河中に策馬猛進し，鉄砲水に驚いた馬に振り落とされてあえなく溺死してしまった馬世英 [清真，XX: 35; 系传谱: 37]。貧困に甘んじて野に住み，人々の施しを受けなかった穆天鳳 [清真，XX: 60; 系传谱: 65]。

イスラーム文献が，舎起靈をはじめとする経堂教育のアホンたちや学徒たちの心性を表象・代弁するものであったことは疑いない[11]。次節にみるように，蘇州出身の中国ムスリム余浩洲によって18世紀後半に編纂されたと思しき漢語イスラーム文献『眞功發微』[12]には，知識の獲得こそを何にもまして重

11　李兴华［1998: 19］は，馬注の『清眞指南』巻一「海内贈言」に各地のアホンの「贈言」が収録されていること，くわえて『清眞指南』各巻が各地のアホンの校閲・参訂を経ていることから，漢語イスラーム文献は「経堂内外の紳士賢達やアホン・経学徒に指正を請うという過程」,「教内の紳士賢達，明經・教領たちの首肯・認可」を経てはじめて世に問われたと指摘する。なお，『清眞指南』に「贈言」を寄せたアホンの中には，舎起靈周辺の人々が多く見受けられる。すなわち，李永壽（字は延齢）は，舎起靈の師のひとりであり，しかも舎起靈のもうひとりの師であった常志美とは異性いとこ（表戚）にして，ともに学びともに済寧における教学発展に尽力した盟友でもあった［清真，XX: 51–54; 系传谱: 56–58］。馮通宇は，舎起靈と馬永安門下の同窓で，その後も親交があった［清真，XX: 69–70, 77–79; 系传谱: 75–76, 85–87］。袁汝琦（字は懋昭）は，常志美と同じ馬眞吾門下に数えられる袁盛之の子で，舎起靈の遺訓により『經學系傳譜』の抄本のひとつを預かった［清真，XX: 23, 47; 系传谱: 25, 50］。楊榮業（字は盛之）は，舎起靈の弟子であった［清真，XX: 74; 系传谱: 80］。くわえて，「關西明經舎起雲」とは，舎起靈その人のことだろう。また，そのほかの漢語イスラーム文献についても，その刊行までに舎起靈周辺の人々の協力のあったことが確認される。たとえば，劉智の『天方性理』の「考經」を担当したアホンらのなかには，馬景新（字は恒馥）がいた。彼は，舎起靈が盛京に招聘された際に考城（河南）に残って彼の代理をつとめた，舎門下の俊傑であった［清真，XX: 92; 系传谱: 102］。また，先述の袁汝琦も，「考經」担当者であった。彼はまた，『天方性理』に序文をも寄せ，その中では，劉智は「幼くして余に従って遊」んだと述懐している。くわえて，『天方性理』の「較梓」担当者のひとりは，舎起靈の弟子馬洪寶（字は耀寰）［清真，XX: 74; 系传谱: 80］であった。さらに，劉智の諸作品の刊行に尽力し，余浩洲の『眞功発微』に序文を寄せてもいる袁國祚は，袁汝琦の孫であった（國祚は，劉智『天方至聖實録』の序文で「先祖懋昭」と称している［清真，XX: 37]）。

12　余浩洲による最初の刊行が18世紀末であることから推測。なお，従来本書の初刊年代は不明とされてきたが，上限・下限を決定することは可能である。乾隆「癸丑（乾隆58（1793）年）菊（9）月九日」の日付をもつ序文において袁國祚は，石城（南京）に居た彼のもとに余が湖南長沙からやって来た時，すでに余は『四篇要道』の重刊を果たしており，年月が経ってその版木の傷みは激しかったものの，それが一応書籍として成立していたのにたいして，本書はいまだ刊行されないままであるとして，それを早く刊行するよう願っている。すなわちこれが本書の刊行年代の上限である。これに対して，日付をもたぬ自序において余は，本書の刊行が成ったことを述べるとともに，さらに『四篇

視する姿勢が見受けられる。これは当時の経堂教育の現実を反映したものと考えられる。すなわち，ブッキッシュな知にのみかかわるという，経堂教育のスーフィズム教導のあり方は，おそらく18世紀に入っても変わっていなかったと思われる。

第2節　中国ムスリムのスーフィズム実践をめぐる言説

余浩洲の『眞功發微』巻下「認識門・識己時境第二十三」は，スーフィズム文献でよくみられるように，神人合一を目指すスーフィズムの修道の過程を旅路にたとえ，その旅路で経過すべき諸々の宿処 (manzil/pl. manāzil) について説いている。すなわち，順に昇段していくべき神秘階梯 (maqām/pl. maqāmāt)，昇段のために各階梯で課される修行の内容について記述しているのである。この記述は，いくらかのペルシア語スーフィズム文献を典拠としながら，それら原典とは微妙に異なる内容を含んでいる。このことは，中国ムスリムが，然るべきシャイフの不在という現実に対処しつつ，スーフィズムをどのように受容したかという問題にとって，きわめて示唆的である。以下，その点を検討していきたい。

余浩洲は，次のように述べている。

> 若夫行道者，欲趨禽獸虎狼之性塹，越邪魔之隊伍，過天仙之品位，以登人品，而得清命顯然，須憑三十程之功夫，循次而得至聖纜 × 主之大命之接引，始能得纜 × 眞主之極品。此乃立於全品至人之品位也。然必遵此三十件動靜，方能登此極品。若一不備，則不能及此品矣。(× は，擡頭の空白を示す。)

> 神秘道を行く旅人は，禽獣虎狼の性質という塹壕へ向かって行き，悪魔の隊伍を越え，天使の位階を過ぎ，人間の位階に登って，清らかな本性を露わにす

要道』や『正教眞詮』の重刊を諸氏に呼びかけている (前者についてはすでに重刊を果たしていたが，版木の傷みが激しかったからであろう)。そして，余の「重刻正教眞詮序」［白寿彝 2000, 下: 1096］は「乾隆乙卯 (乾隆 60 (1795) 年) 中秋之前一日 (8 月 14 日)」の日付をもつから，本書の刊行年代の下限はここに置くことができる。

ることを欲するならば，30の路程から成る修行（三十程之功夫）を順に消化し，神とつながったムハンマドの霊（至聖續主之大命＝rūḥ-i iḍāfī）の導きを得て，はじめて真の主と繋がるという究極の位階（續眞主之極品）に到達することができる。ここにはじめて，あらゆる旅程をこなした達道の人（全品至人）の位階に立つのである。ただ30の様態（動靜）を遵守してのみ，はじめてこの究極の位階に到達することができるのであり，もし一つでも備わらなければ，この位階に到達することはできない。［清真，XV: 332］

そして，ここにいう「30の路程」と，それぞれにおいて要求される「様態」，つまりは30の修行階梯と，各階梯における修行の具体的内容を列挙している［清真，XV: 332–334］。列挙された「30の様態」は，それぞれ「托勒補何大矣」（ṭalab-i khudāy）のようにアラブ・ペルシア語の漢字音写で表現され，その後に若干の解説が付されている。

ところで，そのうちの20個は，漢字音写や解説から判断して，ダーヤの『下僕たちの大道』にみえる，ムリード（シャイフの弟子）の「20の属性」［*Mirṣād*: 257–266］と一致する。ムリードの「20の属性」について，ダーヤは次のように述べている。「ムリードが，シャイフの御前に結び付き，諸々の障害やしがらみを投げ捨てたとき，シャイフとの交際を果たし得るように，そしてこの道を旅することが彼に完全に生じるようにするために，彼はこの20の属性を賦与されねばならない」［*Mirṣād*: 257］と。また，残りの10個は，ナサフィーの『至遠の目的地』にそれぞれ10個ずつ挙げられている「タリーカ（ṭarīqat）の人々の行い」と「ハキーカ（ḥaqīqat）の人々の行いや徴」［*Maqṣad*: 215–216］の一部と一致する。

その対応関係は，【表3–1】の通りである。表では「30の様態」の順番に対応する通し番号の後に，アラブ・ペルシア語動名詞の漢字音写を示し，コロンをはさんで典拠と原語を示す[13]。なお,「30の様態」それぞれの漢語の解説と，その典拠のペルシア語の解説とを対照させた表を，【表3–2】として章末に付した。

『下僕たちの大道』は，『眞功發微』にその名（米而撒德）が言及されてい

13　Aubin［1990: 505–509］は，漢字音写された「30の様態」の原語への復元を試みたが，それらの典拠を同定できなかったためか，その復元には一部誤りがある。

表 3-1 「30 の様態」の典拠

1. 托勒補何大矣:「タリーカの人々の行い」の第 1 番目，「神を求めること (ṭalab-i khudāy)」。
2. 托勒補大拉:「タリーカの人々の行い」の第 2 番目，「知者を求めること (ṭalab-i dānā)」。
3. 爾令:「20 の属性」の第 12 番目，「知ること (‘ilm)」。
4. 討白:「20 の属性」の第 1 番目，「改悛 (tauba)」。
5. 爾格得忒:「20 の属性」の第 4 番目，「信仰 (‘aqīdat)」。
6. 遜底格:「20 の属性」の第 11 番目，「誠実たること (ṣidq)」。
7. 忒格哇:「20 の属性」の第 5 番目，「神への畏怖 (taqwā)」。
8. 忒止力得:「20 の属性」の第 3 番目，「孤立 (tajrīd)」。
9. 助黒得:「20 の属性」の第 2 番目，「節制 (zuhd)」。
10. 白忞禮:「20 の属性」の第 9 番目，「物惜しみしないこと (badhl)」。
11. 爾忞勒忒:「タリーカの人々の行い」の第 10 番目，「隠遁 (‘uzlat)」。
12. 堪母火爾但:「タリーカの人々の行い」の第 9 番目,「少ししか食べないこと (kam-khurdan)」。
13. 堪母庫撫灘:「タリーカの人々の行い」の第 7 番目，「少ししかもの言わないこと (kam-guftan)」。
14. 堪母虎撫灘:「タリーカの人々の行い」の第 8 番目,「少ししか眠らないこと (kam-khuftan)」。
15. 數里海:「ハキーカの人々の行いや徴」の第 2 番目，「和解 (ṣulḥ)」。
16. 舎否格忒:「ハキーカの人々の行いや徴」の第 3 番目，「憐憫 (shafaqat kardan)」。
17. 母魯哇忒:「20 の属性」の第 10 番目，「若者らしくあること (futūwat)」※。
18. 厚思你護勒格:「20 の属性」の第 18 番目，「性質が善良であること (ḥusn-i khulq)」。
19. 索不爾:「20 の属性」の第 6 番目，「忍耐 (ṣabr)」。
20. 阿得補:「20 の属性」の第 17 番目，「礼儀正しくあること (‘adab)」。
21. 母乍喜得:「20 の属性」の第 7 番目，「鍛錬 (mujāhada)」。
22. 執乍耳:「20 の属性」の第 8 番目，「勇敢であること (shujā‘at)」。
23. 墨拉墨忒:「20 の属性」の第 15 番目，「非難されてあること (malāmat)」。
24. 耳秧:「20 の属性」の第 14 番目，「任侠の徒の如く神秘道に身を投ずること (‘aiyārī)」。
25. 格那二忒:「ハキーカの人々の行いや徴」の第 8 番目，「満足 (qanā‘at)」。
26. 忒撫威祖:「20 の属性」の第 20 番目，「神への委託 (tafwīḍ)」。
27. 忒思力母:「20 の属性」の第 19 番目，「シャイフへの服従 (taslīm)」。
28. 耳格里:「20 の属性」の第 16 番目，「理性があること (‘aql)」。
29. 你鴉子:「20 の属性」の第 13 番目，「希求 (niyāz)」。
30. 忒母欺你:「ハキーカの人々の行いや徴」の第 10 番目，「堅固にすること (tamkīn)」。

※「母魯哇忒」は明らかに muruwwa (男らしくあること) の音写である。しかし『眞功発微』の「母魯哇忒」と，『下僕たちの大道』の「若者らしさ (futūwat)」，それぞれの解説を対照させると，両者の対応関係は明白である (章末【表 3-2】を参照のこと)。

る唯一のスーフィズム文献である［清真，XV: 328］。つまり，この「30の様態」のうちの20個が，『下僕たちの大道』のいわゆる「20の属性」を典拠としていたことは，おそらく間違いない。ただし「20の属性」は，その順序がわざわざ組み替えられて「30の様態」に編入されている。しかもそこには，『至遠の目的地』の「タリーカの人々の行い」と「ハキーカの人々の行いや徵」の一部と思しきものも混入されている。したがって，『眞功發微』のいわゆる「30の様態」は，余浩洲が彼自身の考えのもとに按排した，彼独自の神秘階梯，ないしは旅程表であったといえる。

そして，その旅程表の独創性は，第1段階で神の探求への発心を起こし，第2段階で導師（知者）[14] を探しあてた旅人に対し，何よりもまず「知ること（‘ilm）」を要求している点において際立っている。『下僕たちの大道』が，知ることを神秘階梯の12番目に位置づけ，改悛（tawba）を神秘道への第一歩としているのにたいして，『眞功發微』では，知ることを優先させ，改悛はようやくその次に課されている。

だが一方でこの独創性は，経堂教育におけるスーフィズム教導のあり方とは親和的である。あらゆる修行の劈頭に知識の獲得を据える余浩洲の旅程表は，ブッキッシュな知しか扱わないアホンたちであっても，神秘道の入り口への案内人という重大な役割を担い得るような構造となっているからである。そしてこの構造の背後に，然るべきシャイフの不在という現実に対処しようとする余浩洲のはからいをみることは，おそらく間違いではあるまい。すなわち，神秘階梯の構造転換によって，本来は教導に加わることのできないアホンたちを，修道者の昇級に有効かつ必要不可欠な導師の位置にまで高めようとする意図が，そこには働いていたと考えられるのである。

14　『至遠の目的地』のいう「知者（dānā）」は，次の一節から明らかなように，シャイフのことにほかならない。「おお，ダルウィーシュよ，もしある旅人が，1日，いや1時間でも，〔知者との〕交際に至り，〔目的に至る為の〕能力があり，知者との交際に相応しくあるならば，それは，知者との交際無くして，100年，いや1000年，諸々の禁欲や克己に従事することよりも，良いことである。彼〈高くあれかし〉の言葉に“実に汝の主の許に在る1日は，汝らが数える1000年の如し”とあるが如く。そして，誰であれ知者との交際無くして目的地に至り，目的を獲得する可能性は無い。たとえ能力があり，諸々の禁欲や克己に従事していたとしても」［*Maqṣad*: 221］。

知ること (‘ilm) をめぐってはまた，その解説においても，『下僕たちの大道』と『眞功発微』との間に著しい相違が認められる。『下僕たちの大道』では，次のように述べられている。

> 第 12 に，知ることである。礼拝や断食やその他諸々の柱といった，彼に義務付けられているところの諸々の宗教的義務を，必要最低限果たすことができるという程度で，知識を獲得せねばならない。そして，〔知識を〕求めることにおいて，過剰に努力してはならない。というのも，〔そうすれば〕道から取り残されてしまうからである。彼が目的の完成に至っている時であれば，話は別である。もし，〔これから〕指導者職を務めようとするならば，或いは，〔既に〕先導者の位階を得ていたならば，クルアーンやスンナの諸知識を獲得することは，有用であって有害ではない。［*Mirṣād*: 260］

スーフィーの中には，たとえばスフラワルディー (Abū Nājib Suhrawardi, 1097–1166) のように，知ることを重視する者がいたことは確かである［川本 1988］。しかし余浩洲が参照した『下僕たちの大道』において，知ることは，どちらかといえば否定的に評価されている。

たいして『眞功發微』では，次のように述べられている。

> 第三是爾令。意謂必習學聖行條規，始能遵行一切命禁。更習認己認 × 主，明心浄性之學，始能行此至道。(× は，擡頭の空白を示す。)

> 第 3 は，知ること (爾令)。すなわち，必ずスンナ (聖行) の規定を学習せねばならない。そうして始めて一切の命令と禁止を遵守することができる。さらに，自己を認識して神を認識し，心を明らかにして魂を浄化する学問を学習せよ。そうして始めてこの至道を行くことができる。［清真，XV: 332］

『下僕たちの大道』では，学ぶべき知識がきわめて限定され，知識の獲得が有害とされている。たいして『眞功發微』では，全く正反対に，スンナやスーフィズムに関する知識の獲得が，神秘道を進み行くために必要不可欠な事柄として積極的に推奨されている。『眞功發微』における，このような原典からの逸脱は，知のエキスパートたるアホンたちに，神秘道の案内人としての資格を認めようとする余浩洲の企てを，強く示唆する。

くわえて，「性質が善良であること (ḥusn-i khulq)」をめぐる『下僕たちの大道』［*Mirṣād*, 262–263］と『眞功發微』［清真，XV: 333］の解説の相違に言及しておいてもよかろう。後者では，人と接する際は気長にして謙虚であれと説く前者の前半部分が要約・訳出されているが，サマーウ samāʻ（音楽を聴き踊る修行）での諸々の注意事項などが記された前者の後半部分は省略されている。サマーウのような実践的修行に対する無関心，あるいは意図的な言及回避のいずれに起因するにせよ，そのような翻訳の仕方が，スーフィズムの教導をめぐる余浩洲版の神秘階梯のコンセプトに適うものであったことは確かである。

さて，以上みてきたように，シャイフ不在の状況に応じて，原典とは対蹠的に知識の獲得を枢要に据える神秘階梯を構築した余浩洲は，スーフィズムを，本来よりも知と親和的なものとして，あるいは本来よりも知の比重を増したかたちで，受容していたといえるであろう。そして，このようなスーフィズム受容のあり方は，おそらく余浩洲にかぎらず，17・18世紀の中国ムスリム一般に共有されていたものと思われる。

たとえば，馬注（1640年生，1710年以後没）[15]の『清眞指南』巻三「性命」にも次のような記述がある。

> 又云，心爲寶鏡，靈命即其光明，嗜性乃爲鐵垢。垢勝則光滅，光勝則赤滅。惟憑學問之琢磨，才智之叅想，明德之分辨，方可復命歸眞，永登天境。

〔経典には〕また次のようにも言われている。心は美しい鏡である。靈命（rūḥ）[16]

15　馬注の経歴や生没年，『清眞指南』著述の経緯については，白寿彝［2000，下: 926–931］参照。

16　靈命が rūḥ の訳語であることは，次のことから判明する。すなわち，『清眞指南』巻三「性命」に「靈命」（=「命」）を解説する中で，「クルアーン（天經）」の命令と称して，「もし私が人〔の形〕を整えたならば，私に属す「命」からそこに吹き込むだろう，それはただその内に確かな認識という宝をしまって置こうと欲するからである」という文言が引かれている［清真，XVI: 582–583］。これが，クルアーンの文言「私が彼の形を作り，そして私がこれに私の霊（rūḥī）から息を吹き込んだなら，汝ら彼に額づいて跪拝せよ」［Qur'ān, XV: 29］を下敷きにしていることは，間違いない。なお，クルアーンの原文から大幅に改変された問題の文言は，次のふたつの記述と趣旨を同じくする。ひとつは，『下僕たちの大道』にも繰り返し引かれる有名なハディース・クドゥスィー（神の言葉を含むハディース），「私は隠された宝であった。私は知られんと欲し，私が知らはその輝きであり，嗜性は鉄錆である。鉄錆が〔鏡を〕覆うと輝きは減り，輝きが覆うということは鉄錆が無くなるということである。ただ学問を琢磨し（學問之琢磨），才智によってよく思索し（才智之參想），明德[17]によって〔善悪を〕判断する（明德之分辨）ことを通じてのみ本来のあり方に立ち返り（復命歸眞），永らく神人合一の境地（天境）に到達してあることができる。［清真，XVI: 589］

『清眞指南』巻三「性命」全体の文脈に従ってパラフレーズするならば，要するに，学問の琢磨，才智による思索，明徳による判断によってのみ，心の鏡の研磨，つまりは嗜性の錆の除去と，靈命の光輝の回復とが可能となり，それによってはじめて本来の面目への回帰，すなわち神人合一を達成することができるということである。

ところで，心（dil）が鏡であるとは，『下僕たちの大道』に好んで用いられる比喩である。たとえば，「心は鏡である（dil ā'īna ast）」との言明がある［*Mirṣād*: 3］。また，上と似通った記述として，次のようなものも見受けられる。「肉体という都市がシャイターンというならず者どもによる騒動や魂の（nafsānī）非難されるべき諸属性というごろつきどもによる混乱から清浄になり，心という鏡が気性（ṭabī'at）という錆から清らかになったとき，この後，〔心は〕永遠性（ṣamadiyyat）の美の謁見の間たるに相応しくなり，のみならず，純一性（aḥadiyyat）の美の太陽の上昇に相応しくなる」［*Mirṣād*: 207］[18]。ただし『下僕たちの大道』では，心の鏡を磨く方法として，ズィク

れるために人間を創造した」［*Mirṣād*: 2］。もうひとつは，『下僕たちの大道』の次の記述。「人間の肉体という大地には，次のような可能性が与えられていた。すなわち，霊という種が，“そして私がこれに私の霊から息を吹き込んだ〔なら〕”という耕しによって，そこ（肉体という大地）に蒔かれ，神の恩寵という太陽とシャリーアという水で養育を施された時，それ（霊という種）から，〔神への〕近接や〔神の〕霊的・直観的認識（ma'rifat）という諸々の果実が収穫されるという可能性である。そしてその収穫たるや，〔神が〕“私は，正しき我が奴隷たちのために，どんな目でも見られず，どんな耳でも聞こえず，人間の心には絶対に浮かんでは来ないようなものを用意してやった”と言われたのみで，どんな被造物の想像や理解や理性〔の範疇〕にも含まれず，どんな語り手の説明もその深みに達し得ない程のものである」［*Mirṣād*: 111–112］。

17 『清眞指南』巻二「天命」に，「信仰（以媽納 īmān）」とは「天命の明德」だとある［清真，XVI: 560］。

18 また，「靈命はその輝き」とは，『下僕たちの大道』の次の記述からインスピレーショ

ルを挙げる[19]が，学問のようなものには言及がない。

いずれにせよ，馬注もまた知識の獲得を達道の鍵としてスーフィズムを構想していたことは明白である[20]。

とはいうものの，たとえスーフィーの完成にとって知識の獲得が重要だということになったとしても，そもそもアホンたちの知識・学問は，スーフィズムの文脈において正統でありえたのか。スーフィズムでは一般に，シャイフへの師事なくしてスーフィーの完成はありえないという原則が当然要求する論理的帰結として，然るべきシャイフは，然るべきシャイフに師事して免許皆伝 (ijāza) を得た者でなければならない，とされる。つまり結局は，預言者ムハンマドに端を発する免許皆伝の授受の連鎖，すなわちムハンマドより人づてに連綿と続く道統 (スィルスィラ silsila) に連なる人物でなければならない，との了解がある。『下僕たちの大道』にも，「神の御指示，あるいは神の御指示が具体化したもの (ṣūrat-i ishārat-i ḥaqq) たるシャイフの許可 (ijāzat) が，彼 (ムリード) をシャイフの地位に任命し，ムリードたちの存在という諸々の卵を養育することに許可を与える」[*Mirṣād*, 244] という記述

ンを得たものか。「〔神の極まり無き叡智と限りなき力は〕“私の霊から (min rūḥī)” [Qur'ān, XV: 29; XXXVIII: 72] という祝福の木から得ていたところの霊 (rūḥ) という油，すなわちマラクート (malakūt) 界という東のものでもなければ，ムルク (mulk) 界という西のものでもなかった (クルアーンの文言 [Qur'ān, XXIV: 35] を踏まえた表現)。それを，心という〔ランプを覆う〕ガラスの内に注いだ。油は，透明と光輝の極致に在った。というのも，それはまさにランプに光を与えんとしていたからである。たとえまだそれに火が点いていなかったとしても，“それの油は，たとえ火に触れなくとも，輝きださんばかり” [Qur'ān, XXIV: 35] であった。霊が輝きださんばかりであることによって，“玻璃は煌く星の如し” [Qur'ān, XXIV: 35]，つまり心というガラスも輝き出さんばかりだったのである」[*Mirṣād*: 121]。

19　「心に濁りや病が尚も残っていると知れば，〔ズィクルで唱える〕“アッラーの他に神は無し” という研磨具や神以外のものの駆逐という洗剤によって，心が〔ズィクルで唱える信仰告白の〕言葉で彩られる (naqsh-padhīr-i kalima) ようになるまで，そして心がズィクルの宝石によって飾られるようになるまで，それ (濁りや病) を除去しなければならない」[*Mirṣād*: 205] などと述べられている。

20　また，「學問之琢磨」「才智之參想」「明德之分辨」という表現は，あるいは『中庸』の「博學之，審問之，愼思之，明辨之，篤行之」を意識したものであったかもしれない。だとすれば，馬注が「篤行之」を落としていることは，示唆的である。

があって，その規定は示唆されてある。しかしながら，17・18世紀の中国ムスリムのあいだには，門宦のシャイフたちを除けば，ムハンマドにまで繋がる道統へ連なることを主張する者はいなかった。むしろ彼らのあいだには，ムハンマドにまでは到達せぬ，胡登洲に端を発する学統を誇る風すら存在したのである。では，そのような学統に連なるアホンたちは，然るべきシャイフの免許皆伝を経ぬ，自らの学問の正統性を，いかなる権威に拠って確保し得たのであろうか。節を改めよう。

第３節　中国ムスリムの道統をめぐる言説

胡登洲に端を発する学統への帰属を鮮明に意識して誇示した最たる人物は，舍起靈である。彼の監修下に趙燦によって編纂された『經學系傳譜』は，胡登洲以前の師伝の系譜についてはほとんど沈黙している[21]ものの，彼以下の学統を現在確認しえる限り最も詳細に伝えている。その構成は次の通りである。

序文につづき，「系傳總圖」と名付けられたひとつの樹状図が載る。17世紀の中国内地もしくは沿岸部において活躍したアホンたちの師伝の系譜であるそれは，胡登洲を起点として，数世代後の趙燦とほぼ同時代の人々にまで枝分かれしている。この「系傳總圖」の後は，凡例を挟んで，その樹状図に名を列せられていたアホンたちのうちの選ばれた25人の伝記が続く。『經學系傳譜』では，この25人だけが「先生」という特別な敬称で呼ばれ，余人は「師」と称される。胡登洲はもとより，舍起靈もその25人のうちに数えられている。25人の「先生」の伝記の冒頭には，その直弟子たちのより詳細なリスト，つまり「系傳總圖」に現れていないアホンたちをも含んだ直弟子リストが掲げられる。また，いく人かの直弟子の伝記が，「先生」の伝記の後に付されることもある。25人のアホンの直弟子リストと伝記の後は，舍起靈の弟子で泊鎮（今の河北省泊頭市）にいた曹繼輝というアホン，その弟

21　かろうじて胡登洲の師として，ヒドル（本章注25参照），高太師，それにメッカから進貢のため来華した人物が，胡登洲の伝記の中でふれられているにすぎない。

子たち，および泊鎮のその他のアホンたちに関する記事や，経堂教育を経済的に支えたムスリム共同体の顔役たちに関する記事，劣悪な学者たちに関する記事が付録される。そして最後は趙燦の手になる若干の文章で締め括られている。

舎起靈の序文は，このような『經學系傳譜』編纂の理由を，アホンたちの事跡が人々に忘れ去られないようにするためであったと表向きには謳っている［清真，XX: 3-4; 系传谱: 2］。しかし該書では，アホンたちの事跡もさることながら，その師伝の系譜にも重大な関心が払われている。このことから察するに，その編纂の真の目的は，誰が胡登洲の学統に連なる「正統な」アホンであるかということ，とりわけ舎起靈自身が正しくそのひとりであるということを明らかにするためであったと考えられる[22]。

このように胡登洲の学統への自己の帰属にたいする鮮明な意識と強烈な自尊心をもっていた舎起靈であったが，そのいっぽうで彼にはまた，スーフィーとしてのアイデンティティも濃厚に存してあった。彼がペルシア語スーフィズム文献の研究と教授に余念がなく，それらの翻訳までも手掛けたことについてはすでに述べた。くわえて『經學系傳譜』には，彼について述べた次のようなくだりがある。

> 初先生道號破衲癡，多内養工夫，故童顔鶴髪，精神充滿，對巻授徒，終日不倦。有功經學，千古之下不能泯其苦辛，而胡馮張常衆先生之學，非彼則必湮没。余燦忝列座末，親覩其勞，而多惻惜焉。

> はじめ〔舎起靈〕先生は，道号を“ぼろ布を纏った愚か者（破衲癡）”と称し，内面の陶冶に勤しんだ（多内養功夫）お陰で，童顔白髪（童顔鶴髪）となり，精気に満ち溢れ，書物の研究と教授に終日倦むことがなかった。彼はイスラームの経典に関する学問〔の発展〕に功績を残した。どんなに時間が経っても彼の苦労〔して築き上げたもの〕が消え去ることはない。胡〔登洲〕，馮〔二と馮伯菴〕，

22　実際，舎起靈は自らの「正統性」を証明する必要性に迫られていた。彼は，いわゆる新行派の領袖として，対立する古行派から相当の批判を被っていたからである。このことが『經學系傳譜』編纂の動機のひとつとなったことは，該書に新行を擁護する記述が散見されることによって示唆されている（本書第4章参照）。

張〔少山〕，常〔志美〕諸先生の学問は，彼がいなければ滅んでいたであろう[23]。私こと〔趙〕燦は，〔門弟の〕末席に列しながら，親しくその労苦を見て，それを痛く心配し憐れんだものである。［清真，XX: 83; 系传谱: 91］

「破衲癡」は「道号」だというが，その実スーフィーを彷彿とさせる名前である。しかもそれは，ジャーミーの『閃光の照射』の全訳である『昭元秘訣』の執筆のさいに筆名としても用いられた。それがスーフィーを意識した号であったことは，まず間違いない。したがって「多内養功夫」と「童顔鶴髪」も，この文脈では，神仙というよりはむしろスーフィーの修養と達道の様をそれぞれいったものと解せられる[24]。要するにここには，舎起靈の完成されたスーフィーとしての面貌が，書物の研究と教授に没頭する理想的なアホンとしての姿とともに描かれているのである。この描写は，舎起靈の生前に彼の監修のもとに書かれたのならばまさに，あるいは彼の死後に趙燦の独断で書かれたにしてもほぼ違わず，アホンにしてスーフィーという舎起靈のアイデンティティの真相によく迫ったものと思われる。

ならば，先にみた胡登洲の学統への帰属意識と，ここにみるアホンにしてスーフィーというアイデンティティとは，舎起靈という一個の人格のなかで，いったいいかにして矛盾なく共存しえたのであろうか。ムハンマドとのあいだの師伝の系譜が定かではない胡登洲のような人物に端を発する学統への帰

23　胡登洲——馮二——馮伯菴——張少山——常志美——舎起靈というのは，まさに胡登洲から舎起靈までの師伝の系譜にほかならない。ここにも胡登洲の学統にたいする舎起靈の帰属意識が顔を覗かせているわけである。

24　中国ムスリムが，スーフィーに「神仙」のイメージを重ねていたことについては，黒岩［2004; 2005］に指摘がある。また，中国内地もしくは沿岸部で著された漢語イスラーム文献においてはとりわけ儒教の経典や術語・言い回しが好まれて援用されているのにたいして，中国西北部の門宦関係者によって著された漢語イスラーム文献においては道教の術語・言い回しが支配的であることも，示唆的である。たとえば，楊門門宦の名祖楊保元（1780〜1873）の『綱常』（この人物と著作については马通［2000b: 77–81］および本書第6章以降参照）には，道教文献として知られる作者不明の『性命圭旨』元集「死生説」や，張伯端の『悟眞篇』の一節が引かれてさえいる［清真，XIX: 217ff., 234］。なお，この事実は，『“嘎地勒耶”八十一段』というタイトルの教内資料において，すでに指摘されている。同史料は，かつて甘粛省康楽県松樹溝の湾児拱北（哇拱北）において修行していた楊国玉氏から，ご提供いただいた。同氏には深く感謝の意を表したい。

属は，ムハンマドの道統からの孤立を意味しなかったのか。舍起靈のスーフィーとしてのアイデンティティは，彼の学問が然るべきシャイフからの免許皆伝を経ぬ,「正統性」を欠いたものであることに,安んじてありえたのか。

どうやら舍起靈自身は，ムハンマドの道統からの孤立が学問の「正統性」の欠如を意味するとは必ずしも考えていなかったようである。『經學系傳譜』に次のような逸話がみえる。

> 後明龍先生聞，蘊華先生無庸傳授，而能探測此經之奥妙，乃憤之曰，此係何物，而能自解悟之哉。蓋二先生，一得人之指示，一得經之解究，苟論各逞力量之所使，則有強弱之分耳。如路未闢，則無其徑，既獲行，成道矣，終則可行車焉。而先生復得開幛之經，可爲際偶之獲有不齊，學問之分有多寡耳。凡洪福完人，方能全得其濟，逮亦××主欲啓迪理世之學，特出一代偉人，闡發先天之秘，喚醒醉夢愚迷，而能尋永活之泉源也。（ポイントを下げたところは双行注。×は，擡頭の空白を示す。）

> 後に〔馬〕明龍先生は，〔常〕蘊華先生が誰かに教えてもらうことなく，この経典を微妙で奥深い所まで理解し得たということを聞き，憤って“彼は何様だというのか，独力であれを理解し得るはずはなかろう”と言った。思うに，2人の先生のうち1人は人に指導され，1人は〔独力で〕経典を解釈し尽くしたが，それは，それぞれが持てる能力をどれだけ発揮したかに強弱の違いがあったということに過ぎない。〈原注：道を開かなければ道はできない。〔道無き所も〕行ってしまえば，そこは道になり，遂には車を通すこともできるようになる。〉また，我らが〔常蘊華〕先生は〔馬明龍が入手できなかった〕『開幛之經』（未同定——筆者注）を入手したが，それは，チャンスの有無は人によって異なり，どれほどの学問に接し得るかということも人によって多少の差があったということに過ぎない。およそ溢れんばかりの恩寵を享く完全人間（完人）にしてはじめて，そのような天佑を完全にものにすることができる。主が原理の世界（理世）についての学問を啓蒙せんと欲されて，特に一時代にひとりの偉人を選び出し給い，その偉人が形而上世界（先天）の秘密を明らかにして，酔っ払って夢にまどろむ愚かな迷い人たちを呼び醒ますことによって，〔彼らは〕永遠不滅なる霊魂（永活）の来源を尋ね求めることができるようになるのである。［清真，XX: 42-43; 系传谱: 45］

これより先，馬明龍は，身元不明の外国人でおそらくはスーフィーと思し

コラム③ スーフィーとしての馬明龍

馬明龍の伝記「馬四爸爸傳畧」(民國8 (1919) 年撰) には，スーフィー聖者の奇蹟譚と見紛うような以下のエピソードが見える［醒語: 9b–11a］。

時は康熙初年，所はおそらく湖北武昌での話。黄都督は都督官署出入の毎に号砲を放っていたが，ある時突然，砲が点火しても鳴らなくなった。聞けば，黄の官署の向かいに清真寺を構えていた「馬眞人」こと馬明龍が，号砲の大音響で礼拝を妨げられるのに怒って不思議な力を行使したことによるのだという。そこで，馬を妖術師とみなした黄は，張天師に調伏を依頼した。しかし，馬を呼びつけて相見えた黄と張は，馬が空中浮遊したり，天井から巨大な手を現したりするのに驚かされることとなった。さらに，すでに亡くなったはずの張の師が現れて張に茶を献じるのを目の当たりにするに及んで，張は馬の教えが正しい教えであることを称え，黄も馬の行使する力が妖術の如き矮小なものではないことをみてとった。その後，黄は，他処の官地に清真寺を遷すよう請い，馬は，自身のターバンで囲えるだけの土地をくれればいいと，その申し出を許諾したが，実際土地を囲ってみると，彼のターバンは広大な土地を囲ってもなお余りがあった。

また，藍煦の『天方正學』(藍煦自序の日付は咸豊2 (1852) 年［清真，XVII: 141］。ただし巻七『藍母眞人墓誌』［清真，XVII: 200］には藍煦の母の没年として咸豊10 (1860) 年の日付がみえる) 巻七「武昌眞人墓誌」［清真，XVII: 198］にも，馬明龍が「ك 窰 (كの形をした洞窟のようなものか？) 中に坐静」していたことや，湖広総憲の前に三尺の白雲を履いて現れたこと，死してなお人々の前に現れ様々な奇蹟を起こしたことが記されている。

馬明龍は，後代にスーフィーとして表象されたのみならず，実際にスーフィーとしてのメンタリティを濃厚に有していたらしい痕跡もある。

康熙22 (1683) 年「鎮守四川川北等處地方總兵官左都督仍記功三次馬子雲」撰の「華表碑記」［余・雷 2001: 632–633］によれば，後にカーディリーヤ派のシャイフ，ホージャ・アブドゥッラーに師事することになる馬子雲は，川北に赴任する道すがら，かねてより交わりのあった馬明龍に見えたという。そして，彼の著作『認己醒語』を読み，「認己之學」(その具体的内容として同碑に要約されているところは，まさに『下僕たちの大道』の所説に酷似している) を理解したという。「認己の学」とは，自己の内面探求から事物の真相直観を目指すスーフィズムの学問を指すと考えてよいのだろう。馬子雲はこののち，カーディリーヤ派のシャイフ，ホージャ・アブドゥッラーに師事することになる［马通 2000b: 82–83］が，それは，あるいは馬明龍のスーフィー的心性に影響されたものであったかもしれない。

ホージャ・アブドゥッラーは，伝承［马通 2000b: 64–65］によると，康熙 12～13（1673～1674）年の間，湖北に宣教して若干の信奉者を得たという。推測を逞しくするならば，この時，存命の馬明龍との間に何らかの接触があったかもしれない。藍煦が自著『天方正學』の巻七に「武昌眞人墓誌」として馬明龍の墓誌を収録している［清真，XVII: 198］ことは，この可能性をある程度支持する。藍煦が，ホージャ・アブドゥッラーの弟子のひとりである雲南馬の道統，すなわち楊門門宦（马通［2000b: 77–81］参照）の道統に連なる人々と関係のあったことは明らかである（詳細は本書第6章を参照）。そのような藍煦が，「武昌眞人墓誌」を『天方正學』巻七に収めたのは，馬明龍をホージャ・アブドゥッラーの関係者とみなしていたからかもしれない。

【上】湖北省の武昌にある馬明龍（馬銓）の墓。今は、華中師範大学第一附属中学（初中部）の東側の壁に隣接してある。辿りつくためには、中学校の東隣にある団地の守衛さんに了解をとり、その敷地内を抜けていかねばならない。
【下】久照亭（巴巴寺）。現四川省閬中市に所在する、ホージャ・アブドゥッラーの墓廟。

き極料理なる人物の指導を受けたおかげで,『ミルサード (*Mirṣād*)』なる経典 (ダーヤの『下僕たちの大道』にちがいない) をなんとか解読することができた, という経歴があった。これにたいして常蘊華 (常志美) は, 極料理が自分の弟子になれば『ミルサード』の読解に便なる経典をやろうと提案したのをはねつけ,『開幃之經』などの参考文献を独自に入手し,『ミルサード』を独力で読破することに成功していた [清真, XX: 42, 54–56; 系传谱: 44–45, 59–61]。馬明龍は, 極料理への師事に加えて, 後世にはまさにスーフィー聖者のイメージでもって語られてもいることから, 彼にも舎起靈の如くスーフィーとしてのメンタリティが強固に宿っていたことは, おそらく間違いない【コラム 3】。したがって, ここに馬明龍が憤っているのは, 常志美の才覚への嫉妬によるものとも考えられるが, むしろ, 常志美が極料理への弟子入りを拒否したことにたいしてだったのではなかろうか。それは, スーフィズムにおけるシャイフの必要性の原則からの逸脱にみえたにちがいない。

もとより舎起靈にしても, 平素は, 次のように弟子たちに諭していた。すなわち, 広く知見を集めて学問を追及し, さらには磨かれた鏡のような本性と輝く心を顕わにし, 今世にあっては, 主を認識して根源的真理へと立ち返るための道を明らかにし, 預言者に代わって教えを広め, 来世にあっては, 地獄を免れて永遠に天国の幸福を享受する, というような「非常に大きな志は, 朝夕に成るものでは決してない。一字一句, 師によって口授され, 心から心へと伝えられるのでなければ, 絶対に不可能である。……」と [清真, XX: 16; 系传谱: 16]。彼もまた, シャイフの必要性の原則に, 基本的には同意していたのである。

しかしながら, 馬明龍が常志美に向けた憤りにたいし,『經學系傳譜』の著者, 趙燦は反論する。すなわち, 能力の発揮の程度如何によってはシャイフの教導なしに独力で学問を成すことも可能であり, とりわけチャンスに恵まれた完全人間 (完人) においてはそうである。この反論はまた, 同書の監修者にして常志美の弟子であった舎起靈の見解でもあったにちがいない。とすれば舎起靈は, 自らの師である常志美がその完全人間であるといっていることになりそうである。そして, そうすることで師の学問, ひいては自身の学問の正統性を保障しようとしたかにみえる。彼はまた,『經學系傳譜』の自序で，胡登洲をも完全人間（完人）と呼んで憚らない（後引文参照）。いずれにせよ，舍起靈にとって自らの師伝の系譜は，たとえムハンマドの道統から孤立していたとしても，神が一時代にひとりとして選び出した完全人間の「正統な」学問を伝える系譜に他ならなかったと思われる[25]。

さらに舍起靈は，胡登洲の道統がムハンマドの道統に連続しているとすら考えていた節もある。『經學系傳譜』の冒頭，自序開口の一節がそれを示唆している。

> 夫道之在天下者，無存亡，道之寓人心者，有斷續，然而人之倫常至大者，雖盈貫於耳，充塞乎口，而周程諸子摹擬太極以來，未見實迹所謂如何耳。嗚呼，造物者憫及黎元，垂慈降聖之於西土，使大道綿延不絶，可爲諄切矣。復幸茲土，於嘉隆之際，錫降完人，教民皈正者，逮吾太師祖胡老先生，傑出渭濱之徵也。（「傑出渭濱之徵」は，系传谱のテクストによった。清真大典版のテクストでは「傑出謂×之徵」（×は空白）となっている。）

> 道は，天下に存在するというレベルでは，存亡があるわけではないが，人の心に宿るというレベルでは，断続がある。人の倫理こそが最も重要であるとは，よく耳にするし，人口にも膾炙しているが，周濂渓や二程といった諸先生が〔道を〕太極に象って以来，それが本当はどんなありさまなのか，いまだ見たことがなかった。ああ！　造物主の憐憫が下々に及び，主が慈悲を垂れて聖人を西方の地に降し，道をして連綿と続かせ給うたことは，なんと懇切丁寧なるお心遣いであったことか。また幸いに本地でも，嘉靖・隆慶の際に，〔主が〕完全人間（完人）を恩賜降下して民を正しきに帰せしめ給うということ，〔それに付随する完全人間としての役割〕が，我らが偉大な祖師たる胡老先生に回ってきて，太公望の如き，待ち望んでいたものの到来のしるしが顕著に現れることとなった。……［清真，XX: 2; 系传谱: 1］

25　さらに舍起靈は，『經學系傳譜』に，胡登洲と常志美の師として「一緑衣纏頭叟」あるいは「赫資勒」，すなわちヒドル（Khiḍr）を登場させている［清真，XVII: 25, 56; 系传谱: 26, 61］。ヒドルは生身の人間ではなく，時代を超えて現れる霊的存在である。彼によって導かれることは，然るべきシャイフの教導なくして神秘道を行くひとつの手段であった［Schimmel 1975: 105–106］。たとえば，胡門門宦の霊的系譜は，艾布里・則地こと馬伏海がヒドルの教導を得たことに端を発する［马通 2000a: 211］。つまり胡門の歴代導師は，事実上，ムハンマドまで到達する道統を欠きながら，然るべきシャイフとしてありえたのである。

ここにいわゆる「道」は，普遍的真理の謂いであるが，聖人もしくは完全人間がそれを人々の間から忘れ去られぬよう維持して受け継いでいくイメージ，すなわち道統の途切れぬイメージをも伴っている。西方の地に降された聖人ことムハンマドの出現によって，人々の心から消え去ることを免れた「道」は，「我らが偉大な祖師たる胡老先生」こと胡登洲の出現によって，再びその存続を守られたと聞こえるこの記述は，両者の間における道統の連続性を暗示していよう。

ところで，以上のような舎起靈の見解は，17・18世紀の中国ムスリムの思想的文脈において，決して突飛な発想であったわけではない。

まず，少なくともシャイフの必要性の原則に例外があるという考えじたいは，王岱輿（1658年以前没）[26]の『正教眞詮』にも見受けられる。すなわち，同書上巻「正學」に「正しい学問の意味するところは，ただ先達の挙止に倣い，その文章を記録するということだけではない。それは本来的には，自ら取り組んで正しく悟る学問，あるいは天地万物を観察して全てに通じる学問である。故に賢者は経典を欠くことや師範の無いことを憂えない。天地万物はみな彼の師範であり経書なのである」［清真，XVI: 104］とある。そもそも類似の考え方は，中国ムスリムの間に流布していたペルシア語スーフィズム文献において支持されてもいた。ナサフィーの『至遠の目的地』に「誰であれ知者（dānā）への師事（ṣuḥba）なくして目的地に至り，目的を獲得する可能性は無い。たとえ能力があり，諸々の禁欲や克己に従事していたとしても。ただし至高なる神が自身の恩寵と寛大さで以て下僕に眼差しを注がれ，師匠（ustād）やシャイフ無しに彼に道を示し給うことを欲し給うた場合は別である」［*Maqṣad*: 221］とあるのがそれである。ただ，胡登洲や常志美を，神に選ばれた完全人間に同定したのは，自らの学統における正統性の不備に窮した舎起靈の独断的戦略に出るものであったかもしれない。

一方，胡登洲がムハンマドの道統に連なるとの見解の方は，陝西咸陽渭城胡家溝口東原の胡登洲の墓前にかつて存在した（康熙57（1718）年，馬鳳翥撰文）という「建修胡太師祖佳城記」にはっきりと窺うことができる。

26　王岱輿の経歴および没年については白寿彝［2000，下: 916–919］を参照。

常々聞くところでは，道には形は無いが，必ず聖人が教えを創始することでその端緒が開かれる。教えにはすでに定められた則るべきものがあり，とりわけ賢者によって明らかにされることでその後続が継がれる。それによってこそ，天と人を貫く道理は悠久に明らかとなって，決して人々に忘れられなくなるであろう。周到慎重に考えてみるに，人類の祖先アダム（阿丹＝Ādam）はマッカ（西域天方國）に生まれ，我らが教えの系譜の端緒を開いた。その後，源を発した水が絶えること無く遥か遠くへ流れていくように，教えの系譜はセス（施師＝アダムの子 Shīth），ノア（努海＝Nūḥ），アブラハム（易補剌希黙＝Ibrāhīm），イシュマエル（易司麻義來＝Ismā'īl），モーセ（母撒＝Mūsā），ダヴィデ（達吾德＝Dā'ūd），イエス（耳撒＝Īsā）といった聖人が相継いで伝えて途絶えなかった。イエスが世を去ると，秩序は廃退したが，預言者ムハンマドが時運に応じてこれを再興した。……誰が予想したであろうか，盛衰が繰り返されることを。聖人の後，四大カリフがみな没すると，100年経たぬうちに邪説が入り乱れ，正しい学問はまた隠れてしまった。幸い時にアブー・ハニーファ（阿補哈尼法＝Abū Ḥanīfa）が現れて，正統を回復し，系譜を継いだ。……さて，我らが教えは中国に伝わったが，中国は遥か極東に位置し，経典は乏しく，それを学ぶ人も少なく，経典の翻訳の仕方が不明であるばかりか，それを明らかにする手段すら無いという状況であった。しかし運命とはめぐるものであり，同じことは必ず繰り返されるのである。嘉靖元年，我が胡大先生が現れた。先生の名は登洲，字は明普。先祖代々，渭水の辺に住んできた。幼くして儒学を習い，長じては同郷の高先生から我が教えについての学問を教わり，その概要を聴いて，経典の文章の意味，天命や人間の本来のあり方についての道理を，尽くクリアーに理解した。遂には現状に憤って，真の道を明らかにすることを己の任務とした。遠近から書物を背負って学びにやって来た者は，みな先生が生活の面倒を見てやり，先生は彼らを喜んで教育した。アブー・ハニーファ以来数百年にわたって明らかにされてこなかった道は，我が大先生が系譜を継ぐに至って明らかとなり，衰退を免れた。その時，馮家と海家の数代が教えの趣旨を教授され，彼らはまた同胞に伝え，そうして遂に我らが学問は中国において盛んになった。……［余・雷 2001: 512–514］

興味深いのは，胡登洲とムハンマドの間の連続性とともに断絶性が強調されていることである。胡登洲の学問がムハンマドから人づてに連綿と伝えられてきたものではないということは，スーフィズムのセオリーに照らせば彼の正統性を損なうものである。しかしそれは，少なくともこの墓碑の製作者たちにとっては，胡登洲が独力で正統なる学問を復興した異能の持ち主であったことを物語るものであり，むしろ誇らしげに語られている。彼らは，ムハンマドもまた系譜の断絶を経た後の復興者であったことを強調し，それに擬えることによって，胡登洲を称揚したのであった。彼らにとっては，アダムに発した正統なる学問の系譜という水流が一度伏流水となって湧出したところのムハンマドという泉が，新水系の源になったのと同様に，その水系とやはり伏流水で繫がる胡登洲という泉もまた，新たな流れの源となりえたのである。

章　結

以上，17・18 世紀の中国ムスリムが，スーフィズムをいかに受容していたかについてみてきた。そして，然るべきシャイフの不在という問題を抱えていた彼らが，その問題解決のために，スーフィズムを，知に重心を置いた形で受け入れていたこと，くわえて胡登洲を神に選ばれた完全人間，もしくは正統的系譜を継ぐ然るべきシャイフとみなしていたことが明らかになった。

ところで，中国ムスリムたちがスーフィズムの実践的修行よりも知識を重視し，シャイフの必要性の教義を絶対視しなかったのは，彼らの大部分が置かれていた特定の状況の下では，そうせざるを得なかったからである。特定の状況とは，彼らがいかなるスーフィー教団にも属さなかったが故に，実際には然るべきシャイフの教導が望めなかったということである。しかしながら，むしろ逆に，彼らが知識の獲得を重視して胡登洲の系譜を正統と考えたことの方が，シャイフ不在の状況の改善を妨げていたとも考えられる。『經學系傳譜』には，その著者もしくは監修者の見解として，次のような記述が見受けられる。

若極料理，雖好爲人師，而心傳正學，莫謂無功於茲土者。然西域來遊之輩，自有××清以來約千百計，然皆遊食者多。若極料理之秘傳理學，逸鑾 川名也 阿轟

大人之稱也 之負學，遊傳 فقه 費格諸條，釐正教款，玆土學者從之者衆，沾益甚溥。及予知都中奸宄纏頭妖言之變，而皤然歸國，其神也哉，厄蒲杜勒直利黎　歩花喇人士之駝經抄據，以正四大掌教之道路，噶信之廉介不貪，足可風礪吾道之士。其他猶或有不知其善者，尚遺一二。餘則皆碌碌張羅之輩，哄術愚人，投其機械。蓋不知其爲何國何教人，言之令人髪上指也。當今賢君在上，近已經驅遣禁阻若輩之於域外，杜其遺患，誠吾道之人邀多幸也。（ポイントを下げたところは双行注。）

極料理は人の師となることを好んだが，正しい学問を伝えたので，この地になんら功績が無かったとは言えない。しかし西からやって来る連中は，清代に入って以来，非常に沢山いたが，多くは人のところで飯を食わせてもらってぶらぶらしているだけの輩であった。〔たいして〕次の例は，我らが教えの学者たちを勉励するに足るものである。すなわち，極料理がスーフィズム（理學）の奥義を伝えたこと。イエメン（逸蠻＝Yaman）〈原注：川の名〉のアホン（阿轟）〈原注：立派な人物の呼称〉が才学を恃みに，イスラーム法学（費格＝fiqh）の諸条項を伝えて教法を修正したこと〈原注：この地の学者で彼の門下に入った者は多く，その恩恵は非常に広くに行きわたった。彼は，ターバンを巻いた邪悪な奴が怪しい言葉を吐くという事件が都で起きることを予見するや，俄かに帰国した。その何と神妙なことか〉。厄蒲杜勒直利黎（‘Abd al-Jalīl?）〈原注：ブハーラー（歩花喇＝Bukhārā）の人〉が経典を背負ってやって来て拠るべき文献を写し，四大法学派開祖の説を明らかにしたこと。噶信（Qāsim?）が堅く清廉を守って貪欲にならなかったこと。その他，その善行が具体的には知られていない者がまだ1，2人いる。あとは，客取りにあくせくしている輩であり，彼らは愚か者を篭絡し，仕掛けを張って利益を得た。思うに，彼らがどこの国の何教の人かは知らないが，彼らが言うところは人を激怒させる。現在，賢い君主が上に在って，近ごろそういう輩を駆逐し[27]，汝らが国外に行くことを禁じて憂いを断った。まことに我

27　あるいは，『經學系傳譜』が編纂された時代から推せば，康熙33（1694）年ごろにガルダンのスパイが北京にて正法に処された事件（清聖祖實録康熙三十三年閏五月壬申の条にこの措置を命ずる旨が載る）を指すか。『岡志』［冈志: 27–30］に記録されている，いわゆる「馬騰雲通敵案」は，おそらくこの事件に関連するものである。それによれば，ガルダンのスパイと目される「紅帽回」が捕らえられたさい，このスパイと通じていたとして北京宣武門外牛街のアホン馬騰雲らにも官憲の手が及び，馬騰雲はのちに釈放されたものの，関係者の中には処罰を受けた者もいたという。北京はもとより中国各地のムスリムたちは，事の重大さに敏感に反応したらしく，回民謀反の誣告を禁じる内容の，

らが道の人は多くの幸福を享受した。[清真，XX. 56; 系传谱: 61]

ここには，極料理をはじめ多くはスーフィーだったと思われる西からの来訪者にたいする警戒感が表明されているが，その裏には，自分たちの学問こそが正統であるという自負心をも読み取ることができるであろう。このような心性が，逆に中国内地もしくは沿岸部における門宦（スーフィー教団）の発展を阻害した可能性も，十分に考えられるのである。

康熙 33 年 6 月の上諭と称するものが牌や碑に仕立てられて，今も牛街礼拝寺はじめ幾らかの清真寺に残る。馬注も『清眞指南』巻十「左道通曉」に，ガルダンの騒擾に乗じてイスラームを騙る「妖人」が国内に進入した際，康熙帝が「妖人」と中国ムスリムを一緒くたにしなかったことを称えている[清真，XVI: 867]。以上詳細は余振贵[1996: 169-171]を参照。

表3–2 「30の様態」の漢語解説とペルシア語文献中の典拠

	余浩洲『眞功発微』	ペルシア語文献中の典拠
1	第1は，神を求めること（託勒補何大矣）。すなわち，神秘道をゆくときはいつでも，神のことを想い求めつづけ，それを一瞬たりとも止めない。ひたすら神との近接（纘近）を目指す。	『至遠の目的地』「タリーカの人々の行い」 第1に，神の探求（ṭalab-i khudāy）である。
2	第2は，知者を求めること（託勒補大拉）。すなわち，必ず導師（明師）の指導を受けねばならず，そうして始めてこの神秘道をゆくことができる。	『至遠の目的地』「タリーカの人々の行い」 第2に，知者を求めること（ṭalab-i dānā）である。
3	第3は，知ること（爾令）。すなわち，必ずスンナ（聖行）の規定を学習せねばならない。そうして始めて一切の命令と禁止を遵守することができる。さらに，自己を認識して神を認識し，心を明らかにして魂を浄化する学問を学習せよ。そうして始めてこの至道を行くことができる。	『下僕たちの大道』「20の属性」 第12に，知識（ʻilm）である。礼拝や断食やその他諸々の柱といった，彼に義務付けられているところの諸々の宗教的義務を，必要最低限果たすことができるという程度で，知識を獲得せねばならない。そして，〔知識を〕求めることにおいて，過剰に努力してはならない。というのも，〔そうすれば〕道から取り残されてしまうからである。彼が目的の完成に至っている時であれば，話は別である。もし，〔これから〕指導者職を務めようとするならば，或いは，〔既に〕先導者の位階を得ていたならば，クルアーンやスンナの諸知識を獲得することは，有用であって有害ではない。
4	第4は，改悛（討白）。すなわち，必ずまず誠心誠意から過ちを悔い，過ちを犯さないという意志を固めなければならない。というのも，過ちを悔いることは，あらゆる修行の根本だからである。	『下僕たちの大道』「20の属性」 第1に，改悛（tawba）の段階（maqām）である。〔ムリードは〕シャリーアに対する諸々の違反の全てについて心からの改悛を行い，この〔改悛という〕基礎を堅固なものとせねばならない。というのも，諸々の行為の全ての基礎が，この根本のうえに在ることになるからである。そして，もしこの基礎に欠陥があれば，事の最後にそれの欠陥が現れるであろう。そして，全てが無効になり，その全ての苦労が無駄になる。そして，改悛を，全ての段階（maqāmāt）において事としなければならない。なんとならば，旅の諸段階の各々には，その段階にふさわしい

		罪があるからである。その段階において，その種の罪を改悛しなければならないのである。ハージャ〈彼の上に祝福あれかし〉が，愛される者であることという段階の完成や「神が，汝の為に，汝の先行する罪も後に来るそれも許さんが為に」[Qur'ān, XLVIII: 1] という幸運〔の状態〕においても，まだなお，改悛を事としていた如く。〔彼は〕以下のように言っていたものであった。「彼らが私の心を誘惑する。私は毎日7回，神に許しを求める」と。
5	第5は，信仰（爾格得忒）。すなわち，必ずスンナに倣い，神をしっかり認識せねばならない。憶測にもとづく新規の見解を設け，異端にそまってはならない。	『下僕たちの大道』「20の属性」 第4に，信仰（‘aqīdat）である。〔ムリードは〕スンナと共同体の人々の信仰にしたがっておらねばならず，諸々の異端から遠ざかっていなければならない。そして，以前のイマームたちの学派に従ってゆき，擬人論（tashbīh）や神の属性を否定する抽象論（ta‘ṭīl）や棄教（rafḍ）やムウタズィラ派であること（i‘tizāl）から潔白であらねばならないし，狂信（ta‘aṣṣub）に染まってもいけない。そして，キブラの人々であればどんな階層（ṭāifa）〔の者〕であれ，不信者としてはならない。そして，呪いを合法としてはいけない。
6	第6は，誠実であること（遜底格）。すなわち，必ずうそいつわりのない至誠の気持ちで，あらゆる事において神の嘉するところをなさねばならない。浮薄な世俗の誉れを得ようとしてはならない。	『下僕たちの大道』「20の属性」 第11に，誠実であること（ṣidq）である。〔ムリードは〕自身の仕事や〔人との〕交渉（mu‘āmala）の基礎を，誠実さの上に置かねばならない。そして，なすところの事は，神のためになさねばならない。そして，眼差しを被造物から完全に断たねばならない。
7	第7は，畏怖（忒格哇）。すなわち，およそ衣食などのことについては，必ずシャリーア（聖規）を遵守し，清浄であれねばならない。衣食が不浄であると，勤行（功課）は無効となるので，それは神秘道を進むうえで最大の妨げとなる。	『下僕たちの大道』「20の属性」 第5に，畏怖（taqwā）である。〔ムリードは〕禁欲であって，〔神への〕恐れに満ちていなければならない。そして，一口の食べ物や衣服に注意を払わなければならない。しかしながら，疑念に陥らないために，やり過ぎてはいけない。というのも，それもまた，非難されるべきものだからである。そして，可能な限り，断固とした決意によって事をなさねばならず，諸々の免除のまわりに集まってはならない。そして，身を清めるこ

		とや清潔で居ることにおいて，可能な限り，努力せねばならない。そして，疑念に行き着かないために，それをやり過ぎてはいけない。あらゆる情況において，「汝を疑念で満たすものを，汝を疑念で満たさないものに変えるために，捨てよ」という御指示を遵守せねばならない。
8	第 8 は，孤立（忒止力得）。すなわち，神秘道の行く手を邪魔する，しがらみの類は，すべて断たねばならない。そういうものに，脚にからまり心を脅かさせてはならない。	『下僕たちの大道』「20 の属性」 第 3 に，孤立（tajrīd）である。〔ムリードは〕孤立してあらねばならない。そして，姻戚関係や血縁関係といった，諸々の結びつきの全てを，最も差し障りの無いやり方で，切断せねばならない。彼の心が彼らに注目することがないようにするためにである。「実に妻たちや子供たちのうちにも，汝の敵が居る。さあ，彼らに注意せよ」［Qur'ān, LXIV: 14］。
9	第 9 は，節制（助黒得）。すなわち，俗世の華美を冷やかに見るということ。清貧を楽しみとして守ることが，神秘道をゆく助けとなる。	『下僕たちの大道』「20 の属性」 第 2 に，節制（zuhd）である。〔ムリードは〕現世から完全に顔を背けねばならない。そして，多かろうが少なかろうが，〔財産を〕残しておいてはいけない。もし，親類縁者や扶養家族がいるならば，神の遺産分割法（farā'iḍ）に従って，全てを彼らに分け与えなければならない。そして，もし親類縁者がいないのであれば，財産の全てをシャイフのために置かねばならない。そうすれば，〔シャイフは〕ムリードたちの善後策のために〔それを〕費やすであろう。そして，シャイフが与える食べ物や衣服の量に満足せねばならない。
10	第 10 は，物惜しみしないこと（白恣禮）。すなわち，余りがあれば，すべて他人に施し，必要最低限のみを残しておく。というのも，吝嗇は猿や犬の性質だからである。	『下僕たちの大道』「20 の属性」 第 9 に，物惜しみしないこと（badhl）である。彼には気前のよさや自己犠牲があらねばならない。というのも，吝嗇は，重い枷であり，ぶ厚いベールだからである。いくらかの段階においては，現世と来世を犠牲にせねばならない。そして，時には，命〔を捨てて，そこ〕から立ち上がらなければならない。
11	第 11 は，隠遁（爾恣勒忒）。すなわち，必	『至遠の目的地』「タリーカの人々の行い」 第 10 に，隠遁（'uzlat）である。

	ばならない。というのも，家と心が清浄であれば，おのずから長々と神と近くあることができるが，騒々しいところで注意散漫になると，必ず神と離間することになるからである。	
12	第12は,少しか食べないこと（堪母火爾但)。すなわち，必ず食べる量を減らさなければならない。というのも，多く食べると心が硬くなり，神の慈悲に近づけず，他人を憐憫することができなくなるからである。	『至遠の目的地』「タリーカの人々の行い」 第9に，少ししか食べないこと（kam-khwurdan）である。
13	第13は，少ししかものを言わないこと（堪母庫撫灘)。すなわち，必ず寡黙であらねばならない。というのも，おしゃべりは過失を生み，勤行を損ない,〔神の〕称賛や想起を中断させるからである。	『至遠の目的地』「タリーカの人々の行い」 第7に,少ししかものを言わないこと（kam-guftan）である。
14	第14は，少ししか眠らないこと（堪母虎撫灘)。すなわち，必ず眠る時間を少なくせねばならない。というのも，多く眠ると頭が鈍り，勤行を過たせ，来世での貧窮を招いてしまうからである。	『至遠の目的地』「タリーカの人々の行い」 第8に，少ししか眠らないこと（kam-khuftan）である。
15	第15は，和解（數里海)。すなわち，神に近接したことの証拠は，あらゆる人々と和睦することである。というのも，人々はみな神の被造物だからである。どうしてあえて彼らに仇なしてよいものか。	『至遠の目的地』「ハキーカの人々の行い」 第2に，全ての人との和解（ṣulḥ）である。そして，旅人が神に至ったということの徴とは，世界の人々とすっかり和解し，反抗や拒絶から自由となり，どんな人をも敵とせず，むしろ全ての人を友とするということである。おお，ダルウィーシュよ，どんな人も，母より何らかの場所（maḥallayī）にやって来た。それ故，どんな人も，何らかの名前に帰属せしめられるようになった。ある者にはハナフィー派の者，ある者にはシャフィイー派の者，ある者にはキリスト教徒，ある者にはユダヤ教徒，ある者にはムスリム，といった名が名づけられた。〔ハキーカの人々は〕全員を自分と同じく無力で憐れな者と見なし，神の探求者であると認識する。
		『至遠の目的地』「ハキーカの人々の行い」

16	第16は，憐憫（舍否格忒）。すなわち，必ず言行が善良で身心ともにすぐれ才識豊かで頭脳明晰な人物を登用し，人々に今世と来世での利益を享受させなければならない。	第3に，全ての人に対して憐憫（shafaqat）することである。憐憫とは，それを為した時に人々が現世と来世において利益を得るような事を，人々に対して言ったり，行ったりすることである。人々のお互いから信仰が生ずるように，憐憫の人々（ahl-i shafaqa）は，助言や訓戒をなし，知識の人々（ahl-i ʻilm）は助言をなし，力の人々（ahl-i qudra）は懲戒をなす。
17	第17は，男らしくあること（母魯哇忒）。すなわち，大義を重んじる君子となって，恩を施しても報酬を期待せず，善を行っても自ら誇らない。	『下僕たちの大道』「20の属性」 第10に，若者らしくあること（futuwwa）である。〔ムリードは〕若者らしく（jawānmard）あらねばならない。たとえば，可能な限り，あらゆる人々にたいして負う義務を遂行し，他人が自身にたいして負う義務の遂行に対して貪欲にならない。公正を与え，公正を求めない（variant 3）。
18	第18は，性質が善良であること（厚思你護勒格）。すなわち，人を遇するさいには必ず気立てよく情け深くし，彼を尊敬して自らは謙譲し，彼にたいして穏やかであり，怒らないようせねばならない。陰険になったり，自らを誇ったり，自らを特別なものとしたりしてはならない。良いことを他人に譲り，悪いことを自らに引き受けることは，神へ近づくためのよすがとなる。	『下僕たちの大道』「20の属性」 第18に，性質が善良であること（ḥusn-i khulq）である。〔ムリードは〕絶えず，度量広く，よき気質であらねばならない。そして，友たちに対して，怒りっぽくあったり，狭量であったりしてはならない。そして，高慢や自慢や自惚れや見栄張りや栄誉を求めることから遠くあらねばならない。そして，謙遜や謙虚，奉仕で以って，〔自分より〕立場の強い友たちとともに暮らし，〔自分より〕立場の弱い友たちとともに在っては，慈愛と仁慈と愛情と留意と慈悲によって事をなさねばならない。そして，〔他人の〕重荷に耐え，それを担ってやり，運んでやらねばならず，〔逆に〕友たちの上に重荷を置いてはならない。可能な限り，友たちに奉仕せねばならず，彼らからの奉仕を期待してはならない。そして，友たちとの協調において努力せねばならず，相反することからは遠くあらねばならない。そして，忠告をなす者にして，忠告を聴き入れる者であらねばならない。そして，論争や口論や反目や闘争への道を塞がねばならない。そして，敬意と留意の眼差しで彼ら（友たち）を見つめねばならず，〔自分より〕立場が弱いか強いかに拘らず〔友たちを〕軽蔑の眼で見つめ

		てはならない。そして，彼らへの奉仕と愛情によって，絶えず，万能の御前への接近を求めなければならない。そして，食卓の上では，自身の分け前を他人に捧げるべきであり，他人の分け前に貪欲になってはならない。そして，サマーウ (samā') においては，自身を抑制せねばならない。そして，恍惚や歓喜無くして動いてはならない。そして，恍惚状態に在る時は，友たちに面倒をかけることを避けねばならない。そして，可能な限り，サマーウを自身の内に飲み下さねばならない（サマーウの効果が外に現れるのを抑えねばならない）。そして，〔恍惚が〕優勢になれば，必要最低限の程度で動き，歓喜が少なくなれば，自身を抑制せねばならない。そして，誇張（恍惚状態に無いのに，恍惚状態にあるように見せかけて，妄りに動き回ること）してはいけない。そして，サマーウにおいては，ある時は，誰かの邪魔をしないように，友たち〔の動き〕を見守らねばならない。そして，ある時は，自身〔の恍惚〕を他の人々〔のそれ〕のために犠牲にせねばならない。そして，恍惚や歓喜の所有者たちに，希求しつつ近づかねばならない。そして，彼は謙虚であらねばならない。そして，シャイフの御足から去ったり，そこへ向かったりするのに，敬意をもってせねばならない。そして，頭を誰かの足下に置くときは，額づきの形にならぬように注意せねばならない。というのも，それは禁じられていることだからである。両手を背中の後ろに回し，顔を地面に置くようにせねばならず，額を〔地面に〕置いてはならない。そして，〔友との〕交際においては，可能な限り，彼の心が安らぐように，そして，〔友たちの〕心を苦痛から回避させるように，せねばならない。
19	第 19 は，忍耐（索不爾）。すなわち，あらゆる事において忍耐しなければならず，怒ってはならない。怒りは修道を台無しにし，勤行を損なう。	『下僕たちの大道』「20 の属性」 第 6 に，忍耐（ṣabr）である。〔ムリードは〕彼（シャイフ）の諸々の影響の下において，シャリーアの命令と禁止，及びシャリーアの法に従ってシャイフが指示することに対して忍耐強くあらねばならない。そして，諸々の辛苦に耐えねばならず，嫌気や倦怠

		に，自身の天性への道を与えてはならない。そして，もしこの意味に類するなにかが彼に生じるならば，彼は〔それを〕苦労奮闘して自身から遠ざけ，忍耐と辛抱を示さねばならない。というのも，ハージャ〈彼の上に祝福あれかし〉は「耐える者，神は彼をして忍耐強くあらしめる」と言われたからである。
20	第20は，礼儀正しくあること（阿得補）。すなわち，あらゆる事において，自身の気性をいましめ，悪い性質を除き，ひとたび違反があれば直ちに過ちを悔いるようにせねばならない。	『下僕たちの大道』「20の属性」 第17に，礼儀正しくあること（'adab）である。〔ムリードは〕礼儀正しく，そして，躾によって諸々の性質が洗練されて，あらねばならない。そして，弛緩が自身に通じる道を塞がねばならない。そして，シャイフの御前においては，〔シャイフが〕何かを尋ねてこないうちは，何も言ってはならない。そして，言うところのことは，穏やかかつ丁重に，言わねばならない。そして，誠実に言わねばならない。そして，外面と内面によって，シャイフの指示を待ち受けなければならない。そして，もし欠点が彼の上に行ったり，或いは過失が彼から生じたりするならば，直ぐに，外面と内面によって赦しを求めなければならない。そして，最も良い方法で詫び，償いをせねばならない。
21	第21は，鍛練（母乍喜得）。すなわち，必ず様々な勤行によって，自身の気性をたたきなおさねばならず，少しの間も休んではならない。〔自身の気性を〕訓導して従順にすることができたならば，それが脚力となって神の闕下に勇躍することができる。	『下僕たちの大道』「20の属性」 第7に，奮闘（mujāhada）である。〔ムリードは〕絶えず，魂という御し難い馬を，奮闘の手綱によって御さねばならない。そして，必要最低限というのでなければ，絶対にそれを寛大に扱ってはならないし，可能な限り，それが歓迎することをそれに与えてはならない。そして，これについて，非常に確固としてあらねばならない。というのも，魂は飢えた獅子の如きであり，もし汝がそれを満腹にするならば，それは力を得て，汝を食ってしまうであろうから。
22	第22は，勇敢であること（執乍耳）。すなわち，必ず剛勇の男子となって，悪魔を屈服させなければならない。自らの気性が妄動して修道を阻むようなことになってはな	『下僕たちの大道』「20の属性」 第8に，勇敢であること（shujā'at）である。〔ムリードは〕男らしく勇敢であらねばならない。魂やその諸々の欺きに対して抵抗し得るように，そして，シャイターンの欺き

	らない。	や策略を懸念しないで済むように，である。というのも，この道には，人間やジンの〔形をした〕シャイターンたちが多く居り，彼らを排撃し，圧迫することは，勇敢さによってこそなしえるからである。
23	第23は，非難されてあること（墨拉墨忒）。すなわち，およそ神秘道をゆく者は，人の怒りを受けることで始めてその道行きを堅固なものとすることができる。したがって褒貶をふさぎ，修道を損なわないようにせねばならない。	『下僕たちの大道』「20の属性」 第15に，非難されてあること（malāmat）である。〔ムリードは〕マラーマティー（malāmatī）の如く，カランダル（qalandar）の如くにあらねばならない。〔といっても〕シャリーアを無視したり，それ（シャリーアを無視すること）が〔ここに言う〕非難であると思ったりするというのではない。〔そういうことは〕断じてないように。それは，全くシャイターンの道であり，彼の導きである。そして，合法の人々も，この過失によって，地獄へと連れ去られてしまっている。マラーマティーとは，次のような者のことを意味する。すなわち，人々の間での名声と不名誉，称賛と非難，拒絶と承認が彼の許においては同一であり，人々の友愛と敵意によって一喜一憂せず，これらの相反するものを一色と見なす者である。このか弱きものは以下のように言う。対句。 愛の道は狭い道であるという理由から，/我々には，自身との和解も，他人との戦争もない。/全ての人々の生涯は，名声と不名誉について費やされた。/おお，気づかない者たちよ！　どこに，名声と不名誉があるのか。
24	第24は，任侠の徒の如くあること（耳秧）。すなわち，この神秘道をゆくさい，もし危険な難所を過ぎることがあっても，必ず捨て身でゆかねばならない。決して恐れ怯むことで前途が阻まれるようなことになってはならない。	『下僕たちの大道』「20の属性」 第14に，任侠の徒の如くあること（‘aiyārī）である。〔ムリードは〕この道において，任侠の徒（‘aiyār）の如く進まねばならない。なんとならば，〔この道においては〕危険に満ちた事が多く生じるからである。〔ムリードは〕後先考えず，自身を〔この道に，そこにおける諸々の危険に〕投げ入れなければならない。そして，決して結末を気にしてはならないし，命について恐れてはならない。このか弱き者が以下に言うが如く。 見よ，恋人を愛することにおいて，我々がいかに任侠無頼の徒の如くに行くの

		かを。頭を足の下に置いて，いかにごろつきの如くに行くのかを。/ 願望の点〔を中心にして〕，我々はこの周囲に至る。/ なんとならば，我々は常に頭で以ってコンパスの如くに行くのだから。/ 我々が有する命を，我々は恋人のために犠牲にする。/ そして，彼女が命ずるならば，我々は絞首台に上ろう。/ もしある人が命〔の代価〕によって死を売るならば，我々は買うであろう。/ というのも，我々は，任侠無頼の徒の如く，恋人の許へと行くのだから。/ 我々には，地獄について如何なる憂いがあろう，そして，天国について如何なる関心があろう。/ 我々は心を捧げてしまっている。我々は心を虜にする者の許へと行く。
25	第25は，満足（格那二忒）。すなわち，必ず分に安んじて自己の本分を守り，他人を羨ましがることを恥とせねばならない。というのも，高望みはあらゆる穢れの根本だからである。	『至遠の目的地』「ハキーカの人々の行い」 第8に，満足（qanā‘at）と拘束されていないこと（farāghat）である。おお，ダルウィーシュよ，満足と拘束されていないことこそは，旅人をして成功に至らしめる。
26	第26は，神への委託（忒撫威徂）。すなわち，あらゆる事を神に付託せねばならず，自らの勝手な方策を用いてはならない。たとえ身命にかかわることであっても，〔神の差配に〕喜んで聴き従わねばならない。	『下僕たちの大道』「20の属性」 第20に，神への委託（tafwīḍ）である。ムリードは，探求の道に歩みを置く時，完全に，自身の存在〔を捨てて，そこ〕から立ち上がらねばならない。そして，自身を，神の道のために犠牲にせねばならない。そして，誠実さから「そして，私は私の事を神に引き渡す」[Qur'ān, XL: 44] と言わねばならない。そして，自身を神の奴隷とするさいに，天国や地獄のためにしてはならない，あるいは，完全と不完全のためにも。そうではなくて，純粋に奴隷たることの道からのみ，そして，愛に迫られて，〔自身を神の奴隷と〕なさねばならない。そして，万能の御前が彼に対して駆り立てることの全てに満足せねばならない。そして，喜ばしいことによっても，喜ばしくないことによっても，御前から顔を背けてはならない。詩。 　私は私の事を全て愛される者に委託した。/ そして，彼が欲したならば，彼は

		私に生命を吹き込んだし，彼が欲したならば，殺した。/ 私は引き渡す，自身の善後策を，彼に。/ 彼が殺そうと，生かせようと，それは彼が知る。 下僕たることの街道の上に歩みを確固としたものにせねばならない。そして，探求の誠実さの諸条件〔を満たすこと〕に着手せねばならない。そして，もし「お前は目的を得ていない」という御言葉が 1000 回いたったとしても，少したりとも事を断念して立ち止まってはならないし，いかなる試練や試しによっても，探求の歩みを止めてへたり込んではならない。そして，事から手を引いてはならない。このか弱き者は以下の如くに言う。対句。 心が汝の愛を命の上に書き付けるまでは，/ 試練の雨が心の上に降りつづけるであろう。/ 恋人よ！　貴女の頭にかけて，私は貴女から顔を背けない。/ たとえ，〔貴女が〕愛を，その 1000 倍，私の方にもたらすとしても。 そして，シャイフの御前への追随からは，どんな理由によってであれ，顔を背けてはならない。そして，もしシャイフが彼を 1000 回駆逐し，自身から遠ざけるとしても，去ってはならない。そして，意志が蝿よりも少なくあってはならない。なんとならば，〔蝿は〕どんなにそれを駆逐しようとも，戻ってくるからである。ここから，それは蝿 (dhubāb) と言われたのである。すなわち「駆逐されても，戻って来た」(dhubba, āba)，すなわち「駆逐されても，戻ってきた」(ba-rān-ad-ash, bāz āmad)。そのようにすれば (意志について蝿よりも少なくならないようにすれば)，もしこの道の孔雀に属し得ないとしても，とにかく蝿からは取り残されることはないであろう。というのも，「この王国においては，蝿は孔雀の如く有用である」からである。
		『下僕たちの大道』「20 の属性」
	第 27 は，導師への服従 (忒思力母)。すなわち，あらゆる事において，必ず導師の命令に服従せねばならない。決して自ら行為しようとしてはならない。というのも，導	第 19 に，服従 (taslīm) である。〔ムリードは〕外面と内面によって，シャイフの聖者性の諸々の影響に服従してあらねばならない。自身の諸々の影響を自身から消滅させねば

27	師の教えに従うことは，取りも直さず，神の命令に従うことにほかならないからである。	ならない。そして，〔シャリーアの〕諸命令や諸々の禁止，及びシャイフの懲罰の影響のもとで生活せねばならない。外面的には，死体洗浄人の影響下にある死体の如きであらねばならず，内面的には，絶えず，シャイフの内面に避難せねばならない。そして，〔シャイフの〕臨在，不在にかかわらず，為すところのあらゆる動きにおいて，内面的に，シャイフの聖者性から許可を求めねばならない。もし許可が得られれば為し，そうでなければ，中止せねばならない。そして，決して，内面的にも外面的にも，シャイフの諸状態や諸行為に対して反対してはならない。そして，彼の眼差しにおいて悪いもののようであるものは何であれ，その悪を，自身の眼差しに帰し，シャイフの欠点に帰してはならない。そして，もしそれが，彼にとって，シャリーアに違うもののようであるとしても，信頼しなければならない。というのも，我々には違反のようであっても，シャイフは違反していないからである。そして，彼（シャイフ）の眼差しは，この問題について〔ムリードよりも〕より完全であり，彼（シャイフ）は，彼がなすことを，〔自身の〕見解に依ってなして，それ（シャリーアに違反しないこと）を果たすことができる。ムーサーとヒドル〈彼ら２人の上に平安あれかし〉の一件の如く。彼（ムーサー）に課された条件は「もしお前が私に付いて来るというならば，お前は私に何も質問してはいけない，お前に，それについて言及がなされるまでは」ということであった。すなわち，「私が為すことが何であれ，私に反対するな。そして，私が適切であると知るならば，私は言うであろうが，その時まで，なぜ貴方はそうするのかと質問するな」。そして，〔ムーサーが〕反対した時，〔ヒドルは〕3回は見逃した。その後，「これが，私とお前との間の別離である」と言った。かくして，知れ。反対したということが，真の（内面的）別離の理由である。たとえ，形の上では別離が無かったとしても。だから，あらゆる面において，〔シャイフに対する〕反対への道を閉ざさねばならない。そして，「汝

		らには聴き従うことが〔義務付けられている〕」という御指示に服従せねばならない。
		『下僕たちの大道』「20の属性」
28	第28は，理性があること（耳格里）。すなわち，神秘道においてどんな境地に出くわそうとも，かならず才智をはたらかせて是非真偽を分別しなければならない。惑乱して正道から逸れるようなことになってはならない。	第16に，理性があること（‘aql）である。〔ムリードは〕理性の作用によって彼の諸々の動きが規制されてあらねばならない。そうやって，シャイフの満足や彼の命令や彼の慣習に違うどんな動きも彼から生じないようにせねばならない。というのも，彼の骨折りや〔費やした〕時間の全てが〔無駄になって〕，妄念による抑圧や彼の聖者性の拒絶に結果することになるからである。
		『下僕たちの大道』「20の属性」
29	第29は，希求（你鴉子）。すなわち，至高の位階に達しようとも，神に祈り求めることを止めてはならない。というのも，神に祈り求めることは，下僕としての礼であり，神に近づくためのよすがだからである。	第13に，希求（niyāz）である。〔ムリードは〕いかなる段階に在っても希求することを捨ててはならない。そして，たとえ，神から媚態を示される段階に落ち着いているとしても，苦労奮闘でもって，自身を希求の世界に連れて行かねばならない。というのも，希求は，愛する者に特有の段階であり，媚態は愛される者に特有の段階だからである。
		『至遠の目的地』「ハキーカの人々の行い」
30	第30は，堅固にすること（忒母欺你）。すなわち，身心や霊性を神の方へ向けて固定し，ぶれず惑わず，本来の有様に帰る（復命）ことである。	第10に，強固なものとすること（tamkīn）である。おお，ダルウィーシュよ，強固なものとすることと真直ぐであること（istiqāma）と確固不抜たること（thabāt）を有さねばならぬ。

第4章 中国ムスリムの法学派観

現納家営清真女寺の月台北墻壁内側に安置された，納家営清真寺アラビア語碑文（中央）。

はじめに

一般にスンナ派ムスリムは，正統四法学派（ハナフィー派，シャーフィイー派，マーリク派，ハンバル派）の確立[1]以後，そのいずれかに帰属した，といわれる。そして従来，中国ムスリムはハナフィー派に帰属する，とされてきた。たしかに彼らのあいだには，多くのハナフィー派法学文献が流布していたし，彼らの漢語著作にも，それらの文献がしばしば援用されてみえる。いっぽうで他学派の法学文献の流布や援用の痕跡を，彼らのあいだに見出すことは困難である。たとえ実践レベルではハナフィー派学説が必ずしも遵行されていたわけではなかった[2]としても，彼らの学術におけるハナフィー派学説

1　10世紀には四法学派それぞれの規範学説が確立され，この時点で，四法学派が教義的にも組織的にも成立したとみなされる［堀井 2004: 116］。また，四法学派以外のスンナ派諸法学派は，11世紀を通じて淘汰されていった［堀井 2004: 117］。ただし，四法学派のいずれもが正統であるとの認識がスンナ派ムスリムの間に確立されるのは，もっと後のことのようである。たとえば，マー・ワラー・アン＝ナフルにおけるハナフィー派の権威であったバズダウィー（Abū al-Yusr al-Bazdawī, H. 493 (1100) 年没）は，ハンバル派の創始者アフマド・イブン・ハンバル（Aḥmad b. Ḥanbal）をこそ敬虔なムスリムと認めていたものの，ハンバル派の人々を擬人論者とみなしていたという［Madelung 1971: 137 (n. 70)］。また，H. 491 (1098) 年より後にダマスカスのカーディーとなったバラサグン（Balāsāghūn）出身のあるハナフィー派のトルコ人は，もし自分が支配者となれば，シャーフィイー派の者たちからジズヤを徴収するだろうと言った（つまりシャーフィイー派を異教徒とみなしていた）という［Madelung 1971: 147 (n. 98)］。そして，セルジューク朝期にはハナフィー派とシャーフィイー派の間で狂信的党派主義（ta'aṣṣub）が横行し，とりわけセルジューク朝後期（12世紀）には，イランの諸都市が荒廃するほど，両者の間で激しい党争が繰り広げられたという［Madelung 1971: 138-139 (n. 72, 73)］。しかしながら，H. 631 (1234) 年には，はじめて四法学派全ての教授が置かれたマドラサ，バグダードのムスタンスィリーヤ学院が竣工し，H. 663 (1265) 年には，マムルーク朝のスルターン・バイバルスがカイロにて四法学派全ての大カーディーを任命した。このころには，四法学派をひとしく正統とする考え方が定着していたとみられる［Madelung 1971: 164-166］。

2　たとえば Dabry de Thiersant は，「見た目には，この学派（ハナフィー派）にこそ，中国ムスリムの最大多数が属していたのであるが，実際には彼らは，その自由主義，精神主義，及び本質的に中国的である性格によって，別の如何なるものとも完全に異なった新しい

の支配性は明らかであった。この意味において，彼らの「ハナフィー派帰属」を断定することは，全く不当ではない。

ただし，一口に「○○派に帰属する」といっても，そのあり方はイスラーム世界中核地域においても一様ではなかった。たとえば，所属学派の学説だけを排他的に遵守するべきなのか，あるいは摘み食いよろしく一時的に他学派の学説を採用することがあってもよいのかという問題については，様々な立場があった[3]。また，スンナ派四法学派をひとしく正統とみなすか否かについても，様々な態度があった[4]。

セクトを形成している」と述べている［Thiersant 1878, I: 2–3］。ただし，この観察がどれほど正確かは，具体的な事例の提示がないため定かではない。中国ムスリムがどれほどハナフィー派学説に忠実であったかという問題は，今後検討すべき課題のひとつであろう。この問題をめぐっては，本章が一定の貢献をなすほか，中西ほか［2012］も参考になるだろう。これらの研究によれば，中国ムスリムは，少なくとも宗教儀礼（‘ibādāt）の方面では，ハナフィー派学説におおむね忠実であった，とさしあたってはいえるだろう。ただ，彼らがハナフィー派学説に盲従していただけであったかというと，必ずしもそうでないことは，本章の末尾でもふれることになるだろう。

3　このことについては，Wiederhold が，とくにマムルーク朝・オスマン朝時代を対象として，12 世紀から 17 世紀にかけて，学派間越境のルールが整備されていったさまを描き出している［Wiederhold 1996: 240–259］。また，Pagani［2004: 187–188］によれば，シャアラーニー（‘Abd al-Wahhāb al-Sha‘rānī, 1492～1565）は，異なる学派学説を組み合わせること（talfīq）をしないのであれば，他学派学説の採用は許されると考えていたという。くわえて，Rapoport［2003: 213–217］によると，判決の安定性が志向されたマムルーク朝においては，カーディーは判決に際して自学派のメジャーな学説を採択すべきであるとの意見が主流であり，その旨はカーディーたちの義務として彼らの任命勅書にも明記されたという。

4　Rapport［2003: 220–226］によると，マムルーク朝下において，裁判の当事者たちは，自らの所属学派に関わりなく，案件に応じて，より有利な判決を下すと予想される学派の法廷を任意に選択していたといい，くわえてカーディーたちも，ある案件をめぐって，自学派の学説に依ったのでは適切に処理できない場合や，自学派の学説に反して自身の個人的見解を実現しようとする場合に，当該案件を他学派のカーディーに転送することが往々にしてあったという。マムルーク朝下では，少なくとも裁判という局面においては，学派間の党派主義のようなものは，ほとんど認められなかった。しかしながら，同じマムルーク朝時代の H. 747（1347）年，ダマスカスにおいて，中央アジア出身のイトカーニー（Amīr Kātib al-Itqānī）という「狂信的な」ハナフィー派の学者は，シャーフィイー派のイマームが屈曲礼（rukū’）の際に両手を挙げたことに対して非を鳴らし，物議

では，前近代の中国ムスリムの場合，いかなる立場や態度がとられていたのだろうか。すなわち彼らは，ハナフィー派学説を排他的に遵守せねばならないと考えていたのか。また，正統四法学派内の他学派にたいしては，いかなる認識をもっていたのか。本章では，この問題の検討を通じて，「中国的」イスラームの特徴のひとつである，ハナフィー派絶対主義の様相を明らかにする。

当該問題をめぐっては，「納家営清真寺アラビア語碑文」が重要な情報を提供してくれる。同碑文についてはすでに，馬利章氏の抄録に係るアラビア語テクストと同氏の中文抄訳がある。原碑の所在地や規模等を記した「説明」及び，鋭い指摘をなす若干の「訳者注」とともに，姚・肖［2001: 295–303］に収録されている。ただし馬氏のテクストは，手書き原稿をそのまま掲載したためか判読しづらく，筆者による原碑の実見の結果からいえば，明らかな誤写も存在する。くわえて馬氏の中文抄訳も，碑文の解読の助けとはなったものの，重要な記事の脱落や誤訳が認められる。

そこで以下ではまず，問題のアラビア語碑文の全訳を，あらためて提示する。この訳文は，筆者の実見にもとづいて作成したアラビア語テクストに対応するものである。なお，アラビア語テクストのほうは，付録として章末に付す。

次に，当該碑文にはその製作の日付が見当たらない[5]ことから，その製作時間の推定をおこなう。結論からいえば，それは18世紀初頭であったこと

を醸したという［Madelung 1971: 125–126 (n. 39)］。また，18世紀のオスマン朝下でも，学派間の敵意によって引き起こされた暴動のあったことが知られている［Wiederhold 1996: 252］。

5　前出「訳者注」によれば，アラビア語文の後には元来中文が存在したが，文革時に削られてしまったので，今では正確な製作年代を知りえないという。そこにかつて本当に製作年代が記されていたか否かは定かでないが，確かに原碑のアラビア語文が刻まれた部分の下には削られたような跡があった。ちなみに，陈乐基［2004: 309–313］には，馬利章氏の中文抄訳が転載され，「説明」及び「訳者注」も，「注」と一括して付されているが，その「注」の末尾には，「碑文の内容によれば，この碑は清朝中期に立てられたに違いない」という，原載時にはなかった文言が加えられている。また，李兴华［2005b: 83］，李兴华［2012，上: 197］は，問題の製作年代を，康熙59年ごろとする。いずれも根拠は示されていない。

が検証されるであろう。また，その検証の過程では，碑文製作の背景に，新行と古行いずれが是か非かをめぐる新行派と古行派の論争（第1章参照）の存在したことが明らかになるであろう。

その後，納家営清真寺アラビア語碑文，およびその他の史料に依拠して，上記の問題について論じることとする。

なお，納家営清真寺アラビア語碑文が刻まれた石碑は，もともと現雲南省通海県納古鎮納家営にある納家営清真寺の「月臺南墻壁上」に嵌め込まれていたという[6]が，筆者が実見を行った2004年2月10日の時点では，そこになかった。おりしも納家営清真寺は建て替えの真最中で，当時で雲南最大のモスクが完成しつつあった。その礼拝大殿の外観はもう完成しているように見えたが，中央にドーム屋根を戴き四隅にミナレットを配した新生マスジドに，中国寺院建築様式であったかつての清真寺の面影はもはやなく，当該の碑も月台もろともその場から消え失せてしまっていたのである。しかし幸いにも当時，この新寺の向かいに，旧寺の姿を保存するという納家営清真女寺がこれまた建設途上にあり，その礼拝大殿の外枠はできあがっていた。問題の碑も，すでにその月台北墻壁内側に安置されていた[7]。筆者が実見しえたのはこれである。また，2012年8月15日に再度現地調査した際にも，碑文は同じかたちで存在していた。まずは著者の実見をもとに，以下に訳注を施しておこう。

6　姚・肖［2001: 300］にいう。月台とは，中国寺院建築様式の清真寺における礼拝大殿のバルコニー部分のことで，その墻壁とは，月台両端に，月台に被さる屋根まで屹立する壁のことであろう。

7　同月台南墻壁内側に安置された「納家營清真女寺興建碑」（西暦2003年11月という立碑の日付をもつ）に，新寺を旧寺の址に建てる旨，また旧寺を，その姿を保存しつつ，当該の地に移築重建して女寺とする旨が，記載されている。

第1節　納家営清真寺アラビア語碑文訳注

慈悲深く慈悲遍きアッラーの御名において

称えあれ，アッラー！　彼こそは，寛大にも我らにフルカーン（クルアーンの別名）を降し給い，恩寵として我らに気高き預言者をお遣わしになられた御方。彼が預言者をお遣わしになられたのは，教えとイスラームを完成させ，神についての認識と恩寵を全くせんが為であった。かの預言者の名は，ムハンマド・イブン・アブドゥッラー・イブン・アブドゥルムッタリブ。彼は，マディーナのマッカ人で，誠実にして純正なる使徒，偉大なる預言者。彼の生地はマッカであり，啓示が降ったのはヒラー山頂においてであった。そして，アッラー〈高くあれかし〉は彼に，都合63年の寿命をお与えになり，その数6666節から成る啓典を恩賜された。彼は，40歳に達して，自身の状態について沈思し，彼のウンマの為に憂慮するようになった時，ヒラー山に登り，高き玉座の主との密やかな語らいを行った。アッラーは，天使ガブリエルに促して，"ヒラーに降って行って，彼に我が徴を降せ"と仰せになられた。それで，ガブリエルは，アッラーの御命令を携えてヒラーに降って行き，彼の啓示を彼の預言者，選ばれし者ムハンマドに降した。気高き神の使徒は，彼の啓示を伴ってヒラーから街へと下山し，撤退（ヒジュラ？）の日までマッカの人々にシャリーアを宣布した。マッカや遠近問わぬその周辺の人々の指導者は，「真っ直ぐな道（ṣirāṭ mustaqīm）」［Qur'ān, II: 142; II: 213; III: 51; et passim］に〔向かうための〕叡智者（神）のクルアーンを求め，彼（ムハンマド）は，ジンであれ人間であれ，あらゆる被造物を「証（クルアーンの異称）」の光によってイスラームの輪に導いた。彼は，その啓示の後，13年間マッカに滞在し，その後，マディーナに遷った。慣れ親しんだ故郷との離隔に安堵の溜息をつきつつ，"おお，家よ！"と謳われるカアバとの別離に涙流れつつ。彼は，そこに10年滞在し，その間，叡智者のクルアーンによってイスラームの諸規定や教えの諸命令を完成し，無始の過去からあるフルカーンによって合法と非合法の境を明らかにした。63歳に至った時，アッラーの御前，良き住処 (masākin ṭayyba)［Qur'ān, LXI: 12］に帰還した。

アブー・バクルは，彼の地位を代理し，2年間[8]，アッラーの仰せを実行し，彼の使徒のスンナを遵守した。彼の後は，ウマルが10年間かくかくしかじかと代理し，彼の後は，ウスマーンが12年間代理し，彼の後は，アリーが6年間代理した。彼らの後は，11人のイマーム〔の時代〕になった。

汝ら知れ。学派は4つ，その第1は大イマーム（アブー・ハニーファ）[9]の学派（ハナフィー派），第2はイマーム・ムハンマド[10]の学派，第3はイマーム・シャーフィイー[11]の学派，第4はイマーム・マーリクの学派であり，我らが学派の長はアブー・ハニーファ，すなわちヌウマーン・イブン・サービト・イブン・ズーター・イブン・マルズバーン (Nu'mān b. Thābit b. Zūṭā b. Marzubān) である。彼は，アリー・イブン・アビー・ターリブの晩年にはすでに思春期を迎えていた。そこで，彼の父は彼をアリーのところに連れて行った。アリーは，神の使徒がその口の中でうがいするように転がして，その唾液によって湿らせたナツメヤシを含んだ口を開き，そのようなバラカが宿った祈念を，彼の為に行った。そして，"アッラーは彼の預言者の後に知識を四大カリフに置き，それから彼らの後には後続者たら (tābi'ūn) に，そしてアブー・ハニーファに〔置いた〕" と言った[12]。

8　原語は sālayn とでも読むのであろうか。ペルシア語の「年 (sāl)」にアラビア語の双数形語尾を付したものと思われる。

9　原文では Imām al-a'ẓam となっているが，正しくは al-Imām al-a'ẓam。

10　アフマド・イブン・ハンバル (Aḥmad b. Ḥanbal) のことを指すことは疑いない。彼の名は後でも Muḥammad b. Ḥanbal としてみえる。

11　この碑文では，シャーフィイー (Shāfi'ī) の名は，いずれも Shāfi' ように末尾の yā がないかたちで現れる。

12　もちろんアリーの没 (661年) 後に生まれたアブー・ハニーファ (699頃～767) が現実にアリーと会見したはずはない。ところで，清代の中国ムスリムの間に流布していたことが確実な，アッタール (Farīd al-Dīn 'Aṭṭār) の『聖者列伝 (*Tadhkira al-Awliyā'*)』には，これに類似した逸話が，シャーフィイーに帰されてみえている。「シャーフィイーは言った。私は使徒〈彼の上に平安あれかし〉を夢に見た。彼は私に "おお息子よ，汝は誰だ" と言った。私は "おお神の使徒よ，貴方の仲間のひとりです" と答えた。彼は "近う" と言った。私は近寄った。彼は自身の唾液を私の口に入れようとした。私は口を開き，それは私の唇・口〔中〕・舌に付着した。その後で彼は "行くがよい。神が汝の友たらんことを" と言った。その時また，私は神に嘉されたアリーを夢に見た。彼は，彼と

アブー・ハニーファ〈アッラーが彼を嘉し給いますよう〉から以下の如く伝えられている。義務礼拝（1日5回，決まった時間に義務付けられた礼拝）の後，ウィルドとして開扉章（クルアーン首章）を読誦することは，逸脱である，と。それは，『諸々の鍵（*Mafātīḥ*）』[13] や『望み（*Bughya?*）』や『論考（*Risāla*）』や『諸々の灯明（*Maṣābīḥ*）』[14] といった諸典において述べられている。そして，『下僕たちの宝（*Kanz al-ʻibād*）』[15] や『法学見解の宝庫（*Khizāna al-fatāwā*）』[16] や

預言者の知識を私に浸透させるために，自身の指輪を外して私の指に嵌めた。それは，シャーフィイーが六歳で，読み書きを習いに（ba-dabīristān）行っていたころの事だった」［*Tadhkira*: 293］。

13 ザイダーニー（Muẓhir al-Dīn Ḥusayn b. Maḥmūd al-Zaydānī, H. 727（1326/27）年没）の『〈諸灯明〉の注釈たる諸々の鍵（*Mafātīḥ fī sharḥ al-Maṣāīḥ*）』か。本書は，後出のバガウィー（al-Baghawī）のハディース集『スンナの諸灯明（*Maṣābīḥ al-Sunnna*）』に対する注釈である。『諸々の鍵』の名は，西安所在の，雍正13（1732）年3月13日に刻されたアラビア語碑文（余・雷［2001: 438–441］所収のいわゆる西安化覚巷清真大寺阿文月碑）のなかにも現れる。Huart［1905: 302 (n. 2)］が，それを本書に同定している。本書の名は，納家営清真寺アラビア語碑文ができたのとほぼ同じころ，17・18世紀の交にそのテクストが成立した，開封・朱仙鎮のアラビア語碑文のなかにもみえる。その点ならびに本書の概要は，中西ほか［2012］を参照されたい。

14 シャーフィイー派法学者バガウィー（al-Baghawī, H. 516（1122）ないし H. 510（1117）年没）によるハディース集『スンナの諸灯明（*Maṣābīḥ al-Sunna*）』，もしくはその増補版であるワリーユッディーン（Walī al-Dīn al-Tabrīzī）の『諸灯明の壁龕（*Mishkāt al-Maṣābīḥ*）』（H. 737（1337）年完成）のいずれかにちがいない。両書の名は，開封・朱仙鎮のアラビア語碑文のなかにもみえる。その点ならびに両書の概要は，中西ほか［2012］を参照されたい。

15 原碑ではこの語の後に破損の形跡があるが，書名がもうひとつ入るほどのスペースはない。『下僕たちの宝』は，グーリー（ʻAlā al-Dīn Aḥmad al-Ghūrī, H. 9（15）世紀の人）のそれに違いない。本書は，スフラワルディー（Shihāb al-Dīn Abū Ḥafṣ ʻUmar al-Suhrawardī, H. 632（1234）年没）の『祈祷の書（*Kitāb al-Awrād*）』にたいする注釈である。本書は，開封・朱仙鎮のアラビア語碑文のなかにもみえる。その点ならびに本書の概要は，中西ほか［2012］を参照されたい。

16 『法学見解の宝庫』の名は，西安化覚巷清真大寺阿文月碑（注6参照）にも現れる。Huart［1905: 311 (n. 4)］は，それを，ターヒル・ブハーリー（Ṭāhir b. Aḥmad b. ʻAbd al-Rashīd al-Bukhārī Ifrikhār al-Dīn, H. 542（1147）年没）のそれ［Brochelmann 1937–1949, GI: 373/4, SI: 641］，もしくはアフマド・ハナフィー（Aḥmad b. Muḥammad b. Abū Bakr al-Ḥanafī）のそれ［Brochelmann 1937–1949, GI: 373/4, SI: 639］，いずれかであろうとし

『〈導き〉の注釈（*Sharḥ-i hidāya*）』[17]や『選良の注釈（*Sharḥ-i mukhtār?*）』には以下の如く書かれている。義務礼拝後，ウィルドとして開扉章を読誦することは，神の使徒の時代には無かったことであり，四大カリフも，後続者たちも課さなかった。礼拝中に開扉章を唱えることは，義務行為である。義務行為も，〔許されない場所とは〕別のある場所では許されても，その場所以外では許されない。礼拝中の開扉章読誦の基礎をマスターした者は，義務礼拝の後にそれを唱えることが許されていないということを知らねばならない，と。彼はハンマード・イブン・スライマーン（Ḥammād b. Sulaymān）の弟子であり，彼（ハンマード）はイブラーヒーム・ナフイー（Ibrāhīm Nakh'ī）の弟子であり，彼（イブラーヒーム）はイマーム・アルカマ（Imām 'Alqama）とシュライフ・アル＝カーディー（Shuraykh al-Qāḍī）の弟子であり，彼ら二人はウマルやアリーやイブン・マスウード（Ibn Mas'ūd）の弟子であり，これらの人々は，神の使徒から知識を受け取った。そして，アブー・ハニーファは70歳で亡くなった。

イマーム・シャーフィイーから以下の如く伝えられている。義務礼拝後，ウィルドとして開扉章を読誦することは，報酬の点で最も優れている，と。それは，『礼拝の翻訳者（Turjumān al-ṣalāt）』という書物[18]に書かれている。その編者はイマーム・サジャーワンディー（Imām Sajāwandī）で，彼はイマーム・シャーフィイー〈神が彼に御慈悲を垂れ給いますよう〉の弟子であり，彼（シャーフィイー）はマーリクの弟子であり，彼（マーリク）はムハンマド・イブン・ハンバルの弟子であり，彼（イブン・ハンバル）はビシュル・イブン・ギヤース（Bishr b. Ghiyāth）の弟子であり，彼（ビシュル）はアナス・イブン・マーリク（Anas b. Mālik）の弟子であり，彼（アナス）は神の使徒のお側仕

ている。

17　有名なマルギーナーニー（Burhān al-Dīn Marghīnānī, H. 593（1197）年没）の『導き（*al-Hidāya*）』の注釈書であろう。『導き』は，開封・朱仙鎮のアラビア語碑文のなかにもみえる。その点ならびに本書の概要は，中西ほか［2012］を参照されたい。

18　イスタンブルのİslam Araştırmaları Merkezi（İSAM）のウェブサイトで図書館横断検索を行うと，“Secavend, Necmeddin Muhammed”（Najm al-Dīn Muḥammad Sajāwandī?）の“Tercümanü'l-Salat”（コレクション名：MANİSA İL H. / 割り当て番号：001237）というペルシア語作品がヒットする。おそらくは，これであろう。

えであった。

義務礼拝の後に開扉章を唱えたならば，イマーム・シャーフィイーの学説に従ったことになるが，ムスリムたちはみな大イマームの学説を遵行している。

イエメンのスルターン，ヒムヤル (Ḥimyar)[19] の一門の時代になって，ヒムヤルは，中国[20] のイスラームに相違と欠陥があると聞き，イエメンの法学者たちのうちからある法学者——彼の名は，カフターニー (Qaḥṭānī)[21] のユースフ (Yūsuf) ——を選び，法学者たちの諸典を携えてイエメンから中国に行くよう命じた。それで，彼はそれらを携えて陝西 (al-Shasī) にやって来て，そこで，従うべき諸学説を，よく知られた諸経典に基づいて指示した。それで「連班」[22] は改められた。彼は『大法学 (*al-Faqīh al-Kabīr*)』[23] を根拠に

19 イエメンの諸部族は，カフターン (Qaḥṭān) の子孫サバ (Saba') を共通の祖先とし，諸部族の伝説的系譜は，サバのふたりの息子ヒムヤル (Ḥimyar) とクフラーン (Kuḥlān) のいずれかに繋がる2系統に分かれるという [松本 1998]。なお，以下で語られるのが実際の出来事であったとすると，それは17世紀後半のことであったに違いないが，同時代のイエメンを支配していたザイド派イマーム政権カースィム朝のイマームたちの中に，ヒムヤルなる者はいない。

20 原語 al-mulk al-wāsiṭ は，まさに「中つ国」の意であり，馬利章氏に従ってこう訳出した (以下の地名の同定も，「白崖」以外は全て馬利章氏の訳出に従った)。ただし，馬氏も「訳者注」で指摘しているように，アラビア語には本来「中国」を意味するものとして Ṣīn という語があるにもかかわらず，この語が用いられたのは不可解である。馬氏はその原因を碑文撰者の語学力の拙さに求めるが，もし敢えて「中つ国」という表現が選ばれたのだとすると，清代の中国ムスリムも世界の中心をメッカとみなしていたという従来の見解 [田坂 1964, 下: 1323–1324] にたいする反証となりえて興味深い。

21 カフターン (Qaḥṭān) は，ノアの玄孫の子とされる人物で，土着系イエメン人から，その祖先と認識されている。カフターニー (Qaḥṭānī)，すなわちカフターンの子孫を自認する人々は，10世紀頃からイエメンに移住し始めた北アラブ人を，アドナーン (Adnān) の子孫として，自らと区別する [Burrowes 1995: 287–288]。

22 「連班」(聯班) とは，中国ムスリムの術語で，集団礼拝のさいに礼拝指導者が他の礼拝者の列 (班) に混じることを指す。たいして，礼拝指導者が他の礼拝者の列から離れて一人最前列に位置することを「独班」という [楊德元 1936: 771]。原語の ṣaff al-luṣūq (後には luṣūq al-ṣaff の形で見える) は，おそらく中国ムスリムの造語であろう。ṣaff は「列」の意，luṣūq は「くっつくこと」の意で，それぞれ漢語の「班」「連」に相当する。

23 アブー・ハニーファに帰される *Fiqh Akbar* のことか。なお，*Fiqh Akbar* は2種類あ

語った。その後，彼はそれら（法学者たちの諸典）を携えて陝西から山東（al-Shanduwī）にやって来て，そこの人々に“汝ら，かくかくしかじかのようにせよ”と命じた。それから，そこで雲南の教えには欠陥と損壊があると聞き，山東のウラマーのうちから彼の通訳としてある法学者――彼の名はナースィフ（Nāṣiḥ）――を選び，2人して雲南へ向かった。そうして2人は，白崖（al-Baghuwī）の境内に至った時，バクル（Baql）家の我らがバーバー（Bābā）[24]のマドラサに落ち着いた。そして2人は，「連班」，ファジュル拝やアスル拝の後の開扉章読誦，説教壇の側から顔を背けること，〔礼拝後の〕信仰証言の言葉のもとで人指し指を立てること[25]といった，教えの諸学説やイスラームの

る。アブー・ハニーファとその弟子の問答集 *Fiqh Absaṭ* を種本にすると思しき，いわゆる *Fiqh Akbar I*［Wensinck 1932: 123］と，アシュアリーと極めて近い思想の持ち主によって編まれたと思しき，いわゆる *Fiqh Akbar II*［Wensinck 1932: 246］とが知られる。

24　バーバーは，ペルシア語ないしトルコ語で「父」の意味だが，一般にスーフィーにたいする尊称として用いられる。

25　原語は ishāra al-sabbāba ‘inda kalima al-shahāda。この言葉じたいは，通常であれば，義務礼拝の最後の座礼（qu‘ūd）で信仰告白（tashahhud）を唱えるさいに右手の人指し指を立てることを意味するだろう。たとえば，ハナフィー派の儀礼マニュアルの一つ，シュルンブラーリー（al-Shurunbulālī，1659年没）の『解明の光（*Nūr al-īḍāḥ*）』に次のように説明されている。「そしてイブン・マスウード（Ibn Mas‘ūd）〈神が彼を嘉し給いますよう〉の信仰告白（tashahhud）を唱える。その際，信仰証言（shahāda）のところで人指し指を立てる（ashāra）。否定のところで（“lā ilāha”と唱えるとき）それを立て，肯定のところで（“illā Allāh”と唱えるとき）それを下ろす」［*Nūr*: 30］。しかしながら，碑文でいう「信仰証言の言葉のもとで人指し指を立てること」は，おそらくこのような礼拝中の動作ではなく，礼拝後の信仰証言においてそれを行うことを指しているのであろう。というのも，後でも述べるように，この碑文は，いわゆる「古行」に反対して「新行」を擁護する立場で書かれているからである。礼拝中の信仰証言において右手の人差し指を立てることは，新行の教条のひとつであったらしい［岩村 1949–50，下: 69, 74; 佐口 1969; 李兴华等 1998: 623］ので，我々の碑文がこれを批判するとは考えにくい。しかも新行派は，古行派が礼拝後の信仰証言において右手の人差し指を立てるのに反対していたので，我々の碑文もこれを批判しているのであろう（詳細は次節参照）。礼拝後の信仰証言とは，おそらく祈祷（wird/awrād）の中に含まれているそれを指すのだろう。たとえば，『下僕たちの宝』にも，次のようなハディースが掲載されている［*Kanz*: 160］。

「預言者〈神が彼の上に祝福と平安を賜れますよう〉は，礼拝ごとの後に，lā ilāha illā Allāhu, waḥda-hu lā sharīka la-hu, la-hu al-mulku wa la-hu al-ḥamdu, yuḥyī wa yumītu wa huwa ḥayyun lā yamūtu bi-yadi-hi al-khayri wa huwa ‘alā kulli shay’in qadīrun, huwa al-

諸規定に関する彼らの逸脱を見た。そして彼はそこで，従うべき諸学説や諸規定を諸々の古典を根拠に指示し，そこに暫く滞在した。それで，一部の人々は一部について改まり，一部の人々は全てについて改まった。そして彼は，迤東（al-Yidī）の教えが減退と衰微に向かっていると聞き，我らがバーバー・バクルに通訳を命じ，2人は白崖から迤東（al-Yiduwī）に，我らの古きマスジドにやって来た。そして2人は，我らの父祖たちの宗教には欠陥があるが，彼らの信仰には誠実さがあるのを見た。彼は，ここにおける彼の代理を我らがバーバー・バクルに命じた。バクルは60余歳でここに留まり，我らの父祖たちの為に知識を授け，教えとイスラームの諸命令を知らしめた。そうして彼ら全員の性質が真っ直ぐになった。彼は彼らを，一団また一団と，錯誤の生き埋めからイスラームの頂上へと導き，一群また一群と，無知の打撃から「真っ直ぐな道」へと誘ったのである。それで，教えとイスラームの諸規定を確固たるものとし，シャリーアの諸規定と諸知識を全きものとした時には，63歳の境に至っていた。その後，ラマダーン月に病にかかった。あらゆる人々が彼を訪れ，彼の周りに座った。彼は彼らに以下の如く言った。“私は迤西から迤東への遷移において，選ばれしお方（ムハンマド）がマッカからマディーナへの遷移において耐えた重荷の如き苦痛に耐えた。彼は自身の霊魂を彼のウンマのあらゆる人々の為に犠牲にし，私は私の霊魂を汝らの為に犠牲にした。おお我が教胞よ！　汝らは，アッラーの仰せと彼の使徒のスンナを実行し，四大カリフと大イマームのやり方を保持し，イエメンのバーバーと私のやり方に追随せねばならぬ，私のやり方を変えてはならぬ。私のやり方を変えた者，私は彼とは無関係であり，彼は私とは無関係である”。それから彼の霊は，ラマダーン月の21日に，“私の許に帰れ”との口笛を聞くと，神が恩寵を垂れ給うた預言者たちや誠実な者たちや殉教者たちや敬虔な者たち──彼らこそ最良の友かな──［Qur'ān, IV: 69］の一団への志望の翼で飛び立った。

我らには以下のことが義務である。我らは何時如何なる時でも，彼による

---

awwalu wa al-ākhir wa al-ẓāhiru wa al-bāṭinu wa huwa bi-kulli shay'in 'alīmun, laisa ka-mithli-hi shay'un wa huwa al-samī'u al-baṣīru と唱えていた，と伝えられている」。

〔我々とユースフ・カフターニーのあいだの〕仲介や教授という２つの恩寵に感謝し，朝食と夕食の際には何時でも，彼がその魂を犠牲にしたこととその霊の死という彼の２つの負担に対して祈念を行わねばならない。もし我らの父祖が神の教えやイスラームの道へと導かれなかったならば，我らは錯誤という蒙昧に在って無知の痛撃にさらされていたであろうし，現世の幸福と快適な天国のために奮闘してはいないであろう。

我らアッラーにお頼み申す。未来永劫，我らが後世を知識とイスラームについて強化し続け給え。呼び出しの日（最後の審判？）まで，彼らを教えと信仰と確信について発展させ続け給え。我らは，後世の者たちが大イマームの学説を認識するよう期して，この碑を立ち上げ，彼らがイエメンのバーバーとバーバー・バクルの道を遵守するよう期して，これらの文字を書いた。万世の主，アッラーに称えあれかし！

第２節　碑文製作年代の推定

まず，碑文製作年代の上限として，バクルの没年を検討してみる。

バクルについては，馬利章氏が前掲「訳者注」において「アラビア語のバクル（baql）という語は本来“蔬菜，青菜，野菜”の意であるが，この文中では姓“蔡”の意である」と述べている［姚・肖 2001: 303］。馬氏がこのように説明したのは，おそらくは蔡爸爸（蔡璿，字玉徽）が念頭にあったからではないかと思われる。

納家営には，同地で没した蔡の墓があり，その事跡を伝える墓誌銘も存在するという。筆者はこれを実見していないが，［李兴华 2005b: 82; 李兴华 2012，上: 195–6］に録文がある[26]。それによれば，蔡は大理府趙州の人で，はじめ黄老爸爸[27]のもとに学び，次いで武昌にいたって「楚之馬大師四

26　姚・肖［2001: 318］，および纳家璧［2001: 231–2］にも録文がある。３つの録文は文字の異同が少なくないが，先行する２つの録文を参考にした李氏の録文は，さすがに比較的欠字も少なく，やはり最も信頼に足るものと思われる。

27　纳家璧［2001: 233–4］，および李兴华［2005b: 84］，李兴华［2012, 上: 199］は，『經學

爸爸」[28]に教えを受けたのち，また雲南（滇）に帰って「西迤」に「正教を闡揚」し，やがて「東迤」の人々に招かれると納家営に移って経堂教育に従事し，それから4年になるかならない「康熙三十二年四月二十一日」（1693年）[29]にその地で没したという。たしかに，雲南西部から納家営にやって来てイスラームの啓蒙活動に従事し，数年後にその地で没したという蔡の事跡は，バクルのそれとほとんど轍を一にする。

さらに蔡とバクルは，納家営に来る直前にいた場所についても一致するようだ。「納之秩墓誌銘」[30]によると，蔡が納家営で没した時，その高弟の王爸なる人物が趙州で「師に代わって開学（経堂教育の教職に着任して開講すること）」していたという。したがって，蔡は納家営に来る以前，「西迤」に「正教を闡揚」していたというが，具体的にはその出身地である趙州で「開學」していたのに違いない。そして，道光18年修・民国2年重刊『趙州志』の巻一「城池」によれば，趙州には「白崖八村」という集落のまとまり（そのうちのひとつは「蔡家營」）があったといい［趙州志，I: 111］，同「民俗」の「氣節」の条では「白崖」にのみ「回漢雜處」という割注説明が施されている［趙州志，I: 118］。ここから，趙州の中でもこの白崖こそが蔡の出身地であって，かつ彼が納家営に来る以前に「開學」していた場所であったと考えられる。対して，納家営清真寺アラビア語碑文においてバクルが納家営に来

系傳譜』に馮伯菴の弟子としてみえる雲南黄師［清真，XX: 31; 系传谱: 34］に同定するが，あるいは同書に海文軒の弟子としてみえる滇南の觀海黄師［清真，XX: 30–31; 系传谱: 33］かもしれない。なお，後述するように，海文軒は礼拝後の信仰告白において右手の人差し指を立てなかった。黄師は，師の海を熱烈に敬慕していたというから，おそらく彼もそれにならっていただろう。そして，バクルが蔡と同一人物で黄師の弟子であったとすると，バクルが礼拝後の信仰告白において右手の人差し指を立てることに反対したことと整合的である。

28　武昌の馬明龍のことに違いない。馬明龍『認己醒語』民国8年楊德誠重刊本に収録された彼の伝記は，「馬四爸爸傳畧」というタイトルを持つ［醒語: 9b–11b］。なお，『經學系傳譜』には，馬明龍の弟子として「蔡師」が「韓師」と並んでみえ，「何れも滇南の人氏」と注記されている［清真，XX: 41; 系传谱: 44］。

29　ただし姚・肖［2001: 318］は蔡の没年月日を「康熙三十二年四月十一日」に作る。

30　姚・肖［2001: 322］，纳家璧［2001: 235］，李興華［2005b: 83］，李兴华［2012，上: 196–7］に録文がある。

る直前にいたとされるBGhWY（Baghuwī？）も，「白崖」の音を写したものに相違ない。

また，納家営清真寺アラビア語碑文においてバクルとともに納家営にやって来たとされるイエメンの法学者ユースフ・カフターニーに相当するような人物を，蔡の側にも見出すことが可能である。すなわち『經學系傳譜』によれば，「イエメンのアホン」（益蛮阿轟，逸蛮阿轟）とよばれる人物が，「長安花区巷之勅建清真寺」（西安の化覺巷清真寺のことだろう）に滞在して馮通宇と接触をもったという［清真，XX: 70; 系传谱: 75–76］。さらに，南京にも現れて，袁汝琦のために，「扎指」――礼拝後の信仰告白で右手の人指し指を立てること[31]――の非合法性について典拠を示して証明したともいう［清真，XX: 90; 系传谱: 100］。陝西に滞在したことがあり，礼拝後の信仰告白で人差し指を立てぬよう改革した点は，我々のユースフとそっくりである。そして馮通宇と袁汝琦は康熙年間の人である[32]から，同時代を生きた蔡が「イエメンのアホン」と接触していたとしても時間的な矛盾はない。

以上より筆者も，馬利章氏が示唆するごとく，バクルを蔡爸爸に同定し，納家営清真寺アラビア語碑文の製作年代の上限を，彼の没年月日，すなわち康熙32（1693）年4月21日に置きうると考える。

では，下限は何時か。そこで注目すべきは，ユースフとバクルによって改革されたという「連班」，「義務礼拝後の開扉章読誦」（「ファジュル拝やアスル拝の後の開扉章読誦」），および「〔礼拝後の〕信仰告白の言葉の許で人指し指を立てること」が，いずれも，いわゆる「古行」にあたるということである。

31　「扎指」とは中国ムスリムの術語で，「右手の人差し指を立てること」の意［図志: 20 (n. 6)］。その所作は通常，礼拝中の信仰告白の際におこなわれる（本章注25参照）。そして『經學系傳譜』では，礼拝後の信仰告白の際における「扎指」が批判的に扱われている（後述）。したがって，イエメンのアホンがその非合法性の典拠を示したという「扎指」も，礼拝後の信仰告白の際のそれであったことは疑いない。

32　康熙22（1683）年にある程度の完成をみて，康熙49（1710）年の日付を最も遅いものとして持つ『清眞指南』，その巻一「附海内贈言」には，著者馬注のもとに各地のアホンたちから寄せられた沢山の詩が載せられているが，そのアホンたちのうちに両人の名もみえる［清真，XVI: 514, 516］。また袁は，劉智の『天方性理』に康熙43（1704）年の日付をもつ序文を寄せている。

まず「連班」が古行であったことは，新行の創唱者とされる常志美と舎起靈（舎蘊善）が「独班」を支持し，それに反対していたという事実から明らかである[33]。すなわち，『經學系傳譜』によれば，常は，「東寺」（済寧東大寺）にアホンとして招聘されたものの，再三の勧告にもかかわらず連班が改まらなかったので，そこでの礼拝には参加せずに去り，常の主張に賛同した者が「修建」した清真寺（済寧西大寺）で独班が久しく行われているのを見て，ここでの礼拝に参加した，という［清真，XX: 52–53; 系传谱: 57–58］。そして，『岡志・劉仲泉補志本』[34]によれば，康熙38年（1699）に北京で連班・独班の論争（康熙三十八年講班）が催され，その際に舎は独班派の代表をつとめたという［清真，XX: 175; 冈志: 79; 李兴华等 1998: 615］。

また，「義務礼拝後の開扉章読誦」も古行であった。河南省の開封（北大寺）とその近郊の朱仙鎮（清真北寺）に存するアラビア語碑文は，古行13条を列挙して擁護するが，その第8条に「日の出前〔の礼拝〕と午後〔の礼拝〕の〔際の〕祈祷（ウィルド）に当たって開扉章を朗唱すること」とある［中西ほか 2012］。これはまさしく，義務礼拝後の開扉章読誦にあたる。

さらに「〔礼拝後の〕信仰告白の言葉の許で人指し指を立てること」も古行であったことは疑いない。それは，舎起靈の監修にかかり明らかに新行に肩入れする『經學系傳譜』において，批判的に扱われている。「〔海文軒〕先生は辰時拝を指導した後，信仰告白（作證之言）[35]を唱えたが右手の人指し指を立て（扎指）なかった。今まで人々は皆これに従い，敢えてまた改めたこ

33　楊德元［1936］は，連班（聯班）を「新派」，独班を「舊派」に帰すが，これは誤解であろう。

34　『岡志』簡体字版は2種類のテクストを含む。ひとつは，張叔文に家蔵されていたのが1988年に公にされた道光11（1831）年沈鳳儀抄録本［冈志: 1–52］。もうひとつが，劉仲泉（1957年没）が古紹宸（1956年没）家蔵本を抄録・追補した劉仲泉補志本［冈志: 53–98］である（詳細は『岡志』簡体字版所収「《冈志》之发现及其价值（代序）」，および刘・刘［1992］を見よ）。康熙38年の連班・独班の論争に関する記事は，後者にしかみられない。［清真, XX: 106–223］に影印収録される『岡志』抄本は，劉仲泉補志本である。

35　『眞功發微』巻下「認識門・以媽納之首第二」に，「念作証之言」とある直後に，アラビア文字で信仰告白の文言がつづられている［清真，XV: 318］。文言は次の通り。

اشهد ان لا اله الا الله وحده لا شريك له و اشهد ان محمد عبده و رسوله.

とはないが，惜しいかな，その時門人は教律に何らかの根拠があるかどうかを問うて，今日のでたらめな者による反論の芽を取り除いてはおかなかった」[清真，XX: 31; 系传谱: 33]。くわえて，『岡志・劉仲泉補志本』に「馬永和指摘錯訛十事」と題されて見える，新行派の馬永和による古行改革の記事 [清真，XX: 200–204; 冈志: 91–92][36] には，その改革の一条として「朝晩の礼拝後に歸正眞言を唱える際に指を立てる（出指）べきではない」とある。「朝晩の礼拝後に歸正眞言を唱える際に指を立てる」とは，おそらく「〔礼拝後の〕信仰告白の言葉の許で人指し指を立てること」の謂いであろう。

要するに，後世の者が「イエメンのバーバーとバーバー・バクルのやり方を遵守するよう期して」書かれたという納家営清真寺アラビア語碑文は，その実，新行・古行の論争を背景に，新行を擁護・推進し，古行を非難・駆逐する目的で製作されたものとみて間違いないのである。そして，とりわけ連班の改革が謳われている点が，問題の碑文の製作年代を示唆している。

というのも，『經學系傳譜』に次のようにあるからである。「〔雲南の馬五師が〕故郷に戻ったとき，その地の習俗としては，経典の欠如から，当初依然として連班が行われていた。ある人によれば，雲喬二師が雲南に至っても，それを改めるのに努力しなかったので，〔独班への改革は〕今まで遅れてしまったが，最近，麗鶴馬二師と白崖の馬三師が経典を遵守し，全省遍く独班に改まったという」[清真，XX: 29; 系传谱: 31]。ここからは，『經學系傳譜』が完成したとみられる康煕 53 (1714) 年[37] ごろに，雲南では，すでに独班が支配的に行われていた様を窺うことができる。だとすれば，連班の改められるべきを説く納家営清真寺アラビア語碑文が製作された時間は，康煕 53 年から大幅に遅れることはないのではあるまいか。

36　沈鳳儀抄録本も「馬永和摘誤」と題してほぼ同じ内容の記事を載せる [冈志: 19–20]。沈鳳儀抄録本と劉仲泉補志本，いずれも，馬永和が独班派の尊崇を受けていたこと，彼が「新興兒」と呼ばれていたことを記す。以下の引用については，両本の間で文字の異同はない。なお，[清真，XX: 200–204] には乱丁がみられる。正しくは，204, 203, 202, 201, 200 の順である。

37　趙燦の序文の日付が，康煕 53 年 9 月 21 日であることによる [清真, XX: 6; 系传谱: 2]。ただし，舎起靈の序文は康煕 36 年 8 月 2 日 (1697) の日付を持つ [清真，XX: 4; 系传谱: 5] ので，この時点で『經學系傳譜』は，ある程度の完成をみていたと考えられる。

そして推測を逞しくするならば，バクル，すなわち蔡爸爸の功績を記すアラビア語碑文が，「康熙五十九年三月十八日」(1720) の日付で「孝男 蔡繼藻，孫 蔡乾・蔡坤」の手に成った「蔡爸爸墓誌銘」と，セットで製作されたというのは，ありそうなことである。

また別の可能性もある。かつて納家営清真寺の「月臺北墻中」に嵌め込まれていたという［姚・肖 2001, 290］「清眞寺常住碑記」[38] に次のようにある。「雍正 3 年 (1725) 1 月 12 日，納承健兄弟の田 1 枚――荷花塘に位置し，東と南はともに納煥の田に接し，西は納任の田に接し，北は納之河の田に接する――をまるまる，銀 40 両で買い取り，以後〔そこから上がる収益を〕蔡爸爸の命日の費用に充てることにした。その田から上がる秋の収穫は 5 升である」(雍正三年正月十二日，杜買得納承健弟兄田乙丘，坐落荷花塘，東・南二至納煥田，西至納任田，北至納之河［田］，價銀四十兩，永作〈一字分空白〉蔡爸爸忌日之費，随田秋糧五升)。つまり，蔡の命日 (4 月 21 日) を記念する何らかの行事[39] の費用に，納承健兄弟の田 1 枚の収益をワクフとして指定したというのである。これが，その行事の開始もしくは規模拡大に伴う措置であったことは疑いない。そして，「我らは何時如何なる時でも，彼の教授と啓蒙という 2 つの恩寵に感謝し，朝食と夕食の際には何時でも，彼がその魂を犠牲にしたこととその霊の死という彼の 2 つの負担に対して祈念を行わねばならない」と説く納家営清真寺アラビア語碑文の製作も，あるいはこの措置と連動したものであったかもしれない。

以上より，碑文製作年代として最も可能性が高いのは，康熙・雍正の交，18 世紀初頭であると考えられる。

38　この碑についても，納家営清真女寺の礼拝大殿月台北墻壁に安置されてあったのを，実見することができた。以下の引用はその実見にもとづく (姚・肖［2001: 290–292］に録文があるのを参考にしたが，その録文では「納承健兄弟」を「納承兄弟」に作る)。なお，この碑は「乾隆三十二年孟秋二十六日」(1767 年) という立碑の日付をもつ。

39　いわゆる「アマル (‘amal)」(故人の紀念活動のこと［李兴华等 1998: 656］) や墓参活動［勉维霖 1997: 63–65］の類が想起される。

第３節　納家営清真寺アラビア語碑文にみえるハナフィー派絶対正統主義

本節では，いよいよ本章冒頭に掲げた課題，中国ムスリムの「ハナフィー派帰属」のあり方について考察する。

先に明らかにしたように，納家営清真寺アラビア語碑文は，新行を擁護・推進し，古行を非難・駆逐する目的で製作されたものであった。また，同じ碑文では，義務礼拝後に開扉章を読誦すべきではないとする新行派の見解が，アブー・ハニーファの学説に，それに反対する古行派の見解が，シャーフィイーの学説に，それぞれ帰されていた。これらのことを整合的に理解するには，次のことが前提としてなければならない。すなわち，碑文製作者は，アブー・ハニーファの学説にこそ従うべきであると考え，シャーフィイーの学説には従うべきではないと考えていた，ということである。そしてそれは，アブー・ハニーファ学説を信奉しながら摘み食い的にシャーフィイー学説を採用することを問題視するというよりもむしろ，そもそもアブー・ハニーファ学説以外の学説にたいして見向きもしない，という態度であったと思われる。

もちろん碑文製作者たちは，四大法学派の学祖４人を列し，シャーフィイーもまた預言者の道統に連なることを示しているのだから，シャーフィイーの学説それ自体を全く異端視していたわけではなさそうである。もっといえば，スンナ派四大法学派がいずれも正統であるとの言説を，彼らもまた「知識」としては把握していたようである。

しかしながら実際のところ彼らは，シャーフィイーの学説に従うという選択肢など端から想定していなかったとみられる。でなければ，古行＝シャーフィイー学説という「事実」に言及することは，古行の廃絶という彼らの目的を妨げることになってしまうからである。彼らは，アブー・ハニーファ学説の遵奉こそが最善唯一の選択とみなすがゆえに，シャーフィイーの学説それ自体が異端でないことを知りつつ，それでもなおシャーフィイー学説には従うべきではない，と考えていたにちがいない。また，そのような「ハナ

フィー派絶対主義」とでもいうべき理念は，碑文製作者たちのみならず，その発信対象たる周囲のムスリムたちのあいだでも，揺るぎない大前提として成立していたはずである。新行の擁護・推進，古行の非難・駆逐を謳う碑文において，新行＝アブー・ハニーファ学説，古行＝シャーフィイー学説という「事実」への言及が意味をもつためには，そうでなければならない。

くわえて，納家営清真寺アラビア語碑文において，義務礼拝後の開扉章読誦の禁止という新行寄りの説が，アブー・ハニーファの言葉に帰されたことじたいも，そのような大前提にもとづく仮託であった可能性が高い。なるほど，義務礼拝後の開扉章読誦の禁止は，少なくともその典拠として碑文に挙げられている文献のひとつで，ハナフィー派法学文献である『下僕たちの宝』[40]に，たしかにみえてはいる。すなわち，次のようにある。

> 『要約 (*al-Khulāṣa*)』の第 11 節には，「義務礼拝の後に諸々の重要事のために開扉章を唱えることは逸脱行為である」とある。『様々な出来事についてのファトワー (*Fatāwā al-wāqiʿāt*)』には，「義務礼拝の後に，諸々の重要事〔の達成〕や害〔の回避〕のために開扉章を唱えることは，周りに聞こえる声で唱えようが，聞こえないように低い声で唱えようが，忌むべきことである。というのも，いずれも，教友たちや後継世代の者たち〈神が彼らを嘉したまいますよう〉から伝えられているわけではない逸脱行為だからである。〔義務礼拝後の〕クルアーンの完読も，早読み (ashtāb khwāndan) も，同様〔に忌むべきこと〕である」とある。〔しかし〕偉大なイマーム，ブルハーヌッディーン・マルギーナーニー (Burhān al-Dīn al-Marghīnānī) は，「それは忌むべきことではない」との法学意見を表明した。カーディー，イマーム，バディーウッディーン (Badīʻ al-Dīn)〈神が彼に慈悲を垂れたまいますよう〉も，同じ見解を採った。カーディー，イマーム，ジャラールッディーン〈神が彼に慈悲を賜われますよう〉は，「もしそれ (開扉章読誦やクルアーンの完読，早読み) のあとの礼拝が預言者の慣行にもとづく礼拝であるならば，それは忌むべきことであるが，そうでないならば，忌むべきことではない」との見解を採った。『補遺 (*al-Tatimma*)』には，「スンナ礼拝の前，義務礼拝の後に，何か言葉を発する者について，そのスンナ礼拝は無効になるかどうか，と問われれば，答えはこうである。無効にはならないが，言葉を発する前にスンナの礼拝を済ませるよりも功徳は少ない」とある。［*Kanz*: 160］

40　同書には，多数のハナフィー派法学文献が引用されている［中西ほか 2012］。

しかしながら，アブー・ハニーファの言葉なるものは，そこに見当たらない。また，ここには，義務礼拝後の開扉章読誦が少なくとも「忌むべきことではない」とするマルギーナーニーやバハーウッディーンの見解が提示されてもいる。義務礼拝後の開扉章読誦の禁止は，必ずしもハナフィー派の絶対的統一見解であったわけではないのである。そのことはまた，ハナフィー派の法学文献と目される『天国の鍵（*Miftāḥ al-jinān*）』[41] という書物からも窺える。そこには次のような記述がある。

> 『礼拝の翻訳者（*Turjumān al-ṣalāt*）』に次のようにある。よく知られた伝承では次のように伝えられている。至高なる神はいわれた。「我が力能と壮麗さにかけて，我が権威の大なることにかけて，我が命令の高貴さにかけて。下僕が義務礼拝を終える度に開扉章と〔以下に述べる諸節のうち〕一つの節を唱えるならば，我は必ず毎日 70 回，慈愛をもって彼に眼差しを注ぎ，彼の 70 の請願を認め，彼に数々の罪があるとしても，彼を拝謁の約束された地たる壮麗の家（楽園）に住まわせよう」と。すなわち，〔1 日〕5 回の義務礼拝を規定通りに行って，〔以下の〕諸節を唱えれば，たとえ彼が自らを罪人であると考えるとしても，その全て〔の罪〕は〔実のところ〕償われてしまっている。〔唱えるべき〕諸節とは次の通りである。開扉章，クルスィーの節［Qur'ān, II: 255］，「使徒は，主から下されたものを信じる」の節［Qur'ān, II: 285］，「神は立証なされた」の節［Qur'ān, III: 18］，「言え。『おお神よ，王権の主よ』」［Qur'ān, III: 26］の節[42]。［*Miftāḥ*: 78b–79a］

このようにハナフィー派の法学文献のなかには，義務礼拝後の開扉章読誦を推奨しさえするものもあったのである。義務礼拝後の開扉章読誦の禁止こそが，アブー・ハニーファの学説だとするのは，ハナフィー派内部のあくまで一方の立場にすぎなかった。ゆえに我々の碑文が，その新行寄りの説をアブー・ハニーファに帰したのも，おそらくアブー・ハニーファ学説の絶対的正統性を前提とする仮託であったと思われる。

さらに興味深いことに，上文に引用されている『礼拝の翻訳者』は，我々

41　同書には，多数のハナフィー派法学文献が引用されている。その点を含め，同書の概要については，中西ほか［2012］を参照されたい。

42　『下僕たちの宝』と『天国の鍵』の翻訳にあたっては，森本一夫氏のご助力を得た。記して謝意を表したい。

の碑文において，義務礼拝後の開扉章読誦の推奨という古行寄りの説の典拠とされる文献とタイトルを同じくする。両者はまず間違いなく同じ文献だろう。そして，ハナフィー派法学文献『天国の鍵』に，その典拠として引用されていることからすると，『礼拝の翻訳者』も十中八九はハナフィー派法学文献であったと考えられる。にもかかわらず我々の碑文は，同書の所説をシャーフィイーの学説に帰している。これは，明らかに仮託である。その目的はもちろん，義務礼拝後の開扉章読誦の推奨という古行寄りの説が，アブー・ハニーファのものではないこと，つまりハナフィー派絶対主義に照らして退けるべきものであることを示すためであった。

ただしそれならば，仮託する先は誰であってもよかったはずであり，それがとくにシャーフィイーであったのはなぜかという疑問が残る。あるいは，セルジューク朝時代のイランを舞台にハナフィー派とシャーフィイー派の間で繰り広げられた熾烈な対立［Madelung 1971: 138–139 (n. 72, 73)］の記憶が影をおとしていたのかもしれない。ただ，ひとつ確実にいえることは，新行派と古行派のあいだで，一方が他方にたいしてシャーフィイー学説への追随のレッテルを貼り付けるという事例が，ほかにも存在するということである。納家営清真寺アラビア語碑文の立碑から200年以上時代は下るが，1944年の内蒙古長城地帯ムスリム社会調査の報告［岩村 1949–50，下: 69］に，当該事例がみえる。当時，古行派に属する宣化中寺の鐘文貴教長は，古行派がアブー・ハニーファの「遺訓を遵守する」のにたいして，新行派はそれに加えてシャーフィイーの「遺訓をも遵守する」と説明し，我らが碑文とは全く正反対の見解を示したという。どうやら新行派と古行派のあいだでは，おたがいに自派はアブー・ハニーファ学説に従っているが相手方はシャーフィイー学説に従っていると主張しあっていたらしい。その論法は，自派を擁護しつつ相手方を指弾するための常套だったと考えてよいだろう。そして，そのような新行・古行の論争を通じて，ハナフィー派絶対主義のイデオロギーが再確認され，強化されていっただろうことは，想像に難くない。

ともあれ以上述べてきたところをまとめると，次のようにいうことができるであろう。

納家営清真寺アラビア語碑文の製作者ならびにその周辺のムスリムたち

は，アブー・ハニーファとシャーフィイーの学説がひとしく正統であるとの認識を「知識」としてもっていたが，実質的にはその枠組みに縛られることなく，アブー・ハニーファの学説に従うことこそが最善唯一の選択であり，その他の名祖の学説を全面的にせよ部分的にせよ採ることは避けるべきだと考えていた。

第4節　その他史料にみえるハナフィー派至上主義

納家営清真寺アラビア語碑文においてみられた，アブー・ハニーファに対する絶対帰依の理念は，清代の少なくとも前半期の中国ムスリムにおいて，ある程度普遍的なものであったと推測される。同じ心性が，断片的にではあるが，当時のその他の史料においても確認されるからである。蘇州の張中によって，おそらくは順治10（1653）年よりやや後に成った『四篇要道』巻四にみえる，以下の記述がそれである。

問：一切教法有幾支。答曰：四支。其一，掌教阿而簪，科斐人。其二，掌教沙斐爾，穆脱勒秘人。其三，掌教馬利克，沙密人。其四，掌教阿哈黙德，罕白里人。

教分四支，因四方風氣不一，姑就其民情土俗而設焉者。觀各位掌教，俱著其所産之地可知。惟阿而簪，乃中和之道，萬世遵行無弊者也。是以能承吾聖人之統。其他，大義雖同，而事或有宜彼・不宜此者。故特爲表出。

又問：汝宗何人教法。答曰：阿而簪。……

問う：“一切の教法は幾つに枝分かれするか”。答えて言う：“4つである。その1はイマーム・アアザム（Imām[43] A‘ẓam＝アブー・ハニーファ），クーファ（Kūfa）の人。その2はイマーム・シャーフィイー（Imām Shāfi‘ī），「穆脱勒秘人」。その3はイマーム・マーリク（Imām Mālik），シリア（Shām）の人。その4はイマーム・アフマド（Imām Aḥmad），「罕白里人」[44]。

43　「掌教」はイマーム（imām）の訳語である。『天方正學』巻七「眞人白色理墓誌」に「譯以禡牧，掌教者」とある［清真，XVII: 196］。

44　科斐，穆脱勒秘，沙密，罕白里はそれぞれ，クーフィー（Kūfī），ムッタリビー教えが4つに枝分かれしたのは，四方の気風・習俗が異なるからで，〔その4つは〕ひとまず各民情土俗に合わせて設けられたのである。掌教それぞれ〔の名前の後〕を見れば，何れもその生地が分かるように示してある。ただアアザム（A'ẓam）のみは，その学説に偏りが無く，何時何処でそれを遵守しても弊害は無い。この故に彼は預言者ムハンマドの道統を継承し得たのである。その他の学説は，理念は同じでも，制度としては，あちらに適さなかったり，こちらに適さなかったりする。だから特に〔生地を〕表示してあるのだ。

又問う：“汝は誰の教法を遵奉するか”。答えて言う：“アアザム（A'ẓam）である”。……［清真，XVI: 334–335］

『四篇要道』は，その同治11年重刊本に付された王占超の「弁言」によると，「率蘇理經」の「譯解」であったという。「率蘇理經」は，スンナ派世界のペルシア語文化圏に広範な流布をみた，イスラームの信仰と実践に関するペルシア語の初頭啓蒙本『四節（*Chahār faṣl*）』を指すのであろう[45]。『四節』には様々なバージョンがあるので，張中がどれを参照したかは定かではない。が，『四篇要道』のテクスト中，1字分抬頭して書かれてある（本書ではさらに太字で示した）箇所が，『四節』の何らかのバージョンの翻訳で，その他の箇所が張中じしんの注解であったことは，ほぼ間違いない［濱田 2010: 5］[46]【コラム4】。したがって，アブー・ハニーファの「教法を遵奉する」と

(Muṭṭalibī)，シャーミー（Shāmī），ハンバリー（Ḥanbalī）と読める。このうちクーフィーとシャーミーは，張時中のいう通り確かに，出身地を表している（ただしマーリクは，正しくはマディーナ出身であり，シャーム＝シリア出身とされているのは誤解であろう）。しかしムッタリビーとハンバリーはそれぞれ，シャーフィイーの9代前の祖先の名，ムッタリブ（Muṭṭalib），アフマド・イブン・ハンバルの父の名，ハンバル（Ḥanbal）に由来するニスバである。ちなみにシャーフィイー・ムッタリビー（Shāfi'ī Muṭṭalibī）という呼び方は，中国ムスリムのあいだでも流布が確認される，アッタール（Farīd al-Dīn 'Aṭṭār）の『聖者列伝（Tadhkira al-Awliyā'）』にもみえる［*Tadhkira*: 292］。

45 「率蘇理（shuaisuli）」は，『四節』の「節（faṣl）」の音写かもしれない。マアリファ（ma'rifa）を「黙爾勒帥提（mo'erleshuaiti）」というように，F音を帥（shuai）で写す例がほかにもある［清真，XIX: 197］ことからすると，ありえないことではなかろう。

46 濱田［2010］に収録されるラホール版で，上引文に対応する箇所は次のようになっている。

「学派（madhhab）は全部でいくつあるかと問われれば言え。4つである。第1は大イマーム，クーファの人，アブー・ハニーファ（Imām-i a'ẓam Abū Ḥanīfa Kūfī）〈彼の上

の表明は，厳密にいえば，張中自身の言葉ではない。とはいえ，アブー・ハニーファの学説は他学派の名祖の説に優越して普遍性をもち，それゆえにアブー・ハニーファはひとりよく預言者の教えを継承していると，自ら注記する張中が，「率蘇理經」のその表明を共有していたことは，おそらく間違いない。

かつて田坂興道氏も，この記述を根拠に，「中國回教教學では正統四大學派が認められてシーア派の存在の影が薄く，また四大學派中の，宗とする所は阿而簪の教法であつたことが看取される」と論じ，中国ムスリムのあいだには清初より「ハニーファ派歸屬の考へ」があったとした［田坂 1964，下: 1278–1279］。ただ，田坂氏がいうように，「中國回教教學では正統四大學派が認められて」いたかどうかは定かではない。むしろ，「率蘇理經」が四大法学派の名祖の学説をひとしく正統なものとして扱っているのに反して，張中はアブー・ハニーファの学説のみが正統学説であることを強調しているようにみえる。

また，乾隆10（1745）年10月に山東済寧の西大寺に立てられた，該寺の掌教馬天顔の撰文にかかる，いわゆる「反對新行教碑文」[47]にも，アブー・ハニーファの学説だけを唯一正統とする見解が表明されている。

> 預言者ムハンマド（貴聖）の辞世から150年が経つと，教規は混乱して人々は偏った見解を持つようになり，73粒の珠（七十三顆之珠）がそれぞれに流派を立て，何れが是か非か分からなくなってしまった。幸い大賢アブー・ハニーファ（愛勃孩尼費）がそのとき現れ，預言者に係る遵守すべきスンナを調べ正し，誤った偽スンナたる逸脱行為を革めた。72粒の珠はみな脇道に迷い込んだ[48]。ただア

に神の慈悲あれ〉の学派。第2は，イマーム・シャーフィイー〈彼の上に神の慈悲あれ〉の学派。第3は，イマーム・アフマド・ハンバル〈彼の上に神の慈悲あれ〉の学派。第4は，イマーム・マーリク〈彼の上に神の慈悲あれ〉の学派である，と。汝は誰の学派にしたがうかと問われれば言え。大イマーム，クーファの人，アブー・ハニーファ〈彼の上に神の慈悲あれ〉——彼はヌウマーン・イブン・サービト（Nu‘mān b. Thābit）〔という名〕である——の学派にしたがう，と。」［*Chahār*: 10–11］

47　李兴华［2004a: 135］，李兴华［2012: 45–6］に録文がある。

48　アブー・ダーウード（Abū Dā’ūd）から伝えられるハディースに「この共同体は73に分かれるだろう。うち72は〔地獄の〕炎の中，1は天国の内，後者が〔イスラーム

コラム

馬聯元の著作で,『分信篇』もしくは『天方分信篇』という漢語タイトルをもつアラビア語作品『イスラームの教えのための信仰詳述の書（*Kitāb tafṣīl al-īmān li'l-dīn al-Islāmī*）』に合冊された,『四篇要道』という漢語タイトルをもつアラビア語作品『イスラームのシャリーアのための重要な四節の書（*Kitāb al-fuṣūl al-arba'a al-khaṭīra li'l-sharī'a al-Islāmiyya*）』という作品がある。同作品は,その跋文［*Tafṣīl*: 116］によれば,馬聯元のオリジナル作品ではなく,以前から中国に流布していたものであったという。当該作品は実のところ,ペルシア語の『四節』を,馬聯元がアラビア語で改訂したものと考えられる［濱田 2010: 9］。このアラビア語版『四節』は,この『四節』では,問題の個所は以下のようになっている。

س: الى كم تنقسم مذاهب الدين الاسلامي؟
ج: الى اربة: فالاول مذهب الامام الاعظم الكوفي ابي حنيفة نعمان بن ثابت (رحمه الله تعالى).
روي عن النبي عم انه قال ان آدم افتخر بي و انا افتخر برجل من امتي اسمه نعمان و كنيته ابو
حنيفة هو سراج امتي. و الثاني
مذهب الامام الشافعي (رح). و الثالث مذهب الامام احمد بن حنبل (رح). و الاربع مذهب الامام
مالك (رح). قال النبي عم. اختلاف امتي رحمة للناس
س: على مذهب من انت؟
ج: انا على مذهب الامام الاعظم ابي حنيفة الكوفي.

問: イスラームの教えの諸学派はいくつに分かれるか。
答: 4つである。第1はクーファの大イマーム,アブー・ハニーファ・ヌウマーン・イブン・サービト〈至高の神が彼に慈悲を賜りますよう〉の学派。預言者〈彼の上に平安あれ〉から伝えられている。アダムは私を誇りとした。私は私のウンマの人を誇りとする。彼の名はヌウマーン,そのあだ名はアブー・ハニーファ,彼は私のウンマのランプである。第2はイマーム・シャーフィイー〈神が彼に慈悲を賜りますよう〉の学派。第3はイマーム・アフマド・イブン・ハンバル〈神が彼に慈悲を賜りますよう〉の学派。第4はイマーム・マーリク〈神が彼に慈悲を賜りますよう〉の学派。預言者〈彼の上に平安あれ〉は言った。"我がウンマの多様性は,人々に対する〔神の〕慈悲である"と。

問：汝は誰の学派にしたがうか。
答：大イマーム，クーファの人，アブー・ハニーファの学派に従う。［*Tafṣīl*: 110–112］

中国の『四節』。

興味深いのは，ここに「我がウンマの多様性は，人々に対する〔神の〕慈悲である（ikhtilāfu ummat-ī raḥmatun li'n-nāsi）」というハディースが引用されていることである。このハディースは，複数法学派の併存が肯定される根拠として引用されている。Pagani［2004: 184］によれば，シャアラーニー（'Abd al-Wahhāb al-Sha'rānī, 1492〜1565）も，法学派間の見解の相違を神の慈悲とみなして，複数法学派の存在を肯定したという。問題のハディースは，張中や馬聯元の参照した『四節』のペルシア語原文に引用されていたかどうかは定かでないが，少なくとも張中の『四篇要道』には見当たらない。もし馬聯元自らがこのハディースを自身の『四節』に編入したのだとすれば，そのことは，清代前半期の中国ムスリムに認められたアブー・ハニーファへの絶対帰依の態度が，清末もしくは民国期には軟化していたことを示唆するかもしれない。

ブー・ハニーファに依拠することでしか，神と預言者に従う真正のムスリムにはなれないのである。いま東土に伝えられて我ら後輩が奉じるのは，彼の直系の流派に他ならない。そもそもアラブ（天方）諸国は，地理的に預言者ムハンマド〔が活躍した地域〕に近かったが，世代がいくらも変わらぬうちに，異端が入り乱れた。今，東土は天方から数万里も離れ，〔預言者の時代から〕すでに夥しい年月が経っており，経典の解釈も詳らかにし得ない状態にあるので，正道に逆行して突っ走る輩が途絶えぬとても怪しむには足りない。我が済寧は水・陸の要衝に当たり，ムスリムが増加したが，先の明代には，教規の命令と禁止に合致しないところが多くあった。幸い常〔志美〕と李〔永壽, 字延齡〕の二太師が，大いなる道を踏ん張って支えようと，大都市を遍歴して，経典の意味に精通した博学の士を訪ね求め……（中略）……，〔済寧に〕帰ってイスラームを修正し，〔済寧のムスリムたちは〕みな聖典を遵守するようになった。……（中略）……近頃，新行を創始する者があり，しばしば妄りに謬見をひけらかし，是非をひっくり返している。……（中略）……我が済寧では，先太師が後世に残した恩恵がいまだ消えていないお蔭で，自ずと善悪を見分けることができる。ただ恐るべきは，時が経って善悪が弁別されなくなることであり，そうなれば後世を誤らせること軽微では済まされない。私はかたじけなくも掌教の真似事をしているが，朝から晩まで謹み畏れ，先太師の偉大な業績を貶めぬよう心掛けており，悪事は芽のうちに摘むことを思わずにはおれない。願わくば，異端の説が途絶して正道が隆盛せんことを。それこそが実に永遠にイスラームにとっての幸福である。

ここに馬天顔が新行の主唱者である常志美を称える一方で非難したところの「新行」とは，いわば逸脱的革新（bidʻa）の謂いであって，本稿のいわゆる新行のことではなかろう。この碑文では，後者の新行こそが擁護されているのである。そして, 常志美によるその新行への改革が, アブー・ハニーファによる異端駆除になぞらえて正当化されていることは，注目に値する。納家営清真寺アラビア語碑文に限らず，新行の擁護においてアブー・ハニーファ

の〕共同体である（wa inna hādhihi al-milla sa-taftariqu ʻalā thalāthin wa sabʻīna, ithnatāni wa sabʻūna fī al-nāri wa wāḥidatun fī al-jannati wa hiya al-jamāʻatu)」というものがある［Sunan, IV: 202 (no. 4597)］。Madelung［1971: 125 (n. 39)］によれば，ハナフィー派の学者の中には，ここにいう「1」をハナフィー派とみなし，「72」の中にスンナ派四大法学派中の他学派を数える者もいたという。

の名前が持ち出されたということは，清代前半期の中国ムスリムのあいだで，アブー・ハニーファの権威，その絶対的正統性への信望が，いかに強いものであったかを物語っている。

章　結

以上本章では，主に清代前半期の史料に依拠して，当時の中国ムスリムにおける「ハナフィー派帰属」の具体的様相を探ってきた。そして，彼らは，スンナ派四大法学派の名祖の学説がひとしく正統であるとの言説を「知識」として把握していたかもしれないが，実質的には，アブー・ハニーファ学説だけが正統学説であるとの意識が強く，理念としては，全面的であれ部分的であれそれ以外の学説の採用を許容するものではなかった，ということを明らかにした。

ハナフィー派の学統には，アブー・ハニーファに加えて，アブー・ユースフ（Abū Yūsuf）とムハンマド・シャイバーニー（Muḥammad Shaybānī）という権威が並存し，三者のあいだではしばしば見解の異なることがあったので，厳密にいえばアブー・ハニーファの学説が即ハナフィー派学説というわけではない。しかしながら，清代中国ムスリムが，アブー・ユースフやシャイバーニーはもとより，その他ハナフィー派の特定の学者の見解をことさらに排除しようとしていたとは到底考えられない。したがって上の結論を，次のように読み替えることは許されるであろう。すなわち，清代の少なくとも前半期の中国ムスリムは，スンナ派四大法学派がひとしく正統であるとの言説を知ってはいたかもしれないが，実質的には，ハナフィー派だけを正統学派として扱い，全面的であれ部分的であれ他学派に従うことを許容するものではなかった，と。

このような法学派観は，中国ムスリムに特有のものではない。しかしそれは，ハナフィー派以外の学派の経典の欠如という，中国のイスラーム世界に対する辺縁性・孤立性に由来する状況によって醸成されたものであることは疑いない。加えてそれは，新行・古行の論争という中国ムスリムに固有の歴史的経験を通じて強化されていったものと思われる。こうした意味では，ハナフィー派絶対主義を「中国的」イスラームの特殊性のうちに数えることも不当ではあるまい。

また，そういう意味では，中国の伝統的イスラームの改革を唱える馬萬福（1849〜1934）の創始したイフワーン派（伊赫瓦尼＝Ikhwānī）が，「ハナフィー派原理主義」の様相を呈したことも，まったく「中国的」な現象として理解してよいだろう。イフワーン派の改革は，西南アジアのイスラーム改革思想の影響下にはじまった。が，両者のあいだには大きな違いがあった。西南アジアでは，18世紀ごろから，既存の法学派学説への盲従が盛んに批判されるようになり，ときには法学派の廃絶さえもが唱えられるようになっていた[49]。しかしイフワーン派はそれに同調しなかった。イフワーン派は，中国イスラームの改革にあたって，ハナフィー派の法学文献こそを最重視し，保守派（カディーム派）の珍重するハナフィー派法学文献をも正統経典とみなした［勉维霖 1997: 365］[50]。イフワーン派の改革は，基本的にはハナフィー派の

49　たとえば，イエメンのシャウカーニー（Muḥammad b. ʻAlī al-Shawkānī, 1760〜1832）や，北アフリカのサヌースィー（Muḥammad b. ʻAlī al-Sanūsī, 1787〜1859）は，既存の学派学説にしたがうのではなく，クルアーンやスンナにこそしたがうべきだと主張した［Peters 1980, 142］。くわえて，イブン・アミール・サンアーニー（Muḥammad b. Ismāʻīl al-Amīr Sanʻānī, H. 1099（1688）〜H. 1182（1768））も，シャウカーニーに先んじて同様の主張をなし，彼に影響を与えたとされる［Haykel 2003: 96］。また，ムハンマド・イブン・アブドゥルワッハーブ（Muḥammad b. ʻAbd al-Wahhāb, 1703〜92）も，同様の見解を唱えた［Delong-Bas 2004, 112］。サンアーニーは，イブン・アブドゥルワッハーブの称賛者であった［Nafi 2006, 221］。いっぽう，南アジアでは，シャー・イスマーイール（Shāh Muḥammad Ismāʻīl Shahīd, 1831年没）の創始した「ハディースの徒（Ahl al-Ḥadīth）」が法学派への追随を拒絶した［Buehler 1999, 474（n. 22）, 486–7］。

50　たとえば，馬萬福が改革の典拠として奉じた，いわゆる十大経典のうちのひとつは，前注でふれたサンアーニーの『信仰の浄化（*Taṭhīr al-iʻtiqād*）』であった。前注でも述べたように，サンアーニーは，イブン・アブドゥルワッハーブの称賛者であり，法学派への盲従を批判した人物である。しかしいっぽうで，十大経典のうち3つは，ハナフィー派の法学者イブン・アービディーン（Muḥammad Amīn b. ʻĀbidīn, 1784〜1836）の法学著作であった。すなわち，『シャーミー（*Shāmī*）』の名で知られる『《選良の真珠》の注釈たる，迷える者への反駁（*Radd al-muḥtār ʻalā Durr al-mukhtār*）』，『法学見解集（*Majmūʻa al-fatāwā*）』，『論考集（*Majmūʻa al-rasāʼil*）』。

規範学説からの逸脱を修正することにほかならなかった。

たとえば，イフワーン派の論客のひとり，蕭德珍（1884～1947）は『醒迷要録』で次のように述べている。

> 凡前後學者所纂經巻，均可宜遵。因按大以瑪目所纂，剖取教規，以後復有所纂，如與前後學者經巻合同者，當遵，相反者，當棄。問曰，何謂前後學者。答曰：○而木代經云，即委噶也註文，前學乃得遇三位以瑪目者，即以瑪目哎爾鑽，二位門徒，即哎不有蘇府，穆罕黙德。後學是未得遇者。……（中略）……○經云，大以瑪目云，凡吾之言行與至聖言行相合，汝等跟随吾，保守聖行，如反至聖之言行，保守聖行，勿随吾，而恐吾之知識短欠矣。○而木代序中云，大以瑪目門中，西言買子海部，經學者，分爲五品。一，大以瑪目衆門徒，哎不有蘇府等。二，蘇勒孩習，嘟嘬罕等。三，哎不拜可勒爾哎哈埋德等。四，古都勒衣，喜達也等。五，纂委噶也，沙糜之學者。……（中略）……惟有第五品是後學至微之品，概不私傳，並不傳有疑之言，羸弱之語。按此品所纂，遵行，則幸甚矣。如再低者，不足爲論。（ポイントを下げたところは，双行注。）

およそ「前後の学者」が編纂した経典は，全て従うべきものである。というのもそれらはみな，大イマーム（大以瑪目＝アブー・ハニーファ）の編纂したものに照らして，イスラーム法を分析・採用しているからである。「前後の学者」の経典と一致しているものは遵奉し，相違するものは放棄すべきである。「前後の学者」とは何かと問われれば，答えはこうである。『遵守の柱（而木代經＝*ʻUmda al-riʻāya*）』[51]によれば，「前学」とは，3人のイマームに会うことのでき

なお，十大経典は，勉维霖［1997: 365］にリストアップされている。ただし漢字音写のかたちでしか知られていないので，全てを同定することはできていない。わかるものだけをいえば，ほかに次のようなものがある。ビルカウィー（Muḥammad b. Pīr ʻAlī Muḥyī al-Dīn al-Birkawī, H. 981（1573）年没）の『ムハンマドの道（*Ṭarīqa al-Muḥammadiyya*）』と『眠り人たちの覚醒（*Īqāẓ al-nā'imīn*）』［GAL, GII: 441, SII: 655, 656］，ムハンマド・アミーン・アーファンディー（Muḥammad Amīn Āfandī）の『指導的集会（*Majālis irshādiyya*）』，アフマド・スィルヒンディー（Aḥmad Sirhindī, 1564～1624）の『書簡集（*Maktūbāt*）』。勉维霖氏の挙げる，艾力默海夫伲の『以布达耶』と著者不明の『麦勒格』は，同定できていない。

51 「而木代經」について，原文には双行で「即委噶也註文」と注されている。「委噶也」の注釈だというのである。「委噶也」は，サドルッシャリーアII世（ʻUbayd Allāh b. Masʻūd Ṣadr al-Sharīʻa al-Thānī）の『《護り》注釈（*Sharḥ al-Wiqāya*）』（後出）のことに違いない。その注釈というのは，Muḥammad ʻAbd al-Ḥayy al-Lakhnawī（H. 1304（1886）年没）の

た者。すなわち，大イマーム（以瑪目哎爾鑽＝Imām A‘ẓam）と，その2人の弟子，アブー・ユースフ（哎不有蘇府）とムハンマド〔・シャイバーニー〕（穆罕黙德）〔に会うことのできた者〕。「後学」とは，〔その3人に〕会うことのできなかった者である。……（中略）……大イマームはいった。“およそ私の言行は，預言者ムハンマド（至聖）の言行に合致している。汝ら，私に追随し，スンナ（聖行）を守れ。もし〔私の言行が〕スンナに違っていれば，スンナを守れ，私に従うな。おそらく私の知識に欠陥があるのだろうから”と。『遵守の柱』にいう。大イマームの学派〈原注: 西の言葉では，マズハブ（買子海部＝madhhab）〉の経典の学者は，5等級に分かれる。第1は，大イマームの直弟子，アブー・ユースフなど。第2は，サラフスィー（蘇勒孩習＝Sarakhsī）[52]やカーディーハーン（噶噶罕＝Qāḍīkhān）[53]など。第3は，哎不拜可勒爾哎哈埋德（Abū Bakr Aḥmad?）[54]など。第4は，『クドゥーリー（古都勒衣＝*Qudūrī*）』[55]や『導き（喜達也＝*Hidāya*）』[56]など。第5は，『護り（委噶也＝*Wiqāya*）』[57]や『シャーミー（沙糜＝*Shāmī*）』[58]など。

『《〈護り〉注釈》の解読のための遵守の柱（*‘Umda al-ri‘āya fī ḥall Sharḥ al-Wiqāya*）』のことに違いない。

52 Shams al-A’imma Abū Bakr Muḥammad b. Abū Sahl Aḥmad al-Sarakhsī（H. 483（1090）年没）のことに違いない。主著は『詳説（*al-Mabsūṭ or Kitāb al-mabsūṭ fī al-furū‘*）』[GAL, GI: 373]。

53 Fakhr al-Dīn al-Ḥasan b. Manṣūr al-Ūzjandī al-Farghānī Qāḍīkhān（H. 592（1196）年没）のことに違いない。主著は『カーディーハーンの法学見解（*Fatāwā Qāḍīkhān*）』[GAL, GI: 376, SI: 643-4]。

54 本章注16でもふれた，『法学見解の宝庫（*Khizāna al-fatāwā*）』の著者，アフマド・ハナフィー（Aḥmad b. Muḥammad b. Abū Bakr al-Ḥanafī）[GAL, GI: 373/4, SI: 639] のことかもしれない。

55 Abū al-Ḥusayn Aḥmad b. Muḥammad al-Qudūrī al-Baghdādī（H. 428（1037）年没）の『クドゥーリーの要約（*Mukhtaṣar al-Qudūrī*）』のことに違いない [GAL, GI: 175, SI: 295]。

56 ‘Alī b. Abū Bakr b. ‘Abda al-Jalīl al-Farghānī al-Marghīnānī al-Rishtānī Burhān al-Dīn（H. 593（1197）年没）の『導き（*al-Hidāya*）』に違いない [GAL, GI: 466, SI: 644; 中西ほか 2012]。

57 ‘Ubayd Allāh b. Mas‘ūd Ṣadr al-Sharī‘a al-Thānī（没年はH. 747（1346）年ほか諸説あり）の『《護り》注釈（*Sharḥ al-Wiqāya*）』に違いない [GAL, GI: 377, SI: 646; 中西ほか 2012]。

58 イブン・アービディーン（Muḥammad Amīn b. ‘Umar b. ‘Abd al-‘Azīz b. ‘Ābidīn al-Shāmī, 1784～1836）の『《選良の真珠》の注釈たる，迷える者への反駁（*Radd al-muḥtār*

……（中略）……第5級〔の学者〕は，後学で最も権威が低い（至微）が，おおむね勝手な解釈を下さず，疑わしいことや根拠薄弱なことを言わない。これらの等級の〔学者が〕編纂したものに照らして〔イスラーム法を〕遵奉すれば，非常に幸福になれる。それよりも低い等級のものは，相手とするに足りない。［清真，XVIII: 192］

ここではまず，ハナフィー派法学の信奉が大前提としてある。そのうえで，ハナフィー派の法学者のなかでも，おおむねアブー・ハニーファに世代的に近い者ほど，信頼に足ることが述べられている。この所説は，ムハンマドとその直弟子および孫弟子，いわゆるサラフ（salaf＝「父祖」の意）の教えに立ち帰れという，サラフィー主義を彷彿とさせる。が，その趣旨は，あくまでサラフではなくハナフィー派学説の本来に立ち返れというものである。そしてその主張は，直接的には『遵守の柱』にもとづいてなされてはいるが，その根はより深いところにあるものと思われる。すなわち，中国で前近代よりつちかわれてきたハナフィー派絶対主義の土壌に，それは根差すものでもあったのだろう。

ただし，前近代の中国ムスリムたちが「アブー・ハニーファの学説」を排他的に遵守すべきであると理念的には考えていたからと言って，実践レベルでもハナフィー派の規範学説に，厳格に追随ないし盲従（タクリード taqlīd）していたかどうかは，また別問題である。この点を最後に付け加えておきたい。

先にも言及した，康熙（1699）38年に北京で催された独班と連班の論争（康熙三十八年講班）では，たとえば次のような議論が展開されていた［清真，XX: 177–178; 冈志: 80］。

連班人曰：黙薩壁合經云，聖人臨拜時，撫人肩曰，端尔體勿傾歪，體歪則心必不正矣。拜中撫人，其爲連班也明矣。獨班者曰：買撒必合 經文乃臨拜時，非禮拜時。爾等又誤會經意。況拜中如何撫人。馬君錫曰：微動不妨也。獨班人曰：拜中言語，可乎。君錫不答。連班人展買撒必合經，有聖人云，嘗令賢學人近我。非連班乎。獨班人曰：近者不遠之意，非必肩臂相摩始稱近也。若必以肩臂相摩爲近，尔班出一首亦甚遠矣。

'alā Durr al-mukhtār)』のことに違いない［GAL, SII: 428, 773］。

連班派の人が言った。『黙薩壁合』という経典には,「預言者ムハンマドが礼拝に臨む際,人の肩を撫でて,“汝の体を歪めないよう真っ直ぐにしなさい,体が歪むと心も正しくならない”と言った」とある。礼拝中に人を撫でたというのだから,連班が行われていたことは明らかだ。

独班派の者が言った。経典の文言は「礼拝に臨む際」であって,「礼拝の時」ではない。汝らはまたもや経典の趣旨を誤解している。ましてどうやって礼拝中に人を撫でるというのだ。

〔連班派の〕馬君賜が言った。少しならば動いてもいいはずだ。

独班派の人が言った。礼拝中にしゃべってもいいのか。

馬君賜は答えなかった。

連班派の人が『買撒必合』という経典を開いて〔言った〕。「預言者ムハンマドは“賢くて知識のある者(賢学人)を私に近くあらしめよ”と言った」とある。これは連班〔の証拠〕ではないか。

独班派の人が言った。「近く」とは遠くないということであって,必ずしも肩や腕が擦れ合わないと「近く」と言わないわけではない。もし肩や腕が擦れ合わなければ「近く」と言わないのであれば,汝が礼拝の列からちょっとはみ出ただけでも,とても遠いことになってしまう。

ここにでてくる『黙薩壁合』や『買撒必合』が,バガウィー(Baghawī)によるハディース集『スンナの諸灯明(*Maṣābīḥ al-Sunna*)』,もしくはその増補版であるワリーユッディーン(Walī al-Dīn al-Tabrīzī)の『諸灯明の壁龕(*Mishkāt al-Maṣābīḥ*)』であることは,疑いない[59]。上の引用からは,それらに

59 『スンナの諸灯明』に次のようにある。

> Abū Mas'ūd al-Anṣārī〈神が彼を嘉し給いますよう〉は言った。預言者〈神が彼に祝福と平安を賜われますよう〉は礼拝の時(fī al-ṣalāti),我々の肩を撫でて,“真っ直ぐになりなさい。不揃いになって,汝らの心が不揃いにならぬように”と言った。
> 'Abd Allāh b. Mas'ūd〈神が彼を嘉し給いますよう〉は言った。神の使徒〈神が彼に祝福と平安を賜われますよう〉は,“汝らのうち思慮分別のある者たちは,実に私の近くにある(la-yalī-nī)”と言い,“その次は彼らに近い者たち”と3度言って,“市場におけるが如く無秩序であらぬように”と言った。[*Maṣābīḥ*, I: 398]

『諸灯明の壁龕』には次のようにある。

> Abū Mas'ūd al-Anṣārī〈神が彼を嘉し給いますよう〉は言った。預言者〈神が彼に祝福と平安を賜われますよう〉は礼拝の時(fī al-ṣalāti),我々の肩を撫でて,“真っ直ぐに

収録されたハディースを，論争の当事者たちが直接独自に解釈していたさまを窺うことができる。

こうした点からすると，中国ムスリムのハナフィー派絶対主義は，実践レベルでは必ずしもハナフィー派規範学説への盲従を意味したわけではないかもしれない。むしろ，イスラーム法学をめぐる既存の実践が，ハナフィー派学説の名のもとに正当化され，追認されていたというのが，実際の姿であったように思われる。

付記：イスタンブル・スレイマニエ図書館における同館所蔵写本［*Miftāḥ*］の調査は，三菱財団の助成により，杉山正明氏を研究代表者とする「モンゴル時代とポスト・モンゴル時代のペルシア語原典史料に関する調査・研究」の一環として行った。また，調査地では，岩本佳子氏より様々なご協力を頂いた。三菱財団のご支援，岩本氏のご協力に謝意を表する。

なりなさい。不揃いになって，汝らの心が不揃いにならぬように。汝らのうち思慮分別のある者たちは，私の近くにあらしめよ (la-yali-nī)，その次は彼らに近い者たち，その次は彼らに近い者たち” と言った，と。Abū Mas‘ūd は言った：今日の君たちの不揃い具合は，〔我々が預言者に注意された時よりも〕なお酷い。

‘Abd Allāh b. Mas‘ūd〈神が彼を嘉し給いますよう〉は言った。神の使徒〈神が彼に祝福と平安を賜われますよう〉は，“汝らのうち思慮分別のある者は，私の近くにあらしめよ (la-yali-nī)” と言い，“その次は彼らに近い者” と3度言って，“市場におけるが如く無秩序であらぬように” と言った，と。Muslim が伝えた。［*Mishkāt*, I: 340–341］

付録1 納家営清真寺アラビア語碑文テクスト

( ) 内の数字は原碑の行数を示す。なお碑額に記された basmala は1行目に数えていない。また [ ] は，判読が困難であるため暫定的に読んでおいた所であることを示す。

بسم الله الرحمن الرحيم

(1) الحمد لله الذى اكرمنا بانزال الفرقان و انعمنا بارسال نبى الكريم الذى ارسله لتكميل الدين والاسلام و لتتميم المعرفة و الانعام اسمه محمد بن عبد الله بن عبد المطلب (2) هو رسول امين صفى ونبى عظيم من المكى المدنى كان مولده فى المكى و موحية على رأس جبل الحرى اعطاه الله تعالى عمرا كاملا ثلث ستين سنة[1] و فضله الله بكتاب (3) عددها الف سة ومائة سة و ستة وستون آية فلما بلغ من سنة اربعين سنة و تأمل فى حال نفسه و غم لامته صعد على جبل الحرى و ناجى رب العرش العلى اوحى الله (4) الى جبرئيل ان اهبط الى حرى و انزل عليه آياتى فهبط جبرئيل بامر الله على الحرى و انزل وحيه على نبيه محمد المصطفى و هبط رسول الله مكرما بوحيه من الحرى الى البلد و (5) بسط شريعته على اهل المكى الى يوم [النباذ] و قايد اهلها و جوانبها من البعد و القرب طلب القرآن الحكيم الى صراط مستقيم و هدى كل الخلايق من الجن و الانس قاطبة بنور البرهان (6) الى دايرة الاسلام و اقام بعد الوحى بمكة ثلث عشر سنة ثم هاجر الى المدينة و تنفس السعداء فى تفريقه الوطن المألوف و تصبب الدموع فى وداع الكعبة الموصوف (7) بياء البيت اقام اليها عشر سنة و اختم شرائط الاسلام و حكائم الدين بالقرآن الحكيم و بين بين الحلال و الحرام بالفرقان القديم فلما بلغ ثلث و ستين سنة رجع الى حضرة الله (8) مساكن طيبة فخلف مكانه ابو بكر يعمل آيات الله و يحفظ سنة رسوله سالين و خلف عمر بعده كذا و كذا عشر سنة و خلف عثمان بعده اثنان عشرة سنة و خلف بعده على ستة سنة (9) و بعدهم الى احد عشر اماما اعلموا ان المذاهب اربعة اولها مذهب امام الاعظم[2] و ثانيها مذهب امام محمد و ثالثها مذهب امام شافع و رابعها مذهب امام (10) مالك ان صاحب مذهبنا ابا حنيفة هو نعمان بن ثابت بن زوطى بن مرزبان و قد ادرك فى آخر عمر على بن ابى طالب ثم حمله ابوه اليه و قد دعا له بالبركت و

1 ثلث ستين سنة は正しくは ثلاث و ستين سنة だろう。

2 امام الاعظم は正しくは الامام الاعظم とすべきである。

فك فمه بتمرة التى (11) تغرغرها رسول الله فى فمه و رطبها بريقه فقال ان الله جعل العلم بعد نبيه فى خلفاء الاربعة ثم بعدهم فى التابعين و بعدهم ابى حنيفة روى عن ابى حنيفة رضى الله عنه (12) انه قال ان قراءة الفاتحة بعد المكتوبة وردا بدعة و مذكور فى كتب مفاتيح و [بغية] و رساله و مصابيح و مكتوب فى كنز العباد و خزانه الفتاوى و شرح هداية و شرح [مختار] (13) ان قراءة الفاتحة بعد المكتوبه وردا ليس[3]فى عهد رسول الله و لا عهد الخلفاء الاربعة و لا عهد التابعين ان قراءة الفاتحة فى الصلوة واجب فالواجب فى موضع غير (14) يجوز و فى غير موضعه لا يجوز و من اتقن اصل قراءة الفاتحة فى الصلوة واجب علم ان قراءتها بعد المكتوبة لا يجوز هو تلميذ حماد بن سليمان و هو تلميذ ابراهيم نخعى (15) و هو تلميذ امام علقمة شريخ القاضى و هما تلميذ عمر و على و ابن مسعود و هؤلا اخذوا العلم من رسول الله ثم مات ابو حنيفة فى سبعين سنة نقل عن امام الشافع انه قال قراءة (16) الفاتحة بعد المكتوبة وردا افضل ثوابا مكتوب فى كتاب ترجمان الصلوة و مصنفه امام سنجاودى[4] هو تلميذ امام شافع رحمه الله و هو تلميذ مالك و هو تلميذ محمد حنبل و (17) هو تلميذ بشر بن غياث و هو تلميذ انس بن مالك هو خادم رسول الله من قرأ الفاتحة بعد المكتوبة فهو على مذهب امام الشافع و المسلمون كلهم يعملون مذهب (18) امام الاعظم الى زمان بنى حمير هو سلطان اليمن فسمع ان الاسلام الملك الواسط[5]خلاف و نقصان فاختار من فقهاء اليمن فقيها اسمه يوسف من قحطانى (19) و امر ان يجىء بكتب الفقهاء من اليمن الى ملك واسط فجاء بهن الى الشسى و حكم فيها المذاهب بكتب المشهور فتغير صف اللصوق فروا بدليل الفقيه الكبير (20) ثم جاء بهن من الشسى الى الشندوى و امر اهلها ان تعملون كذا و كذا فلما سمع فيها ان دين اليونانى نقص و هدم فاختار فقيها من علماء الشندوى ترجمانه اسمه ناصح يصعدان اليونانى حتى (21) اذا بلغا بحبوحة البغوى وضعا فى مدرسة بابائنا البقلى ورأيا تفاوتهم فى مذاهب الدين و رسوم الاسلام من لصوق الصف و قراءة الفاتحة بعد الفجر و العصر و انحراف الوجه (22) من قبل المنبر و اشارة السبابة عند كلمة الشهادة و حكم فيها المذاهب و الرسوم بدلائل الكتب القديم و اقام فيها حينا فتغير بعضهم بعضا و (23) تغير بعضهم كلها و سمع ان دين اليدى نقصا على نقص و فترا على فتر امر بابائنا البقل ترجمانه جاءى من البغوى الى اليدوى فى مسجدنا القديم و (24) نظرا اجدادنا دينهم نقصا و اعتقادهم صدقا و امر بابائنا البقل ناب منابه على ههنا و علم العلم و احكام الدين و الاسلام لاجدادنا و اقام فيها بضع ستين (25) حتى استوى طبيعهم اجمعين و قادهم فريقا فريقا من وأد الضلالة الى ذروة الاسلام و هديهم زمرة زمرة من خبطة الجهل الى صراط مستقيم (26)

3　ليس は正しくは ليست だろう。

4　سنجاودى は سجاوندى の誤りにちがいない。

5　الاسلام الملك الواسط は正しくは اسلام الملك الواسط だろう。

فلما احكم شرائط الدين و الاسلام و اتقن رسوم الشريعة و العلوم فبلغ حدة ثلث ستين ثم مرض فى شهر رمضان و الناس كلهم [يزورونه و] يجلسون حوله قال (27) لهم ان [تحملت] الاكابد فى هجرة من اليسى الى اليدوى كعباوة التى تحمل المصطفى فى هجرة من المكى الى المدنى فانه فدا نفسه و روحه لامته كلهم و انا فديت (28) نفسى و روحى لكم يا قومى عليكم بان تعملون آيات الله و سنة رسوله و تحفظون المذاهب الخلفاء الاربعة و امام الاعظم و تلزمون سيرة بابا اليمن و سيرتى (29) لا تغيرون مذهبى فمن تغير[6]مذهبى فانا برئ[7] منه فانه برئ منى فاذا سمعت روحه فى يوم احدى عشرين من شهر رمضان صفير ارجعى طارت باجنحه الهمم الى زمرة (30) الذين انعم الله عليهم من النبيين و الصديقين و الشهداء و الصالحين و حسن اولئك رفيقا فوجب لنا ان نشكر فى كل حين و اوان نعمتيه نعمة ذريعته و تعليمه (31) وندعى فى كل غداء و عشاء عباوتيه عباوة تفدية نفسه و موت روحه لولا اهتدى اجدادنا الى دين الحق و صراط الاسلام لكنا فى غفلة الضلالة و خبطة الجهل (32) و لا نجد فى سعادة الدنيا و جنات النعيم و نسأل الله ان يضاعف ذرياتنا العلم و الاسلام الى ابد الآباد و يزيدهم الله الدين و الايمان و اليقين من فضله الى يوم (33) [النداء] و قد نصبنا هذا الرقيم ليعرف الآخرون مذهب امام الاعظم و كتبنا هذه الحروف ليحفظوا سيرة بابا اليمن و بابا البقل و الحمد لله رب العالمين

6　تغير は يغير につくるのが適当だろう。

7　برئ は正しくは برئت だろう。

第5章 イスラームと中華のあいだを生き抜く

——19世紀雲南におけるイスラーム法探求

『朝覲途記』，馬徳新のイスタンブル到着の場面。時のオスマン朝スルタン，アブデュルメジト（爾補買支底＝Abdülmecid）の名も見える。このスルタンは，馬徳新がイスタンブルに到着する少し前の1839年に，ギュルハネ勅令を発し，タンズィマート改革に着手していた。

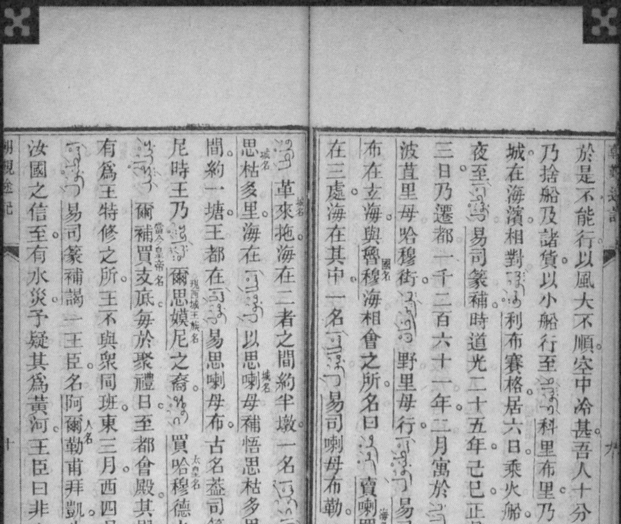
於是不能行以風大不順空中冷甚吾人十分艱苦
乃捨船及諸貨以小船行至[illegible]科里布里乃一巨
城在海濱相對[illegible]利布賽格居六日乘火船一晝
夜至[illegible]易司篆補時道光二十五年己巳正月初
三日乃遷都一千二百六十一年二月寓於[illegible]
波萓里母哈穆街[illegible]野里母行[illegible]易司篆
布在玄海與魯穆海相會之所名曰[illegible]賣喇買海
在三處海在其中一名[illegible]易司喇母布勒一名
[illegible]革來拖海在二者之間約半墩一名[illegible]悟
思枯多里海在[illegible]以思喇母補悟思枯多里之
間約一塘王都在[illegible]易思喇母布古名益司篆推
尼時王乃[illegible]爾思嫫尼之裔[illegible]買哈穆德之子
[illegible]爾補買支底每於聚禮日至都會殿其殿皆
有為王特修之所王不與衆同班東三月西四月至
[illegible]易司篆補謁一王臣名阿爾勒甫拜凱告曰
汝國之信至有水災予疑其為黃河王臣曰非也此

はじめに

中国ムスリムは，異教徒の政治的支配や社会的優勢という現実のもとでは遵守困難なイスラーム法 (Sharī‘a) の規定を，どのように扱っていたのであろうか。たとえば聖戦の義務などには，どのように対処していたのであろうか。まず注意したいのは，彼らの漢語イスラーム文献には，その類の規定が全くふれられていないということである。このことは，彼らが実行困難な規定の遵守を放棄していたことを意味するかもしれない。少なくとも，非ムスリム中国人も閲覧可能な漢語著作においては，そのような規定の存在を積極的に表明しなかった，とは確実にいえるだろう。

だが，そのような態度は，19 世紀の雲南で活躍した中国ムスリム学者，馬德新 (1794～1874，字は復初，ムスリム名は Rūḥ al-Dīn Yūsuf) と，その弟子の馬聯元 (1841～1903，字は致本，ムスリム名は Nūr al-Ḥaqq b. Luqmān) において一変する。彼らは，たしかに一面では，先行する漢語イスラーム文献の伝統をしっかりと引き継いでいたといえる。たとえば，ふたりはそれぞれ，劉智の『天方性理』「本經」をアラビア語で翻訳・注釈している[1]。また，馬德新は『天方性理』「圖傳」巻五に漢語の注釈 (『性理第五巻注釈』) を施し [佐藤 2008，236]，馬注『清真指南』の摘要 (『指南要言』) を編纂してもいる。

しかしその一方で彼らは，劉智や馬注といった，前代の漢語イスラーム文献の著者たちとはまったく異なる時代を生きた。彼らは，回漢対立の激化の果てに生じた雲南ムスリム反乱 (1856～1874) を体験し，中国ムスリム社会の消滅の危機を肌で感じ取っていた。くわえて，マッカ巡礼を通じて，当時の西南アジアのイスラーム改革思潮にもふれていた。これらの経験を通じて

1　馬德新の『本經五章譯解』と馬聯元の『諸々の霊妙なるもの (*Laṭā’if*)』『諸々の霊妙なるものの注釈 (*Sharḥ al-laṭā’if*)』。馬德新の経歴や彼の諸著作については白寿彝 [2000: 下，1552–1562]，Lin [1990: 105–107] を見よ。馬聯元の経歴や彼の諸著作については白寿彝 [2000: 下，1568–1574]，Lin [1990: 109–112] を見よ。『諸々の霊妙なるもの』と『諸々の霊妙なるものの注釈』については，とくに松本 [1999] を見よ。また，Murata [2010: 102–153] は『諸々の霊妙なるもの』のテクストと英訳を，『天方性理』「本經」と対照させながら載せている。

彼らは，伝統的な思想的傾向をあらためたとみられる。以下では，その具体的様相をみることによって，イスラームの「中国化」が，19世紀の歴史的状況の変化に応じて，柔軟に展開していたことを明らかにしたい。

第1節　馬徳新と「戦争の家」での離縁

> 「イスラームの家（dār al-Islām）」と「戦争の家（dār al-ḥarb）」とでは，言葉や用語の違いにともなって，法律（mu'āmalāt）に大きな違いがある。だから，この国でまかり通る事柄のなかには，それに合致するような法規定をクルアーンのうちに見出せないものがある。……［*Mushtāq*: 25a］[2]

『希求者（*Mushtāq*）』と題されたアラビア語作品の一節である。著者は馬徳新。だから，ここでいう「この国」とは，中国のことにほかならない。そして「戦争の家」というのも，もちろん中国を指す。となれば，まことに重いひと言である。

「戦争の家」とは，ごく簡単にいえば，イスラーム法が適用されていない地域のことで，反対にイスラーム法が適用されている地域が「イスラームの家」である。ただし，どの程度イスラーム法が維持されていれば，そこは「イスラームの家」となるのか，その基準は論者によって異なる[3]。残念なが

2　東洋文庫所蔵。III–14–B–41という請求記号を付された一帙のなかに，幾冊かのアラビア語文献が収められており，そのうちの一冊が該書である。

3　濱田［1993］を見よ。なお，『世界征服者の法学見解集（*al-Fatāwā al'Ālamgīriyya*）』［*'Ālamgīriyya*, II: 196］によると，アブー・ハニーファは，「イスラームの家」が「戦争の家」になる条件として次の3つを挙げているという。第1に「不信者たちの諸法規が広く知られるかたちで実施され，イスラームの法規がそこで課されなくなること」。第2に「戦争の家に統合されて，両者（当該地域と戦争の家）の間にイスラームの都市がひとつも介在しなくなること」。第3に「そこに信徒がひとりも残らなくなること，なおかつ不信者たちの征服よりも前にイスラームによってムスリムに確立され，庇護の約定によって庇護民に確立されていた，最初の安全保障によって安全となった庇護民もいなくなること」。いっぽう，アブー・ハニーファの高弟アブー・ユースフやムハンマド・シャイバーニーの見解では，「不信の諸法規が出現すること」だけで「戦争の家」になるとされた，という。また，後で言及するイブン・アービディーンの『シャーミー』も，

ら，馬徳新がどんな基準で中国を「戦争の家」とみなしたか，その正確なところはわからない。が，「戦争の家」とよぶからには，彼が自らの住む中国を，イスラーム法が十全に遵守しえぬ土地，と自覚していたことはまちがいない。そしてその自覚を，つまり中国がイスラーム信仰に支障のある土地であるという厳しい現状認識を，はっきりと表明したのが，上の一節なのである。

たしかに，当時清朝の統治下にあった中国は，まぎれもなく「異教徒」の法が支配する地だった。一般にムスリムが「戦争の家」とよんでも不思議はない。しかし，その言葉が中国のムスリムによって発せられたとなれば話は別で，はなはだ衝撃的である。

イスラーム法上の「戦争の家」という言葉は，当該地域にたいするムスリムの軍事攻撃を一定の条件のもとで合法とする，という含意がある［Gaborieau 2010: 183–4］[4]。中国をわざわざそのように呼ぶということは，往々にして中国ムスリムを危険視しがちだった清朝政府や漢人社会の敵愾心をあおるような挑発的な行為だった。また，ムスリムを扇動して清朝政府や漢人社会との対決へと駆り立てることにもなりかねなかった。それは，圧倒的マイノリティであった中国ムスリムの存続を危機にさらすことを意味し

『世界征服者の法学見解集』を引き，アブー・ハニーファの見解にもとづいて「戦争の家」を説明している［*Radd*, III: 349–50］。

4 たとえば，中国でもよく読まれたハナフィー派法学書，マルギーナーニー（Burhān al-Dīn Marghīnānī, H. 593 (1197) 年没）の『導き（*Hidāya*)』（この書については中西ほか［2012］を参照）に，次のようにある［*Hidāya*, II: 817］。「イマームが，戦争の家の人々（ahl al-ḥarb）や彼らの軍隊と講和することを考え，かつそのことがムスリムたちのための善後策（maṣlaḥa）となるのならば，それは問題ない。……〔イマームは〕彼らとしばらく講和したのち，講和の破壊が〔講和よりも〕より有益だと考えたならば，彼らとの条約を破棄し，彼らと戦う」。

ただし「戦争の家」は，必ずしも攻撃の対象となったわけではない。たとえば，シャー・アブドゥルアズィーズ（Shāh ʻAbd al-ʻAzīz, 1746〜1824）は，インドがイギリスの植民地となったことで「戦争の家」になったと宣言したが，それは「聖戦」の呼号のためではなかったらしい。シャリーアにかわり異教徒の法が施行されたことで，シャリーアで禁じられている利子の取得が合法となったことを主張するためであったようである［Gaborieau 2010: 44］。

た。中国を「戦争の家」と呼ぶことは，大変危険な行為だったのである。

『希求者』は，回漢対立の激化の果てに生じた雲南ムスリム反乱よりも後に刊行されたとみられる[5]。その時点で，雲南ムスリム反乱によって雲南ムスリム社会が消滅の危機に瀕するのを目の当たりにした馬德新は，中国を「戦争の家」と呼ぶことの危険性を十分すぎるほど認知していたはずである。このような危険を承知のうえで，彼が自らの住地をイスラーム信仰に適さない土地といいきったのは，だからこそ非常に衝撃的なのである。その内心の覚悟は，相当なものであったはずである。

では，彼はいったい何を考えて，中国を「戦争の家」と呼んだのか。

その答えは，上引文の前後から読みとることができるだろう。そこでは，中国でイスラーム法の遵守が阻害される実例として離縁（ṭalāq）の問題が論じられている。以下，順にみていくことにしよう。

まず，上引文の直前では，イスラーム法の離縁に関する基本的な規定が説明されている。

> 離縁の書。それ（離縁）は，成熟した理性的な夫が，明示的であれ暗示的であれそれ（離縁）を証拠立てる言葉でもって結婚の結びを解除することである。その際，酩酊した者〔の酔言〕や冗談を言う者〔の戯言〕であってもそれは成立するが，眠っている者〔の寝言〕の場合は成立しない。明示的な言葉とは“お前は離縁された（Anta ṭāliqun）”とか“離縁された女性だ（muṭallaqatun）”とか“私はお前を離縁した（ṭallaqtu-ka）”ということである。それを意図していようが何も意図していまいが，それによって取消可能な一度の離縁（wāḥida raj‘iyya）が成立する。“お前は離縁された（Anta ṭāliqun）”，“明白に（bā’inan）”もしくは“きっぱりと（qaṭ‘an）”“最終決定として（al-battan）”“断固として（shadīdan）”といったように，強調を証拠立てる言葉がそこに加わったならば，明白な１度の離縁（wāḥida bā’ina）が成立する。もしそれ（離縁の言葉）を３たび意志表明すれ

---

5 『希求者』の刊行年代は不明である。しかし馬德新の著作の刊行は，判明しているかぎりすべて雲南ムスリム反乱の勃発以降になされている。彼の著作のうち知られるかぎり最も早く刊行されたのは，咸豊８（1858）年刊行の『四典要會』である。雲南ムスリム反乱の指導者にまつりあげられた彼は，この年，清軍と和議を結んでいる。この和議は一度決裂するものの，結局馬德新は同治１（1862）年に清軍へ投降する。彼の著作の刊行は，これ以降に陸続となされる。おそらく『希求者』も，この頃に刊行されたのだろう。

図 5-1a（左） 建水（臨安）の郊外，回龍村のメインストリート。マッカ巡礼から帰還した馬徳新は，しばらくこの地で教学を講じた。そのときの弟子のひとりに，馬如龍がいた。彼は，雲南ムスリム反乱のさい，自身の出身地であるこの村から反乱の狼煙をあげ，後に，かつての師である馬徳新を反乱軍の指導者にかつぎだした。
図 5-1b（右） 回龍村の清真寺。中国風清真寺と中東風清真寺を接合しているのが興味深い。

図 5-1c 玉渓大営。馬徳新の開学の地のひとつ。馬聯元の生地でもある。彼もまたここで教学を講じた。

ば，それ（3度の離縁）が成立する[6]。暗示的な言葉とは，離縁を示唆する言葉やその他の罵倒・拒絶である。たとえば，“出てゆけ（ukhrujī）”“行ってしまえ（idhhabī）”“私はお前と別れた（fāraqtu-ka）”“私はお前を捨てた（taraktu-ka）”“お前は禁忌となった（anta ‘alā ḥarāmin）”“お前は私の妻ではなくなった（anta lasti bi-zawjatī）”“私はお前の夫ではなくなった（lastu bi-zawji-ka）”“私はお前を他人に与えた（wahabtu-ka li’l-nāsi）”“随意にどんな伴侶でも探せ（ibtaghī al-azwāja kulla-hā mutawaffiqan ‘alā niyyatin）”。もしそれを3たび意志表明したならば，それ（3度の離縁）が成立する。さもなくば（1度の表明であれば），明白な離縁（bā’ina）〔が成立する〕。“もしお前がこれこれのことをしたら，お前は離縁される”といった命令でもって離縁を留保したとき，その行為が〔実際に〕起こったならば，離縁が成立する。〔離縁の〕取消については，待婚期間（‘idda）の終了までであれば，言葉や，性交や接吻などの行為によってそれを取り消すことが許されている。もし〔待婚期間が〕終わったら，明白な離縁（bā’ina）の如きとなる。明白な離縁では，待婚期間の終結後に新しい婚約と婚資によって〔再び〕彼女を娶ることが許される。3度の離縁（al-ṭalāq al-thalāth）はというと，彼女が別の夫と結婚し，彼が性交を経て彼女を離縁したのちでなければ〔再び彼女を娶ることは〕許されない。それは，スンナとして確定している。［*Mushtāq*: 24a–25a］

ここで重要なのは，イスラーム法の規定では，夫婦喧嘩の際，夫が怒りにまかせて妻に離縁を口走ろうものなら，それでほんとうに離縁が成立してしまう，ということである。後でみるように，これがイスラーム法と中国の法との矛盾を引き起こす原因となる。

次に，本節冒頭の引用文がつづくが，それ以降の一段の文章をみてみよう。

注記（tanbīh）。「イスラームの家」と「戦争の家」とでは，言葉や用語の違いにともなって，法律（mu‘āmalāt）に大きな違いがある。だから，この国でまかり通る事柄のなかには，それに合致するような法規定をクルアーンのうちに見

6　夫が妻に離縁を宣言しても，「取り消し可能な1度の離縁」の場合ならば，夫は妻の待婚期間中にかぎって，それを取り消すことができる。しかし「明白な1度の離縁」だと，夫が妻と元に戻るには，新たな結婚が必要となる。さらに「3度の離縁」となると，妻が別の男と結婚し，それを性交によって完全にした後でなければ，元の夫は元の妻と再婚することができない［Schacht 1964: 163–4］。

出せないものがある。同様に，イスラーム法学者たちの習慣では暗示的な表現とされる言葉のいくらかが，この国の習慣では明示的な表現ということになる。この我々の国では，長い期間でもって婚約が結婚に先行する。そのさい満足しなかったことで，ときどき夫が“私は彼女を欲しない”と言う。ひょっとすると，それは宣誓を伴うかもしれない。あるいは，結婚後，怒りにまかせて，“お前を決して欲しない”“お前を乞食にでもくれてやる”と言うかもしれない。これらの言葉は，とくに怒りを伴った場合は，決然たる離縁（al-ṭalāq al-qaṭʻī），すなわち3度の離縁（al-thalāth）を証拠立てる。“私のどの妻もこの家に入ると離縁される”，“どの妻も私が彼女を娶れば離縁される”といった離縁の宣誓の章にある言葉にしたがって，彼女が家に入った際，彼女を娶った際に，離縁が成立する。妻がすでに彼の婚約の所有物〔の状態〕にある（fī milki ʻaqdi-hi）もののまだ彼のもとにはいないときに，“私はこの私の妻を欲しない”と何度も言った場合，その情報が彼女に達しておらずとも，離縁が成立する。［*Mushtāq*: 25a–25b］

ここでは，非中国文化圏のイスラーム法学者によっては注意されてこなかった，中国文化圏独特の離縁のケースが議論されている。ここからは，イスラーム法学書の教説を教条的に模倣するのではなく，中国の現実に見合ったイスラーム法学を模索していこうとする馬徳新の姿勢が窺えて興味深い。

そして，同様の姿勢は，続く一段でより鮮明になる。

忠告（waṣiyya）。「戦争の家」の慣習でも，妻を離縁することは認められる。しかしその慣習において離縁は，離縁された妻の親族にとって大きな恥である。だから妻に明白な不義がないかぎり離縁は行われない。お上に不平を訴えても，彼女に明白な不義がなければ，お上はけっして離婚を命じない。ある男が喧嘩の際に離縁の言葉を口走った場合，イスラーム法では離縁が成立するが，「戦争の家」の慣習では〔その程度のことで〕離縁は認められない。そうすると結局その男は，お上の処罰[7]をおそれるがために，イスラーム法〔の遵守〕を放棄する以

---

7 『大清律例』「戸律・婚姻・出妻」の律文に「妻の側に，離縁のための7つの条件がなく，夫の側に，無条件に妻を離縁しなければならない事情がないにもかかわらず，ほしいままに妻を離縁した者は，杖で80回うつ刑に処す（凡妻於七出無應出之條及於夫無義絶之状而擅出之者，杖八十）」などとある。「離縁のための7つの条件（七出）」とは，子が出来ないこと，淫乱であること，舅姑に仕えないこと，言い争いが多いこと，窃盗，嫉妬，重い病気にかかること。「無条件に妻を離縁しなければならない事情（義絶之状）」とは，夫妻のいずれかが相手の親族を殴打・殺傷した場合，かならず離婚しなければならなく

外,道はないのである。その後〔イスラーム法上では離縁したことになっている〕妻と,〔中国の法の上では離婚したことにはなっていないので〕性的交渉を持てば,〔イスラーム法上では〕姦通罪を犯したことになる。〔中国の法の上ではしかし問題がないので,その性的交渉を〕合法と考えると,それは〔正式な夫婦でない者同士の性的交渉を戒める〕クルアーンの文言を否定したことになるので,不信心ということになる。男たちよ,夫婦喧嘩の際に離縁の言葉を口走らないよう細心の注意をはらえ。妻たちの反抗にたいしては罵倒よりも殴打を選べ[8]。そうして,そのような出口のない面倒に陥ることのないようにせよ。[*Mushtāq*: 25b-26a]

馬徳新が提示する離縁問題の解決法は,われわれの価値観からすればとても容認できないが,今それをあげつらうのはよそう。みるべきは,彼の覚悟,「戦争の家」という言葉に秘められた熱い思いである。

「戦争の家」という言葉それ自体は,ここでもまた挑戦的に響く。しかし馬徳新の意図は,けっして清朝政府や漢人社会との対決にはない。中国ムスリムがマイノリティであるがゆえに否応なく「異教徒」の法に服す現実を,はばからずに指摘したのも,蛮勇を発揮してその現状に不平をいったり抗ったりするためではない。むしろ,この現実に自覚的に順応することを,中国ムスリム同胞に促しているのだ。彼らに「戦争の家」の現実をしっかりと認識させ,そのなかでもシャリーアの遵守を絶対にゆるがせにせぬよう訴え,同時にどうやって現実と折り合いをつけていくかを啓蒙することが,眼目であった。そして,その術を発見するために,イスラーム法をいまいちど精査してみつめ直すことが,『希求者』の趣旨であり,その著者馬徳新の志であったのだろう。

なることをいう[马・杨 1992: 452-453; 大清律例: 182]。

8 このような発言の背景には,清律が,夫の妻にたいする暴力を比較的軽い罪にしか問わなかったことがあるだろう。『大清律例』「刑律・鬭毆下・妻妾毆夫」の律文に「妻が夫を毆った場合,ただ毆っただけなら即座に杖で100回うつ刑に処し,夫が離縁を願えば許す。夫が自ら告訴してはじめて罪に問う。傷を負わせる以上のことになれば,傷の程度をしらべて一般の鬭傷罪に三等を加えた刑罰を適用する。……夫が妻を毆った場合は,傷を負わせていないのであれば,問題としない。傷を負わせる以上のことになれば,一般の鬭傷罪から二等を減じた刑罰を適用する。妻が自ら告訴してはじめて罪に問う」などとある[马・杨 1992: 845; 大清律例: 376]。

「戦争の家」の現実をみすえたイスラーム法の探求。馬德新以前には，このような発想はなかった。彼以前の中国ムスリムのあいだには，イスラームはもともと中国の社会や伝統に親和的であるという，楽観的ないしは操作的な言説の方が目につく。たとえば，イスラームは，中国の正統思想たる儒教と本質を同じくし，しかもその教説を補い強化する（ひいては清朝支配を翼賛する），などということがしきりに強調された。

ただし，イスラームと中国の相性の良さを謳うそのような言説が，いずれも中国ムスリムの漢語著作にみられるものだということには注意が必要だろう。中国ムスリムの漢語著作は，政治的・社会的に優勢な非ムスリム中国人の目にもとまる可能性のあるものであった。必然それらの作品は，彼らとの衝突を回避するよう細心の注意をはらって書かれた。そこに記されているのは，いわば外向けの言説だったのである。もとよりそれらは，漢語しか読めない中国ムスリムに対して発信されたものでもあったから，けっしてマジョリティにおもねるだけの不誠実な言説などではなかった。が，やはりオブラートに包まれていることは否めない。

逆にいえば，非ムスリム中国人にとってアクセス不能なアラビア語であったからこそ，馬德新は「戦争の家」という言葉を使えたのではないか。はたして，馬德新の弟子の馬安禮の手になった『希求者』の漢訳『禮法啓愛』には，本節冒頭に引用した『希求者』の一節も訳出されているものの，その訳文は以下にみるように，「直球勝負」を避けているのである。

> 按天方與中國，語言文字不同，是以中國穆民之事，考之經典，往往有不合者，蓋前聖所斷者係方言，而中國所言者皆漢語。
>
> 考えてみるに，「天方」（アラブ地域を指す）と「中国」とでは言葉や文字が違うので，中国ムスリムに生じた事を経典にはかってみても，往々にして合致しない。思うに，昔の聖人が下した判断は，天方の言葉によるものだが，中国で言われるところは，漢語によるからであろう。[清真 : XV 395]

「イスラームの家」と「戦争の家」が，「天方」と「中国」に言い換えられた背景にあるのは，単なる直訳では意味が通じないといった翻訳技術上の問題のみであろうか。いや，非ムスリム中国人を刺激しそうな言い回しによって，むしろ彼らとの融和を目指した馬徳新の真意が誤解されるのを，訳者が恐れたからではなかったか。イスラーム経典と中国の現実とのギャップが，単に言語の違いだけに帰されて，イスラーム法と中国の法の相違が明言されていないのも，そのためだろう。

といっても，馬徳新以前の中国ムスリムが，たとえアラビア語で著述したとしても，中国を「戦争の家」と呼ぶようなことになったかどうかは，はなはだ疑わしい。実際，馬徳新以前にも中国ムスリムがアラビア語で著述することはあったものの，イスラーム法と中国の現実との矛盾をあえて問題にするような発想は，管見のかぎり見いだせない。「戦争の家」発言に結果した，馬徳新の新しい発想それじたいは，彼が過ごした時空において，彼の特殊な経験を通じて，はじめて胚胎されたものと考えるべきだろう。

馬徳新は，雲南ムスリム反乱のさい，一度は反乱軍の首領に推されながら，のちに清朝に帰順し，反乱の沈静化に協力したという経歴をもつ。彼は，浮漚のごとき中国ムスリムが，大海たる中国社会との融和なしには存続できないことを，十分に承知していたのである。いっぽうで彼は，中国ムスリムが中国社会に完全に埋没することを非常に警戒してもいたようである（本書第1章注20を参照）。雲南ムスリム社会の消滅の可能性が現実味を帯びるなか，中国ムスリム社会の保全にたいする想いを募らせていったとみられる。かくして彼は，現実を直視し，かつ信仰の妥協なしに生き抜くことこそが，中国ムスリムの活きる道であると確信したのだろう。そして，その確信が啓蒙の情熱へと昇華したとき，「戦争の家」という言葉はおのずと吐かれたにちがいない。

馬徳新の「戦争の家」発言の背景については，もうひとつ，彼がマッカ巡礼を果たした人物であったということが想起される。馬徳新は1841年から1849年にかけて，マッカに加え，西南アジアの諸都市を周遊した。当時，これらイスラーム世界の中核地域では，イスラーム改革の気運が高まっていた。その改革の柱のひとつは，時代と社会の要請に応じたイスラーム法の改革であり，そのために，イスラーム法の新たな解釈努力，イジュティハード（ijtihād）の行使が求められていた（イジュティハードについては本書第1章第4節を参照）。「戦争の家」の現実に応じたイスラーム法の実践方法の探求という，馬徳新の新たな試みは，このようなイジュティハードの精神と相通じるところがある。彼の新しい発想が，西南アジアのイスラーム改革思想に触発された可能性は大いに考えられる。

いずれにせよ，馬徳新が中国を「戦争の家」と呼んだのは，画期的なことであった。それ以前の中国ムスリムも心の中では同じように考えていたかもしれないが，主に漢語で著述した彼らがその考えを公にすることはなかった。また馬徳新は，「戦争の家」の現実と折り合いをつけながらも信仰の妥協なく生き抜くことを訴え，その術を中国ムスリム大衆に啓蒙したが，これも未曾有のことであった。それは，雲南ムスリム反乱と西南アジア周遊を経験した馬徳新にして，はじめて可能となったことだった。そして，彼が，イスラーム法の再精査を通じて，イスラーム法に忠実でありながら中国の現実に適応する術を探求したことも，きわめて創造的な姿勢であった。ここに，イスラームの中国化はまったく新しい展開を迎えたといってよい。

第２節　聖戦をめぐる馬聯元の探求

イスラーム法の厳守と中国で生きることの矛盾を解決するための，イスラーム法の再探求は，馬徳新の弟子，馬聯元によって継承・発展させられた。彼もまた，雲南ムスリム反乱を経験し，おりしもイスラーム改革主義が盛り上がりをみせていたマッカへの巡礼を果たすというバックボーンをもっていた。

彼によるイスラーム法と中国的現実の調和へ向けた営為は，彼のアラビア語著作『説明（*Tawḍīḥ*）』において展開された。同書の序文には，次のようにある。

『《護り》注釈（Sharḥ al-wiqāya）』は，中国（bilād al-Ṣīn）において，代々受け継がれてきた偉大な書物のひとつである。……私はそれを本文と注釈の混合によって簡潔（mukhtaṣara）にし，それが後出の諸章（kutub）――いやむしろいくらかの注釈（tafāsīr）というべきもの――から成るように作った。そして，よく知られ信頼できるその他のハナフィー派の法学書でもってそれを説明した

(waḍḍaḥa)。そのさい，その諸問題のうち，我々に必要不可欠なものの注釈においては拡大的に多くを述べ，必要性の少ないものについは省略した。というのも，中国の私の生徒がマドラサに滞在する時間は短いし，法学の探求は，差し迫っているというほどのことでなければ義務ではないからである。……［*Tawḍīḥ*: 2–3］

『説明』は，インドのカーンプルで出版されたが，この序文にあるとおり，中国ムスリムの学生に向けて書かれたものである。それは，サドルッシャリーアII世（ʿUbayd Allāh b. Masʿūd Ṣadr al-Sharīʿa al-Thānī，没年はH. 747（1346）年ほか諸説あり）の『《護り》注釈（*Sharḥ al-Wiqāya*）』［GAL, GI: 377, SI: 646; 中西ほか 2012］の要約・補説という体裁をとり，その体裁のもとでイスラームと中華の調停が遂行された。

たとえば，馬聯元もまた，イスラーム法と中国の現実が衝突する例として離縁問題を挙げ，その解決法を，師の言葉の繰り返しによってではあるが提示している。それは，『《護り》注釈』のなかの一章，「離縁の書（Kitāb al-ṭalāq）」の章題に補説を加えるかたちでなされている。

離縁の書。ṭāʾ にファトフ（母音 a）を付けて読む ṭalāq (Kitāb al-ṭalāq huwa bi-fatḥ al-ṭāʾ) は，言葉としては完全に縛りを解除することであり，法的には結婚によって確固となった結びを解除することである。知れ。離縁は，合法であるが，合法的諸行為のなかでも最も厭うべきものである。必要に迫られてでないのであれば，為すな。それゆえ，言われるのである。差し迫った争い（maḥājja karība）や妻側の原因（maḥall-hu al-mankūḥa）なしに，それが発生することは正しくない，と。それを行う者は，成熟した理性的な夫である。ゆえに，思春期に達していても年少者によって離縁が成立することはない。意図〔の有無〕はその成立条件として課されていない。冗談を言う者〔の戯言〕やうっかり者〔の失言〕，強制された者〔の無理に言わされたことば〕や，禁止されたもので酩酊した者〔の酔言〕によってもそれは成立する。〔典拠は〕*Shāmiyya*[9]。だから私は，離縁の言葉について，特に中国の人々に警告する。というのも，イスラームの規定は，彼らのうちの男たちのもとでは実行されえないもの（ghayr munaffadh）だからである。このゆえに我らが師，サイイド・ユースフ（馬德新）〈神が彼に慈悲を賜われますよう〉は，『希求者』において忠告（waṣiyya）を与えた。そこで

9　*Shāmiyya* は，後掲のイブン・アービディーン『シャーミー』のこと。

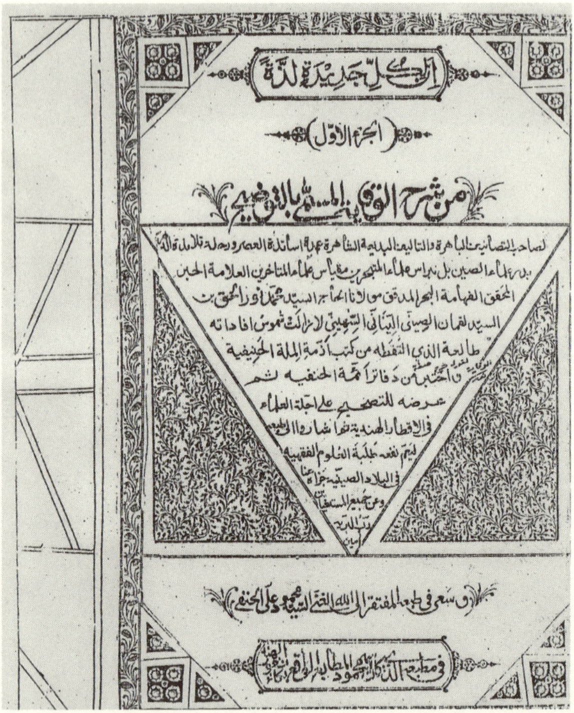

図 5-2a（上）
『説明（Tawḍīḥ）』の扉。
図 5-2b（下）
『説明（Tawḍīḥ）』「聖戦の書」。

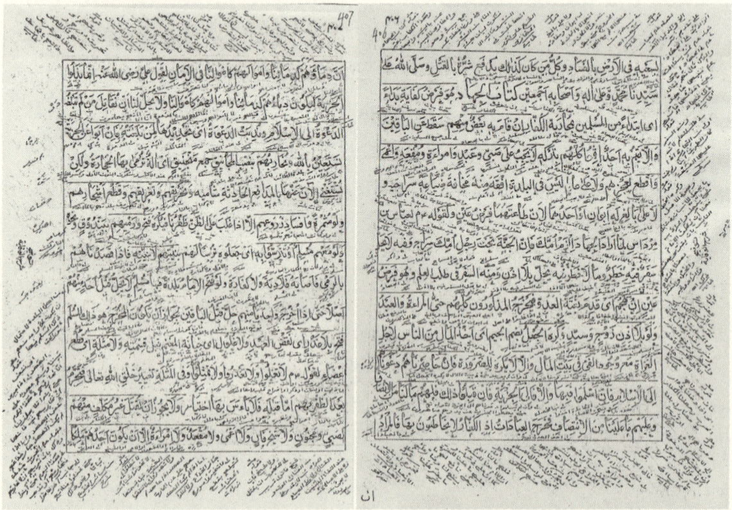

彼は次のように言った。……（『希求者』の「忠告」部分の引用）……。［*Tawḍīḥ*: 290–291］

くわえて，馬聯元の『説明』における，イスラームと中華の調和に向けたイスラーム法の再探求は，「聖戦（jihād）」の問題をめぐっても確認される。やはり『《護り》注釈』「聖戦の書」の要約・補説というかたちで，それは展開されている。次に，これを順にみていくことにしよう。

なお，以下の史料引用中の太字部分は，サドルッシャリーアII世の祖父，サドルッシャリーアI世（Burhān al-Dīn ʿUbayd Allāh b. Maḥmūd al-Maḥbūbī）が著した『伝承の護り（*Wiqāya al-riwāya*）』の本文である。また，波線部以外の細字はサドルッシャリーアII世の注釈，波線部は馬聯元自身の増補部分であることを示す。①〜③の番号は，便宜上著者が付したものである。

> **聖戦の書。それ（聖戦）は，開始時においては，**すなわち不信者たちとの戦闘をムスリムたちの側から開始する場合は，**集団的義務（farḍ kifāya）である。彼らのうちの一部がそれに立ちあがったならば，残りの者たちは免除される。**ひとりもそれに立ちあがらないならば，全員がその放棄によって罪を得る。**それ（聖戦）は，年少者，奴隷，女性，〔負傷者など〕能力の無い者（muqʻid），盲人，手足の一部を失った者にたいしては，**彼らの無力ゆえに，**義務づけられない。**①学者は，その町に彼よりも知識を持った者（afqah）がいない場合，彼が失われることへの恐れから，〔聖戦が〕義務づけられない。〔典拠は〕*Sirājiyya*。両親ないしそのうちの一方がいる成人は，〔聖戦が〕義務づけられない。というのも，彼ら二人への服従は各人の絶対的義務（farḍ ʻayn）だからである。というのも，アッバース・イブン・ミルダース（ʻAbbās b. Mirdās）が聖戦を意図したときに，彼にたいする彼（預言者）〈彼の上に平安あれ〉の言葉は次のようなものだったからである。"汝の母に付き従え。なんとならば，天国は汝の母の足元にあるからである"。〔典拠は〕*Sirāj*。また，それ（*Sirāj*）によれば，〔両親の許可なしに〕危険がともなう旅に出ること（safar）は合法ではない。危険のない旅（safar）は，〔親の〕許可がなくても合法である。そのうちの一つは，知識を求める旅である。［*Tawḍīḥ*: 406］

これは，集団的義務としての聖戦についての説明である。聖戦の集団的義務は，ムスリムのうち誰かひとりが異教徒との戦いに従事していれば，残りの者は戦闘への参加を免除されるというものである。後でもみるように，異教徒の侵略のさいは，それを察知したあらゆるムスリムに，自衛の聖戦が義務となる。しかし平時においては，ほとんどのムスリムは聖戦に参加する必要がないのである。おそらく理論上は，中国以外のどこかではムスリムが聖戦に従事しているはずだとの想定のもと，中国ムスリムが聖戦の集団的義務に従事する必要はないことになるだろう。

ここで注目したいのは，①以下の波線部，馬聯元による増補部分である。それ自体は，イブン・アービディーン（Muḥammad Amīn b. ʻĀbidīn, H. 1198 (1784)～H. 1252 (1836)）の『シャーミー（*Shāmī*）』[10]の記事をほぼそのまま流用したものである[11]。問題は，それをわざわざ増補した馬聯元の意図は何であったのか，ということである。この部分では，誰が聖戦の集団的義務を免除されるかということが議論されている。理論上は中国ムスリムが集団的義務としての聖戦に参加する必要がないのに，彼がそのような議論にわざわざ触れたのはなぜか。

おそらく，理論上は聖戦の集団的義務を免除されるとしても，やはり聖戦に従事しなければならないと考える者が中国ムスリムのなかに現れること

10　正式な書名は『《選良の真珠》の注釈たる，迷える者への反駁（*Radd al-muḥtār ʻalā Durr al-mukhtār*）』。本書は『シャーミー（*Shāmī*）』の通称で知られる。本章でも，この通称で呼ぶ。『シャーミー』は，ハスカフィー（ʻAlāʼ al-Dīn Muḥammad al-Ḥaṣkafī, H. 1088 (1677) 年没）の『選良の真珠（*Durr al-mukhtār*）』への注釈である［GAL, SII: 428, 773］。

11　『シャーミー』に，『選良の真珠』の本文として次のようにある。「年少者や，両親もしくはそのうちの一方がいる成人には，〔聖戦の集団的義務が〕義務づけられない。というのも，彼ら 2 人への服従は各人の絶対的義務だからである。彼〈彼の上に平安あれ〉は，アッバース・イブン・ミルダースが聖戦を意図したときに彼に言った。“汝の母に付き従え。なんとならば，天国は汝の母の足元にあるからである”と。〔典拠は〕Sirāj。また，それ（Sirāj）によれば，彼ら 2 人の許可なしに危険がともなう旅に出ること（safar）は合法ではない。研究（maṭlab）。子どもたちの〔親への〕服従は各人の絶対的義務である。それ（義務）が発生しないケースは，許可がなくても合法である。そのうちのひとつは，知識を求める旅である。また，奴隷や女性には〔聖戦の集団的義務が義務づけられない〕。……また，町に彼よりも知識のあるものがいない学者には〔聖戦の集団的義務が義務づけられない〕。かの者には，彼らの消失への恐れから，聖戦（ghazw）が〔課せられ〕ない。〔典拠は〕*Sirājiyya*」［*Radd*, III: 304–5］。

を，危惧したからではないだろうか。中国ムスリムの一部が聖戦を実行するようなことになれば，彼らに勝ち目がないばかりか，中国ムスリム全員が危機にさらされることになる。そういう事態を回避すべく，馬聯元は，①以下の波線部を増補したのではないか。

そこにおいて彼は，聖戦の集団的義務を免除されるのは誰かということを，権威ある典拠に基づいてはっきりさせている。そうすることで，中国ムスリムが集団的義務としての聖戦に従事しないことの合法性に関する法学的証拠を，できるかぎり多く提示しようとしたのだろう。彼は，中国ムスリムが聖戦に参加するような事態をできうるかぎり回避すべく，イスラーム法の探求をおこなっていたように見える。

同じ姿勢は，すぐ後につづく記事からも看取される。

> **それ（聖戦）は，もし敵が侵略してきた（hajama）場合**，②すなわち〔敵が〕突然いたった（qadima baghtatan）場合，**各人の絶対的義務となる。そのとき**，上述の者たちはみな，**女性や奴隷にいたるまで**，伴侶や主人の**許可なしに出陣する。**［*Tawḍīḥ*, 406］

②以下の波線部で，馬聯元は，「敵が侵略してきた（hajama）場合」というところに，やはり『シャーミー』の注釈部分をわざわざ引いて[12]，「突然いたった場合」という意味限定を加えている。ここには，聖戦が各人の絶対的義務として課されるケースを厳密に限ろうとする姿勢が窺われる。

ただし馬聯元の『説明』は，ひたすら非戦の思想に貫かれているわけでは決してない。雲南ムスリム反乱を経験した彼は，ムスリムと異教徒との戦いが再び起きる可能性を完全否定していなかった。それは，さらに続く以下の

12　この前後は『《護り》注釈』［*Sharḥ Wiqāya*, II: 339］では，次のようになっている。「〔それ（聖戦）〕は，もし敵が侵略してきた場合，各人の絶対的義務となる」。また『シャーミー』でも，『選良の真珠』の本文として次のようにある。「〔それ（聖戦）は〕もし敵が侵略してきた場合，各人の絶対的義務となる」。そして，これにたいするイブン・アービディーンの注釈部分には，次のようにある。「“もし敵が侵略してきた場合”とは，つまり敵が都市に突然はいってきた（dakhala baldata baghtatan）場合，ということである。この状態は，全員動員（al-nafīr al-‘āmm）と呼ばれる。*Ikhtiyār* にいう。もしあらゆるムスリムを〔兵として〕要請するならば，全員動員である」［*Radd*, III: 306］。

記述から窺うことができる。

報酬の支払い（ju‘l bi-ḍamm al-jīm），すなわち人から財物を受け取ることは**忌むべきことである。というのも聖戦は，財物の家（Bayt al-māl）における戦利品の供給をともなうからである。**ただし〔支払いが〕必需のためであれば忌むべきことではない。もし我々が彼らを包囲したら，我々は彼らにイスラームへの改宗を呼びかける。**もし彼らがイスラームに改宗したら，よし。さもなくば，人頭税を呼びかける。彼らがそれを受け入れれば，我々の享受する正義は彼らも享受し，我々に要求される正義も彼らに要求される。**ただし宗教的義務（‘ibādāt）は例外である。というのも，不信者たちはそれを言いつけられていないからである。要するに，彼らの血は我々の血のごとく，彼らの財は我々の財のごとく安全だということである。というのも，アリー〈神が彼を嘉したまいますよう〉の言葉に次のようにあるからである。「彼らは人頭税を払いさえすれば，彼らの血は我々の血のごとくであり，彼らの財は我々の財のごとくである」と。**我々が，イスラームへの改宗の呼びかけの届かなかった者と戦うことは，合法でない。**呼びかけ，すなわちそれが届いていなかった者にそれを改めて行うことがなされたうえで，**もし彼らが人頭税を拒否したならば**〈断じてなきよう我ら神におすがり申す〉，**我々は諸々の投石機（majānīq）**――manjanīq の複数形，すなわち，それによって石が投擲される道具――**を構えて，彼らと戦う。**③ただし，汝は現在，新式の砲（madāfi‘ al-ḥadītha）によって，それ（投石機）を必要としない。〔典拠は〕*Shāmiyya*[13]。また，我々が勝利しそうでなければ，火攻めや水攻め，彼らの樹木を果実がついているにもかかわらず伐採すること，彼らの耕地を荒らすことでもって〔戦う〕。ただし〔我々が勝利しそうなとき〕それは忌むべきことである。〔典拠は〕*Fatḥ*[14]。**また，**銃弾（bandūq）やその類で[15]彼らを**射撃すること**

13 『シャーミー』の，イブン・アービディーンによる注釈部分に，次のようにある。「それ（hiya = majānīq）は，巨石を投げる道具である。私は言う。それは現在，廃棄された。というのも新式の砲によって，それは無用となったからである」[*Radd*, III: 308]。

14 この箇所は，*Fatḥ* からの引用だという。同書は，ムハンマド・イブン・アブドゥルワーヒド（Muḥammad b. ‘Abd al-Wāḥid b. al-Humām, H. 861 (1457)）の『貧しき弱者のための，万能者の開示（*Fatḥ al-Qadīr li'l-‘ājiz al-faqīr*）』[GAL, GI: 376, SI: 645] にちがいない。しかし実際は，『シャーミー』からの孫引きのようである。

この前後は，『《護り》注釈』だと次のようになっている。「投石機や火攻め，水攻め，射撃によって戦う。射撃では，もし彼らとともにムスリムがいて彼らが彼を盾にしたら，彼ではなく彼らを〔撃つ〕という意思とともに〔撃つ〕」。これにたいして『万能者

によって〔戦う〕。彼らとともにムスリムがいて，彼らが彼（ムスリム）を盾にした——すなわち彼らが彼を彼らの盾にした——ならば，彼ではなく彼らを〔撃つ〕との意思とともに〔撃つ〕。④そうすれば，射撃によって彼らを狙ったときに彼を傷つけても，血の代償（diya）や賠償（kaffāra）はいらない[16]。イマームが一人でもムスリムのいる都市を征服したならば，彼らのうちの誰ひとりとして殺すことは決して合法でない。が，彼らの中から，誰でもいい，一人を連れ出

の開示』［*Fatḥ*, IV: 286］には，次のようにある。「彼ら（ムスリムたち）は，彼ら〔自身〕を強化する火攻めや樹木の伐採，耕地の荒らしをおこなうかもしれない。それは，別の手段に魅力を感じることがありそうにないときである。彼らが敗北者となり征服が終結することが明らかならば，それは忌むべきことである。というのもそれは，必要な場以外での荒らしであり，そのため以外では許されていないからである」［*Sharḥ Wiqāya*, II: 712］。いっぽう『シャーミー』には，『選良の真珠』の本文として次のようにある。「**我々は諸々の投石機を構えて，彼らと戦う。また，**我々が勝利しそうでなければ，**火攻めや水攻め，彼らの樹木を**果実がついているにもかかわらず**伐採すること，彼らの耕地を荒らすことでもって〔戦う〕**。ただし〔我々が勝利しそうなとき〕それは忌むべきことである。〔典拠は〕*Fatḥ*」［*Radd*, III: 308］。

15　『シャーミー』［*Radd*, III: 308］にみえる，『選良の真珠』の本文では「矢（nabl）やその類で」となっている。これにたいして，イブン・アービディーンによる注釈部分には「“その類”とあるのは，銃弾（raṣāṣ）のごときものである。それによって，我々の時代には矢が無用となった」とある。馬聯元は，イブン・アービディーンの注釈に照らして，当時の戦争の現実に即すように注釈を施したことになる。

16　ここも『万能者の開示』が典拠とされているが，実際は『シャーミー』からの孫引きである。『万能者の開示』［*Fatḥ*, IV: 287］に，次のようにある。「〔Marghīnānī の *Hidāya* 本文には〕“彼らを射撃することに問題はない，たとえ彼らのうちに捕虜や商人のムスリムがいたとしても”とある。それどころか，たとえ彼らがムスリムの捕虜やムスリムの年少者を盾にしたとしても〔問題ない〕。そのさい，彼らの射撃を控えたならばムスリムが敗北してしまうことが分かっていたか否かは関係ない。ただし不信者以外の彼らを射撃しようと意図してはならない。そのように意図しなければ，ムスリムたちの誰かを傷つけても，血の代償（diya）や賠償（kaffāra）はいらない」。いっぽう『シャーミー』［*Radd*, III: 308–9］には，『選良の真珠』の本文として次のようにある。「我々は諸々の投石機を構えて，彼らと戦う。……また，弓矢やその類で彼らを射撃することによって〔戦う〕。もし彼らが我々の一部の人々を盾にしたとしても。彼らがもし預言者を盾にとったならば，その預言者に〔撃っていいかどうか〕問う〔てから撃つ〕。そして我々は彼らを，すなわち不信者たちを，〔撃つ〕と意思する。〔そうやって〕傷つけられた彼ら，すなわちムスリムたちに，血の代償や賠償はいらない。というのも，宗教的義務は補償とは無関係だからである」。

して，残りの者たちを殺すことは合法である。というのも，その連れ出された者こそが例のムスリムであるとも考え得るからである。〔典拠は〕*Fatḥ*[17]。［*Tawḍīḥ*: 406–407］

③④の波線部は，やはり『シャーミー』からの引用だが，その内容は実際の戦闘におけるムスリムとしての振る舞い方を解説したものである。馬聯元がこうした内容をわざわざ増補したということは，彼が異教徒との戦闘が発生する可能性を想定し，いざ戦闘となっても困らぬようにそれに備えていたことの証左となる。

なお，このような戦闘を想定した発言は，もちろん漢語によっては不可能で，それが可能になったのは，『説明』がアラビア語の著作だったからに相違ない。くわえて『説明』の出版地が中国でなかったことも，大いに関係があるだろう。

といっても馬聯元は，清朝当局の手が及ばないインドのカーンプルという安全な場所から，中国ムスリムに向けて，いたずらに聖戦をあおっていたわけでは決してない。あくまで中国ムスリムが聖戦に巻き込まれないで済むことを第一に考え，そのうえで万が一に備えて合法的な戦闘の進め方を明らかにしたのである。彼は，中国ムスリムが置かれている現実を冷徹なまでに直視したうえで，イスラーム法の探求をおこなっていたといえる。

17　ここも『万能者の開示』が典拠とされているが，実際は『シャーミー』からの孫引きである。『万能者の開示』［*Fatḥ*, IV: 288］に次のようにある。「ムハンマド（シャイバーニー）は言った。“イマームが，あるムスリムないしズィンミー（庇護された異教徒）がいるとわかっている都市を征服したとき，彼ら（住民）のうちの1人でも殺すことは合法でない。というのも，その1人が例のムスリムもしくはズィンミーである可能性があるからだ”。ただし彼はこうも言った。“もし大衆のなかから誰か1人を連れ出したならば，残りの者の殺害を許可することは合法である。というのも，その連れ出された者こそがそれ（例のムスリム）であるとも考え得るからだ”」。いっぽう『シャーミー』［*Radd*, III: 309］には，『選良の真珠』の本文として次のようにある。「もしイマームが，ムスリムもしくはズィンミーのいる都市を征服したら，彼らのうちの1人でも殺すことは決して合法でない。もし彼らのうちから，誰でもいい，1人を連れ出すならば，そのとき残りの者たちを殺すことは合法である。というのも，その連れ出された者こそがそれ（例のムスリム）であるとも考え得るからである。〔典拠は〕*Fatḥ*」。

章　結

ここまで，馬徳新と馬聯元が，イスラーム法と中国の現実が衝突するケースをあえて問題にし，イスラーム法学に背かぬようにそれを解決する方法を真摯に探求していたことを明らかにした。

こうした態度は，彼ら以前の中国ムスリムには全くみられなかった。たとえば，劉智の『天方典禮』巻十九「婚姻篇」に次のようにある。

> 婚姻之事，各地風俗多殊，比屋尚自不同，況殊鄉異域，相隔數萬里之遙乎。吾人既生此土，自不能盡異此俗。但可從者從之，其不可從者，仍當依禮而行。如謝允答謝，定樣送敉，行四拜禮，三日拜堂，皆其無礙于大節者，不妨随俗行之。至如問八字，爭聘財講奩資吝婚期，奠雁，跨鞍，用音樂，姑迎母送，甚至居喪婚嫁，女死爭競，皆風俗斷乎不可從也。

> 婚姻の事は，各地で風俗が非常に異なっている。家同士ですら自ずと異なっているのだから，況や街を異にし，数万里の遠さを隔てる場合は言うまでもない。我々はこの土地に生まれたからには，この地の風俗に尽く反するようなことは当然ながら不可能である。とはいえ，従うえるものには従うとして，従えないものは，やはりシャリーア（禮）に依拠してそれを行うべきである。たとえば，結納前に新郎家の主人が一族をひきいて新婦家へ拝謁しにゆき新婦家もこれに答礼すること（謝允答謝），結納として腕輪や簪を送ること（定樣送敉），婚儀の日に新婦家の親族を迎えるさいに四拝すること（行四拜禮），新婦が成婚3日後に舅姑に見えること（三日拜堂）は，みな〔シャリーアの〕大綱（其大節）を傷つけるものではないので，俗習にしたがってもよい。が，縁談のときに新郎・新婦の出生年月日を問うて相性をみること（問八字），結納や持参金の額にこだわって結婚を遅らせること（爭聘財講奩資吝婚期），新婦を迎えにいくときに雁2羽を贈ること（奠雁），新婦が新郎の家に到着したさいに馬の鞍に跨ること（跨鞍），音楽を用いること，姑が新婦を迎えに行き新婦の母がこれを送ること，さらに酷いものとして，喪中に結婚したり，新婦が死んで争ったりすることなどは，みな大いに誤った風俗である。こういうものには断固として従ってはならない。［清真，XV: 176］

ここで劉智は，イスラーム法と中国の習俗とが衝突する場合，どういう態度を採るべきかについて論じている。それは，大きな枠からいえば，イスラーム法と中国の現実との矛盾をどう処理すべきかについて語っているわけであるから，問題意識は馬徳新や馬聯元と似ているといえるかもしれない。ところが劉智の場合，イスラーム法と中国の習俗との衝突を回避する方法が異なる。彼は，衝突が深刻な場合は，単純に中国の習俗のほうを切り捨てよ，と主張する。馬徳新のように，中国の現実に沿いつつイスラーム法をも厳守する方法を探っていこうとする態度は，そこにない。

また，同じくイスラーム法と中国の現実とが衝突する事例を問題にしているといっても，そもそも劉智が取り上げているのは，イスラーム法を優先しても，とくに問題となりそうにない事例でしかない。このことは，『天方典禮』に「婚姻」の解説はあっても「離縁」の解説が見当たらないことと，親和的であるかもしれない。劉智は，離縁に関するイスラーム法と中国法の矛盾に気づいていたがゆえに，それにはあえて言及しなかったのかもしれない。また『天方典禮』には，もちろん聖戦への言及は一切ない。

いずれにしても従来の中国ムスリムが，劉智のように，イスラーム法と中国の現実とのあいだの矛盾を，少なくとも正面から取り上げてはこなかったことは事実である。たいして馬徳新，馬聯元は，「戦争の家」の現実を直視し，それに適応しつつイスラーム法を厳守する方法を，あきらめずに探求した。そしてその背景には，雲南ムスリム反乱の衝撃とイスラーム改革主義の影響があったと考えられる。イスラームの中国化は，まさしく歴史的背景に即したかたちで展開していたといえる。

第6章

中国民間所蔵ペルシア語スーフィズム文献『霊智の要旨』

山深い東郷の風景。この地に住まう東郷族は，イスラームを信奉し，モンゴル語系の東郷語を話すとされるが，実際のところ彼らの多くは漢語しか話せない。

はじめに

イスラームと中国伝統思想の対話の様相は，これまでの研究（本書序章の注3，4を参照）によって，中国内地（江南，雲南）に関しては，徐々に明らかにされてきている。とくに同地におけるイスラームと儒教思想との対話については，着実に研究成果が蓄積されているといってよい。しかしながら，中国西北部におけるイスラームと中国伝統思想の関係については，ほとんど何もわかっていない。このことは，中国イスラームの全体を理解するうえで，大きな障害になっている。

中国の内地と西北部とでは，イスラームをめぐる背景が異なる。スーフィー教団の浸透具合や，中央アジア・南アジアとの連絡の疎密などの条件がまったく違うのである。ゆえに，これまで内地について解明されてきたことが，西北部のそれにおいてもあてはまるとはかぎらない。中国イスラームの全容を把握するためには，西北部のイスラームの実相を内地のそれとは別個に解明する必要がある。

ところで，中国西北部におけるイスラームと中国伝統思想の関係をめぐって，とりわけ注目されるのは，カーディリーヤ派系の門宦（スーフィー教団）の関係者たちによる道教との対話である[1]。19世紀ごろになると，彼らのあいだで，一定量の漢語イスラーム文献が著述されるようになった。それらの漢語イスラーム文献では，スーフィズムの教理を説明するために，道教のとくに内丹の術語や表現が多用されているのである【コラム5】。これらの文献を通じて，カーディリーヤ派関係者による道教との対話に迫ることは，西北部のイスラームに関する今後の研究において，ひとつの大きな課題となる。これまでの研究が，イスラームと儒教との対話を主に問題とし，イスラームと道教との対話についてはほとんど何も語ってこなかったという点からも，それはきわめて重要である。

また，カーディリーヤ派関係者による道教との対話の具体相を明らかにす

1　カーディリーヤ派系門宦における道教の影響については，ひとまず，李兴华等［1998: 682, 695-698］，张宗奇［2006: 55-74］を見よ。

ることは，清代の中国西北部に漂っていた独特の雰囲気を浮き彫りにする可能性があるという点でも，まことに興味深い。清代の内地の中国ムスリムはイスラームと儒教の調和に腐心した。非ムスリム中国人によるイスラームへの異端視・危険視を回避するうえで，清朝支配者層に覚えのめでたい儒教に接近することは，おそらく最も効果的だったからである。しかしそういう理屈からすると，カーディリーヤ派の人々がイスラームの対話の相手に儒教ではなく道教を選んだのは，いささか奇妙である。その背景には何があったのか。背景のひとつにはおそらく，理性的認識よりも神秘的直観を重んじたスーフィーの心性に，儒教よりも道教のほうがマッチしたという事情があったのだろう。だが，それだけではないかもしれない。

カーディリーヤ派関係者の漢語イスラーム文献のなかでも，とりわけ楊保元（1780～1873）の『綱常』（【コラム5】参照）は，内丹のことばを多用し，道教的色彩が濃厚である。この楊保元の活躍期と重なる時期に，清代の著名な道士，劉一明（1734～1821）によって，中国西北部で道教中興が進行していたことは，注意にあたいしよう[2]。道教中興が当時の中国西北部に神秘趣味を蔓延させ[3]，そのような雰囲気が，楊保元をはじめとするカーディリーヤ派のスーフィーたちをも感化していたという想定は，検証に値するのではなかろうか[4]。カーディリーヤ派関係者の著作，とくに楊保元の『綱常』の研究は，

2　劉一明は，甘粛省の楡中に居をかまえた［石田 2005］。楊保元は，劉一明の没後ではあるが1828年から1838年のあいだの何れかのときに，蘭州の仏寺，木塔寺で修行したといわれる［马通 2000b: 78］。蘭州と楡中は非常に近いところにある。楊保元における劉一明の思想的影響は，一考に値するだろう。

3　劉一明自身はむしろ理性的認識を重んじていたようである［石田 2005］が，当時の中国西北部における道教中興を包んでいた雰囲気の全体が同様であったとはかぎらないだろう。

4　果たしてというべきか，劉一明と中国のカーディリーヤ派のあいだには，実際まったく接点がないわけではない。中国のカーディリーヤ派系門宦のひとつ，大拱北の内部伝承に，その創始者，祁静一（1720年没）のもとで，ある道士が改宗して弟子入りしたという話がある。それによれば，その道士は，名を劉一明，号を悟元子といい，改宗・弟子入りとともに号を悟一子と改めたとされる［“东方麦加”巴巴寺: 14］。この道士が，同じく悟元子を号した劉一明その人であったというのは，その生没年からしても勿論事実であるはずがない。しかし大拱北の内部伝承は，明らかにこの劉一明を祁静一の弟子に

コラム

❺ 内丹道教のことばに彩られた漢語イスラーム文献

内丹道教の語彙や言い回しが見られる，カーディリーヤ派関係者の著作と思しき漢語作品として，管見のかぎりでは，次のようなものがある。

●楊保元『綱常』

楊保元（1780〜1873）は，楊門門宦（后子河門宦）の第7代導師として知られる人物である。楊門門宦については马通［2000b: 75–82］を，楊保元とその著作の概要については，とくに马通［2000b, 77–81］を見よ。また，本書第7章も参照されたい。

●馬功『覺樂經』，『清眞海潮心言』，『黒白案』，『清眞安樂譜』

馬功は湟中（青海）の人。馬功統勲や馬統勲とも呼ばれるが，統勲は字であるらしい［喇秉德・马文慧 2009: 291］。カーディリーヤ派系門宦の人々への聞き取り調査によれば，カーディリーヤ派系の大拱北門宦の関係者ともいわれる。『覺樂經』［清真，XIX: 157］によると，18歳のときにイスラームの教えの遵守に目覚め，43歳のときに「山人老師」に師事してスーフィズムの修行の道に入り，48歳である程度の高いレベルに達したという（一十八歳之時覺遵聖教，四十三旬幸逢山人老師台下，授秘訣大道，親傳唸想……年齢四十八歳纔明了通天大道）。『黒白案』［黒白 : 14］にも，これと同じ経歴を述べて「二十四年遵聖教，侍奉白案正六年，道光二年明黒案」とある。「二十四年遵聖教」は18歳から42歳までの24年間，「侍奉白案六年」「明黒案」は，具体的内容はわからないが，前者が43歳から48歳までの6年間，後者が49歳の事を述べているものと思われる。また，『清眞海潮心言』［心言，首頁: 46, 49］によれば，道光2（1822）年，49歳のときに『清眞海潮心言』を著したのをはじめとして，35種の漢語作品を著したともいう。『覺樂經』冒頭に，それらの書名が列挙されている（ただし34種）。そのうち，少なくとも実見できた『覺樂經』と『清眞海潮心言』，『黒白案』，『清眞安樂譜』は，内丹の言葉遣いが顕著といえる。なお，馬功は，道光3（1823）年，50歳のときに『黒白案』を著した［黒白 : 43］ことまではわかるが，それ以降の経歴は不明である。

●馬吉安『性命論』

馬吉安は，神宗眞人とも号し，ふつう楊門門宦の第4代導師として知られる人物である。西安に埋葬されたといわれる。周彦奎氏によれば，乾隆60（1795）年没［周彦奎 1993: 394］。马汉雄氏によれば，1679年生まれ，1779年没［马汉雄 2001: 134］。ただし马汉雄氏は，馬吉安を楊門の第5代導師とする。楊門の第5代導師はふつう馮道祖の名で知られるが，马汉雄氏は，馬吉安が馮と改名したと述べている（この改名のことは，馬吉安を第4代とする周彦奎氏も言及している［周彦奎 1993: 394］）。なお马汉雄氏は，楊門の第4代導師を馬道眞（1654〜1764）なる人物であるとする［马汉雄 2001: 133］。

『性命論』は，『黒白案』に後附されている。『黒白案』［黒白 : 43］に「我這里作此經」云々とあって詩が続くが，『黒白案』はこの詩でひとまず締められているようである。そしてその詩につづけて，『黒白案』［黒白 : 44］に「自阿丹以來，孝道根興，聖聖相傳，以至今日。余本西安人氏，姓馬，名吉安……于是作性命論一書……」とあるところから，『性命論』が始まっているようにみえる。

●『清眞根源』

カーディリーヤ派系の大拱北門宦の関係者が著した文章数篇を収める。冒頭に収録される，大拱北創始者，祁静一の『遺訓』に，『荘子』からの引用があることは，つとに馮今源［1991: 81］によって指摘されている。また，とくに1982年に還初氏が著した「清眞根源重印簡序」は，内丹の術語や表現を多用する。

●藍煦『天方正學』

自序は咸豊2（1852）年に湖北の「武昌官署」で書かれている。書中，楊門門宦の関係者である神宗眞人こと馬吉安（『天方正學』巻七［清真，XVII: 200］），蔡姑太太（『天方正學』巻七［清真，XVII: 199］），安道祖こと安裕和や，楊道祖こと楊保元（『天方正學』巻一「上統中中元圖」［清真，XVII: 147］）に言及する。一部に『綱常』や『黒白案』と類似した内容をもち，若干の内丹語彙を含む。

蔡姑太太は，名前から察するに，女性のスーフィーであった。西寧近郊の后子河にある中和堂という修道場に，1983年に建てられた漢文碑文，「清故蟠龍嫡傳嘎的勒耶七輩楊道祖后子河拱北重建紀念碑」は，第4代導師の「同光」として，彼女（そこでは蔡太姑と呼ばれている）に言及する（そこで第4代導師とは馬吉安のこと）。「同光」という語は，「〜に匹敵する」もしくは「〜と同世代の」を意味するのだろう。

●坎離堂楊太爺『四季清』

『綱常』のダイジェスト。坎離堂楊太爺は，おそらくカーディリーヤ派関係者。

●作者不詳『清眞奥旨』

『綱常』の記述と重なるところが多々ある。おそらくカーディリーヤ派関係者の著作。

●余得水『庫房生機』

余得水（1832? ～1895?）はカーディリーヤ派系の石塘嶺門宦（もしくは，七門門宦，齊門門宦）の2代目（もしくは3代目）導師である［马通 2000a: 253; 马军 2006: 161–176］。webサイト「圣传真道」(http://www.china-sufi.com/portal.php，2013年1月1日閲覧）の掲示板上に「启明星」氏によって2007年2月2日よりアップされていた簡体字テクストをみるかぎりでは，内丹の言葉遣いが顕著であった。

●鮮美珍『本光道』

鮮美珍（1661～1739）は，鮮門門宦の創始者である。彼は，ナクシュバンディーヤ派（フフィーヤ派）のホージャ・アーファーク（Khwāja Āfāq，1694年没）とカーディリーヤ派のホージャ・アブドゥッラー（Khwāja ‘Abdullāh，1689年没）の双方に師事し，両派の教理を得たといわれる。鮮美珍と鮮門門宦については，马通［2000a: 263–264］，马通［2000b: 57–62］を見よ。その著『本光道』に道教の影響がみられることについては，张宗奇［2006: 59–61］を見よ。

●『靈明上人傳略』所収の馬一龍の遺訓

馬一龍（字は靈明，1853～1925）は，カーディリーヤ派系の門宦，靈明堂の創始者である。馬一龍と靈明堂については，马通［2000a: 244–250］，马通［2000b: 97–111］を見よ。『靈明上人傳略』については，王建新［2009］を見よ。

●穆罕默德・穆罕本拉『七篇要道』

本章章結参照。

●劉智『五更月』

劉智じしんは，カーディリーヤ派の関係者では決してない。ただし，彼の著作といわれる『五更月』(同書の思想内容については，松本［2002］を見よ）には，内丹の影響が顕著にみられる。それゆえだろうか，同書は中国西北部のカーディリーヤ派系門宦のあいだでとくに尊重されている［松本 2002: 163–4 (n. 9)］。筆者は，『五更月』がカーディリーヤ派関係者によって，劉智に仮託して著述された可能性もあると考える。

久照亭（巴巴寺）の様々な掛け軸。「性命雙修」は，精神（性）と肉体（命）の修養をともに重視する内丹道教のスローガン。

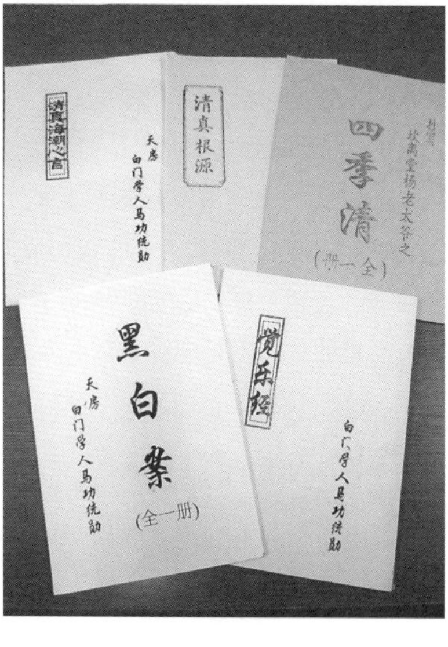

内丹のことばを散りばめた漢語イスラーム文献各種。

中国西北部のイスラームが帯びていた，内地のイスラームとは一味違う神秘的傾向とともに，中国西北部全体を覆っていたかもしれない独特の心性をあぶり出すことに，一役買う可能性がある。

以上のように，19 世紀中国西北部のカーディリーヤ派関係者たちによる道教との対話に関する研究は，様々な点から有意義であるといえる。そこで本章では，そのような研究と関連して，『霊智の要旨（*Khulāṣa al-ma'rifa*）』という名のペルシア語スーフィズム文献を取り上げてみたい。同書は，先にも名を挙げた，楊保元の『綱常』の典拠のひとつであったと考えられる。本章ではまず，この点を明らかにする。次に，『霊智の要旨』に道教思想の影響の痕跡が認められることを指摘し，同書の著者もまた，中国西北部のカーディリーヤ派と関係のある中国ムスリムであった可能性を論じる。そしてそれによって，中国西北部のカーディリーヤ派の人々のあいだでは，漢語イスラーム文献のみならず，ペルシア語文献のうえでも，道教との対話が繰り広げられていたかもしれないという，興味深い可能性を指摘したい。

また，『霊智の要旨』が民間所蔵の稀覯書であることに鑑み，『霊智の要旨』の日本語訳注（章末【付録 1】）とペルシア語テキスト（章末【付録 2】）を提示する。

本論に入る前に，民間所蔵文献である『霊智の要旨』の入手経緯について語っておかねばなるまい。筆者は同文献を，2011 年 3 月に，中国甘粛省臨夏回族自治州東郷族自治県に位置するクブリーヤ派（Kubriyya）・張門門宦の大湾頭拱北[5]において入手した。まず，張門門宦の現指導者のご子息，張開基氏の許可を頂き，阿訇の馬正氏の立ち会いのもとに，張氏所蔵のもの（当該文献手稿本を電子複写したもの）をデジタルカメラで撮影した。その後さらに，それを紙媒体に電子複写したものも頂戴した。張開基氏と馬正氏からは，

仕立て上げようとするものである。清代道教を中興したほどの道士が実は祁静一の弟子になっていたのだという語りの背後には，道教にたいするイスラームの優位の主張とともに，道教の優れた思想家にたいする共感の心性が垣間見えて興味深い。なお『"东方麦加"巴巴寺』は，四川省閬中市巴巴寺においてある出家人（大拱北門宦の修行者）の方からご提供いただいた。記して謝意を表したい。

5 大湾頭拱北は，張門門宦の初代シャイフ，ムフイッディーン（Muḥyī al-Dīn）の墓廟（拱北＝gunbad）である。

同文献の研究・公開についても許可を頂いた。張開基氏と馬正氏には，この場を借りて深く感謝の意を捧げたい。ちなみに，紙媒体の複写物のほうは，デジタルカメラ撮影のあと蘭州に移動していた筆者のもとまで，馬正氏が直々に届けて下さった。山深い大湾頭拱北から蘭州に出てくるまでには，4時間以上かかる道程だが，おそらくは長距離バスに揺られて，わざわざ来てくださったのである。しかも氏は，その日のうちに大湾頭拱北には帰れないということで，蘭州に1泊せざるを得なかった。まことに恐れ多くも有り難いことであった。馬正氏には重ねて感謝を申し上げたい。なお，いうまでもない事だが，以下に示される見解は，特別な断りがないかぎり，全て筆者のものであって，決して別人の責任に帰されるものではないことを明記しておく。

第1節　『霊智の要旨』の概要

『霊智の要旨』は，全部で7つの節 (faṣl) から成る。各節では，沐浴，信仰告白，礼拝，断食，喜捨，巡礼，金曜礼拝，以上7つの宗教的儀礼のそれぞれが取り上げられ，各々の外面 (ẓāhir)，内面 (bāṭin)，真相 (ḥaqīqat) なるものが説かれている。外面とは，当該儀礼における通常の外面的行為のことである。たいして内面，真相とは，同儀礼を通じて達成されるべき本当の目的のことである。あるいは，同儀礼の外面的行為によって比喩的に表現される (したがってその外面的行為とは直接関係のない) 高次の境地を指している。

たとえば，沐浴については次のように説かれる。

> 沐浴には3種類ある。ひとつは外面，ひとつは内面，ひとつは真相である。沐浴の外面はというと，それによって身体の7つの部位[6]に水を至らしめた。沐浴の内面はというと，〔当該のレベルでは〕あらゆる罪から心身が清められている。沐浴の真相はというと，〔当該のレベルでは〕愛の海に溺れる。[*Khulāṣa*: 2b]

6　本章注11を参照。

すなわち，沐浴は通常，身体を水で洗う行為のことである。しかしそのような外面的所作を取り繕うだけでは，本当の意味で沐浴を遂行したことにはならない。沐浴の本来的意義は，身体に付着した埃などの物理的汚れのみならず，心身にまつわる罪をも浄化することである。さらなる奥義をいえば，他のものを顧みず神だけをひたすら想う，神への愛に，沐浴よろしく浸って，溺れるほどにまで浸りきるという境地[7]に到達することである。この奥義をも実現してはじめて沐浴を完全に遂行したといえるのである。この記述の趣旨はこういうことだろう。

とすると，『霊智の要旨』のいう外面，内面，真相は，スーフィズムでしばしば説かれるシャリーア（sharī‘a＝イスラーム法），タリーカ（ṭarīqa＝道），ハキーカ（ḥaqīqa＝真相）に，それぞれ相当するとみてよいだろう。たとえば，ナジュムッディーン・ラーズィー・ダーヤ（Najm al-Dīn Rāzī Dāya, 1256年没）の『下僕たちの大道（*Mirṣād al-‘ibād*）』は，西北の中国ムスリムのあいだに流布し[8]，したがって『霊智の要旨』の著者も読んでいた可能性の高い書

7　もしくは，神への愛の究極，神人合一によって到達される，愛される者（神）と愛する者（人間）の二元対立を超えた，愛（一対多の相対を絶し，他を前提しない純粋な一）の境地をいうかもしれない。注14参照。

8　たとえば，ドローヌ調査団が甘粛で得た写本の中に，『下僕たちの大道』が含まれていた［Vissière 1911: 290］。また，同書は馬功の『清眞海潮心言』にも引用されている。

> 先賢曰（略）。夫此示之義者：爾從阿丹泥水上，休想説嘆氣，無盡限之事非；端莊了他，他成就世界；把阿世格之密針頭兒，扎在了靈命筋裏邊，從他上蕩出來一點兒，人把他叫了眞心。

> 昔の賢者が言った。……（彼の台詞は筆者の手元にある版の原文では省略されている。）これは次のことを意味する。汝！　アダムの泥水を憂慮して，すなわち〔人間によってもたらされる〕際限ない悶着を憂慮して，ため息を吐こうとするのはよせ。なぜならば，〔神が〕彼（アダム）の形を美しく整えたとき，世界は彼によって完成したのだから。〔神が〕愛する者の細い針を，霊の静脈に突き刺したとき，そこから一滴が流れ出た。人はそれを「真の心」と呼ぶ。［心言: 7–8］

これは『下僕たちの大道』の次の韻文の翻訳にほかならない。

> アダムの土が，愛の露によって泥水となった。

物だが，そこに次のようにある。

シャリーアの内面 (bāṭin) とは，心 (qalbī) や秘奥 (sirrī)〔という心のさらなる深層〕や霊 (rūḥī) の諸行為のことであり，それをタリーカと呼ぶ。……そしてタリーカとは，ハキーカの世界への道を見いだすための，人間の内面の封印を解く鍵なのである。［*Mirṣād*: 162］

ここでは，シャリーアの内面がタリーカ，タリーカのさらなる奥義がハキーカだと説明されている。ここでいわれるシャリーア，タリーカ，ハキーカは，『霊智の要旨』のいう外面，内面，真相とほぼ同じ意味であろう。

また，カーディリーヤ派の名祖アブドゥルカーディル・ジーラーニー (ʻAbd al-Qādir Jīlānī, 1077/8～1166) の作といわれる『秘中の至秘，諸光の顕れる所 (*Sirr al-asrār wa maẓhar al-anwār*)』[9] に次のようにあるのも参考になる。なお，同書も，その所説に酷似する内容が19世紀中国西北部のカーディリーヤ派関係者の漢語著作に認められることから，当時のカーディリーヤ派関係者のあいだに流布していた可能性が高く[10]，したがって『霊智の要旨』の著者も目にしていた可能性のある書物である。

シャリーアの断食とは，昼間の飲食と房事を控えることである。タリーカの断食とは，禁忌や禁止事項，自惚れなどのような罪悪から，四肢百体を外面的にも内面的にも，昼夜を問わず遠ざけることである。[Sirr, II: 99] ……ハキーカの断食とは，心 (fu'ād) を，至高の神以外のものから遠ざけ，秘奥 (sirr)〔という心のさらなる深層〕を，至高の神以外のものにたいする観照 (mushāhada) への愛から遠ざけることである。［*Sirr*, II: 103］

100の騒乱や動乱が生じた。
〔神は〕愛のランセットを霊の静脈に刺した。
一滴が流れ出た。それは「心」と呼ばれる。［*Mirṣād*: 72］

9　実のところ『秘中の至秘』は，ジーラーニーの没後に著された，ダーヤの『下僕たちの大道』を引用している。たとえば『秘中の至秘』［*Sirr*, I: 108］に，「『大道 (*Mirṣād*)』にいわれている」として引用されている韻文は，たしかに『下僕たちの大道』［*Mirṣād*: 3］にもみえる。つまりジーラーニーの著作ではありえない。そして結局のところ著者は不明である。一説には，Kamāl al-Dīn Yūsuf b. ʻAbd Allāh al-Kūrānī al-Kurdī（1367年没）という人物が著者かもしれないという［Scarabel 2000: 5 (n. 22)］。

10　本書第8章参照。

ここでいうシャリーアの断食とは，イスラーム法（シャリーア）で規定された断食の外面的行為である。シャリーアの枠内にとどまる，シャリーア・レベルの断食といってもよい。たいしてタリーカの断食，ハキーカの断食は，断食の本当の目的，もしくは「控える」「遠ざける」という意味で断食と類比的な，スーフィズムの理想的境地を指している。タリーカの断食は，スーフィズムの修養過程，神秘道（タリーカ）の一定の段階で達成される，タリーカ・レベルの断食であり，ハキーカの断食は，神秘道のより高次の段階（ハキーカ）で実現される，ハキーカ・レベルの断食であるともいえる。

要するに，断食を例にとるならば，断食の外面はシャリーア・レベルの断食に，断食の内面はタリーカ・レベルの断食に，断食の真相はハキーカ・レベルの断食に，それぞれ相当すると考えて大過ない。つまり『霊智の要旨』は，7つの儀礼のシャリーア・レベル，タリーカ・レベル，ハキーカ・レベル，それぞれの内容を説明する書物なのである。

第2節　『霊智の要旨』と『綱常』との対応関係

以上のような『霊智の要旨』の内容を要約したものが，実は『綱常』の中の一節を成している。『霊智の要旨』7節の各々では，冒頭に各儀礼の外面，内面，真相とは何かを手短に述べたあと，その内容をさらに韻文で纏め，場合によっては韻文で詳細を語るというスタイルがとられている。そして，大体そのうちの散文部分を集めたものから，『綱常』の問題の一節が成っているのである。

まずはその個所［清真，XIX: 212–213］の漢語原文を示そう。なお【1】【2】……などの番号は，後の議論に便利なように，一定の区切りごとに筆者が振った。また〓〓は文字が判読できなかったことを示す。

【1】回回阿不代思有三様。一，舍拉哎提，洗把水送在七竅上。二，托勒格提，洗把心身體從全染的罪孽上轉的潔淨。三，哈格格提，淹在阿世格的海裏淹個溟子。
【2】克力買有三様。一，舍拉哎提，念顚一顚活仰〓〓呼，牟罕買土勒素隆拉西。二，托勒格提，要轄革富勒則大印不空。三，哈格格提，要流行本然不停。
【3】乃嗎子有三様。一，舍拉哎提，交還五時。二，托勒格得，結續罕格。三，哈格格提，要聚水火風土四象。
【4】羅則有三様。一，舍拉哎提，交還白天不食。羅則二，托勒格提，要閉出五行。三，哈格格提，從自己妻上脱離。他憑者主的性格學性格裡。
【5】塞卡提有三様。一，舍拉哎提，散財帛天課。二，托勒格提，取自己的耐夫思。三，哈格格提，要抛塵世，抛子孫。
【6】罕質有三様。一，舍拉哎提，朝滿克卡阿拜。二，托勒格提，朝本身蓋力不的罕質。三，哈格格提，把自己的性命做古勒八呢。
【7】主麻有三様。一，舍拉哎提，交還主麻。二，托勒格提，我同者他聚。此有難言玄機升降至理。三，哈格格提，兩海聚中。
【8】身體功苦有三様。一，舍拉哎提，保養身體精神。二，托勒格提，清淨心，少吃少睡。三，哈格格提，要顯彔嘿穆民。
　不知此八件買塞勒的根，是迷了正道。

結論からいえば，【1】～【7】の番号を振った文章はそれぞれ，『霊智の要旨』各節の冒頭散文部分をほぼ正確に翻訳したものである。【8】の文章は『霊智の要旨』と対応しないが，これは後で考えるとして，まずは【1】～【7】の文章と『霊智の要旨』の７節との対応を確認しておこう。以下では，番号の区切りごとに『綱常』の漢語原文，日本語訳，およびそれに対応する『霊智の要旨』のペルシア語原文と日本語訳を並べる。おおむね説明なくして対応関係が見て取れるはずである。『綱常』と『霊智の要旨』の記述を見比べ，とくに大きな異同については特記する。

【1】

回回阿不代思有三様。一，舍拉哎提，洗把水送在七竅上。二，托勒格提，洗把心身體從全染的罪孽上

طهارة سه نوع است یکی ظاهر یك باطن و
يك حقيقت اما ظاهر طهارة تا آب را در هفت
اندام ［رسانیده］ است و اما باطن طاهرة از

轉的潔淨。三，哈格格提，淹在阿世格的海裏淹個溟子。

همه کناه دل و تن را پاك است و اما حقیقت طهارة بر بحر عشق غرق کند

ムスリムの沐浴（阿不代思＝āb-dast）には3種類ある。1つはシャリーア（舎拉哎提）〔・レベルでの沐浴〕で，水洗して水を身体の7つの穴（2つの目，2つの耳，2つの鼻，1つの口）に至らしめることである。2つ目はタリーカ（托勒格提）〔・レベルでの沐浴〕で，心身をあらゆる染まったところの罪過から離脱転向させる清めのことである。3つ目はハキーカ（哈格格提）〔・レベルでの沐浴〕で，愛する者（阿世格＝ʻāshiq）の海のなかに広がる暗い海域に溺れることである。

沐浴（ṭahāra）には3種類ある。ひとつは外面，ひとつは内面，ひとつは真相である。沐浴の外面はというと，それによって身体の7つの部位[11]に水を至らしめた。沐浴の内面はというと，〔当該のレベルでは〕あらゆる罪から心身が清められている。沐浴の真相はというと，〔当該のレベルでは〕愛の海に溺れる。［*Khulāṣa*: 2b］

『綱常』では，ハキーカ・レベルでの沐浴とは「愛する者の海のなかに広がる暗い海域に溺れること」だと説明されている。たいする『霊智の要旨』の記述は「愛の海に溺れる」こととなっている。結論からいえば，これらの意味するところは同じである。

11　沐浴は，一般に『クルアーン』5章6節にもとづき，顔，両手（肘まで），頭，両足（踝まで）という4つの部分を洗う，もしくは濡らし擦ること，と説明されることが多い。たとえば，マルギーナーニー（Burhān al-Dīn Marghīnānī, 1117～97）の『導き（al-Hidāya）』［*Hidāya*, I: 25］には「沐浴について神の命じる絶対義務（farḍ）は，この経文（『クルアーン』5章6節）によると，3つの部位（顔，両手，両足）を洗うことと頭を擦ることである」とある。また，『四節（*Chahār faṣl*）』［*Chahār,* 8–9］という書物（同書については，濱田［2010］を見よ）には「沐浴は4つの事柄が神の命じる絶対義務（farīḍa）である。第1に，額の生え際から顎の下まで，耳たぶから別の耳たぶまで，

まず「愛する者の海のなかに広がる暗い海域」とは何か。これは，たとえば，中国ムスリムのあいだでもよく読まれていた，アブドゥッラフマーン・ジャーミー（ʻAbd al-Raḥmān Jāmī, 1414〜1492）の『閃光の照射（*Ashiʻʻa al-lamaʻāt*）』や『光芒（*Lawāʼiḥ*）』[12]などで論じられている，いわゆる「存在一性論（waḥda al-wujūd）」によって，以下のように解釈することができよう。

「愛する者（ʻāshiq）」とは，『閃光の照射』の用法でいえば，基本的には被造物のことを指す。被造物は神を「愛する者」だからである。たいして「愛される者（maʻshūq）」は，神のことを指す。ただし，神は「愛する者」でもある。というのも，あらゆる被造物は，神の顕れだからである。「存在一性論」では，神が自己を万物として顕現することで，万物は存在すると考える。それこそが神の創造だというのが「存在一性論」の議論である。そしてこの

顔を洗うこと。第2に，両手を肘まで洗うこと。第3に，頭の4分の1を濡らし擦ること。第4に，両足を踝まで洗うこと」とある。『導き』も『四節』も，中国ムスリムのあいだでよく読まれていた法学文献である［中西ほか 2012; 濱田 2010］。

『霊智の要旨』の著者が，もし中国ムスリムであったとすれば，沐浴で洗うべき個所について『導き』や『四節』が4か所としたところを「7つの部位（andām）」としたのはいささか奇妙である。それは何にもとづくのであろうか。ひとつの可能性としては，劉智の『天方典禮』が考えられる。同書の巻六「禮拜」には「沐（ウドゥーwuḍūʼ）は7つの穴と四肢，尿道・肛門を洗うこと，浴（グスルghusl）は7つの穴と四肢，尿道・肛門，および体全体を洗うこと（沐者洗七竅四肢及兩便，浴者洗七竅四肢兩便及周身）」とある。『霊智の要旨』の著者が中国ムスリムであったとすれば，そのいわゆる「7つの部位」というのは，『天方典禮』に「7つの穴」とあるのに倣ったのかもしれない。また，楊保元が『霊智の要旨』の「7つの部位」を『綱常』で「7つの穴」と訳したのも，『天方典禮』の「7つの穴」を踏襲していた可能性が高い。

12　『閃光の照射』は，たとえば，馬功（【コラム5】参照）の『清眞安樂譜』［清真, XIX: 196］に「*Lamaʻāt*, またの名を昭元秘訣（賴麻爾提，又曰照元秘訣）」として言及されている。また，清の嘉慶年間（1796〜1820）に著されたといわれる，ジャフリーヤ派（Jahriyya）の聖者伝『ラシュフ（*Rashḥ*）』［杨万宝ほか1993: 68］にも，中国西北部に該書（艾什尔梯・拉玛尔特）を研究する者のあったことが報告されている。『光芒』は，たとえば，ドローヌ調査団が甘粛で得た写本の中にも見出される［Vissière 1911: 286］。また，大拱北門宦の祁靜一の弟子であった馬騰翼（1694〜1758）が陝西・四川のウラマーたちに送ったという手紙（『清眞根源』収録）の中で引用されている「乃哇一亥経」［清真, XIX: 69］は，『光芒』のことに違いない。

ことに照らせば，被造物は「愛される者」たる神を「愛する者」だというのは，実のところ，顕現した神は「愛される者」たる自己を「愛する者」だというのに等しい。さらに，神は自己の顕れである被造物を「愛する者」だということもできる。このとき被造物は「愛される者」となる。結局，神と被造物は互いに「愛される者」でもあるし「愛する者」でもある[13]。おそらく『綱常』のいう「愛する者」も，神と被造物の双方を含意しているとみられる。

ところで，神の自己顕現によって出現する存在者は，様々なレベルを成す。すなわち，本書第1章第3節でみたように，いわゆる神じたいも，神の本体にあたる絶対的純一性の顕れである。さらにその絶対的純一性は，神から霊的次元の諸存在者，さらに現象界の万物，というように顕現・展開する。この展開の方向へ進むということは，絶対的純一性の本来のあり方から遠のいていくということである。それは，本当の意味での存在が覆われ隠され，存在のリアリティが減少していく過程である。ただし現象界の我々にとってみれば，その展開方向へ進むほど，存在がより具体的・可視的な存在者として顕現してくるわけであるから，存在の具体性・可視性が増していく過程であるともいえる。いっぽう，その方向とは逆向きに，つまり収斂の方向に進むと，存在のリアリティは増すが，存在の可視性は減る。我々にとっては，具体的な個々の存在者として，明らかに見えていたはずの存在が，まさしく「暗がり」へと隠れていくことになるのである。

要するに『綱常』の「愛する者の海のなかに広がる暗い海域」とは，存在の可視性の低い「暗がり」のことであり，存在の可視性は低いがリアリティは高いレベルのことである。おそらくは絶対的純一性に近いいずれかのレベ

13　『閃光の照射』［*Ashi"a*: 69］に次のようにある。なお『閃光の照射』は，ファフルッディーン・イラーキー（Fakhr al-Dīn ʻIrāqī: 1211～89）の『閃光（*Lamaʻāt*）』の注釈であるが，『閃光』の本文は太字で示した。

> **汝が見るものは全て彼（神，愛される者）の美を映す鏡，だから全ては美しい。……ゆえに彼は全てを愛する。汝が〔何かを〕見つめるときは，彼が自身を愛していたのである。**というのも彼の美こそが諸物の鏡に映るからである。**汝が見るところの，愛する者の各々それ自体**──その愛する者とは神〈称えあれ〉でもあるし下僕でもある──**は，自分以外のものを愛さない。なぜなら，愛される者の鏡には自分以外のものを見ないからである。**

ルを指していると考えられる。そしてそこに「溺れる」とは，そのレベルに自我（とそれを中心として意識される世界・万物）を収斂させることである。存在の顕現・展開の道行きを逆に辿り，本源に回帰することといってもよい。その果てにあるのは，自我が神に溶け込んで，自己消滅・神人合一する境地，神と人の二元対立が解消されてゆく境地である。

いっぽう『霊智の要旨』の「愛の海に溺れる」ことも，「愛する者（人もしくは神）」と「愛される者（神もしくは人）」との二元対立を超えた，絶対的な「愛（絶対的純一性）」の深淵に向かって没入していくこと[14]だと解釈できるならば，『綱常』の漢訳と一致することになる。

【2】

克力買有三様。一，舎拉哎提，念𩐁一𩐁活仰〓〓呼，牟罕買土勒素隆拉西。二，托勒格提，要鞲勒則大印不空。三，哈格格提，要流行本然不停。	کلمه سه نوع است یك ظاهر و یك باطن و یك حقیقت اما ظاهر کلمه طیبه لا اله الا الله محمد رسول الله و اما باطن کلمه طیبه فریضه دایم است و اما حقیقت کلمه طیبه بسوی قلب باطن است
言葉（克力買＝kalima）には3種類ある。1つはシャリーアで，「アッラーのほかに神は無し，ムハンマドは神の使徒なり（𩐁一𩐁活仰	言葉（kalima）には3種類ある。ひとつは外面，ひとつは内面，ひとつは真相である。良い言葉（kalima-yi ṭayyiba）の外面とは，

14　『閃光の照射』は，まさにこの事態を表現して次のようにいう。

〔愛する者（人）は〕一性（waḥda）の目証を実現し，分別の根拠となる〔神の属性の〕支配（ḥukm）が完全に彼の目証の眼差しから消滅し，彼の状態の舌は次のように語りだす：

我々は愛する者として恋人と長らく居た。
我々は多性の爪で一性の頬を傷つけた。
愛のみという一元性の下に，我々が互いに結びつく時，
愛する者と愛される者〔という二極対立〕から我々は全く自由となった。
［*Ashi*ʻ*a*: 110］

〓〓呼，牟罕買土勒素隆拉西＝lā ilāha illā Allāhi Muḥammadun rasūlu Allāhi)」と唱えることである。2つ目はタリーカで，永続する神命（鞴勒則大印＝farīḍa-yi dā'im）[15)]が空無とならないようにすることである。3つめはハキーカで，本然（本来のありさま）を浸透させつづけることである。

「アッラーのほかに神はなく，ムハンマドは神の使徒である」である。良い言葉の内面とは，永続する神命（farīḍa-yi dā'im）である。良い言葉の真相はというと，〔当該のレベルでは〕心の方へ隠没している。［KhM: 3a］

『綱常』では，ハキーカ・レベルでの言葉とは「本然を浸透させつづけること」だと説明されている。たいする『霊智の要旨』の記述は，「心の方へ隠没」することとなっている。

15　「神命（farīḍa）」は，一般にはシャリーア（イスラーム法）で規定された義務，とくに1日5回の義務礼拝を意味する。「永続する神命が空無とならないようにする」とは，タリーカ・レベル（内面）の事柄を修めているときでも，シャリーア・レベルの行為を放棄しないということか。あるいは「永続する神命」は，隠遁修行のことかもしれない。『清真根源』に次のようにある。

老師祖囑咐說，如今你到在了聖人的位分上，由你不由我，非勒則大印不空，空者不是教門，你在城外，尋個空浄的地方，搭一个草庵……

導師は次のようにお言いつけになった。今，汝は聖人の位階に到達したが，それは汝の〔努力の〕おかげなのであって，私のおかげではない。永続する神命（非勒則大印＝farīḍa-yi dā'im）は，〔高位に達したからといって〕空無とはならない。空無となれば，それはもはやイスラームではない。汝は街の外で，清浄な場所を探し，〔隠遁の修行をするための〕草庵を結べ。……［清真，XIX: 56］

ここでの「永続する神命」は，隠遁の修行を指すようである。といっても，ここで言われている「永続する神命」の「不空」と，『綱常』のそれとは，趣旨の上では異ならない。すなわち，ある段階に到達したからといってそれ以前の修行を放棄してはならないという趣旨は同じである。

なお，「不空」の語は，仏教の「筏喩」へのアンチテーゼを意識して用いられているのだろう。「筏の喩え」は，目的（彼岸）に到達したら，それまでの修行（筏）に執着してはいけないという教えである。

『綱常』の「本然を浸透させつづけること」は，おそらく劉智の『天方性理』巻四「聖功實踐圖說」を踏まえた表現だろう。『天方性理』はカーディリーヤ派関係者を含め，中国西北部の中国ムスリムのあいだで非常に権威があった[16]ので，その可能性は高い。もしもそうだとすると，「本然を浸透させつづけること」とは要するに，身，心，性，それぞれのレベルで「本来のありさま（本然）」を体現しつづけることを意味する[17]。劉智の言葉を借りて，より具体的にいえば,「人倫秩序」の遵守,「良知良能（善を知り善を行う本性）」の回復，「全體大用」の発揮（おのずから人間性にかなったふるまいができるようになること）である。

いっぽう『霊智の要旨』の「心の方へ隠没すること」は，意味がはっきりしない。あるいは，自己本性（良知良能）の回復を目指して意識の深層へ沈降していくことだとすると,『綱常』の漢訳と近い意味になる。

16　たとえば，楊保元の師匠筋にあたる楊門門宦第4代導師，馬吉安（【コラム5】参照）は，その著『性命論』でわざわざ『天方性理』に言及し，「神の属性（真主的صفات）」について「劉公〔字は〕介廉〔名は〕智は，『天方性理』のなかで，それを“用”と表現している（劉公介廉智者，在天方性理中定為用）」［黒白: 47］などと記している。また，ジャフリーヤ派（Jahriyya）の聖者伝『ラシュフ（*Rashḥ*）』では，同派の初代導師，馬明心（1719〜1781）が「劉介廉の後は，私こそが神の友（卧里＝walī）である」と言ったと伝えられる［杨万宝ほか1993: 99］。

17　「聖功實踐圖說」の訳文と解釈の詳細は，青木ほか［2005: 106–120］をみよ。ここには，特に関係する個所の訳文だけ抜粋しておく（青木ほか［2005］の訳文に若干の補い・改変を加えた）。

> 禮（シャリーア）とは，日常のあらゆる事柄に対応した儀礼規範のことであり，身のレベルで実践する。道（タリーカ）とは，他物をしりぞけ眞に帰る道程であり，心のレベルで実践する。眞（ハキーカ）とは，本然とぴったりと合わさり，禮と道の内面的意味を実現することであり，性のレベルで実践する。眞を性のレベルで実践するとは，取も直さず，それを本然のレベルで実践することである。……本然が人の身に浸透すれば，人倫秩序になる。さきほどの禮である。その礼をつくせば，その身に浸透した本然を体現することになる。本然が人の心に浸透すれば，良知良能になる。さきほどの道である。その道をつくせば，その心に浸透した本然を体現することになる。本然が人の性に浸透すれば，全體大用になる。さきほどの眞である。眞に帰れば，その性に浸透した本然を体現することになる。

【3】

乃嗎子有三樣。一，舍拉哎提，交還五時。二，托勒格得，結續罕格。三，哈格格提，要聚水火風土四象。

نماز سه نوع است یك ظاهر یك باطن یك
حقیقت اما ظاهر نماز بنج وقت نماز کزاردن
و اما باطن نماز وصال حق است و اما حقیقت
نماز عناصر را جمع کند یعنی باد آب آتش
خاك

礼拝（乃嗎子＝namāz）には3種類ある。1つはシャリーアで，1日5回の礼拝を行うこと[18]である。2つ目はタリーカで，神（罕格＝Ḥaqq）と結合することである。3つ目はハキーカで，水，火，風，土の四元素を集めようとすることである。

礼拝には3種類ある。ひとつは外面，ひとつは内面，ひとつは真相である。礼拝の外面は，5つの時間の礼拝を行うことである。礼拝の内面は，神と結合することである。礼拝の真相はというと，〔当該のレベルでは〕諸元素を凝集する。すなわち風，水，火，土を〔凝集する〕。［*Khulāṣa*: 3b］

【4】

羅則有三樣。一，舍拉哎提，交還白天不食。羅則二，托勒格提，要閉［住］[19]五行。三，哈格格提，從自己妻上脱離，他憑者主的性格學性格裡。

روزه سه نوع است یك ظاهر و یك باطن و
یك حقیقت اما ظاهر روزه رمضان کزاردن
روزه و اما باطن روزه ［بست］ حس و اما
حقیقت روزه دور از ［خلال］ خود یعنی
تخلقا باخلاق الله

断食（羅則＝rūza）には3種類ある。1つはシャリーアで，昼間の断食を行うことである。2つ目は

断食には3種類ある。ひとつは外面，ひとつは内面，ひとつは真相である。断食の外面とはラマダー

18　「交還」が「行う」を意味することについては，本書第8章を参照。

19　原テクストでは「住」ではなく「出」となっている。しかし「出」では意味がよく通らない。「住」に改めたのは，『“嘎地勒耶”八十一段』や『楊祖全書』と題された，

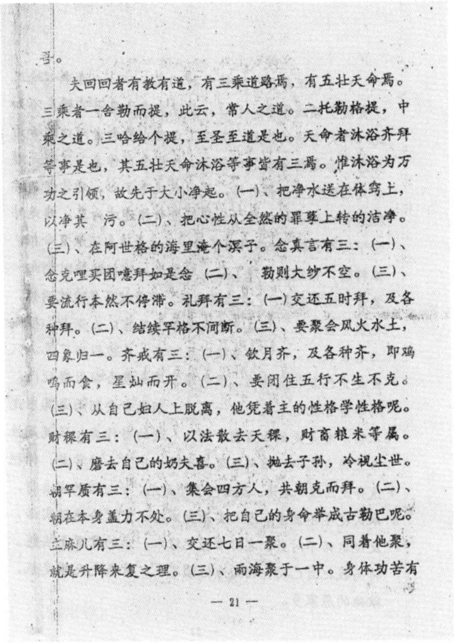

吾。

夫回回者有教有道，有三乘道路焉，有五壮天命焉。三乘者一舍勒而提，此云，常人之道。二托勒格提，中乘之道。三哈给个提，至圣至道是也。天命者沐浴齐拜等事是也，其五壮天命沐浴等事皆有三焉。惟沐浴为万功之引领，故先于大小净起。(一)、把净水送在体窍上，以净其　污。(二)、把心性从全然的罪孽上转的洁净。(三)、在阿世格的海里淹个溪子。念真言有三：(一)、念克哩买团噫拜如是念 (二)、　勒则大纱不空。(三)、要流行本然不停滞。礼拜有三：(一)交还五时拜，及各种拜。(二)、结续罕格不间断。(三)、要聚会风火水土，四象归一。齐戒有三：(一)、钦月齐，及各种齐，即鸡鸣而食，星灿而开。(二)、要闭住五行不生不克。(三)、从自己妇人上脱离，他凭着主的性格学性格呢。财稞有三：(一)、以法散去天稞，财畜粮米等属。(二)、磨去自己的奶夫喜。(三)、抛去子孙，冷视尘世。朝罕质有三：(一)、集会四方人，共朝克而拜。(二)、朝在本身盖力不处。(三)、把自己的身命举成古勒巴呢。主麻儿有三：(一)、交还七日一聚。(二)、同着他聚，就是升降来复之理。(三)、两海聚于一中。身体功苦有

— 21 —

図 6-1a 『綱常』の版本のひとつ，『“嘎地勒耶”八十一段』。

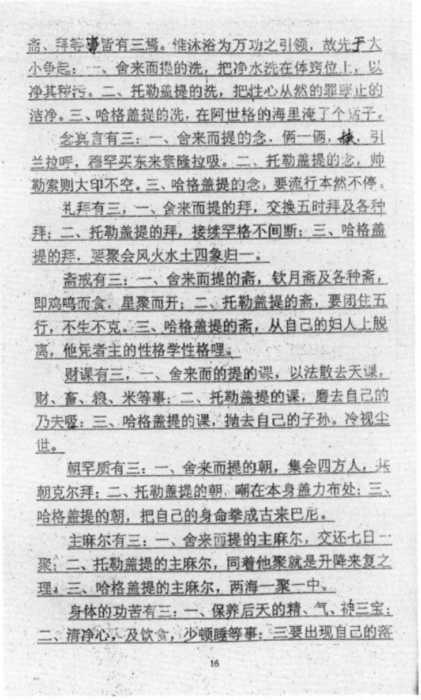

斋、拜等事皆有三焉。惟沐浴为万功之引领，故先于大小净起：一、舍来而提的洗，把净水洗在体窍位上，以净其秽污。二、托勒盖提的洗，把性心从然的罪孽止的洁净。三、哈格盖提的洗，在阿世格的海里淹了个岩子。

念真言有三：一、舍来而提的念，俩一俩，挨，引兰拉呼，穆罕买东来索隆拉吸。二、托勒盖提的念，帅勒索则大印不空。三、哈格盖提的念，要流行本然不停。

礼拜有三，一、舍来而提的拜，交换五时拜及各种拜；二、托勒盖提的拜，接续罕格不间断；三、哈格盖提的拜，要聚会风火水土四象归一。

斋戒有三：一、舍来而提的斋，钦月斋及各种斋，即鸡鸣而食，星聚而开；二、托勒盖提的斋，要闭住五行，不生不克。三、哈格盖提的斋，从自己的妇人上脱离，他凭着主的性格学性格哩。

财课有三，一、舍来而的提的课，以法散去天课，财、畜、粮、米等事；二、托勒盖提的课，磨去自己的乃夫嗄；三、哈格盖提的课，抛去自己的子孙。冷视尘世。

朝罕质有三：一、舍来而提的朝，集会四方人，共朝克尔拜；二、托勒盖提的朝，嘲在本身盖力布处；三、哈格盖提的朝，把自己的身命拳成古来巴尼。

主麻尔有三：一、舍来而提的主麻尔，交还七日一聚；二、托勒盖提的主麻尔，同着他聚就是升降来复之理；三、哈格盖提的主麻尔，两海一聚一中。

身体的功苦有三：一、保养后天的精、气、神三宝；二、清净心，及饮食，少顿睡等事；三要出现自己的落

16

図 6-1b 『綱常』の版本のひとつ，『楊祖全書』。

タリーカで，五行をしっかり遮断することである。3つめはハキーカで，自身の妻から離れ，主の性格を学ぶことである。ンに断食を行うことである。断食の内面とは，感覚の遮断である。断食の真相はというと，〔当該のレベルでは〕自身の欠陥から遠く，すなわち神の諸性質で飾られることを意味する。[*Khulāṣa*: 5a]

『綱常』の別版に従った。ただし両テクスト（簡体字）では，その前後が「要闭住五行不生不克」となっており，全体としてはすぐ後でみるペルシア語原文と一致しないようにみえる。

なお『“嘎地勒耶”八十一段』は，かつて甘粛省康楽県松樹溝の湾児拱北（哇拱北）において修行していた楊国玉氏から，紙媒体に電子複写したものをご提供いただいた。また『楊祖全書』は，臨夏回族自治州人民医院の副主任医師，爾薩・馬長寿氏から，PDFデータの形でご提供いただいた。両氏には，深く感謝の意を捧げたい。

まず『綱常』では，タリーカ・レベルでの断食とは「五行をしっかり遮断すること」だと説明されているが，たいする『霊智の要旨』の記述は，「感覚の遮断」となっている。『綱常』のいう五行の遮断とは，五行と対応する五官（眼，舌，口，鼻，耳）[20]の遮断のことであると思われる。だとすれば『霊智の要旨』のいう感覚の遮断，すなわち五感覚の遮断と，ほぼ同じ意味になるだろう[21]。

また『綱常』では，ハキーカ・レベルでの断食とは「自身の妻から離れ，主の性格を学ぶこと」だと説明されているが，たいする『霊智の要旨』の記述は「自身の欠陥から遠のくこと，すなわち神の諸性質で飾られること」となっている。大きな違いは，離れるべき対象が「妻」か「欠陥」かにある。この異同はいかにして生じたか。

妻から離れるというのは，楊保元が属した中国のカーディリーヤ派が独身主義を奉じていたこと[22]と親和的であり，いかにも楊保元がいいそうなことではある。したがって，問題の異同が生じたのは，ひょっとすると楊保元の改訳があったからかもしれない。しかし『綱常』のテクストにさまざまなバリエーションがあることからすると，カーディリーヤ派の書写生による改竄も原因として疑われる。あるいはその異同は，楊保元が見た『霊智の要旨』の写本の誤りに起因していたかもしれない。たとえばそこでは，خلال（khilāl欠陥）がخليل（khalīl恋人）となっていたかもしれない。俄かには決定できないので，今は色々な可能性だけを指摘しておく。

ただし，『霊智の要旨』でも独身主義が支持されていたことは確かである。すぐ後でみるように，喜捨の真相は子孫を捨てることだというのは，まさしく独身主義の表明にほかならない。

20　『黄帝内經素問』「陰陽應象大論篇」［素問，I: 21–23］によれば，木と眼，火と舌，土と口，金と鼻，水と耳が対応する。

21　張中『四篇要道』巻一f. 29b–30a［清真，XVI: 295］にも「断食とは7つの穴（眼，耳，鼻，口）をすべて閉じ，忘れ，何者にも染まらず，はっきりと本来の清浄に帰ることである（夫齋是七竅俱閉，七竅俱忘，全然不染，分明還其本來清淨）」とある。

22　カーディリーヤ派の大拱北門宦や楊門門宦では，修行者の妻帯が禁じられ，修行者は「出家人」とよばれる［马通 2000a: 231, 236–237; 李兴华ほか 1998: 692–694］。

【5】

塞卡提有三様。一，舍拉吱提，散財帛天課。二，托勒格提，取自己的耐夫思。三，哈格格提，要抛塵世，抛子孫。

زكوة سه نوع است يك ظاهر و يك باطن و يك حقيقت اما ظاهر زكوة مال دادن است و اما باطن زكوة نفس حذف كند كه شيخ را [پرسيد] اسلام جيست كفت اذبخوا النفس بسيف المخالفة و اما حقيقت زكوة ترك الوطن و النسل

喜捨（塞卡提＝zakāt）には 3 種類ある。1 つはシャリーアで，財物を喜捨することである。2 つ目はタリーカで，自身の魂（耐夫思＝nafs）を取り去ることである。3 つめはハキーカで，現世を放棄し子孫を放棄しようとすることである。

喜捨には 3 種類がある。ひとつは外面，ひとつは内面，ひとつは真相である。喜捨の外面は財貨を与えることである。喜捨の内面はというと，〔当該のレベルでは〕魂（nafs）を除去する。というのも，シャイフにイスラームとは何かと問うと，彼は「汝ら，反対の剣で魂を殺せ」と言ったからである。喜捨の真相とは，故郷[23] と子孫を捨てることである。［*Khulāṣa*: 5a］

【6】

罕質有三様。一，舍拉吱提，朝滿克卡阿拜。二，托勒格提，朝本身蓋力不的罕質。三，哈格格提，把自己的性命做古勒八呢。

حج سه نوع است يك ظاهر يك باطن و يك حقيقت اما ظاهر حج صورت كعبه را طواف كرد و اما باطن حج معنى كعبه را طواف كرد و اما حقيقت حج جانرا قربان كند

巡礼（罕質＝ḥajj）には 3 種類あ

巡礼には 3 種類ある。ひとつは外

23　ここでいう，捨て去るべき故郷とは，神への帰還の旅路を行くスーフィーが旅立つ故郷のことであるとすれば，現世・俗世のことを指しているとも解釈できる。

る。1つはシャリーアで，マッカ（满克＝Makka）のカアバ神殿（卡阿拜＝Ka‘ba）に詣でることである。2つ目はタリーカで，自身の心（蓋力不＝qalb）に詣でる巡礼である。3つ目はハキーカで，自身の性命を犠牲（古勒八呢＝qurbān）とすることである。

面，ひとつは内面，ひとつは真相である。巡礼の外面はというと，〔当該のレベルでは〕カアバの形骸をめぐった。巡礼の内面はというと，〔当該のレベルでは〕カアバの内実をめぐった。巡礼の真相はというと，〔当該のレベルでは〕命を犠牲とする。［*Khulāṣa*: 5b］

『綱常』では，タリーカ・レベルでの巡礼とは「自身の心に詣でる巡礼」だと説明されている。たいする『霊智の要旨』の記述は，「カアバの内実をめぐること」となっている。両者は実のところほぼ同じことをいっている。というのも『霊智の要旨』で「カアバの形骸（ṣūrat）」に対比して言われる「カアバの内実（ma‘nī）」とは，まさしく心（qalb）のことにほかならないからである。同書第6節の韻文のなかに，「神への旅路で2つのカアバにて下馬する / ひとつは形（ṣūrat）のカアバ，もうひとつは心（dil）のカアバである」［KhM: 5b］とあるところから，それは明らかである[24]。

【7】

主麻有三様。一，舍拉哎提，交還主麻。二，托勒格提，我同者他聚。

جمعه سه نوع است یك ظاهر و یك باطن و یك حقیقت اما ظاهر جمعه كزاردن جمعه را با

24　ほかにも，『秘中の至秘』［*Sirr*, II: 109–110］に次のようにある。「外面のカアバ（Ka‘ba al-ẓāhir）の浄化は，被造物のうちの巡礼者（ṭā’ifīna）のために行われる。内面のカアバ（Ka‘ba al-bāṭin）の浄化は，創造主を見ること（naẓar）のために行われる。この浄化の〔対象として〕最も適切で妥当なものは，彼（創造主）以外のものである。次に〔必要なのは〕，神聖な霊（al-rūḥ al-qudsī）の光でもって禁忌状態に入ること（iḥrām）である。次に〔必要なのは〕，心のカアバ（Ka‘ba al-qalb）に入ることである。次に〔必要なのは〕，第2の名前，すなわちアッラー〔の名〕を唱えながら，〔心のカアバを〕巡ること（ṭawāf）である。……」。また，Schimmel［1975: 106］も見よ。

此有難言玄機升降至理。三，哈格格提，兩海聚中。

جماعت و اما باطن جمعه جمع من بوی یعنی منه بداء و الیه یعود و اما حقیقت جمعه مجمع البحرین

金曜礼拝（主麻＝jum‘a）には3種類ある。1つはシャリーアで，金曜礼拝を行うことである。2つ目はタリーカで，我が彼と一緒になることである。ここには，いわく言い難い奥深い仕組み，昇降についての最高の道理がある。3つめはハキーカで，2つの海が集まることである。

金曜礼拝には3種類ある。ひとつは外面，ひとつは内面，ひとつは真相である。金曜礼拝の外面とは，群衆とともに金曜礼拝を行うことである。金曜礼拝の内面とは，我が彼に凝集すること，すなわち「彼から始まった。そして彼に帰る」である。金曜礼拝の真相とは，2つの海の集まる所である。［*Khulāṣa*: 6a-b］

『綱常』の「いわく言い難い奥深い仕組み，昇降についての最高の道理」と，『霊智の要旨』の「彼から始まった。そして彼に帰る」は，同じ事柄を意味している。

『綱常』の「いわく言い難い奥深い仕組み，昇降についての最高の道理」とは，神の自己顕現による世界および人間の創造（降）と，その神の自己展開の過程を逆に収斂方向へたどる人間の神への回帰（昇）をいうのだろう。「昇降」という表現は，劉智『天方性理』巻三「升降來復圖說」[25]の「升降」に倣ったものだと思われるが，だとすれば，そのような解釈が妥当である。

いっぽう『霊智の要旨』の「彼から始まった。そして彼に帰る」は，たとえば，アズィーズ・ナサフィー（‘Azīz Nasafī，1301年以前に没）の『至遠の目的地（*Maqṣad al-aqṣā*）』［*Maqṣad*: 243］に，やはり神の自己顕現による創造という下降（nuzūl）と，人間の神への回帰という上昇（‘urūj）という事態［*Maqṣad*: 242］を縮約した表現として引用されている。『至遠の目的地』は，『霊智の要旨』の著者もその1人であったと思われる，中国ムスリムのあい

25　「升降來復圖說」の訳文と解釈については，青木ほか［2005: 56–74］を見よ。

だでよく読まれていた書物である[26]。『霊智の要旨』の「彼から始まった。そして彼に帰る」が『至遠の目的地』のそれと同様の意味で引かれていた可能性は高い。

なお，劉智が「升降來復圖說」を著すにあたって『至遠の目的地』(劉智の呼び方では「研眞經」) を参照していたことは間違いない。くわえて，『至遠の目的地』が中国ムスリムのあいだでよく読まれていたことを想起するならば，楊保元も「升降來復圖說」とともに『至遠の目的地』を参照していた可能性は高い。

以上，若干の異同はあったものの，『綱常』と『霊智の要旨』がほぼ綺麗に対応していることが了解されたと思う。今や『霊智の要旨』が『綱常』の一典拠であることは確定した。

ただし，『綱常』の【8】の文章が『霊智の要旨』と対応しないという事柄

26　『至遠の目的地』は，たとえば，清の道光年間（1821～1850）に活躍したといわれる，大拱北門宦の第6輩出家人，祁道和が著した『清眞根源集』［清真，XIX: 50］にも「黙格索德」として引かれている。

またそれは，馬功（【コラム5】参照）の『清眞海潮心言』にも引かれているようである。

> 在一個典文中說，羅海也不在裏，也不在外，也不圍，也不繞着。
> ある文献には次のように言われている。霊は，何かの内にあるわけでも何かの外にあるわけでもなく，何かを取り囲んだりも何かに取り囲まれたりもしておらず，何かに巻きついたり何かに巻きつかれたりもしていない。［心言: 26］

これは『至遠の目的地』の次の一節を踏まえたものか。

> 人間の霊は肉体の内にあるのではなく，それとともにある。双方は互いとのあいだに「共にあること」という関係性を持つ。肉体には，霊そのものが共にないような部分は1つもないし，霊が取り囲んでいない部分や霊が気づいていないような部分は1つもない。にもかかわらず，肉体はそれ自体の場所にあり，霊もそれ自体の場所にある。肉体は霊に到達しえないし，霊も肉体に到達しえない。……人間の霊は，肉体に内在するものでも肉体に外在するものでもないし，肉体に結び付けられるものでも肉体から分離されるものでもない。［*Maqṣad*: 234］

くわえて，馬功『覺樂經』の冒頭に挙げられる彼の34種の漢語著作のひとつ『清眞黙該索之尔該咱（Mogaisuozhi ’ergaiza)』も，『至遠の目的地（*Maqṣad-i aqṣā*)』と何らかの関係があるだろう。

が，やや気になる問題として残っている。【8】の文章は，いかなる典拠に由来するのか。なぜ『霊智の要旨』になかったその文章が付け足されたのか。次にこの問題を少し考えてみることにする。【8】の文章をあらためてみてみよう。

【8】身體功苦有三樣。一，舍拉哎提，保養身體精神。二，托勒格提，清淨心，少吃少睡。三，哈格格提，要顯彔嘿穆民。
不知此八件買塞勒的根，是迷了正道。

身体の苦行には3種類ある。1つはシャリーアで，身体と精神を保養することである。2つ目はタリーカで，心を浄化し，食事を少なくし，睡眠を少なくすることである。3つめはハキーカで，信徒の霊（彔嘿穆民＝rūḥ-i mu'min）を顕現させることである。
以上の8件の問題（買塞勒＝mas'ala）の根本を知らなければ，正道から迷ってしまう。

まず，この文章の典拠が何であるかだが，今のところ確実な同定は難しい。ただ，シャリーアが身体の保養に，タリーカが心の浄化に，ハキーカが霊の顕現にそれぞれ関係するという発想それじたいは，たとえば，前でもふれたナジュムッディーン・ラーズィー・ダーヤの『下僕たちの大道』にも明確にみられる。すなわち，同書第3章（bāb）の第5節（faṣl）の表題は「シャリーアの法に従って人間の身体を養育することについて（dar bayān-i tarbiyat-i qālib-i insān bar qānūn-i sharī'at）」［*Mirṣād*: 161］であり，同章第7節の表題は「タリーカの法に従って心を浄化することについて（dar bayān-i taṣfiya-yi dil bar qānūn-i ṭarīqat）」［*Mirṣād*: 187］であり，同章第8節の表題は「ハキーカの法に従って霊を装飾することについて（dar bayān-i taḥliya-yi rūḥ bar qānūn-i ḥaqīqat）」［*Mirṣād*: 210］である。また，同じく『下僕たちの大道』には，魂（nafs）の養育とシャリーアの関係が述べられている。すなわち「魂の養育と浄化とは，欲望と怒りというこの2つの属性を中庸の状態に戻すことであり，あらゆる情況において，その〔釣り合いを取るための〕天秤とは，シャリーアの法である」［*Mirṣād*: 179］とあるのが，それである。【8】の文章にいう「精神」が魂（nafs）のことであるとするならば，精神の保養にシャリーアが関係するという発想も，『下僕たちの大道』にみつかるわけである。同書は中国ムスリムのあいだでよく読まれていたから，【8】の文章の典拠は案外それなのかもしれない。ともあれ，【8】の文章が，『霊智の要旨』ではないにせよ何らかのスーフィズム文献に典拠をもつことは確かだろう。

では，『霊智の要旨』の7節にはみえない【8】の文章が『綱常』でわざわざ付け加えられたのは何故だろうか。この問題については，あくまで推測にすぎないが，楊保元が「8」という数にこだわった可能性が考えられる。

修道の要諦を8つにまとめるといえば，たとえば隠遁（khalwa）に関するジュナイド（Junayd Baghdādī，910年没）の「8つの規定」が想起される。「8つの規定」はナジュムッディーン・クブラー（Najm al-Dīn Kubrā, 1145～1220）によって伝世され，その門弟ダーヤの『下僕たちの大道』にも言及がある［矢島 1998: 12 (n. 12)］。また，カーディリーヤ派の一支，ニザーミーヤ派（Qādiriyya-Niẓāmiyya）に属する，ナマンガン（フェルガーナ）のあるシャイフによって1898年に出版された，カーディリーヤ派名祖ジーラーニーの伝記には，『ズィクルの8つの作法（*Hasht ādāb-i dhikr*）』なる小作品が付録されていたという。同作品も，ナジュムッディーン・クブラーが伝える「8つの規定」について説くものだという。中央アジアのカーディリーヤ派，少なくともニザーミーヤ派（もとは南アジアで生まれた）のあいだでは，おそらく1898年以前から，「8つの規定」が重視されていたことを，それは示唆している［Zarcone 2000: 315–317］。『下僕たちの大道』や中央アジアや南アジアのカーディリーヤ派に感化されて，楊保元が「8」という数的枠組みを好んだ可能性は否定できない[27]。あるいは，彼が儒教の『大學』八条目や仏教の

27　中国のカーディリーヤ派が，中央アジアや南アジアのカーディリーヤ派とどれほど連続性があったかについては，今のところあまり情報がない。ただ，湟中（青海）で活動していたカーディリーヤ派関係者と思しき馬功の『覺樂經』［清真，XIX: 157］にみえる次の記述は，注目に値する。

幸逢山人老師台下，授秘訣大道，親傳唸想……

幸いにして山人老師さまに出逢い，秘訣の大いなる道（ṭarīqa，修行法）を授けられ，御自らズィクル（dhikr）の仕方をご教示いただき……

ズィクルとは「〔神の〕想起」の意で，神の名や神の唯一性に関する文言などを唱え

八正道，道教の八卦を意識したという可能性を想定することも，それほど突拍子のないことではないし，魅力的である。

結局しかし，この問題について現段階では決定的なことがいえない。とはいえ，『霊智の要旨』が『綱常』の一典拠であることは動かない。

第3節　『霊智の要旨』の著者 ——内丹道教と対話する何者か？

『霊智の要旨』の著者は，一説に楊保元であるといわれる[28]。しかし結論からいえば，『霊智の要旨』の著者が楊保元その人であるかどうかは決定しがたい。ただしいずれにせよ，『霊智の要旨』の著者は，楊保元とある意味ちかい関係にあったと思われる。このように考えられる主な理由は，次の2つである。

第1に，同書は多くの韻文を載せるが，それらの韻文は，時に脚韻が乱れるばかりか，韻律が全くでたらめである。なかには，出典があるにもかかわらず，改変されて，脚韻や韻律が崩れてしまっているものもある。

たとえば『霊智の要旨』第6節の韻文部分にふくまれる，次の一節がそれである。

در راه خدای دو کعبه شد نازل　یکی کعبه صورت است یك کعبه دل است
تا توان زیارت دلها کن　بهتر هزار کعبه باشد یك دل

神への旅路で2つのカアバにて下馬する。
ひとつは形のカアバ，もうひとつは心のカアバである。

つづける修行のことである。ここにズィクルと訳した「唸想」は，「念」の傍らに「口」辺のある「唸」の字が用いられていることから，黙念のズィクル（khafī）ではなく，声に出すズィクル（jahrī）であった可能性が高い。そして，声に出すズィクルこそは，中央アジアや南アジアにおいてカーディリーヤ派の識別標として認識されていた［Zarcone 2000: 303, 325–328; Buehler 2000: 353–354］。

28　李兴华等［1998: 688］によれば，楊保元は『胡俩碎土力卖尔热帅提』やそのほかの書を編集もしくは漢訳したという。『胡俩碎土力卖尔热帅提』は，*Khulāṣa al-mar'rifa* に相違ない。

できるだけ〔多く〕心を巡回せよ。
1回の心〔の巡礼〕は，1000回のカアバ（の巡礼）に勝る。［*Khulāṣa*: 5b］

これは，ヘラートのスーフィー，アブドゥッラー・アンサーリー（ʻAbdullāh Anṣārī Hirawī, 1006–89）の『秘密の語らい（*Munājāt*）』にみえる，次の四行詩（rubāʻī）が出典であろう[29]。

در راه خدا دو كعبه آمد منزل　يك كعبه صورت است و يك كعبه دل
تا بتوانی زيارت دلها كن　كافزون ز هزار كعبه آمد يك دل

dar rāh-i khudā du kaʻba āmad manzil/ yik kaʻba-yi ṣūrat-ast o yik kaʻba-yi dil
tā ba-tawānī ziyārat-i dil-hā kun/ k-āfzūn zi hazār kaʻba āmad yik dil
神への旅路で2つのカアバが，下馬する宿となる。
ひとつは形のカアバ，もうひとつは心のカアバである。
できるだけ〔多く〕心を巡回せよ。
1回の心〔の巡礼〕は，1000回以上のカアバ〔の巡礼〕に相当するからである。［*Munājāt*: 82］

この四行詩は，第3半句以外，脚韻も韻律も整っている（韻律は長長短短長短長短長長長長）。が，『霊智の要旨』に編入されたその変形バージョンは，脚韻と韻律が崩れてしまっている。この崩れは，写本書写生の写し間違いに起因する可能性を完全に排除することはできない。しかし『霊智の要旨』の大方の韻文に脚韻や韻律の乱れが認められることからすると，脚韻や韻律を

29　『霊智の要旨』にみえる問題の四行詩に類似するものが，馬功の『清眞安樂譜』にもみえる。すなわち「在○○經中日○○，真主之道路中，開而拜是兩個，一個是面容，一個是心」［清真，XIX: 191］とあるのが，それである（○○のところは，原典では空白になっており，後にアラビア文字が書き入れられるはずが未遂に終わったものと考えられる）。これを根拠に，筆者はかつて，馬功が『霊智の要旨』をみていた可能性を指摘した。しかし濱田正美氏より，当該四行詩に類似するものが，東トルキスタンの聖者伝『マウラーナー・アルシッディーン・ワリー伝』［濱田2006, text: 56, trans.: 81］にも見出されることをご教示いただき，その四行詩は『霊智の要旨』のオリジナルではないだろう，とのご指摘をいただいた。そしてそれを契機として，問題の四行詩がアンサーリーの『秘密の語らい』に出ることをつきとめることができた次第である。ご教示・ご指摘をいただいた濱田氏には，深く感謝を申し上げたい。くわえて，従来の説をあらため，馬功がその四行詩を『霊智の要旨』から引用した可能性はかなり低くなった，と訂正しておきたい。

犠牲にしてアンサーリーの四行詩を変形したのは，むしろ『霊智の要旨』の原作者であった可能性が高いと考えるべきである。

したがって『霊智の要旨』は，少なくともイスラーム世界中核地域の知識人の著作ではなさそうである。このことは，その著者が中国ムスリムであった可能性を示唆する[30]。ただ，もちろん韻律や脚韻のくずれは，中国ムスリムのみに特有の現象ではない。それはあくまで著者が中国ムスリムであることの蓋然性を示すにすぎない。しかし，次の点は，著者の素性を雄弁に物語るであろう。

すなわち第2に，『霊智の要旨』の一部に道教の影響らしきものが見られる。たとえば，以下の一節がそれである。

> ……礼拝の内面は，神と結合することである。礼拝の真相はというと，〔そのレヴェルでは〕諸元素を凝集する。すなわち風, 水, 火, 土を〔凝集する〕。［*Khulāṣa*: 3b］

この文章の後半部分，「礼拝の真相」に関する記述に注目したい。「神と結合すること」よりも高次の境地，もしくは神人合一のなかでも比較的高次の境地として，風・水・火・土の四元素を凝集するというのは，イスラームないしスーフィズムの文脈ではよく理解しがたい。ところがそれは，内丹道教の文脈では理解できるかもしれない。すなわち問題の記述は，次に見るような，五行の帰一による金丹の生成を表現したものかもしれないのである。

有名な張伯端『悟眞篇』の注釈である，朱元育の『悟眞篇闡幽』に次のような記述がある。

30　といっても，中国ムスリムがいつも韻律を無視していたわけではない。たとえば1882年に立碑された北莊拱北アラビア語碑文に載る次のペルシア語韻文（碑文の詳細は，马自祥［1994: 69–95］を見よ。ただし，そのアラビア語テクストは正確でないところもある。以下のテクストは，筆者の実見にもとづく）は，脚韻のみならず韻律も整えられている（韻律は短長長長短長長長短長長の hazaj）。

سرایم مدح آن سیاح غواص　کنم خورشید را جون دره رقاص

sarāyam madḥ-i ān sayyāḥ-i ghawwāṣ/kunam khurshīd rā chūn durra raqqāṣ

潜水夫なる，かの旅人たちの賛歌を私は歌う。/真珠の如き太陽を私は急使とする。

……中宮之土，兼攝木火金水，總持精神魂魄，自成一家。獨而無偶，眞意之象。身心會合，而歸中黄，三家相見之象。于是眞種生聖胎結矣。……

……〔身体の〕中央[31]〔，五行の配当でいえば，〕土が，〔東に配当される〕木，〔南に配当される〕火，〔西に配当される〕金，〔北に配当される〕水を引きよせる。〔五行でいえば水に相当する〕精，〔火に相当する〕神，〔木に相当する〕魂，〔金に相当する〕魄を〔土に相当する身体中央が〕とりまとめ，おのずから一家となるということである。それは独一で対立するものがない状態，真意[32]〔によって実現される〕かたちである。〔精と魄という〕身〔的なもの〕と，〔神と魂という〕心〔的なもの〕とが交合して，〔身体の〕中央に帰った状態，“三家が相見える”のかたちである。ここに真の種が生じ聖なる胎が結ばれる。……［闡幽：6120–6121］

これは，人間身体を構成する4種類の氣，精神魂魄が交合・帰一することで，人間身体の内部に，いわゆる「金丹」(真の種，聖なる胎) が結ばれることを説明したものである。また，ここでは，精神魂魄，およびそれらが帰一するところの身体中央 (中宮，中黄) が，五行で言いかえられている。つまり金丹の生成が，五行の帰一する事態としても説明されているのである。

詳細は本書第7章にゆずるが，実はこの『悟眞篇闡幽』の記述は，前後の文章とあわせて，ほぼそっくりそのまま楊保元の『綱常』［清真，XIX: 234–235］に引用されている。そこでは，五行の帰一，つまり金丹の生成が，スーフィズムのある高次の境地を表現するための比喩として用いられている。より具体的にいえば，五行の帰一，ないし精神魂魄の帰一とは，潜在していた高次の精神や本来的霊性 (laṭā'if)[33] が発現・回復され，意識の深層が開かれることの比喩であり，金丹の生成とは神人合一ないしはそれに類する境地の比

31　具体的にいかなる部位であるかは不明であるが，おそらくは下丹田を指すか［吾妻 1988: 613–614］。

32　体内の気の交合を操作する意志的な力をいうものと思われる。

33　たとえば，ナジュムッディーン・ラーズィー・ダーヤの『下僕たちの大道 (*Mirṣād al-'ibād*)』では，精神・霊性（霊的認識器官）の階梯として，魂（nafs），心（dil），霊（rūḥ），秘奥（sirr），隠されたもの（khafī）という5段階が措定されている［*Mirṣād*: 113; Algar 1982: 134–135 (n. 9)］。こうした霊的諸段階は，存在の様々なレヴェルと対応している。高次の精神・霊性が発揮されると，それに対応する存在次元が開示され体験・認識されるのである。

喩であると考えられる。

そして，上に引いた『霊智の要旨』の「諸元素を凝集すること」も，そのような比喩としての「五行の帰一」を表現しようとしたものだったのではなかろうか。この推定は，それが正しいとすれば，『霊智の要旨』の著者が，道教との対話を好んだ中国のカーディリーヤ派関係者であった可能性を示唆する。

章　結

『霊智の要旨』の著者が，中国のカーディリーヤ派関係者であって，ペルシア語の著述においてさえ道教との対話を試みたのだとすると，それは，同書の内容が楊保元の『綱常』に編入されたことと親和的で，納得がいく。『綱常』は内丹のことばに満ちている。楊保元はカーディリーヤ派系の楊門門宦のシャイフであった。彼が『霊智の要旨』の著者と同じ伝統に属するがゆえに，それを『綱常』の典拠として参照したというのは，実にありそうな話である。

同じことは，『霊智の要旨』が，穆罕黙德・穆罕本拉（Muḥammad Muḥibbullāh?）の『七篇要道』として翻訳されたということからも，いえるかもしれない。同書は，奥書から 1972 年に完成したと判断される。1999 年重印版には，ヒジュラ暦 1387 年 1 月 1 日（西暦 1967 年）にウルムチで書かれた著者の序文が付されている。そしてその序文には，同書が「認識的精髄」なるペルシア語作品，すなわち『霊智の要旨』の翻訳であることが明記されている[34]。たしかに穆罕黙德・穆罕本拉の『七篇要道』も 7 節から成り，そ

34　『七篇要道』の著者は，馬良駿（1867～1957）だという説もある（馬良駿については，虎隆・马献喜［2007］，および王平［2007］を参照)。筆者が目睹しえた1999年重印の『七篇要道』が，穆罕黙德・穆罕本拉の手になるものであることは間違いないが，その初版が出た1972年，その序文が書かれた1967年よりも前に，馬良駿による『霊智の要旨』の翻訳が存在したのかもしれない。ただし，虎隆・马献喜［2007: 123］は，馬良駿のペルシア語経典にたいする慎重な態度からすると，彼が『七篇要道』を翻訳するとは考えにくいと主張する。

れぞれの主題も『霊智の要旨』の7節と一致する。

興味深いのは，『七篇要道』が『霊智の要旨』を大幅に拡充している点である。その拡充の仕方については，いろいろな事がいえるだろうが，少なくともそのひとつとして注意されるべきは，やはり中国のカーディリーヤ派の思想的影響が顕著だということである。『七篇要道』の著者，穆罕黙德・穆罕本拉が，カーディリーヤ派系の門宦となんらかの関係があったことは疑いない。

たとえば『七篇要道』には，次のような一節がみえる。

文泉写诗道：
先造灵光，后造人，灵光一显万物生。
普救众生主慈恩，真主显奇独一尊。
为人要知“哇吾”，“米目”两字母，“米目”头上显“哇吾”，就象龙升九重天。恳求他是何物，就是阴中藏阳主本然。他无以论比——名为“安拉乎”号真宰。“哇吾”顶上显“米目”，问他根底便是谁？就是阳中藏阴是“罕格”，走曲流水万物成，名叫恩人老母亲。

文泉が詩を書いて言った。
まず霊光をつくり，のち人をつくった。霊光がひとたび顕れると万物が生じた。
あまねく衆生を救うは，主の慈恩。真主は顕れても無比，独り尊きもの。
人をして知らしめねばならぬ，ワーウとミームの2つの文字について。ミームの頭上からワーウが顕れる。それはまるで龍が九重の天に登るかのようである。誠実に探求する，それ（ミームから顕れるワーウ）は何なのか。それはすなわち，陰（人間）のなかにふくまれる陽，つまり主の本然のことである。〔ふくまれている〕それは，説明のしようがないものである。名はアッラー，号は真宰である。ワーウの頂上にミームが顕れる。問う，彼（ワーウから顕れるミーム）は結局のところ誰なのか。それはすなわち，陽のなかにふくまれる陰，つまり真相（罕格＝Ḥaqq）のことである。それが曲がりくねる川のように流れることで，万物が生成されるので，それのことを恩人老母親と呼ぶ。……［清真，XVIII: 506］

まず，この一節の冒頭にみえる詩の作者，文泉なる人物は，おそらく馬文泉（1840〜1882）にちがいない。彼は，カーディリーヤ派系門宦のひとつ文

図 6-2　大拱北（甘粛省臨夏市）境内のレリーフ。「百鳥朝鳳」との題字がある。30 羽の鳥（sī murg）が鳳凰（sīmurg）のもとに到達することでもって神人合一の境地を表現したアッタール（Farīd al-Dīn ʻAṭṭār）の『鳥の言葉（*Manṭiq al-ṭayr*）』を彷彿とさせる。

泉堂の創始者である[35]。また，文泉の詩より後の文章は，ほとんど同じものが楊保元の『綱常』［清真，XIX: 259］に見出される。しかも，詳細は本書第 7 章でみることになるが，問題の文章もまた内丹の理論を踏まえたものなのである。

このような文章を載せる『七篇要道』，そして『綱常』が，ともに『霊智の要旨』を典拠としていることは，おそらく単なる偶然ではあるまい。『霊智の要旨』が，中国西北部のカーディリーヤ派の関係者によって著され，一部に道教との対話の跡を含むものであった可能性を，それは示唆しよう。またそうであるならば，同書がのちのカーディリーヤ派関係者による道教との

35　馬文泉と文泉堂については，马通［2000a: 254］を参照。

対話にも霊感を与え，中国のカーディリーヤの伝統形成に貢献したという物語を想定することも，可能であろう。

付記：中国西北部のムスリム，とくにカーディリーヤ派の人々のあいだで，イスラームの対話の相手に儒教ではなく道教が選ばれたことの奇妙さについて，若干の補足をしておきたい。儒教との調和を志向する傾向にあった内地のムスリムのあいだでは，一部に道教の影響もみられたが，やはり道教を批判する者もしばしば見られた（たとえば，堀池信夫「『省迷真原』初探――最初期の中国イスラーム哲学と道教的思惟」『東方宗教』111 (2008) , 25-49 頁を見よ）。こうした点は，中国西北部で展開されたイスラームと道教の対話が，ある程度特殊なものであったことを示唆していよう。

付録1

『霊智の要旨』訳注

※以下，《 》は葉数を示す。

《1b》　慈悲深く慈悲遍きアッラーの御名において

我が主が，私〔の仕事〕を容易にさせたまいますように。そして，私〔の仕事〕を困難にさせたまいませぬように。

称賛者あれ，次のような御方（神）に――すなわち，その美しさによって愛する者たちを，その完全さでもって完全なる者たちを，その本体でもって唯一性認識者たちを，増やしたまう御方に。祝福あれ，彼（神）の選ばれし使徒の上に――彼は，シャリーアに関して彼（神）の諸々の徴〔を記した〕諸々の頁を流布させ，タリーカに関して彼（神）の本体に沈潜し，ハキーカとマアリファに関して派遣された。また，清浄にして善良なる，彼の家族，教友たちの上に〔祝福あれ〕。〔そして彼らの上に，神が〕多くの平安を賜われますよう。

さて，このか弱き者は，シャリーアとタリーカとハキーカとマアリファ[i]

i　『霊智の要旨』では，本書第6章本文でみたとおり，シャリーア，タリーカ，ハキーカが論じられているのは確かだが，マアリファについては明示的な言及がない。マアリファは，ハキーカよりも高次の境地を指すと思われるが，詳細は不明である。

ちなみに，シャリーア，タリーカ，ハキーカ，マアリファという4段階説は，中国西北部でしばしば見られる。たとえば，現代中国のムジャッディディーヤ派の文献［马世俊 2005: 37, 174］が，4段階説を採る。このような4段階説の起源はいったいどこにあるのだろうか。

ムジャッディディーヤ派は皆がみな4段階説を唱えていたわけではなさそうである。1902年に刊行された，『天方道程啓徑淺説』は，3段階にしか触れていない［清真: XIX, 26–27］。『天方道程啓徑淺説』は，小松［1985］が紹介する『タリーカについての論考（*Risāla-yi ṭarīqa*）』（この文献については，本書口絵「中国ムスリム翻訳②」の解説も参照）の漢語訳にちがいない。

いっぽうで，南京の劉智も自著『天方典禮』巻一において，シャリーア，タリーカ，の神秘的知識が，要約のかたちで語られることを望んだ。そして私は，援助者である至高の神が，過誤と過失から私をお守りくださるよう望んだ。というのも，あなた（神）は正道を示す者たちの長であるからである。私はこの書物を『霊智の要約』と名付け，この書物のうちに7節を集めた。至高の神は言われた。「彼は7層の天を創造した」［Qur'ān, LXXI: 15］と。おお，真理の同胞たちよ。以下の4つの徴の真相を知れ。さもなくば，〈断じてなきよう！　神におすがり申す〉，彼らは〔真理を〕覆われる。

第1。「2度うまれない者は天地の主権に参預しないだろう（lan yalija fī malakūti al-samawāti wa al-arḍi man lam yūlad marratayni）」[ii]。 **≪2a≫** 信仰な

ハキーカの「三乗」の後に，さらに「超乗」があると述べている。しかしその起源はさらに遡ることができるだろう。

4段階説の起源の有力な候補地としては，南アジアが挙げられる。同じ説が，少なくとも16・17世紀のベンガルでみられた［外川 2008: 217–222］。くわえて，インドで活動したチシュティーヤ派スーフィー，ギースーディラーズ（Gīsūdirāz, 1422年没）は，シャリーア，タリーカ，ハキーカ，マアリファの後に，ワフダ（waḥda ＝ 1つであること）を加えた［Hussaini 1983: 107 (n. 240)］（外川［2008］と Hussaini［1983］にこれらの記事があることは，二宮文子氏の御教示によって知った。記して謝意を表したい）。また，同じくインドのチシュティーヤ派スーフィー，マフムード・フシュ・ダハーン（Maḥmūd Khwush-Dahān, 1617年没）は，4段階の後にタウヒード（tawḥīd ＝唯一性認識）を加えた［Eaton 1978: 144 ff; Chittick 1999: 252］。

ii　この文言は，預言者イエスの言葉として『下僕たちの大道』［*Mirṣād*: 240］や『至遠の目的地』［*Maqṣad*: 238］にも引かれている。くわえてそれは，劉智『天方性理』巻四「升降來復圖説」にも引用されている［青木ほか 2005: 72–74］。

また，『秘中の至秘』［*Sirr*, I: 84–89］では，「鳥が2度生まれる（産卵と孵化）如く，2度生まれない限り，天の主権に参預しない（lan yalija fī malakūti al-samawāti ḥattā yūlada marratayni ka-mā yūladu al-ṭayru marratayni）」という文言が，やはりイエスの言葉に帰され，以下のような境地を説明するものとして引用されている。すなわち，人が，潜在するより高次の精神・霊性を発現していった果てに，「精神的嬰児（ṭifl al-ma'ānī）」とよばれる「人間の真相（ḥaqīqa al-insān）」を露わにし，アッラー以外なにもないという「霊的世界（'ālam al-rūḥāniyya）」に入ると，「一性そのものの中で，分節化を脱して〔自我〕消滅した（nawā min ta'yīni-him fī 'ayni al-waḥdati）」という状態において，神の美を目の当たりにする（ru'ya jamāl Allāh），というものである。ここでは「2度生まれる」

く現世を旅立たんとする人々は，以下のような集団である。彼らは，「浸透しないだろう (law lan yalija)」の真相を最期まで知らなかった。すなわち，彼には〔目的への〕到達がない。彼は人間ではあっても不信者である。

第2。「実に汝の主の御許における1日は，汝らが数える1000年の如し (inna yawman ʻinda rabbi-ka ka-alfi sanatin mimmā taʻuddūna)」［Qur'ān, XXII: 47］[iii]。信仰なく現世を旅立たんとする人々は，以下のような集団である。彼らは，「実に……の1日は (inna yawman)」の真相を最期まで知らなかった。すなわち，彼には正道の案内人たる老師〔への師事〕の果報がない。彼は勇敢な者[iv]ではあるが不信者である。

第3。「契約とは信頼に足る約束と語りかけ (al-mīthāqu huwa al-ʻahdu al-

が，自我消滅ののちの精神的嬰児の誕生のこと，「天の主権に参預」が，霊的世界に入ること，と解釈されている。

iii　この章句は，『至遠の目的地』において，スーフィズムの修行における導師（シャイフ shaykh）の必要性を根拠づけるものとして引かれている。「もし〔スーフィズムの修行道をゆく〕ある旅人が，1日，いや1時間でも，〔賢者との〕交際 (ṣuḥbat) に至り，〔目的地に至るための〕能力があり，賢者 (dānā) との交際に相応しくあるならば，それは，賢者との交際無くして，100年，いや1000年，諸々の禁欲や克己に従事することよりも，良いことである。至高なる彼の言葉に「実に汝の主の御許における1日は，汝らが数える1000年の如し」とあるが如く。そして，誰であれ賢者との交際なくして目的地に至り，目的を獲得する可能性は無い。たとえ能力があり，諸々の禁欲や克己に従事していたとしても。」［*Maqṣad*: 221］

問題の章句は，『霊智の要旨』でも『至遠の目的地』と同様の文脈で用いられているようである。

iv　スーフィズムの修行道は，危険な旅路に喩えられる。この旅路をガイドである老師（ピール pīr ＝シャイフ shaykh）の導きなしに行こうとするのは，いわば無謀な蛮勇に等しい。ここでの「勇敢な者」とは，そのような蛮勇を振るう者という意味でいわれているのであろう。たとえば『下僕たちの大道』に次のようにある。「もしある人が自身の理性や知識 (ʻilm) の眼差しで以って自らを養育せんとするならば，彼は決して成功しないであろう。そして，滅亡の奈落や諸々の滑り易い場所に陥いるという危険がある。そして，信仰の衰退の恐れがある。というのも，彼は自尊心や独り善がりや魂の媚やサタンの欺きによって，果てし無きこの道の諸々の荒野や危険な場所に自らを投げ入れるからである。」［*Mirṣād*: 251］

mawthūqu wa al-khiṭābu)」[v]。信仰なく現世を旅立たんとする人々は，以下のような集団である。彼らは,「契約（al-mīthāq）」の真相を最期まで知らなかった。すなわち，彼には正道の案内人たる老師の執り成しがない。彼はムスリムではあるが不信者である。

第4。「汝らのうち彼の宗教を捨てて死ぬ者は誰であれ，現世でも来世でも彼らの行為は失敗する。彼らは劫火の所有者であり，そこに永住する者たちである（wa man yartadid min-kum ‘an dīni-hi fa-yamut wa huwa kāfirun fa-ūlā’ika ḥabiṭat a‘mālu-hum fī al-dunyā wa al-ākhirati wa ūlā’ika aṣḥābu al-nāri hum fī-hā khālidūna）」[Qur’ān, II: 217]。信仰なく現世を旅立たんとする人々は，以下のような集団である。彼らは，「……を捨てて……者は誰であれ（wa man yartadid）」の真相を最期まで知らなかった。すなわち，道は，入口なきものとなった。彼は信徒ではあるが不信者である。

預言者〈彼の上に平安あれかし〉は言われた。「ズィクル[vi]の内面を知らない者は誰でも，革新者である。礼拝の内面を知らない者は誰でも，**≪2b≫** 異端者である。“己を識る者はその主を識る”[vii]の内面を知らない者は誰でも，不信者である。hā，huwa，hu，hi，4種類の〔アラビア語の〕

---

v　この文言は『四節』[*Chahār*: 6] にも引かれている。「契約（al-mīthāq）」とは,『クルアーン』の第7章第172節に見える神と人の契約のことである。すなわち，神が，アダムの腰部から，将来にその子孫たちとなる霊的な何かを取り出し，それらに向かって「私は汝らの主ではなかったか」と問うと，それらが「はい，我々はそれを証言いたします」と答えた，というものである [Schimmel 1975: 24]。『下僕たちの大道』には，「“私は汝らの主ではなかったか”という約束（‘ahd）」[*Mirṣād*: 105] や「“私は汝らの主ではなかったか”との語りかけ（khiṭāb）」[*Mirṣād*: 176] という表現がみえる。なお，神がアダムの腰部から取り出した何かとは，『下僕たちの大道』によれば,「彼の子孫たちの魂の諸小片（dharrāt-i nufūs-i farzandān-i ū）」[*Mirṣād*: 176] だという。

vi　原義は「〔神を〕想起すること」で，神の名や神の唯一性に関する文言などを唱えつづける修行のこと。

vii　この文言は『下僕たちの大道』[*Mirṣād*: 3; Algar 1982: 28 (n. 14)] や『至遠の目的地』[*Maqṣad*: 234] にも引かれている。また，Shimmel [1975: 189–190] もみよ。

人称代名詞[viii]を知らない者は誰でも，獣である」。

第1節：沐浴の真相について

知れ。至高の神は言われた。「彼は改悛する者たちを愛し，身を清める者たちを愛したまう」［Qur'ān, II: 222］と。預言者〈彼の上に平安あれかし〉は言われた。「実に神は善であり，善なるもの以外は承認されぬ」と。知れ。沐浴には3種類ある。ひとつは外面，ひとつは内面，ひとつは真相である。沐浴の外面はというと，それによって身体の7つの部位[ix]に水を至らしめた。沐浴の内面はというと，〔当該のレベルでは〕あらゆる罪から心身が清められている。沐浴の真相はというと，〔当該のレベルでは〕愛の海に溺れる。

---

viii　hā は三人称女性単数の接尾形（属格・対格）。huwa は三人称男性単数の独立形（主格）。hu は三人称男性単数の接尾形（属格・対格）。hi も三人称男性単数の接尾形（属格・対格）だが，直前の母音が i のときの形である。ただ，原テキストではたしかに hi となっているものの，ここは hiya が相応しいように思われる。hiya は三人称女性単数の独立形（主格）である。hi ではなく hiya であるとするならば，4種類の人称代名詞の内訳が，三人称男性単数・三人称女性単数それぞれの独立形と接尾形で構成されることになる。

また，hā，huwa，hu，hi（もしくは hiya）は『綱常』［清真，XIX: 263］にもみえる。すなわち「哈（hā），呼（hu），吸（hi もしくは hiya），呼（huwa），4種類のアラビア語人称代名詞（作密勒＝ ḍamīr）」（哈呼吸呼四様作密勒）とあるのがそれである。そこでは「吸は陰で，呼は陽（吸者爲陰，呼者爲陽）」とも記されているから，「吸」はやはり hi（男性）ではなく hiya（女性）に相当するだろう。

なお，『綱常』［清真，XIX: 263］には，〔哈呼吸呼の〕「四家が中央の戊己に帰る（四家歸於中央戊己）」とある。実はこれは，本来的霊性の回復や神人合一を，象徴的に表現したものと解せられる。この解釈に沿うならば，『霊智の要旨』の hā，huwa，hu，hiya は，いずれかのレベルの霊的認識器官（laṭā'if）を指すことになる。また，『綱常』における hā，huwa，hu，hiya は，次のような対応関係によって，全体として，神の自己顕現による人間の創造と人間による神への回帰というサイクルをも表現する。議論の詳細は本書第7章に譲る。

吸（hiya）＝神に回帰する人間
哈（hā）＝人間の真相としての神
呼（huwa）＝神
呼（hu）＝神の映しとしての人間

ix　具体的には不明。本書第6章注11参照。

マスナウィー：

おお礼拝者よ，来たれ，沐浴を行え。

自身の心の家を建設せよ。

誰かを外面の沐浴にいざなえ。

汝の内面をも神が清めたまうだろう。

朝に夕に，夜に昼に。

沐浴には，4つの義務を除けば，何もない。

第1に，身体の整序。第2に，心の純化。第3に魂の浄化。第4に霊の装飾[x]。威厳の所有者の愛の海[xi]において，この〔4つの義務を遂行した〕人は，〔神との〕逢瀬の時を過ごしつづける。

第2節：カリマの真相について

知れ。至高の神は言われた。「彼は彼らに畏怖の言葉を押しつけておしまいになった」［Qur'ān, XLVIII: 26］と。　**≪3a≫**　預言者〈彼の上に平安あ

x 「心の純化（taṣfiya）」，「霊の装飾（taḥliya）」は，本章本文にもみたとおり，『下僕たちの大道』第3章第7節，第8節の主題としてそのタイトル中にみえる。また，「魂の浄化（tazkiya）」も，同書第3章第6節の主題としてそのタイトル中にみえる。くわえて，「身体の整序（tartīb）」は，『下僕たちの大道』第3章第5節の主題としてそのタイトル中にみえる「身体の養育（tarbiya）」とそれほど意味は変わらないだろう。

xi 神には「美（jamāl）」と「威厳（jalāl）」という2つの対立する属性がある。「美」は，いわば神の慈愛のことであり，万物として自己顕現し万物を存在せしめる神の創造主としての相をも指している。神が万物と関わり合いをもち，万物に内在する相といってもよい。たいして「威厳」は，神が万物に対して圧倒的な威力を振るう様や，万物から超越してある相を指す［Chittick 1989, 23–24］。「威厳の所有者」とは，万物と関係する以前の神，いまだ自己顕現せぬ隠れた神のことをいうのだろう。それは「威厳」という属性を帯びる以上，「威厳」の矛先である万物を僅かながらも想定するので，絶対的純一性そのものではないにせよ，それに限りなく近い段階を指すと思われる。そしてこれに呼応するかたちで，「愛の海」も，「愛される者（神）」と「愛する者（万物）」の二元対立を超えた，絶対的純一性にかぎりなく近い境地を指すのであろう。

れかし〉は言われた。「タリーカの基礎は，燃焼の衣や，アラビア語と非アラビア語の音から自由である」と。知れ。言葉には３種類ある。ひとつは外面，ひとつは内面，ひとつは真相である。良い言葉の外面とは，“アッラーのほかに神はなく，ムハンマドは神の使徒である”である。良い言葉の内面とは，永続する神命である。良い言葉の真相はというと，〔当該のレベルでは〕心の方へ隠没している。

韻文：

スーフィーは時の子[xii] となった，おお友よ。
道の規定には旅の食糧についての言葉はない。
スーフィーの帳簿には黒い文字はない。
雪のように白い心のほかにはない。
スーフィーたちはみな，文字を持たぬ者となり，称賛となった。
それ（称賛）以外の恋人たちは排除される。
語ったことが 1000 の道となった。
家の中に１人がいるならば，文字は「一」で十分である[xiii]。
私が自身と世界のすべてから消え去るやいなや，
私の眼差しには彼以外なにもなかったし，どんな実在もない。

外面がどのようであれ，心や命よりも上にあるもの[xiv] はみな，ひとつのキブラ[xv]，ひとつの方面へ向かう。

xii　神との合一境において，時間を超越する神の境地，過去・現在・未来の相対を超えた絶対的な「今」を体験する者のことをいうのであろう［Schimmel 1975: 129–130; 220］。

xiii　心（家）のなかに神が想われているとき，「一」以外のことを念じる必要はないとの意か。

xiv　心や命よりも高次の精神・霊性（laṭā’if）をいうのであろう。

xv　普通には礼拝の方向，すなわち「神の家」たるカアバ神殿の方向のこと。ここでは，スーフィーが探求すべき目的，すなわち神そのもののことを指している。

第 3 節: 礼拝の真相について

知れ。至高の神は言われた。「礼拝を守れ，そして中間の礼拝をも」［Qur'ān, II: 238］と。預言者〈彼の上に平安あれかし〉は言われた。「2 つの魂のあいだにあるものを維持せよ」と。預言者〈彼の上に平安あれかし〉は言われた。「諸事のうちの最良は，その真ん中である」と。　≪ 3b ≫　それは，「2 つの重荷」［Qur'ān, LV: 31］（人間とジン）の服従のうちで最良のもののことである。知れ。礼拝には 3 種類ある。ひとつは外面，ひとつは内面，ひとつは真相である。礼拝の外面は，5 つの時間の礼拝を行うことである。礼拝の内面は，神と結合することである。礼拝の真相はというと，〔当該のレベルでは〕諸元素を凝集する。すなわち風，水，火，土を〔凝集する〕。

マスナウィー：

汝の魂は，蔑むべき貪欲さに汚されている。
行け。消滅の海で浄化せよ。
隠遁せよ。望みと恐れを取り去れ。
礼拝者に満足が住むようになった[xvi]。
キブラを見いだしたなら，希求嘆願せよ。
〔心の〕内から神を〔求めて〕嘆願せよ。
精神[xvii]の鷹が霊の門を開いた。

xvi　望みを，望みが裏切られることの恐れとともに捨て，自らの置かれた状況に満足することは，スーフィーに求められる徳目のひとつである。たとえば『至遠の目的地』［*Maqṣad*: 218］に「完全人間（insān-i kāmil）は彼の有する完全さと偉大さによって，諸々の望み（murādāt）の獲得にたいして力を持たない。望みの無いこと（nā-murādī）でもって生き，満足（sāzgārī）でもって日々を過ごしている」とある。

xvii　「精神（rawān）の鷹が霊の門を開」くとは，高次の霊性・霊的認識器官（laṭā'if）を発現することの謂いだろう。「精神（rawān）」は，そのような霊性のひとつなのであろう。それに類似する「精神的霊」なるものが，『秘中の至秘』［Sirr, I: 52–71］に見える。すなわち，胸や四肢（al-ṣadr ma'a al-jawāriḥ al-ẓāhira）に「肉体的霊（al-rūḥ al-jismānī）」が宿り，心臓（qalb）に「精神的霊（al-rūḥ al-rawānī）」が，心の深層（fu'ād）に「スルターンの霊（al-rūḥ al-sulṭānī）」が，さらなる深層の秘奥（sirr）と呼ばれるところに「神聖な霊（al-rūḥ al-qudsī）」がそれぞれ宿るとされる。

無頼[xviii]が4，5，9の天を過ぎた[xix]。
彼という蛾[xx]は，場所なき空間となった。
時間は天地なきものとなった[xxi]。
現世と来世を越え出た。
主人と下僕は世界の無相たるを見た。

知れ。タクビール・タフリーマ[xxii]には2種類ある。ひとつは外面，ひとつ

xviii　「無頼（rind）」はまさしくスーフィーを指す語でもある。そして無頼であることは，スーフィーに求められる徳目のひとつである。たとえば『下僕たちの大道』［*Mirṣād*: 260–261］に「この道では，任侠無頼の如く（‘ayyār-wār）進んで行かねばならない。というのも，多くの危険に満ちた仕事が前から来るからである。後先かんがえず自身をそこに投げ入れなければならない。結果を考えてはならない。命のことを心配してはならない」などとある。

xix　ムハンマドの昇天の奇跡（ミウラージュmi‘rāj）が念頭に置かれているのだろう。スーフィーが神との合一へ近づく様は，しばしばこの昇天に喩えられる［Schimmel 1975: 148, 218–220］。

xx　自己消滅の果てに神と合一するスーフィーは，しばしば，火中に飛び込んで自らを炎と化す蛾に喩えられる。

xxi　神が天地（空間）を創造する以前には，もちろん時間も無かった。そのような時間を超越した永遠なる神との一体化の境地をいうか。たとえば『至遠の目的地』に次のようにある。「この〔神との〕近接（qurb）に至った者は皆，神への旅（sayr ilā Allāh）を全くした。この近接は，聖者性という方法による以外，開示されない。同様に，時間の窮屈さや空間の粗雑さから抜け出すこともまた，その方法の諸特性のうちの一つである。旅人たちが時間や空間から抜け出さぬ限り，彼らの飛行（ṭayarān）は，太初（azal）に結合しない。ここでは，時間〔との関わり〕の無い，世界の始まりを，「太初」と呼んでいる。この観点において，過去や未来は消滅し，「汝らの主の御許には朝も夜も無い」という神秘が万能のベールより現れ出で，「おお，ジンと人間の集団よ，汝らが諸天と大地の〔境を越えて〕諸々の地域に浸透することができるならば，やってみよ，〔神の〕権能（sulṭān）による以外はできぬだろう」［Qur’ān, LV: 33］と証言する者が美を現す。」［*Maqṣad*: 231］

xxii　礼拝の開始，神聖禁忌の状態への突入を宣言するタクビール（「神は最も偉大なり」と唱えること）。

は内面である。タクビール・タフリーマの外面とは，“神は最も偉大なり”を言うことである。タクビール・タフリーマの内面は，至高の神が臨在することである。

韻文:

神の臨在を得た者は，息が備えてある状態となる。
呼吸は新しく，習慣は遠くある[xxiii]。
備えて〔注意して〕いる者は信徒であり，不注意な者は不信者である。
備えて〔注意して〕いる者は楽園であり，不注意な者は火獄である。

《4a》 朗誦には2種類ある。ひとつは外面，ひとつは内面である。朗誦の外面とは，クルアーンを朗誦することである。朗誦の内面とは，神に語りかけることである。

マスナウィー:

至高の神が汝とともにあることを望むならば，
比類なき力から言葉が言われる。
クルアーンを朗誦せよ。汝は神の言葉を聞くだろう。
神から汝に降った，かのクルアーンは，汝のために無始の過去より存在する。
クルアーンを自身の先導者とすること。
常に追随せよ，心と魂とともに。

直立礼には2種類ある。ひとつは外面，ひとつは内面である。直立礼の外面はというと，〔そのレベルでは〕身体でもって立っている。直立礼の内面はというと，〔そのレベルでは〕至高の神の自立自存の境位に至った。

半句:

xxiii　親がムスリムだから自分も何となくイスラームを信仰する類の，習慣的・惰性的信仰をやめること，そして呼吸のたびに，つまりはあらゆる瞬間（一息）に，神へ精神集中することをいうのだろう。

……屈身礼と平伏礼から，直立礼の方に来た。

屈身礼には２種類ある。ひとつは外面，ひとつは内面である。屈身礼の外面はというと，〔そのレベルでは〕背中を曲げた。屈身礼の内面はというと，〔そのレベルでは〕消滅の段階[xxiv]に至った。

韻文：

おお，マラクートとラーフートの帝王よ。
ナースートの家にとらわれたままの者よ[xxv]。
２つの世界の王権において帝王となるとき，
現世的富裕さを伴わない精神的現金によって報われる。

額づきには２種類ある。ひとつは外面，ひとつは内面である。額づきの外面はというと，〔そのレベルでは〕頭を　≪4b≫　土につけた。額づきの内面はというと，〔そのレベルでは〕存続の段階[xxvi]に至った。

韻文：

土に属する者（人間）たちの運命に幸運を与えたとき，
彼らの心に疑惑なき確信を与えた。
一性の官庁で神を見いだしたとき，

xxiv　自己消滅の程度には幅がある。ここで「消滅（fanā'）の段階」といわれているのは，比較的低いレベルのことを指しているようである。

xxv　「マラクート（malakūt）」も「ラーフート（lāhūt）」も，形而上の何らかのレベルを指していると思われる。たいして「ナースート」（nāsūt）は，人性の意であり，形而下の現象界を指すのであろう。要するにここでは，もともとはマラクート界やラーフート界よりも高次に君臨していた一者が，人間として顕現したのち，いまだ本来に回帰せず形而下の人間としてとどまっているという見方のもとで，いまだ本来に回帰せぬ人間よ，と呼びかけているのである。

xxvi　「存続（baqā'）の段階」は，自己消滅の程度が，先に出た「消滅の段階」よりも深化した段階と考えられる。

畏怖によって土の上に額を打ち付けなかった[xxvii]。

信仰告白には2種類ある。ひとつは外面，ひとつは内面である。信仰告白の外面とは，左足のうえに座ること[xxviii]である。信仰告白の内面はというと，〔そのレベルでは〕消滅の消滅，すなわち「弓2つ分」[Qur'ān, LIII: 9]の段階[xxix]に至った。

マスナウィー：

禁欲主義者とスーフィーはいずれも走る〔が，〕
愛の王の宿処には至ることができない[xxx]。
愛する者たちは何もせずに座ったが，しかし，
弓2つ分の座所に至ることができる。

サラーム[xxxi]には2種類ある。ひとつは外面，ひとつは内面である。サラー

xxvii　神が天使たちに向かってアダムに額づくよう命じたとき，サタンのみは従わなかったという故事が想起される。ハッラージュ（Ḥallāj, 922年没）は，まさにその反抗によって，サタンは真の唯一神信仰者のひとりと認められると論じた[Schimmel 1975: 194]。

xxviii　礼拝の最後に信仰告白を読むときに，このような座り方をする。マルギーナーニーの『導き』[Hidāya, I: 132]に「第2ラクアの2回目の額づきから頭をあげたとき，〔正座しながらつま先立てていた〕左足〔の甲〕を〔地面につくように〕伸ばし，その〔かかとの〕上に〔尻を置いて〕座り，右足はつま先がキブラの方に向かうように立てておく」とある。

xxix　「弓2つ分（qāb qawsayn）の段階」は，『閃光の照射』[*Ashi''a*: 96–97]に説明がある。詳細は，青木ほか[2005: 62–63 (n. 11)]に譲る。要点だけを述べると，「弓2つ分」の段階は，存在論的にはいわゆる「神」のレベルに相当する。すなわち，絶対的純一性が神的諸名や諸属性を帯びて「神」として顕現している，しかしいまだ神以外の存在者としては顕現していないというレベルである。人がこのレベルにまで回帰するということは，まさしく神人合一にほかならない。ただし『閃光の照射』では，この段階に至っても，神と人の二元対立が完全に解消されるわけではないと説く。

xxx　ここでいう禁欲主義者やスーフィーとは，禁欲や修行に没頭するあまりそれらに眼を奪われ，本当の目的である神を見失っている者たちのことを言っているのだろう。

xxxi　礼拝の終了時に，「サラーム（平安あれ）」と言うこと。

ムの外面とは〔「サラーム」と〕唱えることである。サラームの内面はというと，〔そのレベルでは〕存続の存続，すなわち「もっと近かった」[Qur'ān, LIII: 9] の段階[xxxii]に至った。

死についてどんな不安があるというのか, 霊が存続[xxxiii]を有するときに。

---

xxxii 「もっと近かった (adnā) の段階」は，先の「弓２つ分の段階」とセットで，やはり『閃光の照射』[*Ashi"a*: 96–97] に説明がある。詳細は，青木ほか [2005: 62–63 (n. 11)] に譲る。要点だけを述べると，「もっと近かった」の段階は，存在論的には「ムハンマドの真相」(本書第１章コラム２参照) のレベルである。被造物の痕跡はほとんどなく，絶対的純一性に限りなく近づいたレベルである。そして『閃光の照射』でも述べられているように，厳密に言えばこのレベルも，あくまで絶対的純一性それ自体のレベルではないので，ここに至っても二性ないし多性が完全に消滅するわけではない。

しかしおそらくは人が回帰しえるぎりぎり最高のレベルは，ここなのだろう。というのもここを超えて，絶対的純一性のレベルに至るということは，論理的にありえないからである。絶対的純一性はそもそもいかなる他者も前提していないので，そこに何かが回帰するということも起こりようがないのである [Izutsu 1983: 24–25]。

xxxiii 「存続 (baqā')」は, 本来的霊性の回復, 神人合一による, 霊的再生のことである (本付録注 ii 参照)。『下僕たちの大道』にも次のようにある。

永遠性の美しさの蝋燭が自己顕現する時，霊 (rūḥ) は，蛾の如く羽を広げる。蝋燭の諸光線という引き付け (jadhabāt) が，蛾性 (hastī-yi parwāna) を取り去る (variant 7)。自己顕現の光の光線が，蛾の存在 (wujūd) を，蝋燭性の諸属性の装飾で飾り立てる。純一性 (aḥadiyyat) の壮麗さの蝋燭の舌〔状の炎〕が，炎を上げる時，霊という蛾の干草の山の内の１本の干草すら，残さない〔で燃やしてしまう〕。

お前への愛において，私には喜びも悲しみも残っていない。/ 私には，お前との結合 (waṣl) と共には，祝宴も葬式も残らない。/ お前の自己顕現のひと筋の光が私を，次のようにする。/ 善悪や多少〔のような二元性〕のうち何ものも私には残らないようにする。

ここにおいて，永遠性の美しさの光が霊の霊となる。「かの者たちは，彼がその心に信仰を書き込み給い，自身に属する霊で以って支え給うた人々」[Qur'ān, LVIII: 22]。もしその命 (jān) が失われたならば，見よ！　決して失われぬであろう命 (jān) を。

愛がやって来た。そして，私の命 (jān) を恋人の方に与えた。/ 愛される者は，自身の命 (jān) から，我々に命 (jān) を授け給うた。

どこに財宝があるというのか，神の光を有するときに。
貧窮者たちの霊は，この状態であった。
神秘の所有者は，知れ，これらの言葉〔の言うとおり〕だった。
旅人たちはこれらの神秘を知らないとき，
ザンダカ主義者[xxxiv]，不信者，背教者となる。

≪5a≫ 第4節：断食の真相について

知れ。至高の神は言われた。「断食は私のためのもの。私はそれに報いる」[xxxv]。預言者は言われた。「飢えておれ，私を見よ，孤独であれ，私につながれ」[xxxvi]。知れ。断食には3種類ある。ひとつは外面，ひとつは内面，ひとつは真相である。断食の外面とはラマダーンに断食を行うことである。断食の内面とは，感覚の遮断である。断食の真相はというと，〔当該のレベルでは〕自身の欠陥から遠のく，すなわち神の諸性質で飾られることを意味する。

マスナウィー：
汝が心の欲望によって断食明けの食事をとるならば，
自身の断食を全て無効にすることになろう。
自我をともなって断食をしても効果はない。
汝が神によって見る[xxxvii]こと以外に，断食明けの食事はない。

それが，消滅（fanā'）の世界の敷居であり，存続（baqā'）の世界の境界である。……［*Mirṣād*: 224］

xxxiv　二元論のような異端思想の持ち主のこと。

xxxv　『下僕たちの大道』［*Mirṣād*: 169］にも引かれるハディース・クドゥスィー（神の言葉を含むハディース）［Algar 1982: 185 (n. 19)］。

xxxvi　この文言も，『下僕たちの大道』［*Mirṣād*: 169］に，イエスに対する啓示として引かれている。前のハディース・クドゥスィーのすぐ後にみえる。なお，こういうところをみると，『霊智の要旨』の著者が『下僕たちの大道』を読んでいた可能性は非常に高いといえよう。

xxxvii　これは，自己の属性から離れて神の属性を帯びる属性レベルの自己消滅・神人合一，いわゆる「義務以外の宗教行為による近接（qurb al-nawāfil）」である。ちなみに，これに対して，これよりもレベルの高いものとして，自己の本体ごと消滅して神と合

第5節：喜捨の真相について

知れ。至高の神は言われた。「礼拝に立ち，喜捨を与えよ」[Qur'ān, II: 43]。預言者〈彼の上に平安あれかし〉は言われた。「信仰のない者には喜捨はない」。知れ。喜捨には3種類がある。ひとつは外面，ひとつは内面，ひとつは真相である。喜捨の外面は，財貨を与えることである。喜捨の内面はというと，〔当該のレベルでは〕魂を除去する。というのも，シャイフにイスラームとは何かと問うと，彼は「汝ら，相反の剣で魂を殺せ」と言った[xxxviii]からである。喜捨の真相とは，故郷と子孫を捨てることである。

マスナウィー：

汝の財宝の宮殿の上に龍がいる。

その龍を殺し，苦痛から解放された。

一する本体レベルの自己消滅・神人合一，いわゆる「絶対的義務による近接 (qurb al-farāyiḍ)」がある [Izutsu 1983, 95–96]。『閃光の照射』にも次のようにある。「**ある時は，これ**，すなわち愛される者**が，彼**，すなわち愛する者**の視力となる。私は私の主の眼によって私の主を見た。それで私は "汝は誰だ" と言い，彼は "汝だ" と言った**。次のように言っているのである。おお愛する者よ，恋に狂うと，汝は二性から〔離れて〕唯一となった。私は汝と共にひとつである。私は彼を彼の眼で見た。それで私は言った，"おお，世界の命（愛しき人）よ！　汝は誰か"。彼は言った，"汝だ"。これは，義務以外の宗教行為による近接 (qurb al-nawāfil) を指す。なんとならば，見ることのために自身を主体としていたが，神 (Ḥaqq) の眼を手段としていたからである。**そしてある時は，彼**，即ち愛する者**が，これ**，即ち愛される者**の話す能力となる。私は，彼がアッラーの御言葉を聞くようになるまで，彼に報いた**。これは絶対的義務による近接 (qurb al-farāyiḍ) を指す。なんとならば，言葉を神に帰属させており，話者は神だからである。そして，それが預言者〈神が彼と彼の一族の上に祝福を賜われますよう〉の舌に基づいていたことは疑いなく，話すことにおいて彼が神の手段となっていたからである。」[*Ashi''a*, 63]

xxxviii　張中『四篇要道』巻二 f. 15a [清真，XVI: 313] にも「ある人がある偉人に "イスラームとは何か" と問うと，彼は "相反の剣で魂 (nafs) を完全に誅滅せよ……" と答えた（或問一位尊者，何謂依斯了門，答曰，以相反之劍誅滅一切納福私……)」とある。類似する表現として，『下僕たちの大道』[*Mirṣād*: 199] に「〔心の治療に熟練した医師たちの一部は〕非難されるべき諸属性である，魂に属する (nafsānī) 諸属性のそれぞれを，称賛さるべきものにすべく，その属性に反対するもの (ḍidd) で治療した」とある。

なお，魂 (nafs) とは，私欲のもととなる低次の精神である。

蝋燭の物語のことは，蛾に尋ねる。

薔薇の状態のことは，恋に狂ったナイチンゲールに尋ねる。

禁欲主義者たちのことは，礼拝と断食に尋ねる[xxxix]。

愛する者たちのことは，愚者たちに尋ねる。

≪5b≫ 汝は足を魂の側に置いたならば，一瞬にして魂の犬を殺した。犠牲[xl]とはこれである。

第6節：巡礼の真相について

知れ。巡礼には3種類ある。ひとつは外面，ひとつは内面，ひとつは真相である。巡礼の外面はというと，〔当該のレベルでは〕カアバの形骸をめぐった。巡礼の内面はというと，〔当該のレベルでは〕カアバの内実をめぐった。巡礼の真相はというと，〔当該のレベルでは〕命を犠牲にする[xli]。

韻文：

男たち[xlii]のカアバは水と泥から出来ているわけではない[xliii]。

---

xxxix　礼拝と断食の様子を見れば，禁欲主義者のことが分かるということか。

xl　ここでは，私欲のもととなる魂の発動を抑えることを，犠牲祭で動物を屠ること（肉の一部を喜捨すること）に喩えているわけである。ただし，魂が喜捨のための犠牲獣として適当でない犬に喩えられているのは，魂それ自体が犬の姿をとって見えると言われることと関係するのだろう［Schimmel 1975: 112］。

xli　ここでいう「命（jān）」とは，自我や自己の存在を指す。マッカ巡礼の最後に犠牲を屠ることになぞらえて，巡礼の真相は自己消滅だというのである。『下僕たちの大道』［*Mirṣād*: 171］にも「獣性の魂（nafs-i bahīmī）を，その屠殺場で犠牲にせよ。その後，我々との会合（wiṣāl）のカアバに顔を向けよ」とある。

xlii　男たち（mardān）とは，勇敢さや男らしさの持ち主という意味か。勇敢さや男らしさは，スーフィーに求められる徳目のひとつである。たとえば『下僕たちの大道』には，修行者（murīd）は「魂（nafs）やその欺瞞に抵抗することができるほど，またサタンの策略や詐欺を懸念しないほど，男らしく勇敢（mardāna wa dilīr）でなければならない」［*Mirṣād*: 259］とか，「男らしく（jawānmard）あらねばならない。たとえば，自身の立場にたいするあらゆる他者の権利を可能な限り許し，他者から権利を譲られることに貪欲になってはならない」［*Mirṣād*: 260］などとある。

心の探求者となった。というのも，神の家とは心のことだからである。
あのカアバは親しき友の建物である。
こちらのカアバは威厳あるお方の建物である[xliv]。
我々は1回どころか1000回，敵から命を求める。
10万回，友のために汝が死ぬまで。
神への旅路で2つのカアバにて下馬する。
ひとつは形のカアバ，もうひとつは心のカアバである。
できるだけ〔多く〕心を巡礼せよ。
1回の心〔の巡礼〕は，1000回のカアバ〔の巡礼〕に勝る。
慈愛あまねき者（神）とサタンの性質がそこにある。
霊と肉体の王国がそこにある[xlv]。

xliii　水と泥をこねて作られた人間の肉体の一部としての心臓ではなく，精神的・霊的な“こころ”こそが，スーフィーのカアバだということ。『下僕たちの大道』[*Mirṣād*: 191–192]では，心（dil）の形骸（ṣūratī）である「胸の左側にある松ぼっくりのような1片の肉」，つまりは心臓に，霊的な（rūḥānī）命（jānī）が宿ること，その「真の心（dil-i ḥaqīqī）」は「命の心（dil-i jān）」とか単に「心（dil）」などと呼ばれることが述べられている。

xliv　「親しき友（ハリール khalīl）」とは，カアバ神殿の建設者とされるアブラハム（イブラーヒーム Ibrāhīm）のこと。この箇所と内容の酷似するバディースが東トルキスタンの聖者伝『マウラーナー・アルシッディーン・ワリー伝』[濱田 2006, text: 56, trans.: 81]にみえる（濱田正美氏のご指摘による）。

預言者―彼の上に平安あれかし―は言われた。「信徒の心はカアバに優る。なんとなれば，カアバはアル・ハリールの建造物にして心は神の建造物，カアバは神の家であるが心は神の宝蔵であるからである。」神の使徒は証されたり。すなわち，「智恵ある信徒の心はカアバに優る。まことに，カアバは預言者イブラーヒームが建てた家，心は至高の神が建てた家である。まことに，カアバは至高の神の家であり，心は至高の神の宝蔵である。」[宝蔵とは]すなわち宝の倉のことであります。宝の倉は家より上であります。

xlv　『下僕たちの大道』は，心が7層に分かれるとしたうえで，心の表層である第1層の胸（ṣadr）を，「サタンの悪の囁きや魂（nafs）の惑わしの場所」[*Mirṣād*: 196]とし，心の神の秘密は人間に記載されている。

石と鉄あいだで起きる火花のように〔潜在している〕。

神の宝石が〔人間の〕存在のうちになかったならば，

水と泥にどの天使が額づいただろうか[xlvi]。

半句：

心が清らかにならぬうちは，命[xlvii]は映し出されない。

第7節：集団礼拝の真相について

知れ。金曜礼拝には3種類ある。ひとつは外面，ひとつは内面，ひとつ

最深層である第7層の心血（muhja al-qalb）を「神性（ulūhiyyat）の諸属性の自己顕現の諸光が出現する鉱山」［*Mirṣād*: 197］とする。また，「マクロコスモス（‘ālam-i kubrā）において天の玉座（‘arsh）が慈愛あまねき者の（raḥmāniyyat）属性の安定的出現の場であるのと同様に，ミクロコスモス（‘ālam-i ṣughrā）における心は霊性（rūḥāniyyat）の安定的出現の場である」［*Mirṣād*: 187］といい，「人間の心（dil）は，ひとつの面が霊の世界（‘ālam-i rūḥāniyyat）に向いており，ひとつの面が肉体の世界（‘ālam-i jismānī）に向いている。心は，この理由から，“心臓（qalb）”と呼ばれる。というのも，心臓には肉体と霊の2つの世界があるからである」［*Mirṣād*: 189］という。

xlvi 「水と泥」とは，それらから創られたアダムの肉体のこと。天使がアダムに額づく原因となった「神の宝石」とは，神が自らの霊からアダムの肉体に吹き込んだ息のことであろう。この息は，人間の霊的本性となるもので，人間が神に回帰し神を認識しえる根拠となる。たとえば『下僕たちの大道』に次のようにある。「人間の肉体という大地に，霊という種が，「そしてわしは，わしの霊からそこに息を吹き込んだ」［Qur’ān, XXXVIII: 72］という農作業を通じて蒔かれ，〔霊という種が〕恩寵という太陽とシャリーアという水で養育を施された時，〔神への〕近接や神についての直観的認識（ma‘rifat）という諸々の果実が，それ（霊という種）から収穫され得る可能性が与えられた。その収穫量たるや，どんな被造物の想像や理解や理性〔の範疇〕にも含まれないほど〔莫大〕である。〔神が〕「わしは，正しき我が奴隷たちの為に，それを見るどんな目もなく，それを聞くどんな耳もなく，人間の心には絶対に浮かんでは来ないようなものを用意してやった」と言われていることを除けば，どんな語り手も説明しきれないほどのものである。」［*Mirṣād*: 111–112］

xlvii 先の「命（jān）」は，消滅すべき自我や自己の存在のことを意味していた。しかしここでの「命（jān）」は，いわば再生後の新しい生命のこと，すなわち，修行の果てに

は真相である。金曜礼拝の外面とは，群衆とともに金曜礼拝を行うことである。金曜礼拝の内面とは，我が彼に凝集すること，**≪6a≫** すなわち「彼から始まった。そして彼に帰る」である。金曜礼拝の真相とは，「2つの海の集まる所」[Qur'ān, XVIII: 60][xlviii] である。預言者〈彼の上に平安あれかし〉は言われた。「あらゆるものには外面と内面がある」。至高の神は言われた。「今日わしは汝らのために汝らの宗教を完成し，汝らの上に我が恩寵を尽くした」[Qur'ān, V: 5]。

マスナウィー：

諸々の海が集まっている。おお水車の男[xlix] よ。

純一性の海たる御前の光となった，その2人の紅顔の若者[l] は。

発現される極めて高いレベルの霊性を指していると思われる。本付録注 ii 参照。

xlviii　イスマイル・ハック・ブルセヴィー（Ismā'īl Ḥaqqī Bursawī, 1728年没）のクルアーン注釈『明証の霊（Rūḥ al-bayān）』[*Rūḥ*, II: 495] によると，「2つの海の集まる所」は，「マシュリクに近い，ファールスとルームの海が出会う所」（実際にはありえない場所）で，ムーサーがヒドルと出逢った所でもある，とされる。そして，ムーサーとヒドルとは，それぞれ外面（ẓāhir）ないしシャリーアと，内面（bāṭin）ないしハキーカとを意味するという。要するに，両者が出逢った「2つの海の集まる所」は，外面（顕教）と内面（密教）の統合，シャリーアとハキーカの調和を象徴的に意味する。

xlix 「水車の男（mard-i dūlāb）」は，水を集めるイメージに，現実の放浪者ないしは神秘道の旅人としてのスーフィーや，神との合一境に酔うスーフィーのイメージを重ねようとしているのだろうか。たとえば，シャー・カースィム・アンワール（Shāh Qāsim Anwār, 1433 or 4年没）の韻文に次のようなものがある。「おお，水車（āsiyā）よ，水車，汝はなぜ我々の如く放浪するのか。/ 我々から自身の秘密を隠すな，何が流れているのかを我々に説明せよ。/ 汝は自身の回転の中で酩酊し，自身の回転の中でも賢明である。」[*Kullīyāt Qāsim*: 1]。

なお，カースィム・アンワールの名は，『七篇要道』[清真，XVIII: 466] に「マアリファの導師（迈尔勒非提的导师）」の5人の筆頭に「沙海・尕西木・艾乃瓦尔」，すなわち Shāh (or Shayk) Qāsim Anwār として挙げられている（ちなみに，他の4人は順に，ルーミー，シャムセ・タブリーズィー，アッタール，ハーフィズであろう）。また，大拱北門宦の祁静一の弟子であった馬騰翼（1694～1758）が陝西・四川のウラマーたちに送ったという手紙（『清真根源』所収）の中で引用されている「迭哇哈西目経」[清真，XIX: 69] は，カースィム・アンワールの韻文集，*Dīwān-i Qāsim* のことかもしれない。

環海の中心，すなわち至秘，そして全ての者の恋人[li]。
旅人たちは〔神の〕本体との結合において〔そこに〕溺れた。
神の諸性質の全てが彼の性質である。
彼の本体こそは〔枢要な〕核，それ以外は〔捨てるべき〕皮である。
使徒は言った。「貧窮が完成したら，彼はアッラーである」[lii]。
この知らせを，かの王たちの中の王から受け取れ。
貧窮の諸状態は，2つの魂のあいだ[liii]にある。
想起も思考も行為も希求もない。
……両世界[liv]の目的はひとつの真理であった。
汝が彼を知らないで，ムハンマドはどのようにしていられようか[lv]。

---

l　2人の若者は，「愛される者」(神) と「愛する者」(人) の比喩である。

li 「環海の中心」「至秘」「全ての者の恋人」は，神の喩えだろう。

lii　この文言については，Schimmel［1975: 123］をみよ。ここでの「貧窮 (faqr)」は，自己消滅と同義である。

liii 「2つの魂のあいだ」は『霊智の要旨』第3節の冒頭にも出る。しかし「2つの魂」が具体的に何であるかは不明。

liv 「両世界」とは，ムルク界 (ʻālam-i mulk) などと呼ばれる現象界 (物質の世界) と，マラクート界 (ʻālam-i malakūt) などと呼ばれる形而上の諸霊の世界のことであろう。次注を参照。

lv　ここでいう「ひとつの真理 (yik ḥaqīqī)」とは，「ムハンマドの霊 (rūḥ-i Muḥammadī)」もしくは「ムハンマドの真相 (ḥaqīqat-i Muḥammadī)」のことか。まず，ムハンマドが世界創造の目的であることは，たとえば『下僕たちの大道』に次のようにみえる。

> ハージャ (khwāja＝ムハンマド)〈彼の上に祝福と平安あれ〉は，“もし汝がいなければ，私は諸天を創造しなかった”といわれる，万物の要旨にして，森羅万象という樹木における果実であったので，万物の起源もまた彼となった。［*Mirṣād*: 37］
>
> 彼の創造の種はムハンマドであった。果実も彼であった。彼の創造という樹木も，真相としてはムハンマドの存在なのである。
>
> 対句: 真相としては，汝は優美なる鳥，2つの世界は汝によって満たされた。/ 翼も広げず，巣からも飛び立たず。
>
> マラクート界のものども (malakūtiyāt) はみな，その樹木の根であると考えよ。物

2 つの海の集まる所，その状態とは〔自己の〕削去と消滅である[lvi]。
彼を見いだすならば，汝の故郷[lvii] は火に満ちる。
Hā と Huwa，2 つの魂はベールである[lviii]。
言葉を言え。"礼拝所を" と，そして "火で燃やせ" と[lix]。おお，霊智者よ。
汝は内面のアダム[lx] を知らない。おお，悲しむ者よ。
彼の清らかな霊は両世界のためにある。

半句：

質世界のものども (jismāniyāt) はみな，樹木の幹〔と考えよ〕。預言者たち〈彼らの上に祝福と平安あれ〉は樹木の枝〔と考えよ〕。天使たちは樹木の葉〔と考えよ〕。[*Mirṣād*, 63]

そして，万物の起源，創造の種としてのムハンマドとは，形而上におけるムハンマドのことであるが，『下僕たちの大道』の文脈でいえば，それは「ムハンマドの霊」ないし「ムハンマドの清き霊 (rūḥ-i pāk-i Muḥammadī)」である。また，たとえば『閃光の照射』などの文脈でいえば，それは「ムハンマドの真相」(本書第 1 章コラム 2 参照) ということになる。ともあれ，ムハンマドが創造の起源かつ目的であるということが知られなければ，ムハンマドの存在は無意味となってしまうというのが，ここでの趣旨であろう。

lvi 「2 つの海の集まる所」は，本付録注 xlviii でもみたように，シャリーアとハキーカの統合を意味すると考えられる。シャリーアとハキーカの統合が自己消滅をもたらすことは，『秘中の至秘』にもみえる。同書 [*Sirr,* I: 87–88] には，「〔アッラー以外なにもない境地たる〕霊の世界に入った精神的嬰児 (ṭifl al-ma'ānī al-rūḥānī)」(本付録注 ii 参照) について「その出現，つまり懐妊は，シャリーアとハキーカの結合 (ijtimā') に由来する。というのも子どもは，男と女の両精液の結合によらなければ生じないからである」とある。

lvii ここでの「故郷」は，自己の存在の謂いか。であれば，それが火に満ちるとは，自己消滅の意味であろう。

lviii 本付録注 viii でも述べたように，Hā や Huwa は，何れかのレベルの精神・霊性を象徴するものと解せられる。「2 つの魂」ともども，具体的に何を指しているのかは不明であるが，それらは，霊的認識器官としてはたらき，真相認識に近づくために必要なものなのだろう。それらは，しかし，認識と対象が無媒介に一致する真相直観においては，無用である。その意味でそれらは，真理を覆い隠すベールである。

問題なのはこの二輪車，形と意味〔の2輪から成る二輪車〕[lxi]。

結語のためのマスナウィー

この意味に，ときに理解者となり，ときに不注意となる。

合一の酒と名声のミフラーブ。

〔合一の〕願望の杯から飲む者は否定した。

礼拝であれ，断食であれ，イスラームの教えであれ。

≪6b≫ 高貴な光の幸によって神に近づいた者〔は否定した〕。

ラマダーンであれ，定命であれ，ムスリムの二大祭であれ[lxii]。

---

lix “礼拝所を燃やせ”というのも，シャリーアへの偏重を戒め，ハキーカとの統合の重要性を説いたものであろう。

lx 「内面のアダム (ādam-i ma‘nī)」とは，「ムハンマドの霊 (rūḥ-i Muḥammadī)」のことか。『下僕たちの大道』[*Mirṣād*: 39] に「実に諸々の霊のアダム (ādam-i arwāḥ) とはそれ (ムハンマドの清き霊 rūḥ-i pāk-i Muḥammadī) である。アダム〈彼の上に平安あれ〉が人類の父になったのと同様，ハージャ (khwāja＝ムハンマド)〈彼の上に祝福と平安あれ〉は諸々の霊の父となった」とある。

なお，内面のアダムとしてのムハンマドの存在論的役割を理解するということは，内面的知識 (ハキーカ) に属するようである。『閃光の照射』[Ashi‘‘a: 2] に「アダムは，形 (ṣūrat) の面で父であり，私 (ムハンマド) は息子である。/ その瞬間，私は真相 (ḥaqīqat) への眼差しで見る。/ 私の眼差しには彼から100色の証拠が見えてくる。/ 意味 (ma‘nī) の面からは彼が息子であり，私が父であることが。」とある。したがって「汝は内面のアダムを知らない」というのも，シャリーアへの偏重を戒め，ハキーカとの統合の必要性を訴えるものと考えられる。

lxi 「形 (ṣūrat) と意味 (ma‘nī)」は，外面と内面 (もしくは真相) に置き換えられる。したがって，形と意味の2輪で走る「二輪車」も，「2つの海の集まる所」と同じ事柄を指していると考えられる。すなわちそれは，シャリーアとハキーカの統合を象徴するものと解される。そして，両者 (及びそれらを繋ぐタリーカ) の統合こそは『霊智の要旨』の主題なのだろう。この半句は，同書最終節の締めに相応しいものといえる。

lxii イブン・アラビー (Ibn ‘Arabī, 1240年没) によれば，それぞれの宗教で様々な神が信仰されているが，それらは結局のところ絶対的純一性が様々な神として顕現したものにすぎないので，究極的にはどの宗教も同じ一性を信仰していることになる，という [Izutsu 1983: 253–254]。神々の多性さえもが一性に収斂する境地では，一者を信仰する聖者性の光を見いだした者は，教えとつながった。
〔教えとは〕例の“はい”である。命の王たるかの本体の世界である[lxiii]。
道の端には汝以外の者を私は見なかった。
賜物と贈物がこの場所で混じり合った。
不信もイスラームもない。そこには杯の酒を味わう者がいるのみ[lxiv]。
精神的な聖者性が，統治の絨毯のごとく広がった。

半句：

不信であれイスラームであれ，全て彼の海に溺れた。

この神秘に関する教師たち[lxv]を模倣しつつ，何を私は言おうか。
汝の美の記憶こそが断食，汝への熱望こそが礼拝。
おお，貧窮者よ。神の道でひとつになるだろう。二でもって裂くな (makan)。
酒場で友となる，汝であれ私であれ。

にあたって，イスラームという特殊な形式にこだわる必要性はないことになる。

lxiii 「例の“はい”(mashhūr balī)」とは，神を主と認める「契約 (mīthāq)」の文言 (本付録注 v 参照) のことであろう。それは，人間の霊が神の息吹として肉体に吹き込まれる以前，神とともにあった時になされた証言である。「聖者性の光を見い出」すとは，その証言を再びなすことができるような本来的状態に帰ること，すなわち神人合一によって「命の王たるかの本体の世界」に帰ることを意味するのだろう。『下僕たちの大道』に次のようにあるのが参考になる。「ここにおいて，霊という幼児は，2人の母から養育される。一方では，タリーカという乳房から，気性 (ṭabʻ) が慣れ親しんでいた諸々のものとの結合の切断という乳を飲み，他方では，ハキーカという乳房から，不可視界から至る諸々のもの (wāridāt) や御前の諸光の光芒や光線という乳を飲む。そして，それ (霊) は，〔不可視界から〕至る諸々のものや霊性の諸光の顕現の作用によって，肉体との諸々の結合の束縛から自由になり，人間性の諸属性の禁錮から解放され，原初の創造 (fiṭrat) の境界に至って，再び，「私は汝らの主ではなかったか？」という語りかけを聞くことに相応しくなり，〔その問いに対して〕「はい」と答えることに着手するようになる時まで，“庭園と池の間に在る”。」[*Mirṣād*: 216–217]

lxiv イブン・アラビーは，二元性を超えた一性の次元では，善悪や神への従不従の対立

汝が“消滅しない”の杯で飲むならば,
我々と汝のあいだで踊りを始める。
純一の杯から一性の酒を飲むこと。
その段階を,選ばれた者(預言者)は過ぎ,彼もまた過ぎた。
知識の酒場から酒を飲むことは,
選ばれた者の海を旅すること。
貧窮と唯一性認識の道を知るまで,
そして,混乱[lxvi]の海で消滅するまで〔旅すること〕。
もし汝が信徒と唯一性認識について知らないのならば,

がないという[Izutsu 1983: 124-128]。また,本付録注 lxii も参照。

lxv スーフィズムの奥義を語ってきた先師たちのことをいうのだろう。

lxvi 「混乱(ḥayra)」は,自己消滅・神人合一による一者(神)の体験的・直観的認識のさいに経験されるものである。一者は,顕現することで多者となる可能性をもつ,潜在的多者である。多者を前提・包括する,包括的・統合的一者といってもよい。つまりそれは,「一にしてかつ多なること」や「矛盾するものの一致」を実現している。そして,通常ではありえない,この一者のありさまは,どうしても表層意識・理性の「混乱」をきたす。この混乱は,自己消滅,統合的一者の直観的把握の比較的初期段階において体験される[Izutsu 1983: 68-88]。

lxvii 「見知らぬ人(bīgāna)」とは,神との近接を奪われた人のこと。たとえば『下僕たちの大道』の次の記述が参考になる。「……幸福の東風のそよぎが,御前との親交(uns)の芳香を,それ(霊 rūḥ)の命(jān)の嗅覚に至らしめる。〔その時,霊は〕以下のように叫ぶ。“東風のそよぎが私に微風をもたらした, / 愛する人の住まう街から。/ 風がやって来た。そして,恋人の巻き毛の芳香をもたらした。/ そしてそれは,古くなることのない我々の愛を新しくした。/おお,風よ! お前は親密さの芳香を有する。/注意せよ! 見知らぬ者(bīgāna)とならぬよう。”と。」[*Mirṣād*: 216]

lxviii たとえば『下僕たちの大道』では,人間は,「隠れた宝」である神を認識するのに必要な霊的器官を所蔵するがゆえに,「宝物庫」と呼ばれている。「極まり無き叡智と限りなき力は,以下のことを要求した。アダムの泥をこねる時,力の手によって,不可視界の館の宝物庫(gunjīna)であったアダムの内奥に,ガラスの如き心(dil)——透明の極致にあるが粗雑・重厚なもの(kathīf)——を創り,それを,濁りかつ粗雑・重厚な身体(jasad-i kathīf-i kadir)という壁龕に置き,心(dil)というガラスの内部にランプ——「玻璃に包まれた燈明」[Qur'ān, xxiv: 35]。それは秘奥(sirr)と呼ばれる——を創り,そ外面はムスリムでも，内面は見知らぬ人[lxvii]。
汝は2つの世界の背後を飾る者。
いかなる宝か，汝は自身の価値を知らない[lxviii]。
教えとは，自身が神の近くにあったということの表現である。
神の近くになかったら，それは教えではない，むしろ。
女たちとともにいく，スーフィーたちの道は，小人たちの道。
1人きりでいく，愛する者たちの道は，獅子たちの道。
≪7a≫　現世の放棄を言え，命によって神を求めよ。
信徒たちは勘定（最後の審判）を恐れた。
外面が現世を放棄した〔だけ〕ならば，
内面は現世を想起することでしおれてしまう。
現世の放棄は神への専心。
神についての知識よりも何倍もまさる[lxix]。
全ては現世の罠にとらわれている。
愛する者たちはこの〔鳥用の〕穀物の罠から救われている。
放棄とは〔神の〕下僕たることにおいて勤しむことであった。
服従のごとに神によって生きること[lxx]を欲した，
諸々の仕事において神を満足させるまで。
神のために，彼の怒りと悲嘆があった。

して隠されたもの（khafī）という灯芯をそのランプに据えることを。……これらの認識器官（mudrikāt）という工具や装置がこのようにして完成に至らないうちは，「私は隠された宝であった」という神秘（sirr）は明らかにはならなかった。すなわち，神の光が眼に見えるようになるには，これらの工具や装置から成るランプが必要なのである。」［*Mirṣād*: 121–122］

lxix　「神についての知識（‘ilm-i ḥaqq）」は，神の理性的認識をいう。理性的認識は神を把握するのに相応しくない。神の前に理性が混乱することについては，本付録注 lxvi を参照。

lxx　本付録注 xxxiii 参照。

lxxi　神が被造物として自己顕現するのが神の被造物にたいする「愛」，神が被造物から隠彼（神）の被造物は，彼（神）の愛であり憎悪〔の対象〕である[lxxi]。
命によって常に彼に繋がれてある。
一を唱えよ，一を知れ，一を言え。
神よ，常にあらゆる者のために信仰を見守りたまえ。
多くの言葉を，知れ，言え。
一を百と言え，百を一と言え[lxxii]。
存在の現金を“神はなし”の中で消滅させよ。
正則アラビア語で聞け。汝はどうして王の王権の家を見るのか。
神以外のあらゆる小片，その〔創造の〕目的は汝（神）〔の認識〕である。
〔各小片は〕“無し”の剣を抜く，というのも服従（認識）の対象は汝だから[lxxiii]。
「貧窮は神の剣」と使徒は言った。
この知らせをかの王たちの中の王より受け取れ。
Lā（無し）の L（lām）が汝の上に疑いなしに来た。
自身を否定せよ，一が自身を現すようにするために。
汝が自身を取り除くとき，

れようとするのが神の被造物にたいする「憎悪」であろう。本付録注 xi 参照。

lxxii　統合的一者（神）が「一にして多」であること（本付録注 lxvi 参照）は，裏を返せば，神の顕現によって出現する世界・万物が「多にして一」であるということである。万物各々は神の限定的な顕れに過ぎない。各々は，神の属性の一部しか反映していないということである。しかし万物の総体，世界の全体としては，統合的一者たる神と照応している［Izutsu 1983: 112］。

lxxiii　『至遠の目的地』［*Maqṣad*: 211］に「万物の創造の目的とは人間たちであり，人間たちの目的とはわしが認識されることである」とある。同様に『下僕たちの大道』［*Mirṣād*,: 145］にも「万物の創造において目的とされたものは，人間の存在（wujūd）であった。そして，人間の存在の目的とは，〔人間による神の〕直観的認識（ma‘rifat）であった」とある。そして，創造の目的である神の認識こそが，神への服従とされる。すなわち同書に次のようにある。「〔神が〕“わしがジンや人間を創ったのは，ひとえに彼らが〔わしに〕服従するようにするためなるぞ”［Qur’ān, LI: 56］，すなわち“彼らが〔わしを〕認知するようにする為なるぞ”と言われた。」［*Mirṣād*: 113］

貧窮が信仰を高めたものであった。
〔神の〕目撃の上で，無始の徴を手に入れる[lxxiv]とき，
新しい世界と筆のヌーン[lxxv]から溶け〔て消えた〕。
≪7b≫ “貧窮には，神についての欠乏がない”とはどういうことか知れ。

---

lxxiv 「無始の徴（āyat-i qidam）を手に入れる」とは，無始無終で時間を超越した神と合一するということか。

lxxv 「筆のヌーン」は，『クルアーン』68章1節の「ヌーン。筆にかけて。……」にもとづく表現である。『至遠の目的地』［*Maqṣad*: 241］では「ヌーンは可能態の世界（‘ālam-i quwwat）から成る。可能態の世界とは神のインク壺である。そして，「筆」は第一実体（jawhar-i awwal）から成る。第一実体は神の筆である」と解釈されている。ここでいう「第一実体」は，神の最初の被造物（ムハンマドの霊）のことなので，「ヌーン」ないし「可能態の世界」とは，被造物の顕れる以前の神の内なる領域を指していると考えられる。すなわち，おそらくは神の知を指しているのであろう。神（統合的一者）の知においては，万物の本質（māhiyya＝それは何であるかということ）が把握され，いわば万物が可能態において存在している。「新しい世界」もその次元を指しているのだろう。とすれば「新しい世界と筆のヌーンから溶け」るというのは，そのような可能的多性すらも消し去って，絶対的純一性へ回帰しようとすることの謂いではなかろうか。

lxxvi 「諸神秘や諸状態」は，よくわからないが，もしかすると「ムハンマドの真相」と関係があるかもしれない。

『閃光の照射』［*Ashi‘‘a*: 2］に「ムハンマドの真相（ḥaqīqat-i Muḥammadī）」（形而上のムハンマド，本書第1章コラム2参照）の語りとして次のような韻文が引かれている。「シャリーアの諸命令は全て私の諸々の言葉である。/ タリーカの諸神秘は全て私の諸状態である。/ 私の外には別にどんな真理（ḥaqīqī）もない。/ 分節の世界，アダムの世界は，私の諸々の美である」。また，『至遠の目的地』［*Maqṣad*, 213］には次のようなハディースがみえる。「シャリーアは私の諸々の言葉，タリーカは私の諸々の行為，ハキーカは私の諸状態」。『閃光の照射』にいう「タリーカの諸神秘は全て私の諸状態である」は，『至遠の目的地』にいう「ハキーカは私の諸状態」と同じことをいうのであろう。

おそらく「諸神秘」や「諸状態」は，ハキーカ・レベルで体験される，「ムハンマドの真相」の境地を指すのではなかろうか。それは，絶対的純一性による最初の顕れであり，神の知において被造物の本質が把握される段階（先にみた「ヌーン」の段階）よりも高次の段階である。とすれば「諸神秘と諸状態のほかに，汝はなかった」とは，自己消滅の最終局面が「ムハンマドの真相」の境地であることをいったものと解せられる。

諸神秘と諸状態のほかに，汝はなかった[lxxvi]。

彼は言った。「アリーのほかに若者なし，ズルフィカールのほかに剣なし」と。

使徒〈彼の上に平安あれ〉は言った。この神秘を教えの選ばれた者から受け取れ，と。

なお，絶対的純一性の境地（本付録注 xxxii でも述べたようにそもそもこのレベルには至りえないのだが）では，他者の存在がまったく前提されていないので，もはや「汝はなかった」とすらいえなくなってしまう。「ムハンマドの真相」の段階こそは，「汝はなかった」といいえるぎりぎり最高の境地である。

付録2

『霊智の要旨』ペルシア語テクスト

＊影印後付

※以下，文字起こしが不確実なところは，[ ]で示し，判読できなかったところは，#で示した。また，( )で葉数を示した。

خلاصة المعرفة

(1ب) بسم الله الرحمن الرحيم

ربی يسر لی و لا تعسر لی

حامدا لمن ضعف العاشقين بجماله و الكاملين بكماله و الموحدين بذاته و الصلوة على رسوله المصطفى الذی نشر صحايف آياته فی الشريعة و غمر ذاته فی الطريقة و [صدر] [i] فی الحقيقة و المعرفة و على آله و اصحابه الطيبين الطاهرين و سلم تسليما كثيرا كثيرا

اما بعد اين ضعيف از معرفت سری شريعت و طريقت و حقيقت و معرفت خواست كه از خلاصه سخن ذكر كرده شد و از خدای تع مدد ياری خواستم تا از زله و خطا نكاه دارد [مرا آنك] [ii] انت سيد الرشاد و اين كتاب را خلاصة المعرفة نهادم و در اين كتاب هفت فصل جمع كردم قال الله تع خلق سبع سموات طباقا ای دوستان حقيقت بدانيد حقيقت اين چهار آية و اكر نه نعوذ بالله ايشان مستور است

اول لن يلج فی ملكوت السموات والارض (2) من لم يولد مرتين آن كسان كه رونده بی ايمان از دنيا اين كروه است ندانند حقيقت لن يلج تا آخر يعنی بی بلوغ است وی كافر است اكرجه انسان است

دوم ان يوما عند ربك كالف سنة مما تعدون آن كسان كه رونده بی ايمان از دنيا اين كروه است ندانند حقيقت ان يوما تا آخر يعنی بی [اثابت] پير مرشد وی كافر است و اكرجه [مردانه] [iii] است

سيوم الميثاق هو العهد الموثوق و الخطاب آن كسان كه رونده بی ايمان از دنيا اين كروه است ندانند حقيقت الميثاق تا آخر يعنی بی شفاعت پير مرشد وی كافر است و اكرجه مسلمان است

i　原本では صور にも見えるが，いずれにせよ意味ははっきりしない。後続の何かが抜けているようにも思える。

ii　原本では مرانك になっている。

iii　原本では مردان に見える。前後段落の انسان や مسلمان と合わせるならば，مردان が相応しそうだが，ここだけ複数形なのも不自然である。

جهارم و من يرتدد منكم عن دينه فيمت و هو كافر فاولئك حبطت اعمالهم فى الدنيا و الآخرة و اولئك اصحاب النارهم فيها خالدون آن كسان كه رونده بى ايمان از دنيا اين كروه است ندانند حقيقت و من يرتدد تا آخر يعنى طريقت [نادرى] كردد وى كافر است اكرجه مؤمن است
بيغمبر عم قال هر كه باطن ذكر را ندانند وى مبتدع است هر كه باطن نماز را ندانند (ب2) وى رافضاست هر كه باطن من عرف نفسه فقد عرف ربه ندانند وى كافر است هر كه ضمير ها هو هُ هِ جهار نوع ندانند وى حيوان

فصل اول در بيان حقيقت طهارة
بدانك قال الله تع يحب التوابين و يحب المتطهرين قال النبى عم ان الله طيب لا يقبل الا الطيب بدانك طهارة سه نوع است يكى ظاهر يك باطن و يك حقيقت اما ظاهر طهارة تا آب را در هفت اندام [رسانيده] [iv] است و اما باطن طاهرة از همه كناه دل و تن را پاك است و اما حقيقت طهارة بر بحر عشق غرق كند

مثنوى

اى مصلى بيا طهارة كنى	خانه دل خود عمارت كنى
كسى بيارى طهارة ظاهر	باطنت نيز حق كند طاهر
در صباح و رواح ليل و نهار	در وضوء نيست جز فريضه چهار

يك تن را ترتيب اند دوم دل تصفيه است سيوم نفس را تزكيه اند و چهارم روح را تحليه[v] كند در بحر عشق ذو الجلال اين كس نه [فارغ] [vi] از اوقات وصالان

فصل دوم در بيان حقيقت كلمة
بدانك قال الله تع و الزمهم كلمة التقوى (3) قال النبى عم قاعدة الطريقة يتجرد عن ثياب الحروق و الصوت العرب و العجم بدانك كلمه سه نوع است يك ظاهر و يك باطن و يك حقيقت اما ظاهر كلمه طيبه

iv　原本では رسيده になっているが，رسانيده が適当だろう。
v　原本では تجليه に見えるが，傍らに آراست との注記がある。それに従えば تحليه が正しい。また，本章付録1注10も参照。
vi　原本では فارع に見える。

لا اله الا الله محمد رسول الله و اما باطن كلمه طيبه فريضه دايم است و اما حقيقت كلمه طيبه بسوى قلب باطن است

نظم

صوفى ابن الوقت شد اى رفيق　　نيست [زاد را] كفت از شرط طريقت
دفتر صوفى سواد حرف نيست　　جز دل سفيد همچون برف نيست
صوفيان جمله بى حرف و تسبيح شده　　غير آن ماهان ز ميان مستثنى است
اين كه كفت شد الف طريقت　　در خانه اكر كسى است يك حرف بسنده است
تا محو شدم از خود و از همه جهان　　جز وى نبود در نظرم هيچ اعيان نيست

ظاهر جون شود هرجه فراز از دل و جان هست آن همه يك قبله و يك روى نهاد

فصل سوم در بيان حقيقت نماز
بدانكه قال الله تع حافظوا على الصلواة و الصلوة الوسطى قال النبى عم احفظ ما بين النفسين قال النبى عم خير الامور اوسطها (ب3) وى خير من عبادة الثقلين بدانكه نماز سه نوع است يك ظاهر يك باطن يك حقيقت اما ظاهر نماز بنج وقت نماز كزاردن و اما باطن نماز وصال حق است و اما حقيقت نماز عناصر را جمع كند يعنى باد آب آتش خاك

مثنوى

نفس تو است آلوده بحرص هوان　　رو طهارة كن بدريا فنا
خلوت كن بر دار اميد و بيم　　بر مصلى قناعت شد مقيم
قبله را يافتى دست بر آر　　دست از درون حق بر آر
روان شهباز روح باب كشود　　كذشت از جهار و بنج و نه فلك رند
پروانه او فضاء لا مكان شد　　زمان بى زمين و بى آسمان شد
از دنيا و عقبى رفتن بيرون　　خدا و بند جهان ديد بيجون

بدانك تكبير تحريمه دو نوع است يك ظاهر و يك باطن اما ظاهر تكبير تحريمه الله اكبر

را ［کفتن］[vii]است و اما باطن تکبیر تحریمه حضور خدای تع است

［نظم］[viii]

حضور یافتی دم حاضر باشد و انفاس جدید و عادات دور باشد

حاضر مؤمن و غافل کافر است حاضر است بهشت و غافل دوزخ است

(4) و قراءت دو نوع است يك ظاهر و يك باطن اما ظاهر قراءة قرآن را ［خواندن］[ix] است و اما باطن قراءت با حق سخن را ［کفتن］[x] است

مثنوی

اکر خواهی که با تو حق تع است سخن کویند ز قدرت بی مثال

بخوان قرآن کلام الله میشنوی قدیمت آن قرآن ز حق منزل به تو

قرآنرا امام خویش کردن همیشه اقتدا کن با دل و جان

و قیام دو نوع است يك ظاهر يك باطن اما ظاهر قیام بقالب قایم است و اما باطن قیام در مقام قیوم خدای تع رسیده است

مصراع

از رکوع و سجودی آمدی بسوی قیام

و رکوع دو نوع است يك ظاهر و يك باطن اما ظاهر رکوع بشت خم داده است و اما باطن رکوع در مقام فناء رسیده است

نظم

ای پادشاه ملکوت لاهوت مقید مانده در دار ناسوت

vii 原本では كفت に見えるが，文法的には كفتن が適当。もしくは كفته か。

viii 原本では بقلم に見える。

ix 原本では خواند に見えるが，文法的には خواندن が適当。もしくは خوانده か。

x 原本では كفت に見えるが，文法的には كفتن が適当。もしくは كفته か。

چون در ملك دو عالم بادشاه　　　　جزا از نقد معنى بى نواى

و سجود دو نوع است يك ظاهر و يك باطن اما ظاهر سجود سر را (ب4) بر خاك داده است و اما سجود باطن در مقام بقاء رسيده است

نظم

چون دولتهاء بمشيت خاكيان داد　　　　دل شانرا يقين بى كمان داد

جون حق را يافت در ديوان وحدت　　　　نزد بر خاك [بيشانى] [xi] ز هيبت

و تشهدى بر دو نوع است يك ظاهر و يك باطن اما ظاهر تشهدى در جب پاى [نشستن] [xii] است و اما باطن تشهدى در مقام فناء الفناء رسيده است يعنى قاب قوسين

مثنوى

زاهد و صوفى هر دو دويدن　　　　منزل شاه عشق نتوان رسيدن

عاشقان نشست بى عمل لكن　　　　بمجلس قاب قوسين توان رسيدن

و سلام بر دو نوع است يك ظاهر و يك باطن اما ظاهر سلام خواندن است و اما باطن سلام در مرتبه بقاء البقاء رسيده است يعنى ادنى

مثنوى

از مرك جه انديشه جون روح بقا دار　　　　و در كجا كنج جون نور خدا دار

[روح] الفقراء اين احوال بود　　　　صاحب الاسرار دان اين اقوال بود

سالكان جون اين اسرار نداند　　　　زنديق[xiii] و كافر و مرتد شود

(5) فصل جهارم در بيان حقيقت روزه

xi　原本では بيشان に見える。

xii　原本では نشست に見えるが，文法的には نشستن が適当。もしくは نشسته か。

xiii　原本では زيدق に見える。

بدانکه قال الله تع الصوم لی و انا اجزی به قال النبی عم تجوع ترانی[xiv] تجرد تصل الی بدانکه روزه سه نوع است یك ظاهر و یك باطن و یك حقیقت اما ظاهر روزه رمضان کزاردن روزه و اما باطن روزه [بست] [xv] حس و اما حقیقت روزه دور از [خلال] [xvi] خود یعنی تخلقا باخلاق الله

مثنوی

اکر تو افطار از هوا دل کنی	روزه خود را همه باطل کنی
روزه داده با خود کار نیست	جز بدیدت از خدای افطار نیست

فصل بنجم در بیان حقیقت زکوة

بدانك قال الله تع اقیموا [الصلوة] [xvii] و آتوا الزکوة قال النبی عم لا زکوة لمن لا ایمان له بدانك زکوة سه نوع است یك ظاهر و یك باطن و یك حقیقت اما ظاهر زکوة مال دادن است و اما باطن زکوة نفس حذف کند که شیخ را [پرسید] [xviii] اسلام جیست کفت اذبخوا النفس بسیف المخالفة و اما حقیقت زکوة ترك الوطن و النسل

مثنوی

ترا هست اژدهای بر سری کنج	بکشت آن اژدهای فارغ شد از رنج
قصه شمع را از پروانه پرسد	حال کل را از بلبل دیوانه برسد
زاهدان را از نماز و روزه پرسد	عاشقانرا از دریخان پرسد

(ب5) بای بر جانب نفس اکر نهادی یکدم کشتی سك نفس را که قربان اینست

فصل ششم در بیان حقیقت حج

xiv　原本では ترنی に見える。

xv　原本では است に見えるが，それでは意味が通じない。『綱常』では「閉住」と翻訳されているので，بست と読んだ。

xvi　原本では حلال に見える。

xvii　原本では صلاة となっている。

xviii　原本では پرسیدن になっているが，پرسید が適当か。

بدانك حج سه نوع است يك ظاهر يك باطن و يك حقيقت اما ظاهر حج صورت كعبه را طواف كرد و اما باطن حج معنی كعبه را طواف كرد و اما حقيقت حج جانرا قربان كند

نظم

كعبه مردانرا نه از آب و كل است	طالب دل شد كه بيت الله دل است
آن كعبه بناء خليل است	اين كعبه بناء جليل است
جان خواهيم از [ضد] يك بلك هزار	تا صد هزار بار بميری برای دوست
در راه خدای دو كعبه شد نازل	يكی كعبه صورت است يك كعبه دل است
تا توان زيارت دلها كن	بهتر هزار كعبه باشد يك دل
وصف رحمان و شيطان در وی	ملك روحانی و جسمانی در وی
سر يزدان درج اندر بشر	همجون ميان سنك و آهن شرر
اكر نبود كوهر حق اندر وجود	آب كل را كی ملك كرد اندر سجود

مصراع

تا دل باك نشود جان ننمايند

فصل هفتم در بيان حقيقت جمع

بدانك جمعه سه نوع است يك ظاهر و يك باطن و يك حقيقت اما ظاهر جمعه كزاردن جمعه را با جماعت و اما باطن جمعه جمع من بوی (6) يعنی منه بداء و اليه يعود و اما حقيقت جمعه مجمع البحرين كه قال النبی عم ان لكل شیء ظهورا و بطونا قال الله تع اليوم اكملت لكم دينكم و اتممت عليكم نعمتی

مثنوی

بحور جمع است ای مرد دولاب	نور حضرت بحر احديت اندو تاز شاب
مركز محيط و خفی و نكار جمله	سالكان غرق شدند در وصال ذاته
[جمله] اوصاف الهی وصف او است	ذات او مغزی است و غير او است پوست
[كفت] اذا تم الفقر فهو الله رسول	اين خبر را از آن شاهنشاه كن قبول
فقر را احوال هست بين النفسين	نه ذكرو نه فكر و نه عمل و نه نياز
# مقصود الكونين يك حقيقتی بودی	جون او را ندانی جكونه است محمد

مجمع البحرين حال رندانی و تلاشی　　کر او را یابد وطن تو پرآتش
ها هو نفسین قناع　　بکو سخن مصلا و سوز زنارای عارف
آدم معنی ندیدی ای لهیف　　روح باکش للعالمین

مصراع
مشکل این عرابه و بصورت معنی

مثنوی فی الخاتمة

کاه عاقل و کاه غافل این معنی　　شراب وصال و محراب آبروی
من شرب من کاءس المرام فقد نهی　　جه نماز و جه صوم و جه دین اسلام
(ب6) من مقرب الی الله بدولة نور کریم　　جه رمضان و جه قدر و جه عیدین مسلمان
من وجد نور الولایة فقد وصل الدین　　مشهور بلی عالم آن ذات شاه جان
در طوار مسالکان جز تو ندیدم　　عطا و حبا درهم آمیزد درین جای
نه کفر و نه اسلام که آنرا من ذاق شرب الکاءس　　ولایت معنی جون بساط ولایت کشاد شد

مصراع
جه کفر و جه اسلام جمله در دریا او غرق شدن

جه کویم با تقلید مدرسان این راز　　یاد جمال تو صوم و شوق تو نماز
ای مسکین یکی شود در راه حق بدو مکن　　در میخانه وصال جه تو و جه من
اکر تو در کاسه لا یزال می خورد　　رقص در میان ما و تو آغازد
ز جام احد شراب وحدت بخوردن　　ز آن مقام مصطفی کذشته او هم کذشته بود
و شراب خوردن ز میخانه علم　　و راه روان کرده ز بحر مصطفی
تا معلوم کرده راه فقر و توحید　　و فنا در بحر حیرت شود
اکر شما ندانید مؤمن و توحید　　ز ظاهر مسلمان اما باطن بیکانه

تو مقین ورای دو جهان　　جه کنج قدر خود نمی [دانی] xix

دین عبارة که نزد حق خود بود　　نزد حق نبود آن نه دین بود بلك

ره صوفیان با زنان ره خردان xx　　ره عاشقان مجردان ره شیران

(7) ترك دنیا كو بجو حق را از جان　　باك كرد از شماری مؤمنان

ترك دنیا ظاهر اكر كرده　　باطن از ذكر دنیا [افسرده]

ترك دنیا هست مشغول بحق　　نو بنو بردن ز علم حق سبق

جمله اندر دام دنیا بسته اند　　عاشقان ز این دام دانه رسته اند

ترك مشغول بود در [بندكی]　　بهر طاعت خواهد از حق [زندكی]

تا رضا حق كند در كارها　　[لهف و قهر] او بود بهر خدای

حبا له و بغض له خلق او　　دایما بودن ز جان در [بند] xxi هو

يك خوان و يك دان و يك كوی　　خدا یا جمله را ایمان نكاه دایم

سخن بسیار دانی كه كو　　يك را صد بكوی و صد را يك كو

نقد هست محو كن در لا اله　　شنو فی الفصيحة تا جه بينی دار ملك شاه

غیر حق هر ذره كه آن مقصود تست　　تیغ لا بر كشد كه آن معبود تست

كفت الفقر سيف الله رسول　　این خبر را از آن شهنشه كن قبول

لام لا بر تو آمد بی شك　　نفی خود كن تا نماید خود يك

جون تو خود را از میان بر داشتی　　فقر ایمان را در فراشتی

بر شهادت جون در دست آیت قدم　　بر كداخت از نو عالم و نون قلم

(ب7) الفقر لا يحتاج الی الله جه دانی　　جز اسرار و احوال نبودی

كفت لا فتی الا علی و لا سيف الا ذو الفقار　　كفت رسول عم این سر را از مصطفی دین قبول كن

xix　原本では دان に見える。脚韻からすればそれが相応しいかもしれないが，文法的にいえば نمی のあとは دانی が適当だろう。

xx　原本では خروان にみえる。あるいは，خران（ロバたち）か？

xxi　原本では بنده にも見える。

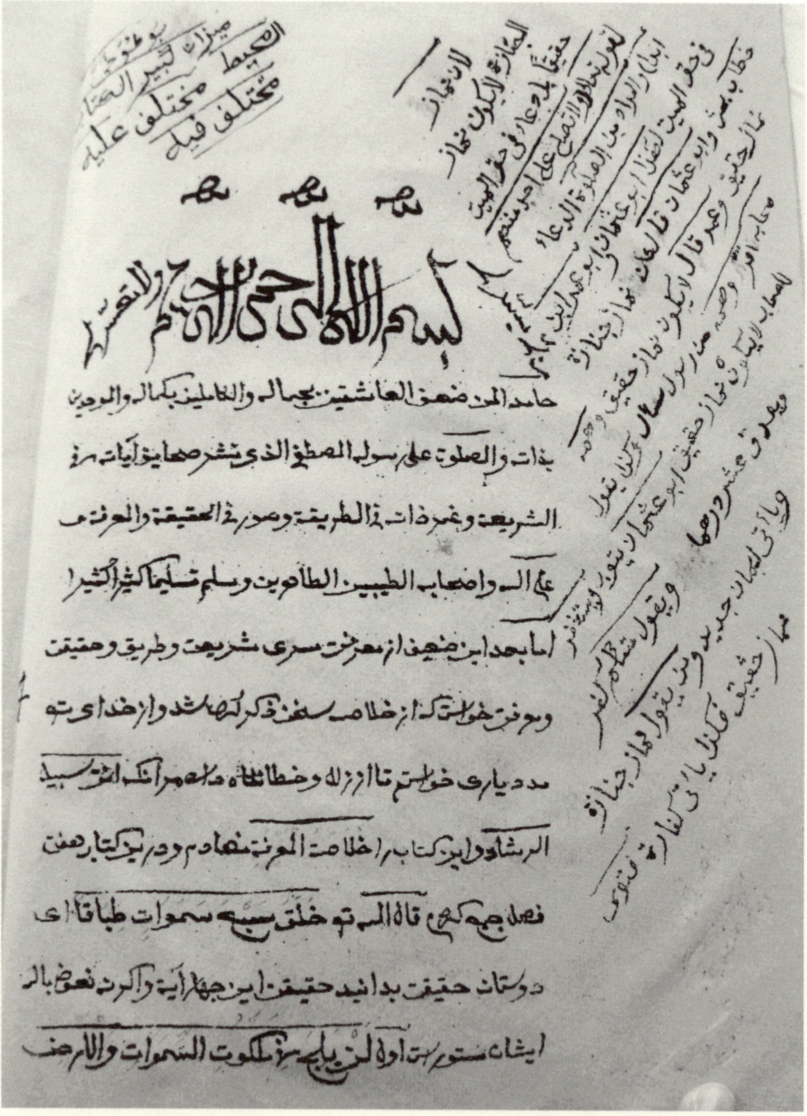

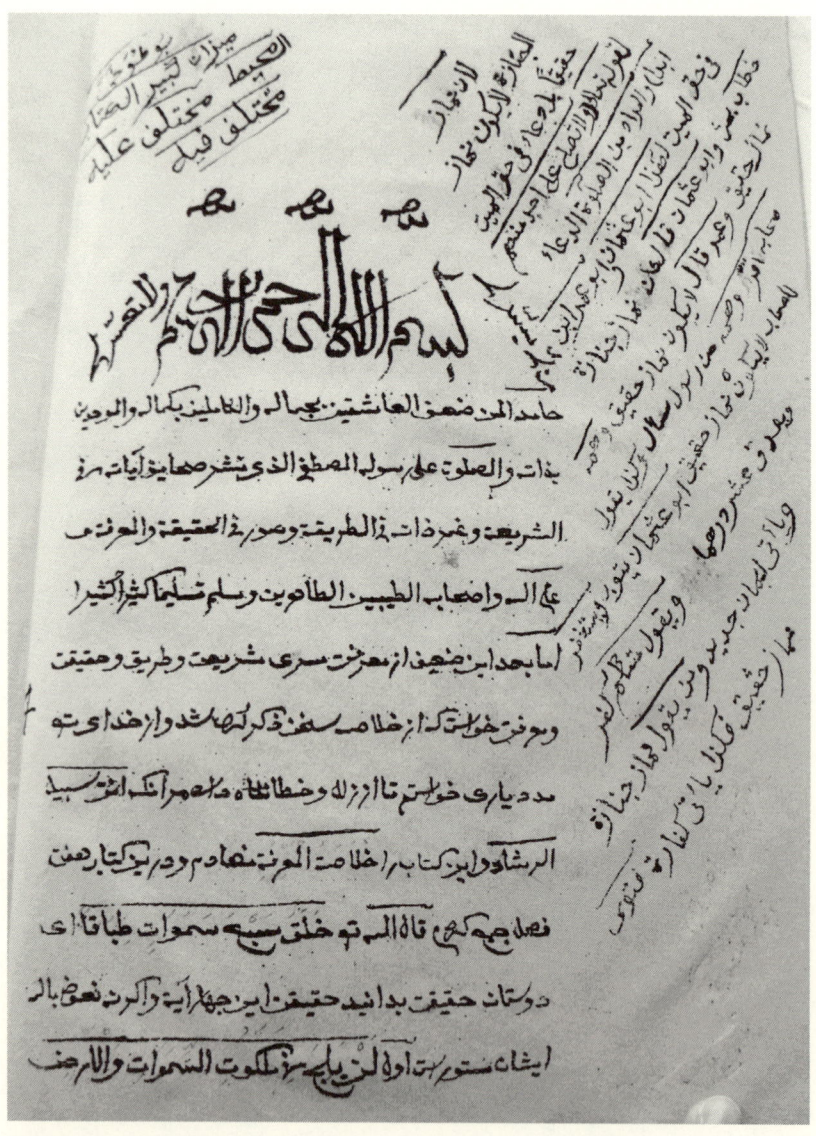

Khulāṣa al-maʿrifa, f. 1b

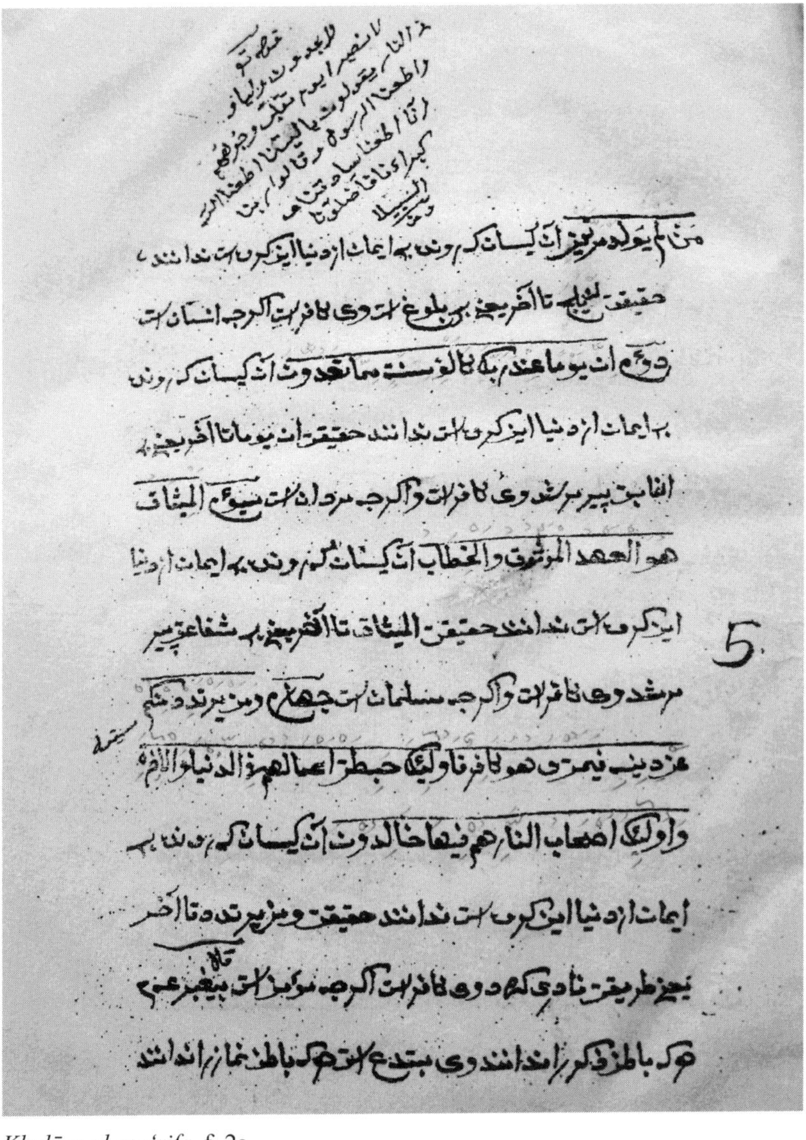

Khulāṣa al-ma'rifa, f. 2a

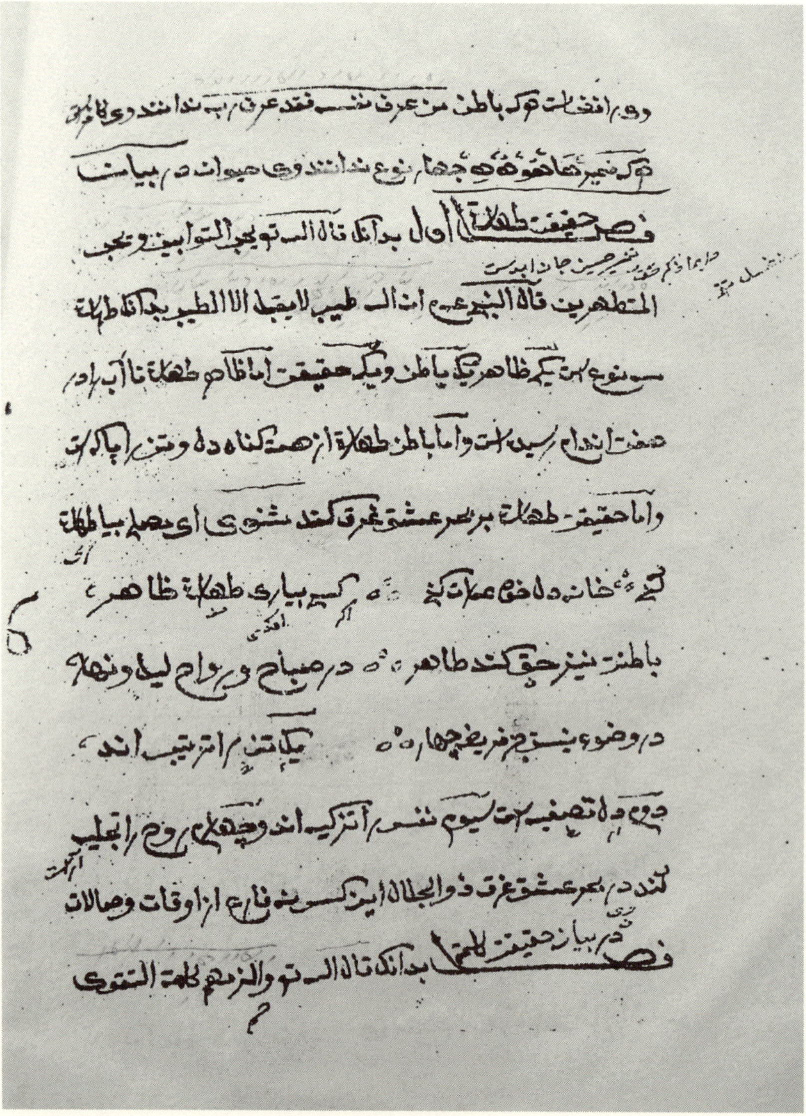
دوبر انفعالات خود که باطن من عرف نفسه فقد عرف ربه [illegible]
خود نیز [illegible] چهار نوع [illegible] حیوانات در بیابانست
فصل حقیقت طهارت اول بدانک قال الله تعالی ان الله یحب التوابین و یحب
المتطهرین قال النبی عم ان الله طیب لا یقبل الا الطیب بدانک طهارت
سه نوع است یکی ظاهر ویکی باطن ویکی حقیقت اما ظاهر طهارت [illegible]
[illegible] واما باطن طهارت از همه گناه دل و تن [illegible]
واما حقیقت طهارت بر سر عشق غرق کند [illegible]
[illegible]
[illegible]
[illegible]
[illegible]
[illegible]
[illegible]
فصل [illegible] حقیقت [illegible] بدانک قال الله تعالی والزمهم کلمة التقوی

Khulāṣa al-ma'rifa, f. 2b

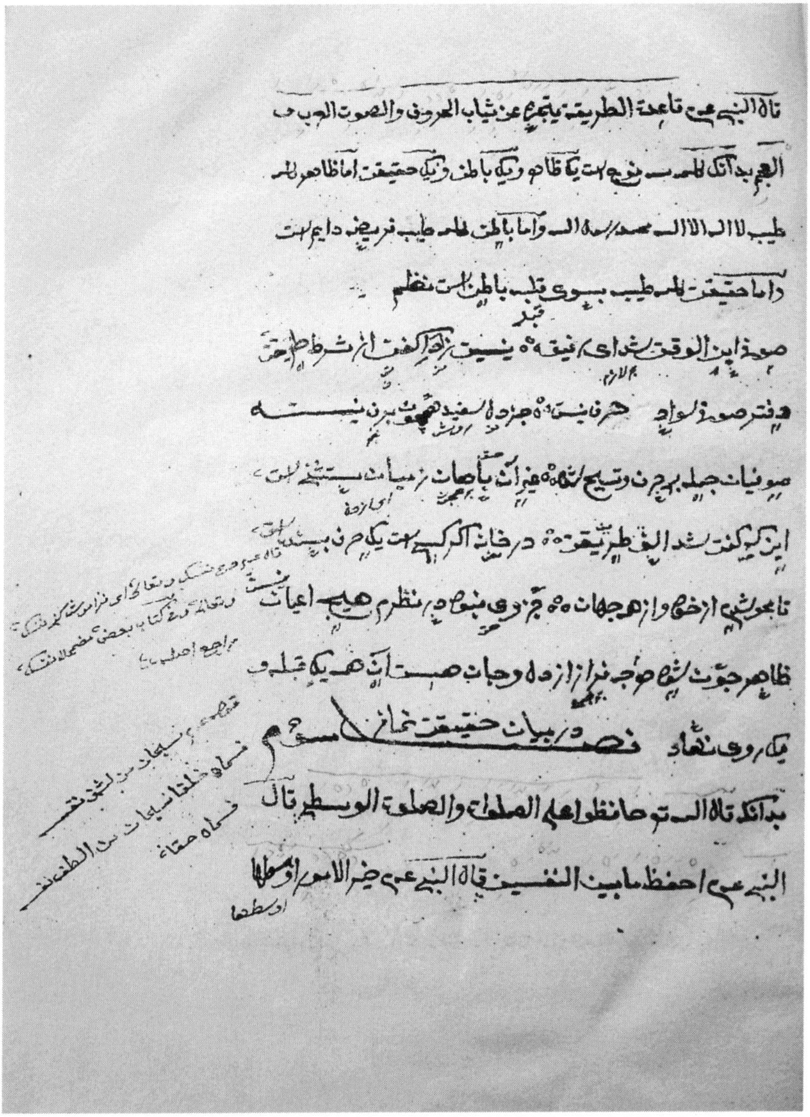

Khulāṣa al-ma'rifa, f. 3a

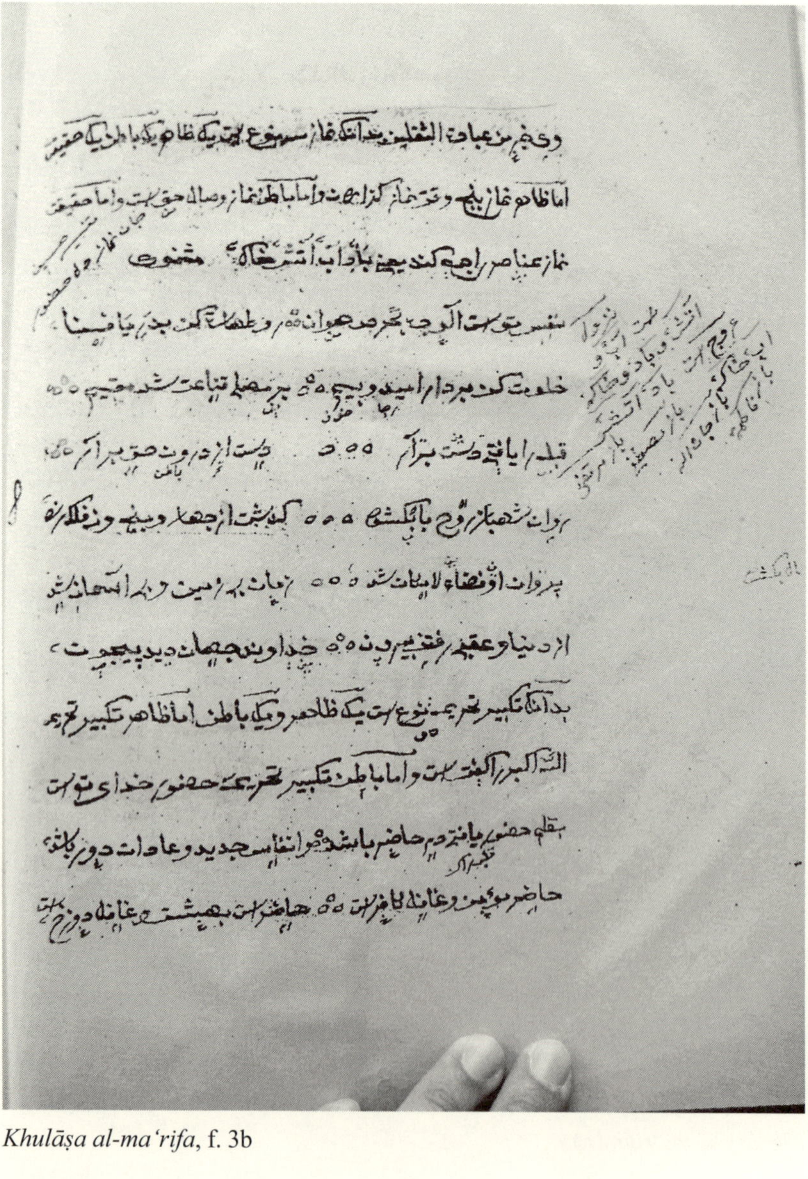

و هي خير من عبادة الثقلين بدانکه نماز سه نوع است یکی ظاهر و یکی باطن و یکی حقیقت
اما ظاهر نماز پنج وقت نماز گزاردن است و اما باطن نماز وصال حق است و اما حقیقت
نماز عناصر را جمع کند یعنی باد و آب و آتش و خاک مثنوی
بدانکه تکبیر تحریمه سه نوع است یکی ظاهر و یکی باطن اما ظاهر تکبیر تحریمه
الله اکبر گفتن است و اما باطن تکبیر تحریمه حضور خدای تو است

Khulāṣa al-maʿrifa, f. 3b

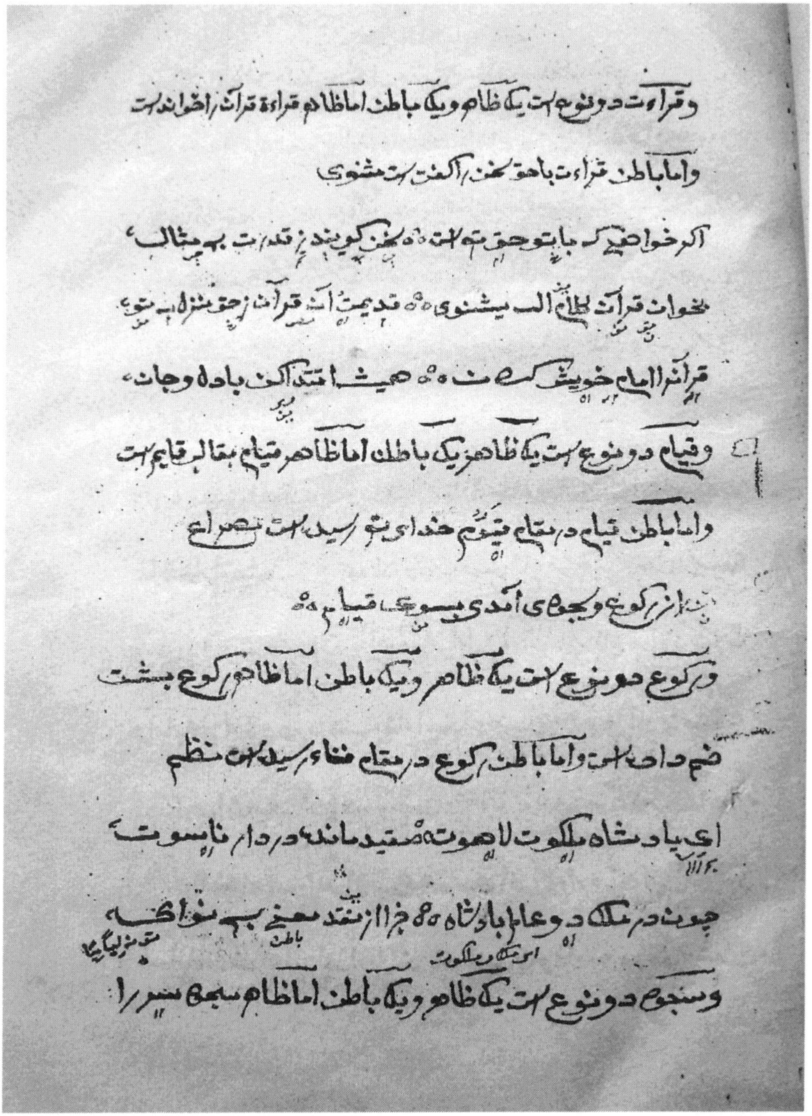
و قراءت دو نوع است یکی ظاهر و یکی باطن اما ظاهر قراءة قرآن را خواندن است
و اما باطن قراءت با حق سخن گفتن است مثنوی
اگر خواهی که با تو حق سخن گوید ز قدرت به مثال
بخوان قرآن ظاهر الف بیشنوی ... آن قرآن ز حق منزل ...
قرآن را امام خویش کرده ... باده و جان
و قیام دو نوع است یکی ظاهر یکی باطن اما ظاهر قیام بقالب قایم است
و اما باطن قیام در مقام قیوم خدای تو رسیدن است مصراع
از رکوع و سجود آمدی بسوی قیام
و رکوع دو نوع است یکی ظاهر و یکی باطن اما ظاهر رکوع پشت
خم دادن است و اما باطن رکوع در مقام فنا رسیدن است نظم
ای پادشاه ملکوت لاهوت ... در دام ناسوت
چون در ملک دو عالم پادشاه ... ز نقد معنی بی نوا کرده
و سجود دو نوع است یکی ظاهر و یکی باطن اما ظاهر سجود سر را

Khulāṣa al-maʻrifa, f. 4a

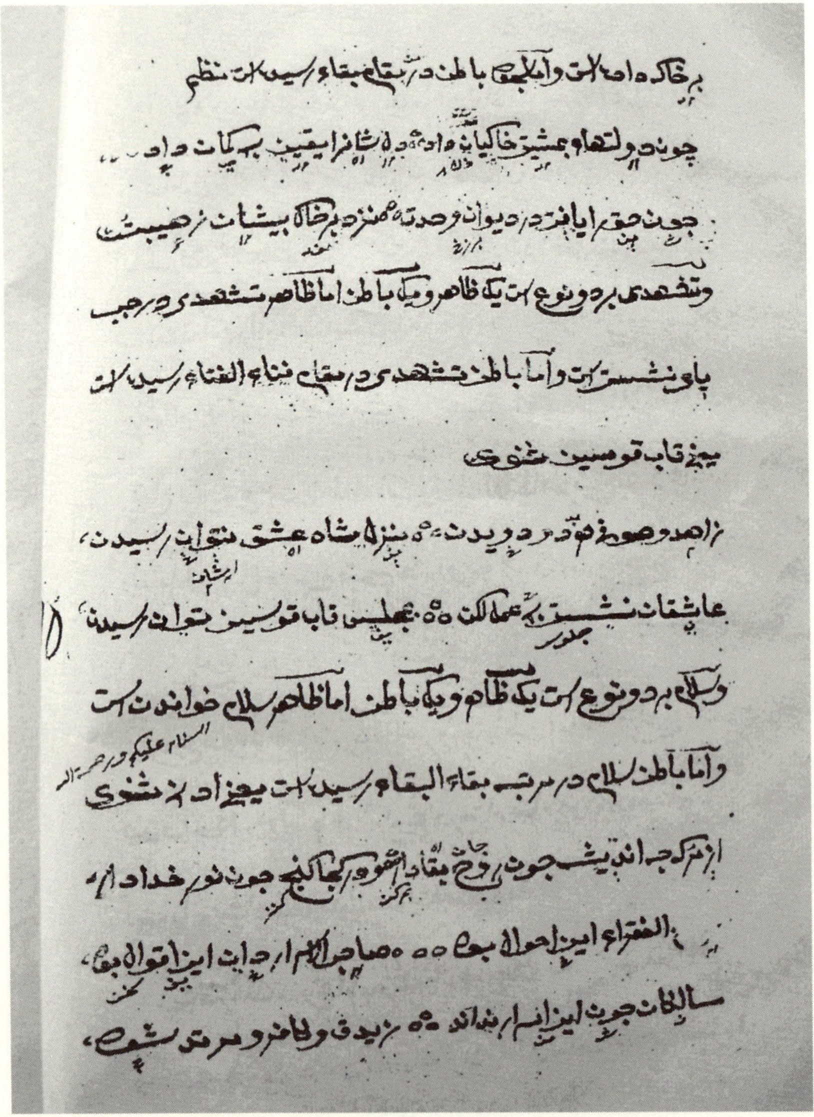

Khulāṣa al-ma'rifa, f. 4b

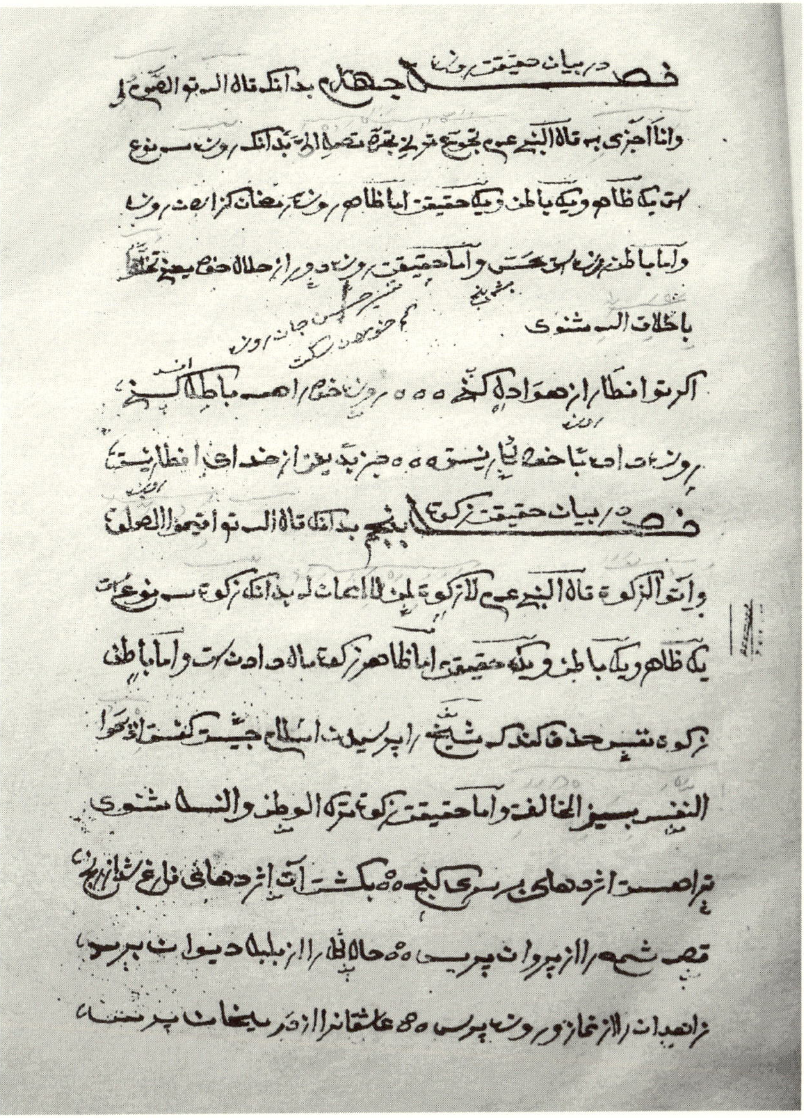

Khulāṣa al-ma'rifa, f. 5a

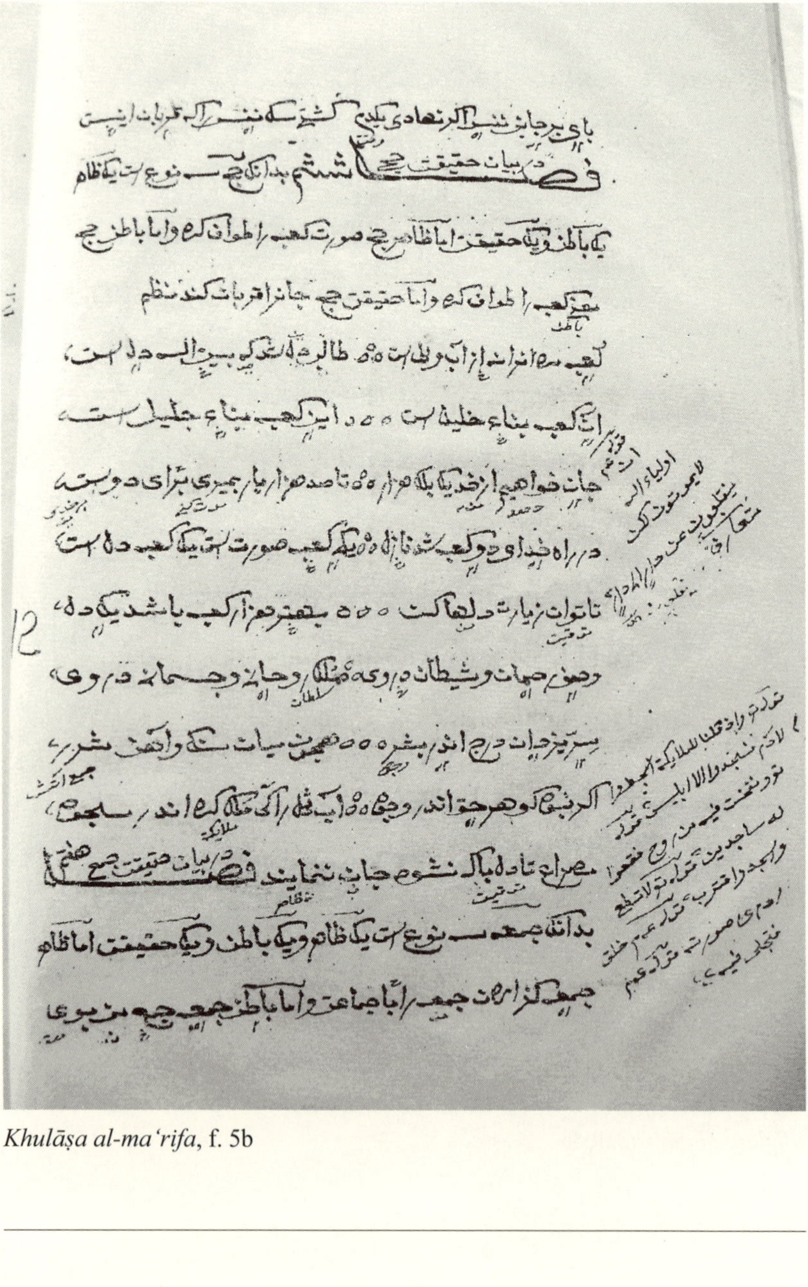

Khulāṣa al-ma'rifa, f. 5b

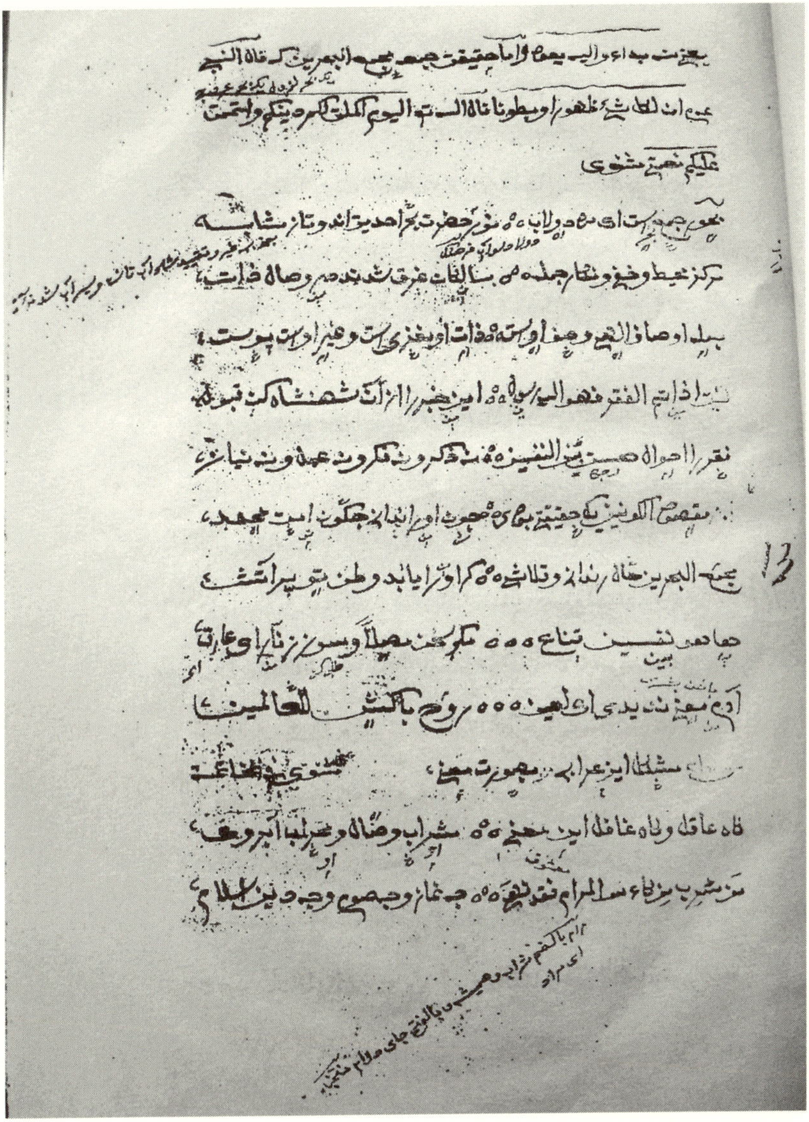

Khulāṣa al-ma'rifa, f. 6a

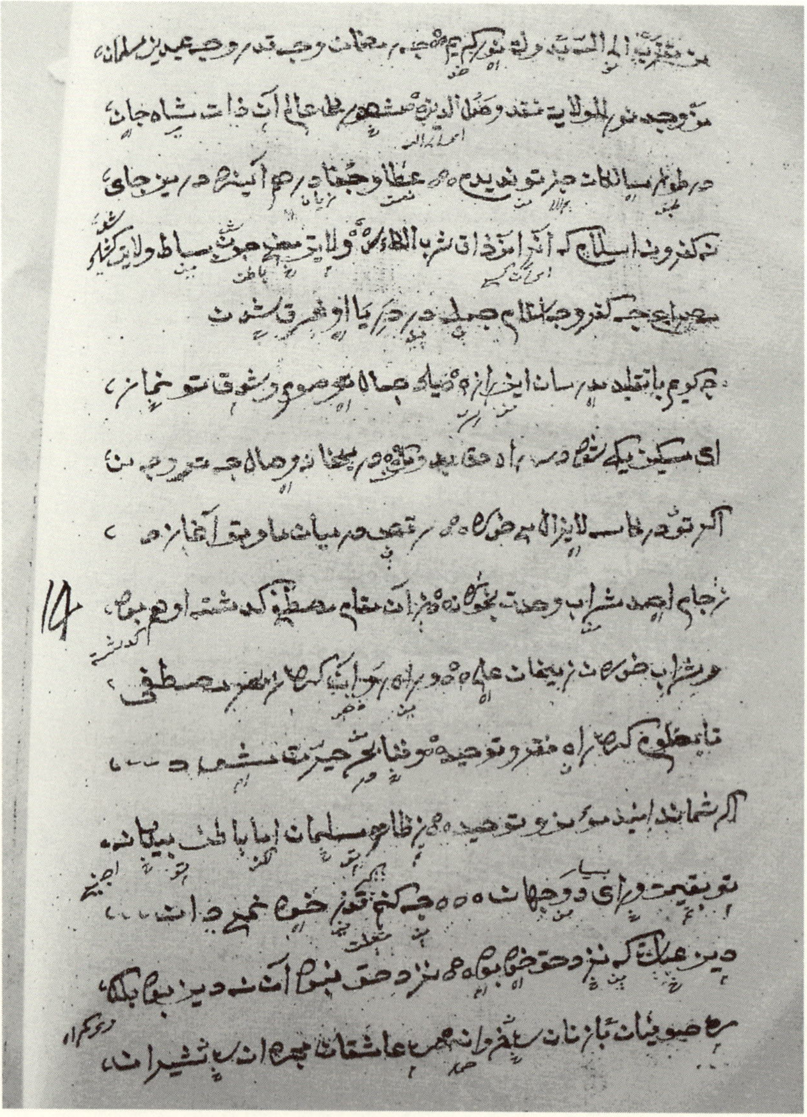

Khulāṣa al-maʿrifa, f. 6b

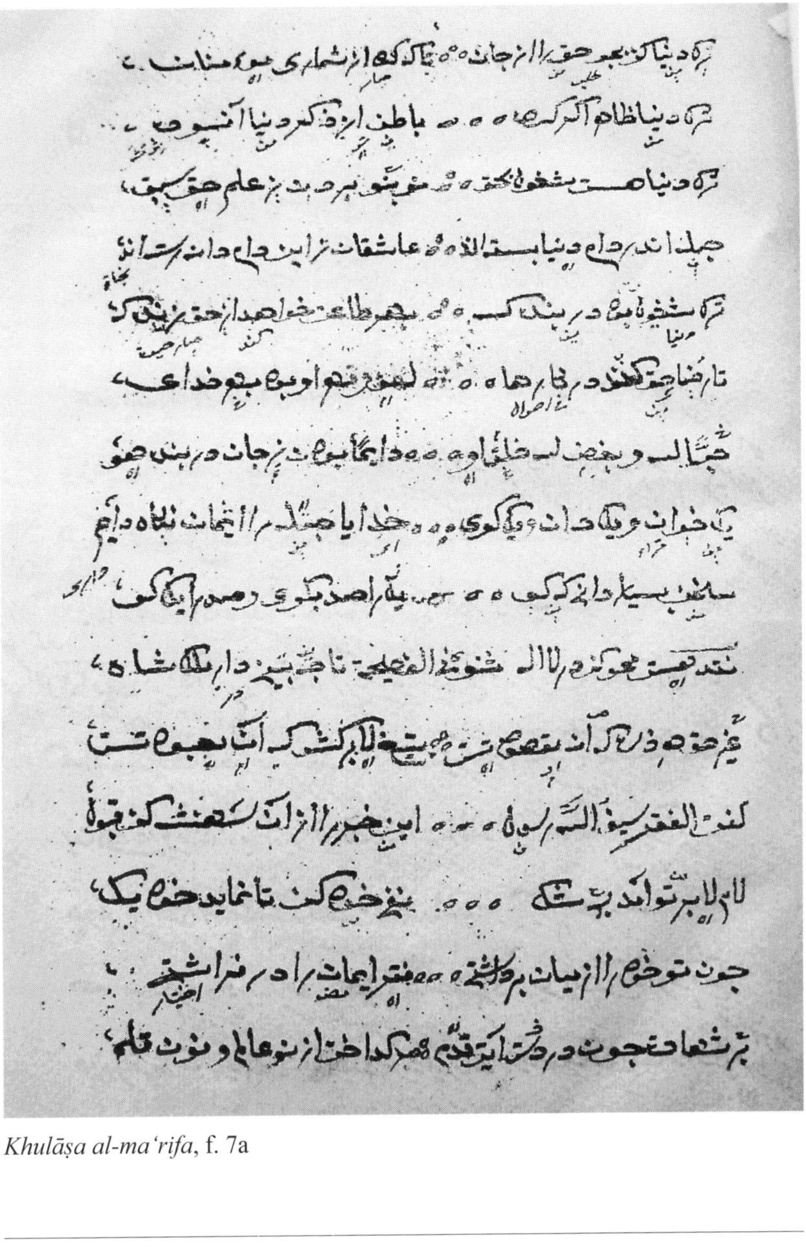

Khulāṣa al-maʻrifa, f. 7a

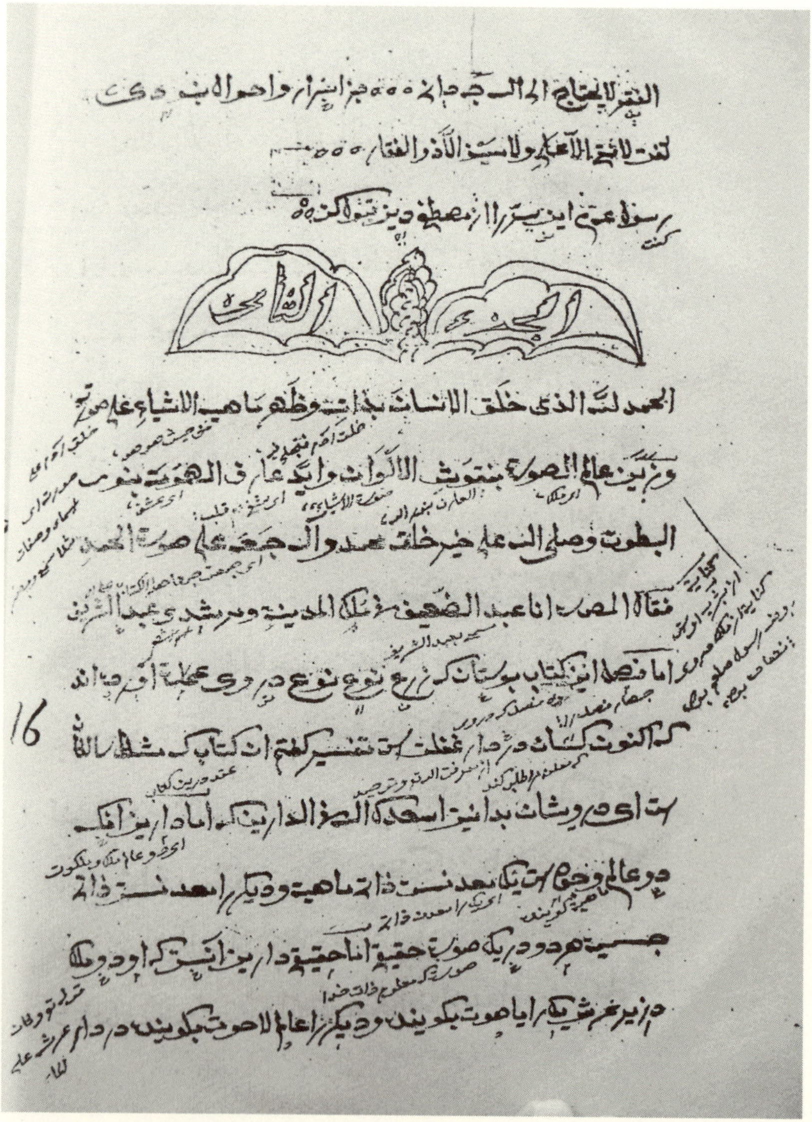

Khulāṣa al-maʿrifa, f. 7b

第7章

スーフィズムとタオイズム
——19世紀中国西北部における対話

楊保元の隠遁・修行の地，中和堂の現在。

はじめに

前章でも述べた通り，19 世紀の中国西北部では，カーディリーヤ派系の門宦と関係のある中国ムスリムたちが，一定量の漢語イスラーム文献を書き遺した。それらの文献では，スーフィズムの教理を説明するために，道教のとくに内丹の術語や表現が多用されている。そこには，イスラームと道教のあいだの何かしらの対話が確かに存在するのである。ところが，その対話の実相についてはほとんど何もわかっていない。この未知の領域を開拓する意義は大きい。

そこで本章では，カーディリーヤ派の漢語イスラーム文献のなかでも，とくに楊保元（1780～1873）の『綱常』という作品を取り上げて，そこにおけるイスラームと内丹道教の対話の実相を，ほんの一端ではあるが，明らかにしたい。

楊保元は，中国のカーディリーヤ派のなかでも，ホージャ・アブドゥッラー（Khwāja ʻAbdullāh, 1689 年没）という人物の道統に属していた。伝承によれば，ホージャ・アブドゥッラーは，マディーナの出身だといい，広東，湖南・湖北，中国西北部，四川などで伝道を行い，四川の保寧（現在の閬中）で没したという。

ホージャ・アブドゥッラーには，祁静一や馬道祖（雲南馬）などの弟子がおり，それぞれの道統を軸に，門宦（スーフィー教団）が形成された。祁静一の道統からは，大拱北という門宦が形成された。いっぽう，馬道祖の道統からは，ホージャ・アブドゥッラーを第一輩，馬道祖を第二輩と数えて，第七輩に当る楊保元を名祖として，楊門門宦が形成された。楊保元は，青海省の省都西寧のやや北に位置する，后子河というところに活動拠点を置いていた（本書口絵「中国のムスリム聖者廟」および本章扉絵参照）ので，楊門門宦は，后子河門宦とも呼ばれる[1]。

1　楊門門宦については，马通［2000b: 75-82］を見よ。楊保元とその著作の概要については，とくに马通［2000b: 77-81］を見よ。

第1節　『綱常』「三五一解」と朱元育『悟眞篇闡幽』

カーディリーヤ派の漢語イスラーム文献は，内丹の術語や表現の使用を特徴とする。中国内地もしくは沿岸部の漢語イスラーム文献では，宋明理学の言葉遣いが支配的で，内丹のそれがあまり認められないので，内丹の語り口調に彩られた漢語イスラーム文献の著述は，中国西北部のカーディリーヤ派の伝統といっても過言ではない。楊保元の『綱常』は，その伝統を最も色濃く反映しているもののひとつである。ときおり出てくるアラビア語・ペルシア語の単語や，クルアーン・ハディースの引用がなければ，ほとんど内丹の経典かと見紛うような書きぶりである。その最たるもののひとつが，次の一節である。まずは漢文原文のみを掲げる。

> 三五一度三箇字，古今明者世上稀。東三南二同成五，北一西方四共之。戊己自居生數五，三家相見結嬰兒。始知太易含真氣，十月胎完入聖基。金丹造化不出河圖。以河圖叅之。東三之木，在人爲魂。南二之火，在人爲神。木火共爲兩家，合爲一家。陽内藏陰，氣中虚靈，均有形像。故曰「東三南二同成五」。西四之金，在人爲魄。北一之水，在人爲精。金水兩家，合而爲一。陰内藏陽，氣中貫滿，均在有形像。故曰「北一西方四共之」。中宮之土，照四方木金火水，總共精神魂魄，此成一家，獨而無偶，是一之像，腎心會合而歸中黄三家相見之像。此系正中聖胎結矣。所謂三家合一，都歸戊己。故曰「戊己自居生數五，三家相見結嬰兒」。後天之心，即先天元精，心非是肉團頑心，乃是妙有中真空，若離卦。後天之神，即是先天元炁，腎非是四大假合之腎，乃是真空中妙有，若坎卦。後天之一，即是先天元神，起初太極含三家，忽然中分爲二，並中宮爲三家，二分爲四，並中土爲五行。此中千變萬化，生生無窮，順之爲常道，不免輪廻，逆之便明金丹，超凡入聖品。金丹大道，到後三家相見，自然並兩歸一，四象五行，六氣七政，八卦九宮，無不歸一，而名「太易含真氣」，再加温養煆煉功夫，與胎元氣足，不難超凡入聖品。故曰「始知太易含真氣，十月胎元入聖基」。[清真，XIX: 234-235][2)]

---

2 『綱常』のテキストは，参考文献表に挙げた『清真大典』所収のものを使用したが，

この一節は，原文で特に名称を付されているわけではないが，便宜上「三五一解」と称することにする。実のところこれは，内丹の重要な経典である張伯端の『悟眞篇』にたいして施された数ある注釈[3]のひとつで，17世紀半ばに活躍していたと思しき朱元育[4]なる人物の著した『悟眞篇闡幽』という作品の一節と酷似している。そのことは，右の【付録1】「楊保元『綱常』と朱元育『悟眞篇闡幽』の比較」を見れば一目瞭然だろう。【付録1】の左半分は，上掲の『綱常』の「三五一解」である。そして右半分が，問題の『悟眞篇闡幽』の一節である。こちらも仮に『悟眞篇闡幽』の「三五一解」と称する。両者は，若干の異同があるものの，ほとんど瓜二つといっていい。

であれば，楊保元は，内丹道の思想を，そのままイスラームの一部として取り込んでいた，ということなのだろうか。以下では，この事の真相究明を通じて，『綱常』におけるスーフィズムと内丹の対話の実相を，明らかにする。

まず，朱元育『悟眞篇闡幽』の「三五一解」の内容を確認しておくと，本章【付録1】で【A】としてあるところは，張伯端の『悟眞篇』の原文である。そして【B】以下は，朱元育の注釈となるが，その主要部分，すなわち【B】と【C】の部分は，いわゆる「坎離顛倒」ないし「五行顛倒」のことを説明していると考えられる。

「坎離顛倒」「五行顛倒」とは，張伯端の『悟眞篇』が説く内丹のプロセスの一部を成すものである。吾妻重二氏によれば，『悟眞篇』の内丹のプロセスは，翁葆光の注釈にのっとっていうと，次のようなものだという。すなわち，からだの中に金丹を錬成する「坎離顛倒」ないし「五行顛倒」の段階と，それで出来た金丹を温め育てつつ，からだ中にめぐらせることにより，からだを純粋な陽に変化させて神仙となる「金液還丹」の段階の，大きく2段階から成るのだという［吾妻 1988］。「坎離顛倒」ないし「五行顛倒」とは，も

それは影印の仕方が悪かったのか，テキストの一部が欠損してしまっている。そのため，著者所蔵の，『清真大典』所収本の別コピー，を用いてテキストを補った。なお，この別コピーを入手するにあたっては，楊門の関係者であった馬成祥氏の助力を得た。記して謝意を表する。

3 『悟眞篇』の注釈については，吾妻［1994］を参照。

4 朱元育は康熙8（1669）年に自著『粲同契闡幽』の自序を著している。

付録1　楊保元『綱常』と朱元育『悟眞篇闡幽』の比較

『綱常』「三五一解」
(pp. 234–235)

【A】
三五一度三箇字，古今明者世上稀。
東三南二同成五，北一西方四共之。
戊己自居生數五，三家相見結嬰兒。
始知太易含眞氣，十月胎完入聖基。

【B】
金丹造化不出河圖。

以河圖叅之：

東三之木，在人爲魂。
南二之火，在人爲神。
木火共爲兩家，合爲一家。
陽內藏陰，氣中虛靈，均有形像。
故曰「東三南二同成五」。

『悟眞篇闡幽』「三五一解」
(pp. 6120–6121)

【A】(張伯端『悟眞篇』の本文)
三五一都三箇字，古今明者實然稀。
東三南二同成五，北一西方四共之。
戊己自居生數五，三家相見結嬰兒。
是知太乙含眞炁，十月胎圓入聖基。

【B】(以下，朱元育の注釈)
此章言金丹造化不出河圖也。
蓋金丹作用即陰陽五行，以超出陰陽五行。上章言二物會合全賴戊己，三五之象昭昭矣，然豈無所本哉。叅同契云“圓三五，寸一分”，又云“三五并爲一兮，都集歸一所”，此“三，五，一”三箇字之所自來。往古今來學道者如牛毛，知此三字者不啻如兎角。孰知其淵源出自河圖哉。
以河圖叅之：

東三之木，在人爲魂。
南二之火，在人爲神。
木火共爲侶，兩者合成一家。
陽內藏陰，其中虛靈，具有心象。
故曰「東三南二同成五」。

西四之金，在人爲魄。
北一之水，在人爲精。
金水兩家，合而爲一。
陰内藏陽，氣中貫滿，均在有形像。
故日「北一西方四共之」。

中宮之土，照四方木金火水，總共精神魂魄，此成一家。
獨而無偶，是一之像。
腎心會合，而歸中黄，三家相見之像。
此系正中聖胎結矣。
所謂三家合一，都歸戊己。

故日「戊己自居生數五，三家相見結嬰兒」。

【C】
後天之心，即先天元精。
心非是肉團頑心，乃是妙有中真空，若離卦。

後天之神，即是先天元炁。
腎非是四大假合之腎，乃是真空中妙有，若坎卦。

後天之一，即是先天元神。

起初太極含三家，

西四之金，在人爲魄。
北一之水，在人爲精。
金水共處，兩者合成一家。
陰内藏陽，其中滿實，具有身象。
故日「北一西方四共之」。

中宮之土，兼攝木火金水，總持精神魂魄，自成一家。
獨而無偶，眞意之象。
身心會合，而歸中黄，三家相見之象。
于是眞種生聖胎結矣。
即叅同契所謂“三物一家，都歸戊己”也。
故日「戊己自居生數五，三家相見結嬰兒」。

【C】
夫後天之心，即先天元精也。

後天之身，即是先天元炁。

後天之意，即是先天元神也。

其初太極涵三，渾然一中而已，

忽然中分爲二，並中宮爲三家，
二分爲四，並中土爲五行。
此中千變萬化，生生無窮，
順之爲常道，不免輪廻，
逆之便明金丹，超凡入聖品。

【D】
金丹大道，到後三家相見，自然並兩歸一。
四象五行，六氣七政，八卦九宮，無不歸一，而名「太易含真氣」。

再加温養煅煉功夫，與胎元氣足，
不難超凡入聖品。
故曰「始知太易含真氣，十月胎元入聖基」。

自一分爲二，并中宮爲三家，
二分爲四，並中土爲五行。
從此千變萬化，生生不窮，
順之爲常道，不免輪廻，
逆之便名金丹，超凡入聖。

【D】
蓋金丹一道，到得三家相見，自然并兩歸一。
兩即歸一，則四象五行，六氣七政，八卦九宮之類，無不歸一，而名「太乙含真炁」矣。
再加向上温養煅煉功夫，至于胎圓炁足，豈難超凡入聖哉。
故曰「是知太乙含真氣，十月胎圓入聖基」。

此章總括河圖，貫串周易，與叅同契相爲表裏，是全書提綱挈領處。

う少し具体的にいうと，心臓のあたりに体感される陽の氣と，腎臓のあたりに体感される陰の氣とを，意識のはたらきによって交合させ，陽氣が含む真陰の氣を，陰氣が含む真陽の氣と反応させ，丹田において至陽の氣，すなわち金丹を生成することだといわれる。

このような体内の氣の操作が「坎離顚倒」とよばれるのは，それが次のような比喩で表現されるからである。すなわち，火を表す離の卦（☲）と，水を表す坎の卦（☵）とを交合させ，離卦の2つの陽にはさまれた陰（中爻の真陰）を，坎卦の2つの陰にはさまれた陽（中爻の真陽）と反応させ，すべて陽から成る乾の卦（☰）を得る，というふうに。また，同じ操作が「五行顚倒」ともよばれるが，というのは，やはりそれが，別の次のような比喩で表現されるからである。すなわち，五行の氣が生成する順序（木→火→土→金→水）を逆にたどるかたちで，火（離卦☲）から木（離卦中爻の真陰）が生じ，水（坎卦☵）から金（坎卦中爻の真陽）が生じ，木（真陰）が金（真陽）と反応して，土の配当される中央で金丹（乾卦☰）が結成される，というふうに。以上は，たとえば【図7-1】のように図示できるだろう。

さて『悟眞篇闡幽』「三五一解」の【B】【C】では，要約すれば，人間身体を構成する4種類の気たる魂・神・魄・精が交合し，人間身体の内部中央（中宮，中黄）に帰一することで，いわゆる「金丹」に相当する「聖なる胎」もしくは「嬰兒」が結ばれる，と説かれている。そしてこの魂神魄精の交合・帰一という事態は，より厳密にいえば，魂と神という心的なもの（心）と，魄と精という身的なもの（身）とが交合し，身体中央に帰一する，と説明されている。くわえて，心的なものは「陽内藏陰」つまりは離卦（☲）で象徴され，身的なものは「陰内藏陽」つまりは坎卦（☵）で象徴されるといわれている。また，「嬰兒」の生成プロセスは，魂神魄精が木火金水に，身体中央が土にいいかえられて，説明されてもいる。すなわち，木（魂）と火（神）という心的なものと，金（魄）と水（精）という身的なものとが交合し，土（身体中央）に帰一する，と。これらのことは，先の【図7-1】と相似に，【図7-2】のように示すことができるだろう。

『悟眞篇闡幽』「三五一解」の【B】【C】が「坎離顚倒」「五行顚倒」を説明するものであることは，【図7-1】と【図7-2】をみくらべれば一目瞭然だろう。要するに，心的なものと身的なものとの交合とは「坎離顚倒」を，木・火と金・水の土への帰一とは「五行顚倒」を，それぞれ表現したものにほかならないのである。

いっぽう『綱常』の「三五一解」も，文字面の上ではほぼ同じことを述べている。ただ，若干の違いがあって，たとえば，『悟眞篇闡幽』では，魂神魄精が身体中央に集結する事態を，「眞意の象」と称している。おそらくはその事態が，意念の力を媒介にして実現されることを述べていると思われる。しかし『綱常』では，同じ合一現象を「一の像」と称し，意念の介在については言及していない。このことは，『綱常』の「三五一解」が，実のところ，意念ないし想像力によって体内の氣を操作する内丹術について語っているものではないことを，示唆している。

第２節　『綱常』「三五一解」と「吸呼解」

では，『綱常』の「三五一解」は，結局，何をいっているのか。ここで，参考にすべきは，『綱常』の別の一節，仮に「吸呼解」と名付ける次の一節である。

哈呼吸呼，四様作密勒。吸者爲陰，呼者爲陽。吸者爲性，呼者爲命。吸者爲聖人的名兒，呼者爲呼大的名兒。吸者爲月，呼者爲日。吸者，北方壬癸水，其中包的，西方庚辛金；呼者，南方丙丁火，其中包的，東方甲乙木。北方壬癸水者，舍勒阿提；西方庚辛金者，脱勒格提；南方丙丁火者，哈格個提；東方甲乙木者，嗎兒勒躤提。四家歸於中央戊己。

hā（哈），hu（呼），hiya（吸），huwa（呼）は，アラビア語の４種類の人称代名詞（作密勒：ḍamīr）である。〔三人称女性単数独立形〕「吸」（hiya）は，陰で，〔三人称男性単数独立形〕「呼」（huwa）は，陽。「吸」は性で，「呼」は命。「吸」はムハンマド（聖人）の呼び名で，「呼」は神（呼大：khudā）の呼び名。「吸」は月で，「呼」は太陽。「吸」（hiya）は，北方・壬癸・水で，そのなかに包括されているもの（三人称女性単数接尾形「哈」（-hā））は，西方・庚辛・金。「呼」（huwa）は，南方・丙丁・火で，そのなかに包括されているもの（三人称男性単数接尾形

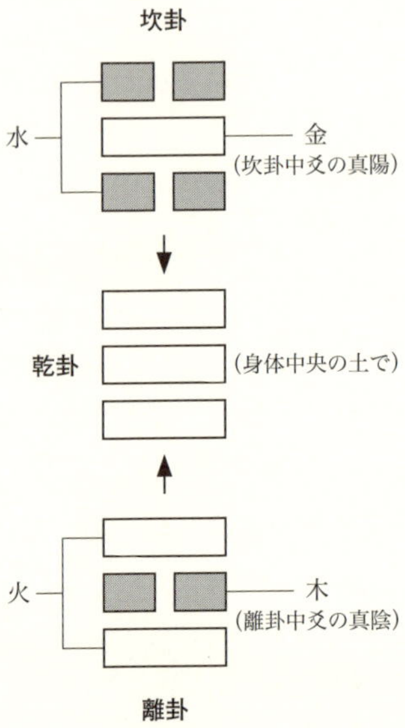

坎卦
水
金
(坎卦中爻の真陽)
乾卦
(身体中央の土で)
火
木
(離卦中爻の真陰)
離卦

図 7-1

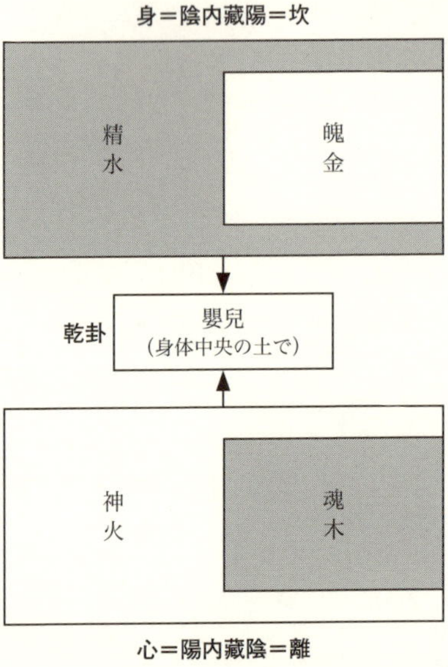

身＝陰内藏陽＝坎
精
水
魄
金
乾卦
嬰兒
(身体中央の土で)
神
火
魂
木
心＝陽内藏陰＝離

図 7-2

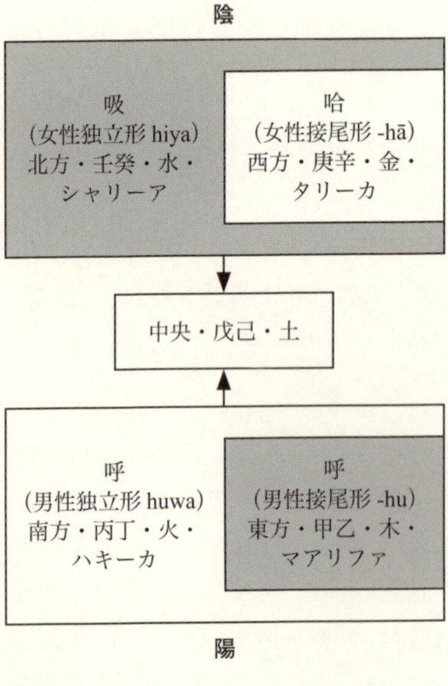

陰
吸
(女性独立形 hiya)
北方・壬癸・水・
シャリーア
哈
(女性接尾形 -hā)
西方・庚辛・金・
タリーカ
中央・戊己・土
呼
(男性独立形 huwa)
南方・丙丁・火・
ハキーカ
呼
(男性接尾形 -hu)
東方・甲乙・木・
マアリファ
陽

図 7-3

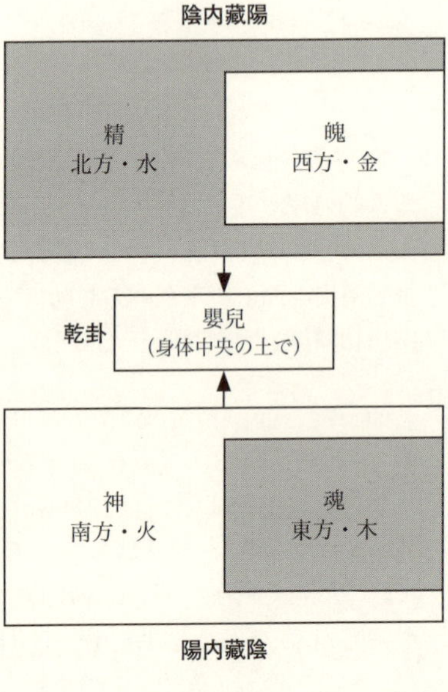

陰内藏陽
精
北方・水
魄
西方・金
乾卦
嬰兒
(身体中央の土で)
神
南方・火
魂
東方・木
陽内藏陰

図 7-4

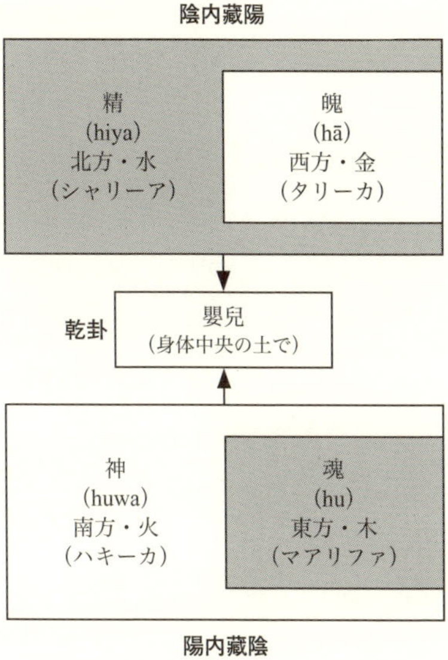
陰内藏陽
精
(hiya)
北方・水
(シャリーア)
魄
(hā)
西方・金
(タリーカ)
乾卦
嬰兒
(身体中央の土で)
神
(huwa)
南方・火
(ハキーカ)
魂
(hu)
東方・木
(マアリファ)
陽内藏陰

図 7-5

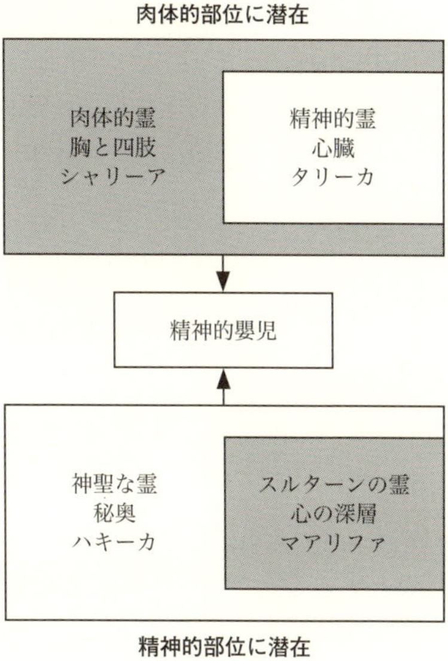
肉体的部位に潜在
肉体的霊
胸と四肢
シャリーア
精神的霊
心臓
タリーカ
精神的嬰児
神聖な霊
秘奥
ハキーカ
スルターンの霊
心の深層
マアリファ
精神的部位に潜在

図 7-6

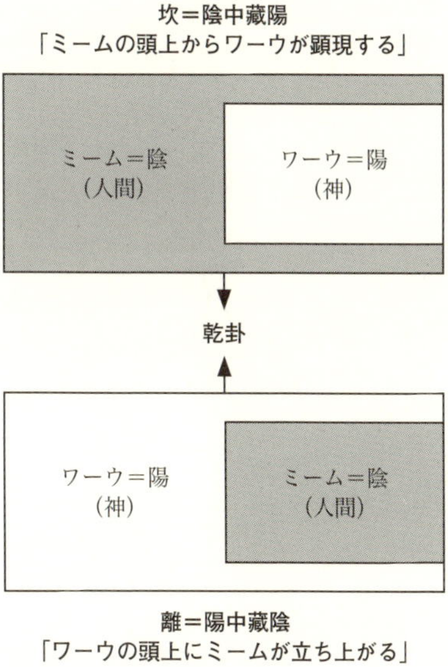
坎＝陰中藏陽
「ミームの頭上からワーウが顕現する」
ミーム＝陰
(人間)
ワーウ＝陽
(神)
乾卦
ワーウ＝陽
(神)
ミーム＝陰
(人間)
離＝陽中藏陰
「ワーウの頭上にミームが立ち上がる」

図 7-7

「呼」(-hu))は，東方・甲乙・木。北方・壬癸・水とは，シャリーア（舍勒阿提＝sharī`at）。西方・庚辛・金とは，タリーカ（脱勒格提＝ṭarīqat）。南方・丙丁・火とは，ハキーカ（哈格個提＝ḥaqīqat）。東方・甲乙・木とは，マアリファ（嗎兒勒鬍提＝ma‘rifat）。四家は中央の戊己に帰る。［清真，XIX: 263］

「吸呼解」では，アラビア語の4つの人称代名詞が，それぞれ何を表象しているのか，が説明されている。4つの代名詞とは，三人称女性単数の接尾形（属格ないし対格）のhā，三人称男性単数の接尾形（属格ないし対格）のhu，三人称女性単数の独立形（主格）のhiya，三人称男性単数の独立形（主格）のhuwaである。まず，hiyaは「彼女は」という意味であるから，当然ながら陰陽の陰を表すとされる。逆にhuwaは，陽を表しているとされている。それから，hāはhiyaに，huはhuwaに，それぞれ包括されるものといわれている。そのうえで，hiyaは，北方・壬癸・水・シャリーアを表し，hāは，西方・庚辛・金・タリーカを，huは，東方・甲乙・木・マアリファを，huwaは，南方・丙丁・火・ハキーカを，それぞれ表している，という。シャリーア，タリーカ，マアリファ，ハキーカというのは，スーフィーの修行の段階，ないし各段階で得られる知識の種類のことであるが，このあたりについては，のちほど改めて説明する。ともあれ，以上は，仮に【図7-3】のように図示できるだろう。

ところで，『綱常』の「三五一解」では，文字面のうえでは『悟眞篇闡幽』と同様に，精・魄のペアと神・魂のペアの交合による「嬰兒」の生成が説かれていた。そしてそこでは，精・魄のペアが「陰が陽を含んだ（陰内藏陽）」かたちと表現され，神・魂のペアが「陽が陰を含んだ（陽内藏陰）」かたちと表現されている。おそらく，精・魄のペアと神・魂のペアの交合というのは，より厳密には，魄を含む精と，魂を含む神との交合というべきなのだろう。また，『綱常』「三五一解」では，これも『悟眞篇闡幽』と同様に，北方・水は精，西方・金は魄，東方・木は魂，南方・火は神，という同定がなされている。これらのことを，【図7-2】に範をとってまとめると，【図7-4】のように図示できるだろう。

するとここには，水に対応する精が，金に対応する魄を含み，火に対応する神が，木に対応する魂を含む，という構造が認められることに気づくだろう。さらに【図 7-3】と見比べてみると，この構造は，「吸呼解」にあった，水を表す hiya が，金を表す hā を含み，火を表す huwa が，木を表す hu を含むという構造と相似であることにも気づく。要するに，精，魄，魂，神と，hiya，hā，hu，huwa とは同じ構造を持っていることがわかるのである。おそらく，hiya，hā，hu，huwa は，精，魄，魂，神を表象するものと考えて間違いないだろう。したがってまた，『綱常』の文脈では，精とシャリーア，魄とタリーカ，魂とマアリファ，神とハキーカも，何らかの対応関係をもっていると考えられる。この想定は，【図 7-3】と【図 7-4】を結合させた【図 7-5】のように図示できるだろう。

第3節　『秘中の至秘，諸光の顕れる所』

では，そういう『綱常』の精魄魂神とは，結局のところ何なのか。そこで次に注目したいのが，著者不明の『秘中の至秘，諸光の顕れる所（*Sirr al-asrār wa maẓhar al-anwār*）』（以下『秘中の至秘』とよぶ）というアラビア語作品[5]である。結論からいえば，『綱常』の精魄魂神は，実のところ『秘中の至秘』に見出されるような，いわゆるラターイフ（laṭā'if＝霊的認識器官）を意味するものであったと考えられる。ただ，それは次節で論じることにして，本節では，『綱常』の作者，楊保元が，この『秘中の至秘』を参照していた可能性を検討する。

その可能性は次の 2 点から支持される。ひとつは，『秘中の至秘』が少なくとも現在，中国西北部で流通しているということ[6]。もうひとつは，楊保元

5　カーディリーヤ派全体の名祖として著名なアブドゥルカーディル・ジーラーニー（1166 年没）の著作として知られるが，その没後に著された，ナジュムッディーン・ラーズィー（1256 年没）の『下僕たちの大道（*Mirṣād al-'ibād*）』を引用しており，結局のところ著者は不明。

6　中国伊斯兰百科全书によれば，中国西北部のいくらかの清真寺は，『秘中の至秘』の木版本を所蔵する［中国伊斯兰百科全书: 622］。それは，1906 年にムンバイのムハンマド出版社（Maṭba' Muḥammadī）で印刷された版をもとに作られたものである。くわえて，

の属した楊門門宦の道統で第四輩に当る馬吉安の『性命論』や，楊門門宦の関係者とみられる藍煦の『天方正學』に，『秘中の至秘』の創造論に近いものが見受けられるということである。

『性命論』や『天方正學』の創造論に似たものは，ナジュムッディーン・ダーヤ・ラーズィーの『下僕たちの大道』にもみられる。馬吉安や藍煦も，おそらくはほかの中国ムスリムと同様に『下僕たちの大道』を参照していただろう。しかしながら，彼らの創造論は，『下僕たちの大道』のそれとディティールにおいて異なる。

『下僕たちの大道』は次のように記す。神はまずムハンマドの霊の光を，神の純一性（aḥadiyya）の光から創造し，次にムハンマドの霊の光（nūr-i rūḥ-i Muḥammadī）から，他のあらゆる霊や他の万物を創造した［*Mirṣād*: 37–38, 46–64］，と。中国ムスリムたちは，彼らの漢語イスラーム文献で神の創造を説明する際，しばしばこの一節を忠実に翻訳する[7]。他方，馬吉安は，以下に示すように，これにいくらかのディティールを加えている。

真主將聖人的靈光放在白咳林倆呼提即 بحری لاهوت 的海裏邊，真主造化三千餘年，把聖光經文定了率祖 فض（正しくは فیض か），要過真主的格蘭，是真主的大道。聖人的靈光造成者，才是個寶貝。又從聖人的靈光上造了四大天仙，阿丹，好哇的 روح 嘮咳，造了一切人神的 روح 嘮咳。

真主は，もっとも優れた預言者の霊の光を，ラーフートの海（baḥrī lāhūt）の海中に置いた。真主はそれを3000年あまり育てた。〔その後〕彼は自己顕現（fayḍ）〔の内容〕を，その霊の光の原文に照らして定めた。そして彼は，彼の筆（qalam）を通じて〔それを書くことを〕欲した。それが，真主の大道（存在の根源）である。かの霊の光から創造されたものこそは，宝だった。彼はまた4天使，アダム，そしてイブの霊を，かの霊の光から創造した。そして彼はあらゆる人間やジンの霊を創造した。［黒白: 48］

ここにでてくる「ラーフートの海」や「3000年」といったディティールは，『下僕たちの大道』に見当たらない[8]。同じようなディティールは，藍煦

中国西北部では，『秘中の至秘』の現代中国語訳，马廷仪［1998］が流布している。

7　たとえば，王岱輿『正教眞詮』上巻「元始」。

8　ただし『下僕たちの大道』には次のような記述がみえる。「至高なる神は言われた。

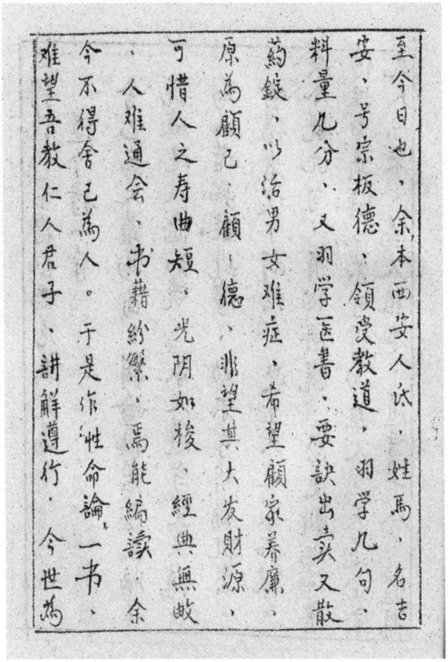

至今日也、余本西安人氏，姓馬，名吉安，号宗板德：領受教道，羽学几句，料量几分、又羽学医書、要訣出奕又散葯錠，以治男女难症，希望顧家养廉、原為顧己、顧、德、非望其大发財源、可惜人之寿曲短，光阴如梭，經典無畋、人难通会、书藉紛繁、焉能編讀、余今不得舍己為人。于是作性命論一书、难望吾教仁人君子、詳解遵行。今世為

図 7-8a　馬吉安の『性命論』。

図 7-8b　青海省化隆県巴燕鎮の近郊にある龍泉拱北（写真の左下にうつる建物）。楊門門宦の第 4 代導師，馬吉安の遺骨がかつて埋葬されていた場所。馬吉安の墓は，もともと西安の広大門（広徳門）にあったが，やがて付近のムスリム・コミュニティの衰退にともなって荒廃し，さらに文革のさいに徹底的に破壊された。文革のさいには拱北のすぐ隣に便所が作られさえしたという。1984 年，この惨状を見かねた人々の手により，馬吉安の遺骨は龍泉拱北に移された。龍泉拱北は，小さな村のはずれにひっそりと佇み，その名の通り，小さな泉のほとりに営まれている。2004 年 1 月の撮影当時は，泉どころか，かつてそこから滝となって流れ落ちていたらしい水流すらも完全に凍っていたのが印象的であった。

の『天方正學』巻四にも見出される。

自最初顯穆罕默德靈光，隠於白哈領略呼海中三千年。然後從靈光分四大天僊及阿丹，好娲各樂哈爾。

ムハンマドの霊の光が，原初から現れた。それはラーフートの海（白哈領略呼＝baḥr lāhūt）の海中に 3000 年のあいだ隠された。その後，4 天使，アダム，そしてイブの各々の霊が，かの霊の光から分かれた。［清真：XII, 168］

馬吉安や藍煦はそれらのディティールを，何にもとづいて加えたのか。その典拠の可能性のひとつが『秘中の至秘』である。同書は次のような一節を含む。

至高なるアッラーは，彼の美の光から，まずムハンマド〈神よ彼に祝福と平安を与えたまえ〉の霊を創造した。……それから，〔すなわち，ムハンマドの霊から，〕アッラーは，ラーフート界（'ālām al-lāhūt）のうちにおいて，あらゆる霊を，もっとも美しい真実の形で創造した。"ムハンマド"はその世界における，あらゆる人間の名である。彼は，起源となる故郷である。4000 年後，彼は玉座（アルシュ）をムハンマド〈神よ彼に祝福と平安を与えたまえ〉の本質の光から創造し，他の被造物をそれ（アルシュ）から創造した。その後，諸霊は被造物の最も低いレヴェル，すなわち人間の肉体に送られた。至高なるアッラーが「我々はそれを最も低い底に放逐した」とおっしゃった如く。すなわち，彼はまずそれをラーフート界からジャバルート界へと送った……［*Sirr*, I: 19–21］

ここにみられる「ラーフート界」や「4000 年」のようなディティールは，先の「ラーフートの海」や「3000 年」と類似する。『秘中の至秘』ないしは

"我らは人間を最良の造形でこしらえた。その後，それを低中の至低へおいやった"［Qur'ān, LIX: 5］と。預言者〈神が彼に祝福と平安を賜れますよう〉はおっしゃった。"神は諸物質〔の創造〕の 4000 年前に，諸々の霊を創造した"と。別の伝承では，"2000 年前"といわれている。このハディースは，〔前掲の〕クルアーンの節を解釈して"〔神は〕まず人間の諸霊を創造し，次いで諸々の肉体や諸々の物質を創造した"とするものである」［*Mirṣād*: 38］。馬吉安や藍煦がいう「3000 年」は，ひょっとするとこのあたりを典拠とするかもしれない。しかしいずれにしても，「ラーフート界」のほうは，『下僕たちの大道』以外に典拠を求めなければならない。

それに酷似する内容のアラビア語・ペルシア語文献[9]を，馬吉安や藍煦がみていた可能性は高い。とすれば，馬吉安や藍煦と近い関係にあった楊保元についても，同じことがいえるかもしれない。

第4節　『綱常』「三五一解」の真相

たしかに『秘中の至秘』には，『綱常』「三五一解」の内容に類似する記述がある。そこでは次のようなことが述べられている（詳細は章末【付録3】を参照）。

人間のからだのさまざまな部位，すなわち胸と四肢（ṣadr ma‘a al-jawāriḥ al-ẓāhira），心臓（qalb）[10]，心の深層（fu’ād），そしてそのさらなる深みにある秘奥（sirr）と呼ばれるところ——これらの個所には，肉体的霊（al-rūḥ al-jusmānī），精神的霊（al-rūḥ al-rawānī），スルターンの霊（al-rūḥ al-sulṭānī），神聖な霊（al-rūḥ al-qudsī）がそれぞれ伏在している。それらの霊は，いわゆる「ラターイフ（laṭā’if）」，つまり霊的認識器官，ないしは本来的霊性の類のことである。それらは，それぞれシャリーア，タリーカ，マアリファ，ハキーカという修行の各段階と対応している。すなわち，それらの修行をこなしていくごとに，修行の各段階に対応する霊的認識器官や本来的霊性が顕現・発動する。そし

9　たとえば，二宮［2011］によれば，南アジアで広範に流布していたペルシア語神秘主義文献『神秘の鉱脈』や，ベンガル地方で書かれたベンガル語神秘主義文献にも，『下僕たちの大道』を下敷きにしたと思しき，ムハンマドの光の展開に関する記述がみえるという。なお，ムハンマドの光の思想それじたいは，サフル・トゥスタリー（Sahl al-Tustarī, 896 年没）に端を発するようである［Schimmel 1975: 215; Schimmel 1985: 125］。アズィーズ・ナサフィー（‘Azīz Nasafī）の『至遠の目的地（*Maqṣad-i aqṣā*）』［*Maqṣad*: 276］によれば，トゥスタリーは，「神は自らの光からムハンマドの光を創造した。それから，それを整形し，彼の手に送った。その後，その光は神の手のなかに 10 万年あった。……」と述べたという。この文言は，アイヌルクダート・ハマダーニー（‘Ayn al-Quḍāt al-Hamadānī, H. 525 (1131) 年没）によると，聖者ヒドルがトゥスタリーに明かしたものとされる［Böwering 1980: 150］。

10　心の諸層（ṣadr，qalb，fu’ād）に関する中国ムスリムの理解の一例については，青木ほか［2005: 44–47］を参照。

てそれにともなって，各段階に見合った，神の認識が可能となるのである［*Sirr*, I: 52–71］。

より具体的にいえば，各霊の顕現・発動によって，それぞれに対応する認識の地平，「世界」が開示・体験されてゆくということである。すなわち，肉体的霊，精神的霊，スルターンの霊，神聖な霊は，ムルク界，マラクート界，ジャバルート界，ラーフート界にそれぞれ対応する。4 つの世界では，神が，それぞれに見合ったかたちで顕れている。ムルク界よりもマラクート界で，マラクート界よりもジャバルート界で，ジャバルート界よりもラーフート界で，神はより真相に近いかたちで顕れている［Sirr, I: 17–21］。つまりより高次の霊が顕現・発動し，より高次の世界が開示されることで，神のより本来的なありさまを認識することができるのである。

そして，最後のハキーカの段階で，潜在していた神聖な霊が顕現すると，顕現したそれは「精神的嬰児（ṭifl al-maʻānī［*Sic*］）」と呼ばれる。その「精神的嬰児」の顕現・発動（懐妊）によって，神人合一の境地を体験し，神についての完全な認識が得られる［*Sirr*, I: 84–89］。

以上のことは，ひとまず【図 7–6】のように整理することができるであろう。さらにこれを，先に得られた【図 7–5】と比較したとき，『綱常』の精魄魂神と，『秘中の至秘』の肉体的霊，精神的霊，スルターンの霊，神聖な霊とをパラレルにみることは，それほど困難なことではなかろう[11]。双方の 4 者がシャリーア，タリーカ，マアリファ，ハキーカと対応していること，双方の 4 者から最終的に出現するものが「嬰兒」と「精神的嬰児」であることは，類似点としてすぐに気づかれる。

また，これ以外にもパラレルな要素はある。『秘中の至秘』には，精神的嬰児について次のようにある。すなわち「その出現，つまり懐妊は，シャリーアとハキーカの結合に由来する。というのも子どもは，男と女の両精液の結合によらなければ生じないからである」［*Sirr*, I: 87–88］と。やはり，シャリーア，タリーカ，マアリファ，ハキーカの修行達成による精神的嬰児の懐妊をいうわけだが，注目したいのは，修行の 4 段階を，その最初と最後のシャリー

11　Buehler［1998: 110 (n. 44)］は，ラターイフと，ヒンドゥー・ヨガのチャクラや，道教の上中下丹田とをパラレルなものとみなし，その違いについて議論している。

アとハキーカで代表させている点である。そこには，いうなれば，シャリーアがタリーカを含み，ハキーカがマアリファを含むという構造が，認められなくもないのである。あるいは，肉体的部位に宿る肉体的霊が，同じく肉体的部位に宿る精神的霊を含み，精神的部位に宿る神聖な霊が，同じく精神的部位に宿るスルターンの霊を含むという構造がある，とみることも可能である。ならばこの構造は，『綱常』における，精が魄を，神が魂を含む構造と相似を成すともいえる。さらに，『秘中の至秘』で，シャリーアとハキーカが男女の精液に比されているのは，『綱常』で，精と魄のペアと，魂と神のペアとの結合が，坎離顛倒，つまり陰陽の交わりを表現していることとパラレルである。

ここまでみてくれば，次のようにいうことができるのではないか。すなわち，楊保元が，『綱常』「三五一解」を著述した際に，『悟眞篇闡幽』の文章を借りながら，真相としては『秘中の至秘』の記述を，念頭に置いていた可能性はかなり高い，と。換言すれば，彼が『秘中の至秘』の内容を表現しようとしたときに，『悟眞篇闡幽』の「三五一解」に内容の類似性を見出し，その「三五一解」を『綱常』に編入した，という物語を想定することは，あながち無理とはいえまい。

なるほど，楊保元が確実に『秘中の至秘』を読んでいたことを立証できない以上，『綱常』「三五一解」の精魄魂神が，まさしく『秘中の至秘』の肉体的霊，精神的霊，スルターンの霊，神聖な霊そのものを完全に踏まえていたとはいいきれない。しかし少なくとも，それらに類似する，霊的認識器官や本来的霊性（ラターイフ）の類を踏まえていたことは，ほぼ間違いないのではないか。そうでなければ『綱常』「三五一解」において，精魄魂神が，シャリーア，タリーカ，マアリファ，ハキーカと対応させられたことを説明できない。

『綱常』「三五一解」に，精魄魂神が交合して身体中央に帰一し嬰兒を孕むというのは，『悟眞篇闡幽』を踏襲してはいるが実のところ，次のようなことなのだろう。すなわち，肉体的霊，精神的霊，スルターンの霊，神聖な霊が順に顕現し，神聖な霊が顕現した状態，精神的嬰児の懐妊に至ること。あるいは，ラターイフが顕現・発動していった果てに，神人合一の境地が体験され，神についての完全な認識が得られること。

なお，『綱常』「三五一解」の最後の一段，本章【付録 1】で D としておいた段落は，文字面の上では，『悟眞篇』の内丹プロセスで「坎離顛倒」の次にくる「金液還丹」の段階について述べているように見える。しかしこれもその実は，『秘中の至秘』に説かれている，ズィクルの修行による「精神的嬰児」の養育［*Sirr*, I: 84］という内容を，比喩的に語っている，と見ることも十分可能ではなかろうか。

以上の知見をふまえ，右に『綱常』「三五一解」に訳注を施しておく。

付録２

『綱常』「三五一解」訳注

【A】

三五一度三箇字，古今明者世上稀。

東三南二同成五，北一西方四共之。

戊己自居生數五, 三家相見結嬰兒。

始知太易含真氣，十月胎完入聖基。

三と五と一，全てはこの３つの字に尽きる[i]が，今も昔も理解者は，世の中に少ない。

東の三と南の二が合わさって五になり，北の一と西の四が一緒になる。

戊己はおのずと生數[ii]の五のところにおり，三家が相見えて，嬰兒を孕む。

始めて知る。存在の根源[iii]が眞氣を含み，十月で胎が完成し，聖なる基礎に入る，と。

【B】

金丹造化不出河圖。以河圖叅之。東三之木，在人爲魂。南二之火，在人爲神。木火共爲兩家，合爲一家。陽内藏陰，氣中虚靈，均有形像。故曰「東三南二同成五」。西四之金，在人爲魄。北一之水，在人爲精。金水兩家，合而爲一。陰内藏陽，氣中貫滿，均在有形像。故曰「北一西方四共之」。中宮之土，照四方木金火水，總共精神魂魄，此成一家，獨而無偶，是一之像，腎心會合而歸中黄三家相見之像。此系正中聖胎結矣。所謂三家合一, 都歸戊己。故曰「戊己自居生數五, 三家相見結嬰兒」。

---

i 「度」は，『悟眞篇闡幽』では，同音の「都」に作る。「度」は「都」として解した。

ii 『周易』「繫辭上」の「天一地二天三地四天五地六天七地八天九地十」という記述にたいする鄭玄の注において，一二三四五は「生數」，六七八九十は「成數」と称される［今井 1958: 177–180］。

iii 「太易」は，世界の始原の混沌未分状態を指す。『悟眞篇闡幽』では，同音の「太乙」に作る。「太乙」は，「太一」のことで，世界の始原，存在の本体たる「道」を指す。

〔上の『悟真篇』の一節がいわんとするところは〕金丹の生成が，すべて「河圖」(後掲図参照) に説明されている，ということである。

「河圖」に照らすと，東三の木は人において魂となり，南二の火は人において神となる。木と火はふたつ別箇の家だが，合わさってひとつの家となる[iv]。陽が内に陰を含み，氣の中が虚ろで霊的で，いずれも形像をもつ[v]。故に〔『悟真篇』に〕「東三と南二が合わさって五になる」という。

西四の金は人において魄となり，北一の水は人において精となる。金水はふたつ別箇の家だが，合わさってひとつの家となる[vi]。陰が内に陽を含み，氣の中が一貫して満たされ，いずれも形像をもつ[vii]。故に〔『悟真篇』に〕「北一と西四が一緒になる」という。

中宮の土は，四方の木金火水を照らし，精神魂魄を総合して，一家をな

iv 胸に宿る「肉体的霊」と，心臓に宿る「精神的霊」が，肉体的部位に宿る霊としてセットになること，あるいはそれらの霊の顕現を目的とするシャリーアとタリーカの修行がセットになることを表している，と考えられる。

v 「均有形像」は，後出の「一之像」にたいする言い方か。「一」であることとは，対立がないこと，いわばいかなる構造も存在しないことである。それにたいして，「均有形像」は，いまだ何らかの構造があって，対立が認められる状態を指すのではないか。「木火共爲兩家，合爲一家。陽内藏陰，氣中虚靈，均有形像」は，全体で，シャリーア・タリーカの修行のみでは，神の絶対的一性の認識に到達しえないこと，そのためにはマアリファ・ハキーカの修行も必要であることを，意味するか。

『悟眞篇闡幽』では，「均有形像」が「具有心象」(心を表象する) となっている。こちらは，木と火から，陰を含む陽の氣 (離の氣) が成り，「心的なもの」となること，をいっているのだろう。

vi 心の深層に宿る「スルターンの霊」と，秘奥とよばれる心のさらなる深層に宿る「神聖な霊」が，精神的部位に宿る霊としてセットになること，あるいはそれらの霊の顕現を目的とするマアリファとハキーカの修行がセットになることを表している，と考えられる。

vii 「金水兩家，合而爲一。陰内藏陽，氣中貫滿，均在有形像」は，全体で，マアリファ・ハキーカの修行のみでは，神の絶対的一性の認識に到達しえないこと，そのためにはシャリーア・タリーカの修行も必要であることを，意味するか。『悟眞篇闡幽』では，「均在有形像」が「具有身象」(身体を表象する) となっている。こちらは，金と水から，陽を含む陰の氣 (坎の氣) が成り，「身的なもの」となること，をいっているのだろう。

し[viii]，ただひとつで対になるものがない。これは一[ix]の有様である。腎臓と心臓が合わさって[x]中黄に帰り，三家が相見えるというかたちである。これはまさに嬰兒が結成されるということ，いわゆる「三家が合一してすべて戊己に帰る」である。故に〔『悟真篇』に〕「戊己はおのずと生数の五のところにおり，三家が相見えて嬰兒を孕む」という。

【C】

後天之心，即先天元精，心非是肉團頑心，乃是妙有中真空，若離卦。後天之神，即是先天元炁，腎非是四大假合之腎，乃是真空中妙有，若坎卦。後天之一，即是先天元神，起初太極含三家，忽然中分爲二，並中宮爲三家，二分爲四，並中土爲五行。此中千變萬化，生生無窮，順之爲常道，不免輪廻，逆之

viii　肉体的部位に宿る「肉体的霊」および「精神的霊」と，精神的部位に宿る「スルターンの霊」および「神聖な霊」が，すべて顕現し，神の絶対的一性の認識に至ることを意味していると考えられる。

ix　「是一之像」は，『悟眞篇闡幽』では「眞意之象」となっている。「眞意之象」は，精神魂魄が身体中央で合一するというかたちが，意念によって実現されることをいったものと思われる。が，『綱常』の「三五一解」では，「意」を同音の「一」に読みかえて，意念の介在に言及しない。これは，『綱常』「三五一解」が，意念・想像力によって体内の氣を操作する内丹術について述べているのでないことを，示唆している。

x　「腎心會合」は，『悟眞篇闡幽』では「身心會合」となっている。「身心會合」は，陽を内に含んだ陰の氣（坎の氣）と，陰を内に含んだ陽の氣（離の氣）の交感合一を指しており，いわゆる坎離顚倒に相当すると考えられる。坎離顚倒といえば，『悟眞篇』の翁葆光の注釈によれば，腎臓辺の氣と心臓辺の氣の反応化合を指すので，それが「腎心會合」と表現されるのも理解できる。たしかに『悟眞篇闡幽』でも，坎の氣と離の氣を，比喩として「腎心」で表象することは認めている［闡幽：6122］。ただし，それが腎臓辺の氣や心臓辺の氣に当たると明言されているわけではない。『悟眞篇闡幽』の坎離は，「からだ」を表象する，陽を含む陰氣と，「こころ」を表象する，陰を含む陽氣を指し，坎離顚倒ないし「身心會合」は，「からだ」と「こころ」の調和を意味するようである。

『綱常』の坎離顚倒は，肉体的部位に宿る「肉体的霊」「精神的霊」と，精神的部位に宿る「スルターンの霊」「神聖な霊」の顕現を意味すると考えられる。とすれば，「腎心會合」よりも「身心會合」のほうが表現としては相応しいように思われる。「身心會合」が「腎心會合」となったのは，「腎」と「身」が同音なので，書き間違いかもしれない。

便明金丹，超凡入聖品。

後天の心とは，先天の元精[xi]である。心とは肉が固まった頑なな心ではなく，玄妙な有のなかの真空，離の卦のごときものである[xii]。

後天の腎[xiii]とは，先天の元炁である。腎とは四大[xiv]がかりそめに合わさった腎ではなく，真空のなかの玄妙な有，坎の卦のごときものである。

後天の一とは，先天の元神である。

はじめ太極は三家を含んでいる。忽然と中が分かれて二となり，中宮とともに三家となる。二が分かれて四となり，中土とともに五行となる。このうちには千変万化があり，生成に終わりはない。これに従うのは，通常の道であるが，それでは輪廻を免れない。これに逆らえば，金丹を明らかにし，凡人の境地を脱して聖人の境地に入る。

xi 『悟眞篇闡幽』において，「先天」は，宇宙の始原，諸存在が未分化の段階を指すようである。「元精」や後出の「元炁」「元神」は，「後天」(諸存在が分節する段階）で，人間の「心」「身」「意」へと分化するが，「先天」では「太極」(ないし「一炁」) に統合された未分化の状態にあるもの，と考えられる。

『秘中の至秘』によれば，あらゆる人間の「肉体的霊」「精神的霊」「スルターンの霊」「神聖な霊」は，創造の原初において「ムハンマドの霊」に統合されているという。『綱常』において，以下に，後天の「心」「神」(腎？)「一」が，先天では「元精」「元炁」「元神」として「太極」に統合されている，といわれているのは，このことを指すか。

xii 「心非是肉團頑心，乃是妙有中真空，若離卦」や後出の「腎非是四大假合之腎，乃是真空中妙有，若坎卦」は，『悟眞篇闡幽』「三五一解」にはない記述だが，「三五一解」の直後［闡幽: 6121］に次の記述がある。「坎，外虛而中實，身象也。此非四大假合之身，乃眞空中妙有也。離，外實而中虛，心象也。此非六塵縁影之心，乃妙有中眞空也」。また，同書の別の個所［闡幽: 6159］にも次の記述がある。「離本太陽眞火，陽中含陰，外實内虛，心之象也。坎本太陰眞水，陰中包陽，外虛内實，身之象也。火中生木，是爲陽魂。水中生金，是爲陰魄。金木者水火之交也。所以魂魄即寄于身心。心非肉團之心，乃先天凝聚之元精也。身非四大假合之身，乃先天流行之元炁也。身心妙合，便是先天元神」。

xiii 原文は「神」だが，同音の「腎」の誤りか。

xiv 「四大（しだい)」とは，地水火風の元素のこと。

【D】

金丹大道，到後三家相見，自然並兩歸一，四象五行，六氣七政，八卦九宮，無不歸一，而名「太易含真氣」，再加温養煆煉功夫，與胎元氣足，不難超凡入聖品。故曰「始知太易含真氣，十月胎元入聖基」。

金丹の結成への大いなる道は，至ってのち三家が相見え，自然に二が一に帰る。四象五行，六氣七政，八卦九宮，すべて一に帰る。それが「存在の根源が真気をふくむ」と呼ばれる状態である。さらに温め養い，鍛練し，胎が完全になり気が充足すれば，難なく凡人の境地を脱して聖人の境地に入る。故に「ここに始めて知る，存在の根源が眞氣をふくみ，十月に胎ができて聖なる基礎に入る，と」と言うのである。

第5節　「坎離顚倒」のもうひとつの意味

『綱常』の文字面のうえでは，精魄魂神の交合・帰一は「坎離顚倒」を意味していた。つまり『綱常』のいう「坎離顚倒」は，ラターイフの顕現による神人合一の比喩であったのである。ただ，『綱常』の「坎離顚倒」には，どうやらもうひとつ別の意味も込められているようである。

『綱常』では，「陰中藏陽」つまり坎の卦は，「ミームの頭上からワーウが顕現する」ことを表し，いっぽう「陽中藏陰」つまり離の卦は，「ワーウの頭上にミームが立ち上がる」ことを表す，といわれている。それは次の2つの節においていわれている。

米目頭上哇五顯，如相虎攀上九重，陰中藏陽。主本然能生萬物顯不同，名叫唵啦呼，號眞人，哇五頭上米目起。陽中藏陰是罕根，走去流來萬物成，名叫真人老母親。

ミームの頭上にワーウが顕れる。それはまるで虎が九重の天によじ登るかのようである。また，陰のなかに陽を含む，ということである。主の本然が萬物を生じ，さまざまなものとして顕れる。〔人間は本当の〕名をアッラーといい，号が真人なのである。ワーウの頭上にミームが立ち上がるのである。陽のなかに陰を含むとは，真相（罕根: Ḥaqq）のこと。それが行ったり来たりすることで，万物が生成されるので，それのことを真人老母親と呼ぶ。［清真，XIX: 222］

心問原根怎講，哇務米目理怎明來。米目屬陰，哇務屬陽。子時陰極而生陽，陽從頭上起。名曰米目頭上哇務顯，如相龍攀上九重。懇問他是何物。午時陽極而生陰，陰從頭上起。是謂主本然能生萬物顯不同，名叫唵拉呼，號真人，哇務頂上米目起。問他根底便是誰。陽中藏陰是罕根，走去流來萬物成，名叫恩人老母親。

心に問う，原根とはどのように説明すればよいか，ワーウとミームの道理はどうしたら明らかになるか。ミームは陰で，ワーウは陽である。子のときに，陰が極まって陽を生じ，陽が頭上から立ち上がる。名づけて，ミームの頭上からワーウが顕れる，という。それはまるで龍が九重の天によじ登るかのようである。誠実に探求する，それは何なのか。午のときに，陽が極まって陰が生じ，陰が頭上から起立する。主の本然は萬物を生じ，さまざまなものとして顕れる。〔人間は本当の〕名をアッラーといい，号が真人なのである。ワーウの頂上にミームが立ち上がる。問う，彼は結局のところ誰なのか。陽のなかに陰を含むとは，真相（罕根: Ḥaqq）のこと。それが行ったり来たりすることで，万物が生成されるので，それのことを恩人老母親と呼ぶ。［清真，XIX: 259］

ミームとかワーウというのは，アラビア文字の名前である。ミーム（م）とワーウ（و）は，奇しくも太極図（☯）にあしらわれる陰陽を彷彿とさせる格好をした文字である。『綱常』ではミームが陰でワーウは陽だといわれている。だから，「ミームの頭上からワーウが顕現する」のが陰中藏陽（坎）で，「ワーウの頭上にミームが立ち上がる」のが陽中藏陰（離），というわけである。

では，「ミームの頭上からワーウが顕現する」とか「ワーウの頭上にミームが立ち上がる」などというのは，具体的にどういう意味なのか。

まず「ミームの頭上からワーウが顕現する」とは，おそらくはムハンマドもしくは人間が，いわばその本来の面目たる神に回帰することを表していると考えられる。「虎が九重の天によじ登る」「龍が九重の天によじ登る」というのも同様の意味だろう。いっぽう「ワーウの頭上にミームが立ち上がる」とは，神が人間をはじめとするあらゆる存在者として顕現することを表していると考えられる。そして，さらに言えば，『綱常』のミームはムハンマドもしくは人間を，ワーウは神を表象すると考えられる。

以上のことは，たとえば【図 7-1】にならって【図 7-7】のように描くことができるだろう。

とすると，『綱常』の坎離顚倒というのは，人間が回帰するところの神と神から顕現するところの人間との交合・帰一を意味する，あるいは，神から顕れた人間が再び神に帰って行くという世界の円環構造を示すものと理解される。そしてこの円環が完成し，神と人間の合一によって生じる「乾卦」とは，この場合，神と人間の二元対立を超えた絶対的な一性を指すのであろう。

これは，要するに，イブン・アラビーの存在一性論的な世界観である。はたして，イブン・アラビーの『ミームとワーウとヌーンの書（*Kitāb al-mīm wa al-wāw wa al-nūn*）』というアラビア語作品には，ミームという音の綴りの末尾のミームはムハンマドを，ワーウという音の綴りの頭のワーウは神の本体をそれぞれ表象する，と説明されている[12]。

第6節　「河圖」の意味

以上より，『綱常』の坎離顚倒には，2つの意味があることが判明した。ひとつは，本来的霊性・意識深層の開発によって神人合一の境地が体験されることであり，もうひとつは神が人間として顕現したのち再び神に回帰するという円環の完成によって神人が帰一することである。あるいは，神人合一をめぐる認識論的な過程と存在論的な構造といってもよい。

いずれにせよそこには，中国伝統思想の影響によるイスラームの根本的変容は認めがたい。『綱常』全体についてもそのようにいえるかどうかは，今後の研究を待たねばならないが，少なくとも「三五一解」においては，楊保元が内丹をそのままイスラームとして語っていたわけでなかったことは，指摘できるだろう。

ただし『綱常』「三五一解」において，中国伝統思想は単に翻訳語ないし比喩表現を提供するだけに終わっているわけでもない。

まず確認しておきたいのは，『悟眞篇闡幽』「三五一解」では，坎離顚倒がいわゆる「河圖」に照らして説明されている，ということである。河圖は，

12　アラビア文字ミームの音は，アラビア文字でミーム・ヤー・ミームと綴られる。イブン・アラビーによれば，その頭のミームはアダムを，末尾のミームはムハンマドを表すという。また，アラビア文字のヤーは，アダムとムハンマドの因果関係を表象するという。すなわち神は，世界を創造するさい，まずムハンマドの霊として顕現し，しかるのち万物として顕現するので，肉体的には人祖アダムが原因でムハンマドが結果だが，霊的にはムハンマドが原因でアダムが結果となる［Gilis 2002: 18, 27, 80］。

アラビア文字ワーウの音は，アラビア文字でワーウ・アリフ・ワーウと綴られる。イブン・アラビーによれば，その頭のワーウは神の本体 (huwiyya) を，末尾のワーウは被造物 (kawn) を表すという。また，神は，「在れ」という命令によって，万物を創造したとされるが，アラビア文字のアリフは，この命令を表象するという［Gilis 2002: 17, 26, 68］。

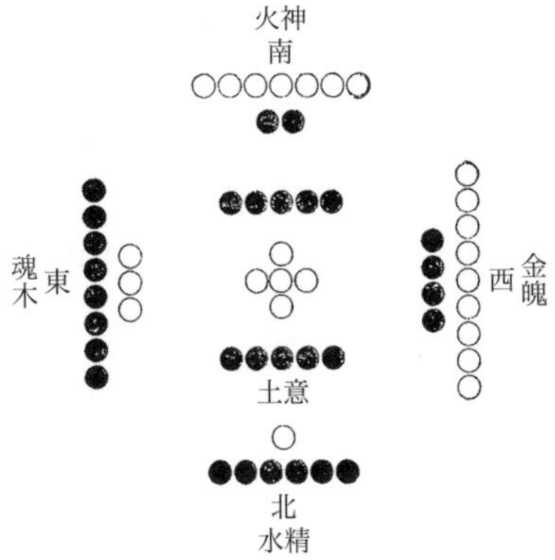

図 7-9　王沐［1990］に載る「河圖」と『悟眞篇』の対応関係図

洛書とともに，『周易』「繫辭上」の「河出圖，洛出書，聖人則之（黄河が圖を出し，洛水が書を出し，聖人はこれに則った）」のような儒教経典の諸記述を踏まえて，おおむね天が聖人に与えた規範として理解されてきた。ただ，河圖・洛書それ自体が具体的にどのような代物であったかについては，さまざまな説が唱えられてきた。たとえば，朱子によっては，河圖は1から10までの数を配した図で，洛書は1から9までの数を配した図であるとされた。朱子の河圖では，東に数字の3が割り当てられ，南には2が，西には4が，北には1が，中央には5が，それぞれ割り当てられている［今井 1958: 146–241; 王沐 1990: 24–26; 吾妻 2004: 253–260］。

『悟眞篇闡幽』「三五一解」では，河圖として朱子のいう図と同じものが想定され，その数値をつかって，坎離顚倒のプロセスが説明されている（【図7-9】参照）。具体的には，魂（木・東）と神（火・南）のペアと，魄（金・西）と精（水・北）のペアとが交合し，身体中央（土・中央）に帰一する，というプロセスの各要素が，河圖の数値で置き換えられる。すなわち，魂（木＝東＝3）と神（火＝南＝2）のペアは3＋2の5，同様に魄（金＝西＝4）と精（水＝北＝1）のペアも4+1の5，加えて，身体中央（土＝中央＝5）も5，という具合に。そうやって，坎離顚倒とは，3つの5が1つになること[13]だということが示

13　3つの5が1つになって生じる金丹（嬰兒）は，数字の1で象徴される［三浦 2000: 172–173］。

されるのである。

このように，坎離顛倒のプロセスの各要素を河圖の数値に置き換えるといずれも5になるという，一種の神秘的整合性が示されたのは，坎離顛倒と，河圖によって表象された「天意」との一致をいうことで，坎離顛倒の正当性を主張するためであったと考えられる。同様の意図は，『悟眞篇闡幽』「三五一解」をほぼそのまま流用する『綱常』「三五一解」でも，確実にはたらいていたに違いない。すなわち，神人合一をめぐる認識論的過程と存在論的構造の正当性を，河圖という権威によって保証するという意図が，そこにはあったはずである。

ただ，この場合，河圖の援用によっては，イスラームの神人合一の理論をめぐる2種類の正当化が期待されていたはずである。ひとつには，天意の象徴としての河圖の権威を認める中国伝統思想と親和的である，という意味の正当化。くわえてもうひとつ，「天意」という普遍的な真理と一致する，という意味の正当化。

河圖は，そもそも数の羅列である。数それじたいは，特定の思想伝統に属すものではなく，普遍性を備えている。また，そこに読み込まれてきた「天意」なるものも，儒教や道教のような特定の教えの枠を超えた，より普遍的な真理であったはずである。実際，だからこそ河圖は，儒教や道教の別をこえて，それぞれの教えの真理性を証明するために応用されてきたのである。

したがって『綱常』において河圖は，イスラームの理論に，儒教や道教との親和性にもとづく正当性のみならず，あらゆる思想を包括・超越する普遍的な真理性をも賦与する装置としてはたらいていたことになるだろう。換言すれば，イスラームの理論を，より普遍的なかたちに還元するツールとして機能していたといえる。そうだとすれば，『綱常』において中国伝統思想は，単なる翻訳・比喩表現の提供にとどまるものではなく，少なくとも河圖というツールを供与することで，イスラームの普遍化という役割を担っていたということができるだろう。

章　結

『綱常』において認められた，河圖の援用によるイスラームの普遍化は，まちがいなくイスラームの中国化の一種といえる。しかしそれは，おそらくは新しい独特のやり方であった。少なくとも17・18世紀の中国内地に，類似のものは，今のところ発見できない。楊保元が，そのような新方式を採るにいたった原因のひとつとしては，やはり彼が晩年に遭遇した西北ムスリム反乱が考えられよう。中国ムスリムと非ムスリム中国人の対立感情が極限に達したことで爆発した西北ムスリム反乱は，結果として中国ムスリム社会に甚大な打撃を与えた。この悲劇ないしはその前段にあった回漢対立の深まりに接したことで，中国ムスリムと非ムスリム中国人の融和をはかるために，特定の思想・伝統の枠，イスラームと非イスラームの境を越えようとする発想が生じたというのは，ありえないことではないだろう。

ちなみに，伝承によれば，楊保元は，同治11 (1872) 年，反乱鎮圧のために兵をひきいて西寧に迫りつつあった清の将軍，劉錦棠と交渉し，無辜の民衆の生命を保全するよう訴えたといわれる［马通 2000b: 79］。この伝承は，楊保元が中国ムスリムと非ムスリム中国人の和解に特別な関心を抱いていたことと，きわめて親和的である。

また，『綱常』における，イスラームと中国伝統思想の対話のあり方として，もうひとつ特徴的な点について述べると，つぎのようなことがいえる。『綱常』の「三五一解」は，文字面の上では，『悟眞篇闡幽』の「三五一解」の抄録でありながら，その実は『秘中の至秘』に記されているような，スーフィズムの理論を語っている。ただし『悟眞篇闡幽』「三五一解」の文章を，ほぼそのまま採用しているところをみると，楊保元は，イスラームと内丹の相違点を明確化することには，あまり関心がなかったと考えられる。これは，内地のムスリム思想家たちが，イスラームと儒教の同一性を唱えつつも，両者の差異化に多かれ少なかれ神経を尖らせていた（本書第1章第4節参照）のとは，著しく異なっている。では，この差異の背景は何であったのか。

ひとつには，イスラーム世界・中央アジアに近い西北では，イスラームが中国文明に埋没する危険性が，内地もしくは沿岸部ほど差し迫って感じられていなかった，ということが想定されるだろう。また，楊保元は，『綱常』の所説を，聖なるものとして荘厳しようとするために，あえてイスラームの文脈ではほとんど理解不可能な内丹のことばを未加工のまま用いたということも考えられるだろう[14]。

さらに，楊保元がイスラームと内丹の差異化に熱心でなかったのは，彼が門宦の導師（シャイフ）であったことと関係があるかもしれない。すなわち，門宦の導師たちは，中国ムスリムのあいだで，神秘的な力を有していると信じられていた。また，中国ムスリムのあいだには，神秘的な力をもつスーフィーを神仙とかさねる伝統が存在した（本書第3章第3節参照）。ここから察するに，少なくとも中国ムスリム社会の一部には，門宦の導師とは神仙然としてあるものだという常識，ないしそうあるべきだという要求が存在したと考えられる。門宦の導師たち自身も，この社会的通念を共有していたにちがいない。そして，楊保元が内丹のことばを用いたのは，おそらくそうすることで自己を神仙として演出し，そのような社会的通念や要求に応じる意味があったのではなかろうか。だとすれば，彼がイスラームと内丹の境を曖昧にしたことは，門宦の導師ならではの措置であり，ひいては門宦の活動する中国西北部の特徴的な現象であったといえる。

14　ある文化的文脈において，それにそぐわない場違いなものが，ある種の権威を生み出すことについては，稲葉［2011］を見よ。

付録3

『秘中の至秘』の関連記述

[Sirr: I; 17-21]

序言: 創造の始めについて

知れ〈神が汝をして，神に愛され嘉されることに成功させたまいますよう〉。至高なる神は，彼の美しさの光から，第1に，ムハンマド〈神が彼の上に祝福と平安を賜われますよう〉の霊 (rūḥ Muḥammad) をお創りになられた――強力にして荘厳なる神が“私は，私の顔の光から，ムハンマド〈神が彼の上に祝福と平安を賜われますよう〉の霊を創った”とのたまわれた如く。そして預言者が“神が最初にお創りになられたのは，私の霊である”と，また“神が最初にお創りになられたのは，筆である”と，さらに“神が最初にお創りになられたのは知性である”と，のたまわれた如く。その意味するところは，一なるもの，すなわちムハンマドの真相 (al-ḥaqīqa al-Muḥammadiyya) であったが，それは，〔神の〕威厳に由来する諸々の闇から〔脱して〕清らかであることによって，“光”と呼ばれた――至福至高なる神が“神より汝らに，光と光輝く経典が下された”とのたまわれた如く。またそれは，全てを理解するがゆえに，“知性”と呼ばれ，知識の伝達の手段であるが故に，“筆”と呼ばれた――“知識は，そのための手段を，文字の世界のうちにもつ”といわれる如く。ムハンマドの霊は，諸存在の要旨，万物の始原，その根源である――〔預言者〕〈彼の上に祝福と平安あれかし〉が“私は神から，信徒たちは私から”とのたまわれた如く。そして，神は，それ (ムハンマドの霊) から，諸々の霊のすべてを，ラーフート界において，それらの本当の姿である，最も美しい形で，お創りになられた。それ (ムハンマドの霊) は，その世界において，“人類の総和 (jumla al-ins)”と呼ばれる。それは，根源的故郷である。そこにおいて4000年が過ぎると，彼 (神) は，ムハンマド〈神が彼の上に祝福と平安を賜われますよう〉の本質 (‘ayn) の光から，玉座 (‘Arsh) を，そしてそれから残りの万物をお創りになられた。次いで，諸々の霊は，万物の最も卑しい底辺，すなわち肉体へと追いやられた――至高なる神が“それから我らは，それを底中の至底へと追いやった”とのたまわれた如く。すなわち，彼（神）はそれ（人間の総和 or 諸々の霊のすべて）を，まずラーフート界から，ジャバルート界へ下された。そして，至高なる神はそれらに，ジャバルートの光によって，2つの禁地を隔てる衣を着せ給うた。それが“スルターンの霊（al-rūḥ al-sulṭānī）”である。次いで，彼はそれらを，その衣とともに，マラクート界へ下され，それらに，マラクートの光を衣として着せ給うた。それが“霊的霊（al-rūḥ al-rūḥānī）”である。次いで，彼はそれらを，ムルク界へ下され，それらに，ムルクの光を衣として着せ給うた。それが“肉体的霊（al-rūḥ al-jusmānī）”である。次いで，神はそれから，諸々の肉体をお創りになった——至高なる神が“そこから我らは汝らを創り，そこに汝らを帰し，そこから再び取り出した”とのたまわれた如く。次いで，至高なる神は諸々の霊に，肉体へ入るようお命じになり，それらは至高なる神の命に従って入った——強力にして荘厳なるお方が“そして私は，私の霊からそこに息を吹き込んだ”とのたまわれた如く。……

[Sirr: I, 52–71]

第3節: 身体における諸々の霊の宿る所について

身体のうち肉体的霊（al-rūḥ al-jusmānī）の宿る所は，外部の四肢を伴う胸（al-ṣadr maʻ al-jawāriḥ al-ẓāhira）である。それが供給するのは，シャリーア〔の知識〕である。その行為は，神と他のものを並び立てず，神が命じた，外面的諸命令に属す，諸義務を遂行することである——至高なる神が“いかなるものをも，その主とならべて拝んではならぬ”とのたまわれた如く。実に神は，並び立つ者なきお方にして，並び立つものなきことを愛し給う。〔胸の行為は〕すなわち，現世における称賛の眼差しや評判や名声をかえりみず行うこと。神の友としてあること。ムルク界の，大地から天空までのことについての開示と目撃。同様に，神を畏怖する者たちの諸階梯のうちに属している，世界の諸奇跡。例えば，水の上を過ぎたり，空を飛んだり，空間を飛び越えたり，遠くのことを聞いたり，身体の秘密を見たりすること。それ（肉体的霊）が来世で得るのは，楽園。フール，城，仙童，酒，そのほかの第1の楽園の恩寵。すなわち，避難所（ma'wan）の楽園〔の恩寵〕。

精神的霊（al-rūḥ al-rawānī）の宿る所は，心臓（qalb）である。それが供給するのは，タリーカの知識である。その行為は，発声によらず文字によらず，12の根本的名前のうち，最初の4つの名前へ没頭することである――至高なる神が“言え，アッラーと呼ぼうが，慈悲遍きお方と呼ぼうが，汝らが何と呼ぼうと，最も美しい諸名は彼のもの”と，また“最も美しい諸名は彼のもの。汝ら，それで彼をお呼びせよ”と，のたまわれた如く。これは，諸々の名前こそが没頭すべき場所とのお諭しである。すなわち，内面的知識である。マアリファとは，唯一性の諸名の結果である――〔預言者〕〈彼の上に平安あれかし〉は“至高なる神には99の名がある。それを数える者は，楽園に入る”と，また“ひとつの文字を学んだら，繰り返すこと1000回”と，言われた如く。数えるとは，それによって形容されるようになり，その美質でもって造形される，という意味である。この12の名前は，“ラー・イラーハ・イッラッラー（lā i lā ha i ll ā A l lā h: アッラーのほかに神はなし）”の文字の数にもとづく，至高なる神の諸名の根本である。この言葉の文字は，12文字である。神は，心（qalb）の諸境界において，1つの文字ごとに，1つの名前を，1つの世界（ラーフート，ジャバルート，マラクート，ムルク）ごとに，3つの名前を，確立し給うた。神はそれでもって愛する者たちの心を確固たるものにし給うた――至高なる神が“神は，信じる者たちを，現世の生と来世において，確かな言葉によって，しっかりと立たせ給う”とのたまわれた如く。そして，神との親密さによる心の平安を，彼らに下し給うた。神は，唯一性の樹木をしっかりと立たせ給うた。その根は第7層の大地どころか，最も底のところでしっかり固定されており，その枝は天空の，玉座の上にまで届いている。至高なる神は“その根がしっかり固定されており，その枝が天空に届く，良い樹木の如く”とのたまわれた。それが得るところは，心の生命。マラクート界における目撃，たとえば，楽園やその住人，その諸々の光，その天使たちの目撃。同様に，内面的諸名を見て，発声によらず文字によらず，その舌で内面的に念じること。そして，来世におけるその住処は，第2の楽園，すなわち安楽 (na‘īm) の楽園。

スルターンの霊 (al-rūḥ al-sulṭānī) の宿る所は，心の深層 (fu’ād) である。それが供給するのは，マアリファ〔の知識〕である。その行為は，真ん中の4つの名前を，心の舌 (lisān al-jinān) に保持すること (mulāzama) ——〔預言者〕〈彼の上に平安あれかし〉が“知識は2つある。舌による知識，それは，被造物にたいする神の証拠である。心による知識，それは，有益な知識である。というのも，知識の利益のほとんどが，この範疇のうちにあるからである”と，また“クルアーンには外と内がある”と，そして“神はクルアーンを，10層の奥行きをもって降した。内側の1層ほど，より利益があり，得るところがある。というのも，それがクルアーンの精髄だからである”と，言われた如く。マウラーナー・ジャラールッディーン・ルーミーが言っている:

我々はクルアーンから精髄を取りだし，/ 皮を犬どもの前に投げた。

この諸名は，ムーサー〈彼の上に平安あれかし〉の杖の打撃から湧き出した，12の泉の段階にある——至高なる神が“ムーサーがその民のために飲み水を求めたとき，我らは言った，汝の杖で石を打て，と。すると，そこから12の泉が湧き出した”とのたまわれた如く。各人の知識は，彼らの水飲み場である。外面的知識は，偶有的な雨の水の如し。内面的知識は，本質的な泉の如し。それは，前者よりもより有益である。至高なる神は“彼らには徴があった。死せる大地，我らはそれを復活させて，そこから穀物を出だし，彼らはそれを食べた。”とのたまわれた。至高なる神は，見渡す限りの大地から，魂をもつ (nafsāniyya) 動物たちの力となる穀物を出だし，魂 (anfus) の大地から，霊的な霊 (al-arwāḥ al-rūḥānī) の力となる穀物を取りだした。〔預言者〕〈彼の上に平安あれかし〉は“40の朝に，至高なる神に忠誠を尽くした者，彼の心臓から舌の上に叡智の泉が顕れた”とおっしゃられた。それが得るところはというと，その視界には至高なる神の美が映る。至高なる神は“彼の心 (fu’ād) は，彼が見たものを嘘だと言った”とのたまわれた。また，〔預言者〕〈彼の上に平安あれかし〉は“信徒は信徒の鏡”とおっしゃられた。最初の信徒が意味しているのは，信徒なる下僕の心臓である。2 番目が意味しているのは，至高なる神である――至高なる神が“信徒は守護者”とのたまわれた如く。『下僕たちの大道（*Mirṣād*）』の著者が言っている。

心は王の中の王の美を映す鏡である /
この 2 つの世界はいずれも，その鏡の覆いである

このグループの人々の住処は，第 3 の楽園，すなわちフィルドゥースである。

神聖な霊（al-rūḥ al-qudsī）の宿るところは，秘奥（sirr）である。至高なる神が“人間は私の秘奥，私は彼の秘奥”とのたまわれた如く。それが供給するのは，ハキーカの知識。すなわち，唯一性の知識。その行為は，唯一性の諸名，つまり最後の 4 つの名を，声に出さず，秘奥の舌に保持すること。至高なる神は“汝が声に出して言うならば，彼は秘奥と隠密とを知る”とのたまわれた。至高なる神以外の誰にも，それは明らかとならない。それが得るところはというと，精神的嬰児（ṭifl al-ma‘ānī［*Sic*］）の出現と，彼（神）を目撃すること。その眼差しは，秘奥の眼によって，至高なる神の御顔――威厳のそれであれ優美のそれであれ――に注がれる。――その日，諸々の顔がその主に向かって輝く――。〔その眼差しは〕如何様でもなく，比類のないものを見る。至高なる神が“それに類似するものは何もなかった。彼は何でも聞きなんでも見たまう”とのたまわれた如く。人間がその目的に到達したとき，理性は制限され，心は混乱し，舌は鈍り，それについて知らしめることは不可能となる。というのも，至高なる神は，類比を超越しているからである。このような情報が学者たちに達したとき，彼らにとって相応しいのは，知識の諸階梯を通じて理解し，その諸真相を求め，高中の至高に顔を向け，神与の知識や純一性の本体の認識に到達するよう努力すること，我らが述べたこの所説に反対したり異論を唱えたりしないこと，である。

[Sirr, I: 84-89]

学者には，以下のことが望ましい。すなわち，“精神的嬰児”と呼ばれる“人

間の真相（ḥaqīqa al-insān）”の意味するところを得て，唯一性の諸名を保持すること（mulāzama asmā’ al-tawḥīd: ズィクルの修行）でもってそれを育て，肉体的世界から霊的世界へ連れ出すこと。霊的世界とは，秘奥の世界であり，そこにはアッラー以外なにもない。まるで際限のない光の砂漠のよう。精神的嬰児はそこを飛び回り，驚くべきことや奇妙なことを目の当たりにする——ただし，それを表達することは不可能である。それは，唯一性認識者たちの段階。彼らは，一性そのもの（‘ayn al-waḥda）の中で，分節化（ta‘yīn）を脱して消滅した人々である。そのあいだ，神の美を目の当たりにするが，いかなる存在もそこには無い。太陽がそこにあらわれたとき，それ自身のかたち以外は見えないかの如く。したがって，人間は，混乱と消滅が支配的となるがゆえに，神の美と向き合いながら自己を見ることはできない。神の慈愛の所有者シャイフ・ファリードゥッディーン・アッタールが次のように言ったごとく。

その砂漠には，愛される者の玉座が置かれている /
玉座のまわりには，祝賀と興奮の輪がある /
全ての心は，開花したバラのよう /
全ての魂は，鳥たちの列のよう

また，イエス〈彼の上に平安あれかし〉が“人間は，鳥が2回生まれる（産卵と孵化）如く，2回生まれない限り，天のマラクートに参預しない”とおっしゃった如く。意味するところは，人間の本領の真相（ḥaqīqa qābiliyya al-insān），すなわち人間の秘奥から，霊的な精神的嬰児が誕生すること，である。その出現，つまり懐妊は，シャリーアとハキーカの結合（ijtimā‘）に由来する。というのも子どもは，男と女の両精液の結合によらなければ生じないからである。至高なる神が“私は，人間を混合液の1滴から創り，われらはそれを試した”とのたまわれた如く。この意味内容の実現ののち，創造の海洋（肉体的世界）から命令の深淵（霊的世界）への通過が得られる——いやむしろ，あらゆる世界は，霊の世界のかたわらでは，水の1滴のようなものだが。その後，文字や音声によらない，霊的な神与の諸知識が，溢れだす。

第8章 清代中国ムスリムのペルシア語文化受容

カーディリーヤ派大拱北門宦創始者の祁静一（1656-1719）の弟子，馬騰翼（1694-1758）の墓廟，台子拱北（甘粛省臨夏市）の壁に浮き彫りにされたペルシア語の文章。「〔神に〕帰属する霊（rūḥ-i iḍāfī）」と呼ばれる「人間の霊（rūḥ-i insānī）」が，「ナフス的霊（rūḥ-i nafsānī）」と合一することで，「至高なる神の本体（dhāt-i khudāy-i taʻālā）」が現前する境地を説く。

はじめに

清代の中国ムスリムの間にペルシア語文化の影響が色濃く存在したことについては，つとに指摘がなされ注目を集めてきた。だがその一方で，彼ら自身が著述を行う際に，漢語以外ではアラビア語を用いることが圧倒的に多く，それに比べれば，ペルシア語を用いることは非常に稀であった[1]という事実には，あまり注意が払われてこなかった。

たしかに，ムスリムである彼らが聖典クルアーンの言語による著述を好んだのは当然だと片付けてしまうならば，彼らがペルシア語による著述をおこなわなかったことは，あまり問題にならないかもしれない。しかしながら，第一義的にペルシア語文化の受容とペルシア語による著述の盛行を相即とする「ペルシア語文化圏」という枠組みを前にする時，彼らがある局面においてはペルシア語文化の影響を濃厚に受けつつもペルシア語による著述をあまりおこなわなかったということは，ペルシア語文化受容の特殊なあり方として，にわかに問題視すべき事柄となるであろう。清代の中国ムスリムの文化的特徴として，ペルシア語文化の影響が存在したということももちろん重要であるが，少なくともそれと同程度に，ペルシア語が書写語としての地位を確立しえなかったということは，注目されて然るべきである。

そこで本章では，清代の中国ムスリムの間で，何ゆえペルシア語が書写語としての地位を確立しえなかったのかという問題を検討することにしたい。それを明らかにすることで，彼らが抱えていた特殊「中国的」な事情を新たに浮き彫りにすることが狙いである。

以下では，問題の検討に入る前にまず，清代の中国ムスリムの間にペルシ

1　Norris［2001: 129–130］によれば，北京東四清真寺の蔵書を調査した Hādī al-‘Alawī は，アラビア語諸写本中の注記がほとんどペルシア語で書かれていたと報告しているというが，それらの注記は勘定に入っていない。ただ，詳しい調査をしたわけではないが，諸状況を勘案すると，それらは明代以前に書かれたものである可能性が高い。なお，清代の中国ムスリムが著したペルシア語作品で管見の限り知りえたものは全て，本稿に何らかの形で言及している。

ア語文化がいかに浸透していたかということを，とくに従来あまり指摘されてこなかった幾らかの事例によって，改めて確認しておきたい。

第1節　ペルシア語文化の影響

清代の中国ムスリムにおけるペルシア語文化の影響については，次の諸点が，これまでの研究で指摘されている。

(a) 彼らのあいだには，西アジアや中央アジア，南アジアで著されたペルシア語文献や，アラビア語作品のペルシア語訳が多く存在し，いわゆる「経堂教育」の場において教科書として利用されたり，漢語イスラーム文献の著述において参考文献として用いられたりした［佐口 1950; Leslie and Wassel 1982; Bakhtyar 1994; Leslie et al. 2001; 中西ほか 2012］。

(b) とりわけ女性の宗教教育は，ペルシア語経典によって行われた［水鏡君・Jaschok 2002: 110–114, 122–123, 128］。

(c) イスラームの術語は，アラビア語よりもペルシア語で表現されることの方が多かった。たとえば，礼拝のことを「サラート (ṣalāt)」とはいわずに「ナマーズ (namāz)」と呼ぶごときがそれである［田坂 1964, 下: 1237–1261; 濱田 2000］。

(d) 礼拝の祈祷句はすべてアラビア語で詠まれたが，意思表明 (niyya) はペルシア語で唱えられていた［Bakhtyar 1994: 70］。

以上にくわえて，ここでは新たに2つの点を指摘しておきたい。

第1点目は，ペルシア語文学において常用される，『王書 (*Shāh-nāma*)』の内容を踏まえた表現が，清代の中国ムスリムの間でもある程度は理解されていたということである。たとえば，ナジュムッディーン・ダーヤ・ラーズィー (Najm al-Dīn Dāya Rāzī, 1177～1256) のペルシア語作品『下僕たちの大道（*Mirṣād al-'ibād*）』には，次のような半句がみえる。「Rustam rā ham Rakhsh-i Rustam kashad（ロスタムは，他でもなくロスタムのラクシュが負う）」［*Mirṣād*: 314; Algar 1982: 308］。この半句は，『下僕たちの大道』の漢語訳である伍遵契の『歸眞要道譯義』（1672年本文完成，1678年までに附注完了）において，次のように見事に翻訳されている。「魯思貪　勇將之名[2] 的身軀，還須魯思貪的名馬能載（ロスタム――勇将の名である――の体は，やはりロスタムの名馬にしてはじめて乗せることができる）」［清真，XVI: 438］。『王書』それ自体が清代の中国ムスリムの間で読まれていたかどうかは不明だが，少なくとも同書に登場する英雄ロスタムとその愛馬ラクシュのことを，伍遵契は認知していたのである。

また，『王書』の登場人物以外にも，たとえば，ガズナ朝のスルターン・マフムード（在位998～1030）とそのお気に入りの美男の奴隷イヤーズは，サアディー（Sa'dī Shīrāzī, 1210頃～92頃）の『薔薇園（Gulistān）』や『果樹園（*Būstān*）』に登場するのをはじめ，ペルシア語文学においてはありふれた登場人物であるが，清代の中国ムスリムが彼らのことを認識していたという点にもふれておこう。ファフルッディーン・イラーキー（Fakhr al-Dīn 'Irāqī, 1211～1289）のペルシア語韻文作品『閃光（*Lama'āt*）』に対する，アブドゥッラフマーン・ジャーミー（'Abd al-Raḥmān Jāmī, 1414～92）のペルシア語による注釈『閃光の輝き（*Ashi''a al-lama'āt*）』に，次のようなイラーキーの韻文がみえる（ジャーミーの注釈部分は省いて提示する）。

'ishq mashshāṭa-yī-st rang-āmīz/ki ḥaqīqa kunad ba-rang majāz
tā ba-dām āwarad dil-i Maḥmūd/ba-tarāzad ba-shāna zulf-i Iyāz

愛は，化粧染料を調合する美容師。染料で真相を仮象に変える。マフムードの心を罠にかけるために，イヤーズの巻き毛を櫛で飾り立てる［*Ashi''a*: 62］

この韻文は，マフムードとイヤーズの関係を知らなければ，理解できないはずであるが，『閃光の輝き』を漢訳した，破衲癡こと舎起靈（1638～1710）の『昭元秘訣』においては，次のように翻訳されている（ジャーミーの注釈部分の翻訳は省いて提示する）。

2　ポイントを下げて書いたところは，原文では双行割注になっている。以下同様。

眞喜巧妝能合色，欲將色易新古妝。欲將穆德　穆空黙德，古之君名　入其網，故把籠梳飾已徉　已徉將，古之倖臣。

愛は化粧に巧みで染料の調合に長けている。染料で古い化粧を新しくしようとする。穆德——マフムードのこと，古の君主の名——を罠にはめようとして，櫛で已徉——イヤーズのこと，古の寵臣——を飾る。［秘訣，上: 84］

問題の韻文は，マフムードとイヤーズが何者であるかについての注釈まで付され，ほぼ正確に訳出されている。なお舎起靈は，『經學系傳譜』［清真，XX: 78］によれば『薔薇園』を読んでいたことが確実であり，少なくともそれによって，彼らのことを認知していたとみられる。

清代の中国ムスリムにおけるペルシア語文化の影響について，第2点目に指摘しておきたいのは，清代の中国ムスリムが著した漢語文献に，いわば「ペルシア語的漢語」とでもよぶべきものが見受けられることである。「ペルシア語的漢語」とは，漢語として考えると文脈上意味が通じないが，ペルシア語に置き換えると理解できるような，おそらくはペルシア語の影響下に新しい意味を賦与されたと思しき漢語のことである。たとえば，馬伯良の『教欵捷要』(1678年成書) の次の一節の冒頭にみえる「近」のごときがそれである［清真，XV: 222］。

近我們的一切學者，在 فریضه[3]［＝farīḍa］頭兩拜中，念 قرآن［＝Qur'ān］，是天命；後兩拜中任意，或念 قرآن，或念 تسبیح［＝tasbīḥ］，或謹言，俱可。

この「近」は，漢語として考えると意味は通らない。しかし，ペルシア語に復元して考えてみると理解できる。おそらく「近」の原語は，ペルシア語で「近い」を意味し，加えて「〜によれば」という意味をも持つ，nazd や nazdīk（もしくは ba-nazd や ba-nazdīk）であったに違いない。そう考えると，「近我們的一切學者」のペルシア語原文は，nazdīk-i hama-yi ‘ulamā-yi mā（我々のあらゆる学者たちによれば）などと復元できる。であれば，上文全体はようやく次のように訳しえるだろう。「我々のあらゆる学者たちによれば，

3　清代の中国ムスリムの漢語著作では，このように漢文の間にアラビア文字が挿入されることがある。原文では，縦書きの漢文に合わせて，アラビックの部分は，文字列の先頭（右端）が上に，末尾（左端）が下にくるように書かれている。

義務礼拝の最初の2ラクア（立礼・屈身礼・平伏礼・座礼から成る礼拝の単位）でクルアーンを朗誦するのは，義務である。後の2ラクアにおいては任意であり，クルアーンを唱えても，タスビーフ（tasbīḥ，すなわち「神の栄光に讃えあれ」という文言）を唱えても，沈黙していても，いずれでもよい」。

この解釈の妥当性は，『教欵捷要』の原典『ムスリム綱要（*Muhimmāt al-muslimīn*）』［濱田 2010: 6］との照合によって明らかになるだろう。といっても，『ムスリム綱要』にはさまざまなバージョンがあり［濱田 2010: 10–12］，馬伯良が直接参照したのがどのバージョンであったかは定かでない。ただ，『ムスリム綱要』のバージョンのひとつに数えられる，馬聯元（1841～1903）のペルシア語作品『ムスリム綱要（*Muhimmāt al-Muslimīn*）』には，少なくとも次の一節がある。「我々の学者たちによれば（ba-nazdīk-i ʻulamā-yi mā）――神よ彼らに慈悲を垂れ給え――，義務礼拝では，それが3ラクアのものであろうが4ラクアのものであろうが，その最初の2ラクアにおいてクルアーンを朗誦することは，義務である。というのも，信徒の長アリーとイブン・マスウードから，『礼拝者は，後の2ラクアにおいては，クルアーンを唱えても，タスビーフを唱えても，沈黙していても，いずれを選択してもよい』と伝えられているからである」［*Muhimmāt*: 112–113］。これに照らせば，『教欵捷要』の「近」がペルシア語の ba-nazdīk の類と対応することは，ほぼ間違いないといえるだろう。

このような「～によれば」と訳すべき「近」は，『教欵捷要』の中にいくらか見受けられる。おそらく，普通の漢語の「近」が，「近い」を意味する nazd や nazdīk の訳語として用いられるうちに，「～によれば」を意味する場合のそれらに対しても訳語として用いられるようになったことで，そういう「近」は成立したのではあるまいか。あるいはそれは，単に馬伯良が nazd や nazdīk をでたらめに翻訳したものにすぎないのかもしれない。しかしそれが，ペルシア語の影響下に新しい意味を賦与された「ペルシア語的漢語」として，清代の中国ムスリムの間に流通していた可能性も，完全に否定することはできない。

たとえば，余浩洲の『眞功發微』（18世紀末初刊）巻上「朝拜門第四」には「拜内念格喇而忒，近大教宗云不論多寡」という文言が見える［清真，XV:

284]。この場合の「近」も，おそらくは「〜によれば」と訳すべきものと考えられる。「大教宗」の意味がはっきりしないが，文言全体は，次のような意味になるはずである。「礼拝の最中に行う，クルアーンの朗誦 (qirā'a) は，大教宗によれば，〔その文言が〕長くても短くてもよい，と言われている」[4]。

また，馬伯良の『教欵捷要』に頻出し，たとえば次の文章中に見える「交還」という語も，「ペルシア語的漢語」に相当すると思われる。

> 先賢云，凡人交還五時天命，將拜中十二件天命，總遵至地位，若不知其名，其拜即不眞正。[清真，XV: 197]

『教欵捷要』の中でも，『ムスリム綱要』の序文を翻訳した部分にみえるこの一文は，漢語として考えてもなかなか意味がわかりづらい。しかし幸いにも，その原文に非常に近いと思われる次のような記述が，ラホール版の『ムスリム綱要』の序文にみられる。「ホージャ・イマーム・アブー・ハフス・カビール・ブハーリー (Khwāja Imām Abū Ḥafṣ Kabīr Bukhārī)[5]——神が彼に慈悲を垂れ給いますよう——はいっている，“義務礼拝をおこない (ba-guzārad)，それにおいて義務である事柄を実行する (ba-jā ārad) が，それら諸義務の名前を知らないという者は誰であれ，彼の礼拝は正しくないだろう” と」[*Chahār*: 13]。くわえて，馬聯元の『ムスリム綱要』の序文にも次のようにある。「ホージャ・イマーム・アブー・ハフド (Ḥafḍ)・アル＝カビーリー・ブハーリー——至高なる神よ，彼に慈悲を垂れ給え——は言っている，“義務礼拝をおこない (ba-guzārad)，それにおいて義務である事柄を実行する (ba-jāy ārad) が，それら諸義務の名前を知らないという者は誰であれ，彼の

4　清代の中国ムスリムの間に流布していたことが確実な，マルギーナーニー (1197 年没) の『案内』に，「礼拝におけるクルアーンの朗誦として報酬のある，最も適切なものは，アブー・ハニーファ——神が彼にお慈悲を賜らんことを——によれば，1 つの節〔の朗誦〕であるという。そして〔アブー・ユースフとシャイバーニーの〕2 人は，短い節を 3 つか，もしくは長い節を 1 つ，と言った」という文言がみえる [*Hidāya*, I: 140] ことからすると，「大教宗」とは，中国ムスリムの所属したイスラーム法学派ハナフィー派の三大権威アブー・ハニーファ，アブー・ユースフ，シャイバーニーをひっくるめた言い方かもしれない。

5　アブー・ハフス・カビール (832 年没) は，ブハラにおけるハナフィー法学派の確立に功あった人物である [Madelung 1982, 39]。

礼拝は正しくないだろう”と」[*Muhimmāt*: 1]。これらを参照すれば，上掲の『教欵捷要』の一文は，次のように翻訳できるであろう。「昔の賢者は言っている，“どんな人であれ神が義務として命じている1日5回の礼拝をおこない，礼拝中の義務として神が命じている12件の事柄を実行する[6]場合は常に，もしそれらの名を知らなければ，礼拝は真正のものでない”と」。

ここで問題の「交還」について考えてみると，それは，漢語としては本来「返却する」という意味であるが，『教欵捷要』では「行う」という意味で用いられている。一方，『教欵捷要』の直接の原典におけるその原語は，馬聯元の『ムスリム綱要』の記述から察するに，ペルシア語動詞guzārdanの何らかの時制変化形であったと考えられるが，guzārdanは，「行う」という意味に加えて，「〔借金を〕返済する」という意味をも持つ。おそらく「交還」も，先の「近」と同様，「〔借金を〕返済する」という意味のguzārdanに訳語として当てられるうちに，「行う」という意味を帯びるようになったのではあるまいか。

「行う」という意味の「交還」は，『教欵捷要』で用いられた時点ではひょっとすると単なる誤訳にすぎなかったのかもしれない。しかし少なくともその後，中国ムスリムのあいだに定着したことは確かである。たとえば，馬注（1710年以後没）の『清真指南』巻五「格論」[清真, XVI: 663]には，「交還爲主天命（神のための事柄や神の命じる事柄を実行する）」という表現がみえる。また，楊保元（1780～1873）の『綱常』にも，次のような文言がみえる。

乃嗎子有三様。一，舎拉哎提，交還五時。二，托勒格提，結續罕格。三，哈格格提，要聚水火風土四象。羅則有三様。一，舎拉哎提，交還白天不食。二，托勒格提，要閉出五行。三，哈格格提，從自己妻上脱離他，憑者主的性格學性格裡。

礼拝（namāz）には3種類ある。1つはシャリーア〔の段階の礼拝〕で[7]，1日5

---

6 「總遵至地位」は，馬聯元『ムスリム綱要』の記述から察するに，ba-jāy āwardanの何らかの時制変化形を原語としていたはずである。ba-jāy āwardanは，直訳すると「場所に持ってくる」という意味になり，それで「実行する」を意味するが，「總遵」は後者の意味を，「至地位」は前者の意味をそれぞれ表現しているのであろう。

7 シャリーア，タリーカ，ハキーカとはスーフィーの修行の段階。シャリーアからタリーカへ，そしてタリーカからハキーカへと段階が進むごとに，修行内容が深化していく。

回の礼拝を行うことである。2つ目はタリーカ〔の段階の礼拝〕で，神（Ḥaqq）と結合することである。3つ目はハキーカ〔の段階の礼拝〕で，水火風土の4元素を集めようとすることである。断食（rūza）には3種類ある。1つはシャリーア〔の段階の断食〕で，昼間の断食を行うことである。2つ目はタリーカ〔の段階の断食〕で，五行をしっかり遮断することである。3つ目はハキーカ〔の段階の断食〕で，自分の妻から離れ，主の性格を学ぶことである。［清真，XIX: 212］

『教欵捷要』は17世紀の山東で書かれ，『清真指南』は17・18世紀の交に雲南で書かれた。たいして『綱常』は19世紀の中国西北部で著された。これら3書に「行う」という意味の「交還」が用いられたということは，この「ペルシア語的漢語」が，中国の広い範囲で長期にわたって使用されていたことの，動かぬ証拠である。

第2節　貧弱なペルシア語識者層

清代の中国ムスリムがペルシア語文化の影響を濃厚に受けていたことは前節に確認した通りである。しかし，にもかかわらず，彼らの間にペルシア語による著述があまりみられなかったのは何故であろうか。まずいえるのは，彼らの間でペルシア語を読むことのできる人間の数は，非常に限られていたということである。識字人口が最も多かったのは，やはり漢語であったに違いなく，それに比べると，アラビア語の識字人口もかなり少数であったと思われるが，ペルシア語の識字人口はそれ以上に数少なかったのである。

「中国山東済寧のムハンマド・イブン・アル＝ハキーム（Muḥammad b. al-Ḥakīm al-Jīnamī al-Shandūyī al-Ṣīnī）」こと，常志美（1610〜1670）が，ヒジュラ暦1070年第7月のとある金曜日（清の順治14年，西暦1660年）にペルシア語で書き上げたペルシア語文法書『探求の道（*Minhāj al-ṭalab*）』[8]の序文中には，次のような記述が見受けられる。やや長いが，大変興味深いので全文を引用したい。

8　該書については，本書第9章を参照されたい。また，Sharī‘at [1356 A.H.S.: 585–586], Afshār [1361 A.H.S.: 485], Bakhtyar [1994: 71] も見よ。

世の学者たちは皆，アラビア語文法〔の習得〕には懸命であるが，ペルシア語文法に対してはそうではない。というよりもむしろ，この学問についての教示が得られなかったのである。〔既存の〕法学やタサウウフ（イスラーム神秘主義），クルアーン注釈の諸書は，ほとんどがペルシア語で書かれたものであるにもかかわらず，である。彼らがそれらの見解の意味を理解することにおいて確信を持てないでいることは，どうすることもできない。だから，もし教えの諸事について問題が生じ，学者にファトワー（法学に関する意見）が求められたとしても，彼らはどうして正しく答えることができようか。また，もし教師に，語の組み合わせ方（wajh-i tarkībī）についての無知から，書物に何らかの難読箇所（mushkilī）が生じれば，学生が究明しようとしても，出口は見えないだろう。〔テクストの〕言葉を，その〔本来の〕意味が分からないにもかかわらず，変えてしまうこと以外には。すると，〔テクストの〕編纂者の意図していた正しい言葉は，前後の入れ替えや，単語レベルでの改変やアラビア文字の点のレベルでの改変，添削によって，改竄を受け入れることになる。だから，比較的頻繁に教授・学習されてきたペルシア語の書物はどれも〔テクストが〕相互に異同をきたしているのである。そのほとんどの言葉は，〔正しい〕構文（tarkīb）に従っておらず，たとえ〔私のような〕言葉を知る者が，それを見て編纂者の意図を求めたところで，得られなかった。というのも，私には，〔ペルシア語文法の教授が得られないことに加えて〕それ（テクストの乱れ）をめぐっても，困難があったからである。その後〈神に称賛あれ〉私は，ペルシア語の（wilāyatī）古い諸書を得た。徐々に，修辞（ma‘nī）や表現（‘ibārat）や構文が分かるようになり，私はそこに手が届くようになった。私は改竄された書物を放棄した。というのも，古い書物と，現在の書物とでは，隔たりが大きかったからである。私の学生のうち，なんと多くの者が，我々の古い書物のために，それによって現在の書物の誤りが覆うべくもなくなったがゆえに，書物を捨てたことか。次のような驚くべきことがあった。ある学者がいた。その眼差しがそこ（常志美のもつ古い書物）に落とされたとき，彼は疑って言った。“これは改竄されている”と。そして彼は，彼が疑ったところの改竄を私に帰した。おお神よ！　今日，彼此の間を公正に判断する仲裁者は，どこにいるだろうか。この全ては，ペルシア語の構文についての無知から生じたのだ。このゆえに，私はこの1冊の編纂に努力した。アラビア語文法を知っていても，そこからペルシア語に翻訳できなかった，正しさを求める学者が仮にいたとして，彼がこの諸葉を見ると，この全てこそがまさにその求めるものであることを知るように。必然，私は良き祈祷を口にせずにはおれない。このゆえに，この〔書の〕全てにおいて，私はアラビア語の文法用語を用いた。そしてこの〔ペルシア語の〕文法 (wajh) を，この分かりやすいもの (アラビア語の文法用語) で語った。以上のゆえに，それは『探求の道』と名付けられた。アラビア語文法に関する諸書の信憑性〔についての説明〕は，冗長になるので必要でない。もし，より多くのことを求める人がいるならば，言え，アラビア語文法から類推せよ，と。［*Minhāj*: 19–20］

ここにいう「世の学者たち」とは，当時の中国ムスリム学者たちのことを指しているに違いない。常志美によれば，彼らは，アラビア語には勉強熱心であったが，ペルシア語に対してはそうではなく，むしろ「この学問についての教示が得られなかった」，つまりペルシア語学習の術をもたなかったという。自らのペルシア語文法書編纂の意義を強調するための発言であったから，ペルシア語学習の不振ぶりはいわれているほどではなかったかもしれない。しかしここからは，少なくともアラビア語に比べてペルシア語の学習があまり盛んでなかったということは，事実として汲み取ることができるであろう。さらに興味深いこととして，上引文は次のような状況が存在したことを告げている。すなわち，ペルシア語教育・学習の低迷が，ペルシア語文献テクストの劣化という事態をまねき，ますます中国ムスリムのペルシア語学習を困難にしていたというのである。

ペルシア語の学習状況は，常志美がペルシア語教育に力を入れた結果，ある程度は改善されたようである。民国期の中国ムスリム学者である龐士謙は，常志美が登場して以後の状況として，陝西や河南，安徽，および「南方諸省」ではアラビア語を専攻する者が多かったのに対し，山東や北京，東北ではアラビア語とペルシア語をともに教授することが多かった，と述べている［龐士謙 1937: 100; 清真，XXV: 1104］。ペルシア語習得者の数が，常志美の尽力で増加したことは疑いない。とはいうものの，その数は依然としてアラビア語習得者の数を上回ることはなかったはずだ。それは，ペルシア語を学ぶ者が，大概アラビア語をも学んでいたと見られるからである。『探求の道』じたい，先に引用した序文から明らかなように，アラビア語習得者を読者として想定していた。また，常志美の弟子でやはりペルシア語を重視した舍起靈の門下においてすら，学生たちはまずアラビア語を習得し，その後はじめてペルシア語の学習に進んだという (『經學系傳譜』［清真，XX: 19］)。

清末の著名な中国ムスリム学者　馬徳新（1794〜1874）の登場以前はペルシア語本による教育が主流であったと言われる雲南［白蓮父 1985: 1064］でも，少なくともそれ以後は，ペルシア語よりもアラビア語の学習が優先されたこと，したがって後者の識字人口の方が多かったことが明らかである。馬徳新は経堂教育の教科書として多くのアラビア語作品を著した一方で，ペルシア語による著述を全くおこなわなかった。また彼の弟子の馬聯元も数多くのアラビア語文法書をアラビア語で著した。くわえて彼は，わずかながらペルシア語作品を手掛けた一方で――つまりペルシア語でものを書く能力があったにもかかわらず――ペルシア語文法書『ペルシア語の錬金術』（後出）をわざわざアラビア語で著している。これらの事実は，このことを如実に物語っているであろう。

ただ，アラビア語も，ペルシア語ほどではなかったにせよ，かなり限られた人間にしか読めなかったことに違いはない。にもかかわらず，アラビア語による著述はままみられたわけであるから，識字人口の多少ばかりが書写語の選択を促したのでないことは，明白である。要するに，ペルシア語が書写語としての地位を確立しえなかった理由を明らかにするためには，さらに，何ゆえアラビア語の方のみは識字人口の少なさにもかかわらず書写語としての地位を確立しえたのか，すなわちアラビア語による著述にだけ認められ，ペルシア語による著述には認められなかった意義とは何であったかということを，探らなければならない。そこで想定されるのが，アラビア語には，聖なる言語としての威信の高さによって，とりわけイスラームの論理を表現する際に，著述内容に説得力を与えるという意義があった，ということである。以下では，この点について考察を加えてゆきたい。

第３節　ペルシア語による著述を抑制したアラビア語の威信

清代中国ムスリムにおけるアラビア語の威信の高さは，まず，いわゆる「納家営清真寺アラビア語碑文」（本書第４章参照）によって示唆される。現在の雲南省通海県納古鎮納家営に位置する納家営清真寺にかつてあった（2004年２月の時点ではその向かい側の納家営清真女寺に安置されていた）その碑文が，おおよそ清の康熙末年かその少し後，すなわち18世紀初頭に作成されたものと推定できることはすでに述べた。それは，「古行」と「新行」という２種類の礼拝方式のいずれが是か非かをめぐる教義論争を背景に，納家営の後世に対して，新行の礼拝方式を維持していくよう呼びかけるべく，刻まれたものであった（本書第４章参照）。中国ムスリムの間でしばしばみられた，古行か新行かの教義論争が，ときに共同体の分裂をも引き起こしたほど激烈なものであったことに鑑みるならば，碑文の内容を伝えようとする意志もまた極めて切実であったに違いない。とすると，それが最も伝達能力の高い漢語ではなく，限られた人にしか読むことのできないアラビア語で記されたということは，一見奇妙である。実際，中国におけるこの手の碑文は，多くが漢語で記されているのである。

しかしながら，碑文の内容は，アラビア語を解する者から解さぬ者へ，もしくはすでにその内容を知った者からいまだ知らぬ者へと，口頭で伝えられれば，それでもよかったはずであり，このケースにおいては，あらゆる人々が碑そのものから直接読み取ることなど，端から期待されてはいなかったのだろう。納家営清真寺アラビア語碑文の本領は，内容を読ませて理解させることよりはむしろ，見せて納得させることにあったと思われる。おそらくアラビア語は，イスラームの論理を表現するのに最も相応しい言語と看做され，まさに「見せて納得させる」にはうってつけとばかりに，碑文の書写語として選択されたのではあるまいか。後世の人々は，立派な碑文に神聖なるアラビア語で書かれているのを目の当たりにすることで，その内容を権威あるものとして受け入れるであろうという計算が，碑文の撰者にはあったのではないか。だとすると，強力な伝達の意志が宿る問題の碑文において，あえてアラビア語が使用されたことに説明がつく。

ところで興味深いことに，納家営清真寺アラビア語碑文には，その撰者がある程度ペルシア語に通じていたらしいことを匂わせる痕跡がある。すなわち，「2年間」というのに سالین (sālayn?) なる語が用いられているのである。それは「年」を意味するペルシア語の単語sālにアラビア語の双数形語尾（対格）を付したものと理解される。あたかも碑文撰者が，アラビア語を書きながら，思わずペルシア語を使ってしまったかのようである。

また碑文には，次のような表現がみえる。

> 彼の霊は，ラマダーン月の 21 日に，「私の許に帰れ」との口笛を聞くと，神が恩寵を垂れ給うた預言者たちや誠実な者たちや殉教者たちや敬虔な者たち――彼らこそ最良の友かな［Qur'ān, IV: 69］――一団への志望の翼で飛び立った。

これは，中国ムスリムの間で最も読まれていたペルシア語文献のひとつ，ナジュムッディーン・ダーヤ・ラーズィーの『下僕たちの大道』に引用された，次の韻文の表現に酷似しており，あるいはそれに範をとったかにみえる。

> 結合の準備が整い，この鳥がこの鳥籠から飛び立つ日，霊〔というその鳥〕は，王から「私の許に帰れ」という口笛を聞くや，飛んで行って王の手に戻って来る。［*Mirṣād*: 133］

いずれにせよ雲南では，馬徳新以前はペルシア語本による教育が主流であったといわれるので，問題の碑文の撰者がペルシア語を操ることができたとしても，それほどおかしなことではない。しかも，碑文のアラビア語にはところどころに文法的な誤りが認められることから，少なくとも彼がアラビア語を得意とする人物でなかったことは確かである。だとすれば，彼には碑文をペルシア語で記すという選択肢もありえたということになるが，それでいて彼がアラビア語を選んだということは，ペルシア語が威信の点でアラビア語に及ばなかったがゆえに書写語として選ばれなかったということを意味するであろう。

清代の中国ムスリムの間で，アラビア語の威信が抜群に高かったことは，上の事例よりも時間が大幅に下ることにはなるが，アズィーズ・ナサフィー（'Azīz Nasafī，1301 年以前没）のペルシア語作品『至遠の目的地（*Maqṣad-i aqṣā*）』の漢訳である，馬徳新の『漢譯道行究竟』の序文からも，窺い知られる。

此經原文法爾西也。因文精義奥，所言並不外乎明經大集。但爲庸常毀謗而妄言也。余故以阿爾比譯之。復慮其知書者難明，故以漢文譯之，使讀者易曉耳。

この経典の原文はペルシア語である。文は精緻で意味は奥深く，述べる所はクルアーンや権威ある経典から外れるものではないにもかかわらず，凡庸な者に根拠もなく謗られるので，私はアラビア語で翻訳した。また，書物の内容を知ろうとしても明らかにし難い者のことを慮るがゆえに，さらに漢語で翻訳したが，それは読者をして容易に理解させようとしたに過ぎない。［清真，XVII: 401］

これをパラフレーズするならば，当時の中国ムスリムの間において，著述に漢語を用いることには，「読者をして容易に理解させる」という意義があり，アラビア語を用いることには，その威信の高さによって，「凡庸な者に根拠もなく謗られる」ことを防ぐ効果があったが，ペルシア語で書いた場合には，人々に理解され難く，ともすれば胡散臭くみられがちであった，ということになるのではあるまいか。したがって，馬徳新による『至遠の目的地』のアラビア語訳こそは，アラビア語がその威信の高さゆえに書写語に選ばれた典型的なケースであったといえる。

さらに，『至遠の目的地』にかぎっては弁護した馬徳新であったが，その彼にしても大概のペルシア語文献については胡散臭く思っていたようである。彼は，自身のアラビア語著作『イスラームの忠告（*al-Naṣā'iḥ al-Islāmiyya*）』のなかで，次のように批判している。

ムスリム大衆よ，汝らの教えを先人たちの戦利品とみなせ。そして，先人と後人のあいだに流布するクルアーンの諸節や諸々のハディースの注釈に関して，世界的に有名な指導者たちが著した，よく知られた諸経典を断固として信奉せよ。そして，教えを堕落させ，健全な信仰を動揺させ，恥ずべき異端へと去らしめるような諸事に警戒せよ。その〔警戒すべき諸事の〕第１は，その著者が何学派に属すかを汝らが知らないような，一部のペルシア語文献である。というのも，〔ペルシア語文献を著す〕スーフィーたちは，唯一性認識者たち（muwaḥḥidūn）と，〔何学派に属すか分からない〕異端者たち（mulḥidūn）の２種に分かれるからである。異端者たちとは，イスラームの知識に，哲学者たち（ḥukamā'）の研究成果を混入する者たちである。唯一性認識者のスーフィー

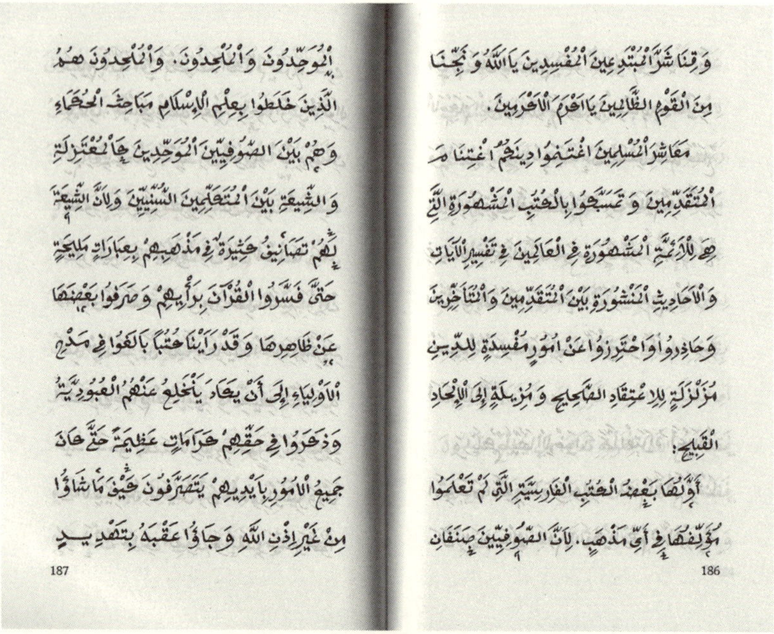

وقنا شر المبتدعين المفسدين يا الله ونجنا
من القوم الظالمين يا اكرم الاكرمين.
معاشر المسلمين اغتنموا دينهم اغتناما
المتقدمين وتمسكوا بالكتب المشهورة التي
هي للأئمة المشهورة في العالمين في تفسير الآيات
والاحاديث المنشورة بين المتقدمين والمتأخرين
وحاذروا واحترزوا عن امور مفسدة للدين
مزلزلة للاعتقاد الصحيح ومزيلة الى الالحاد
القبيح:
أولها بعض الكتب الفارسية التي لم تعلموا
مؤلفها في أي مذهب. لأن الصوفيين صنفان
186

الموحدون والملحدون. والملحدون هم
الذين خلطوا بعلم الإسلام مباحث الحكماء
وهم بين الصوفيين الموحدين كالمعتزلة
والشيعة بين المتكلمين السنيين ولأن الشيعة
لهم تصانيف كثيرة في مذهبهم بعبارات مليحة
حتى فسروا القرآن برأيهم وصرفوا بعضها
عن ظاهرها وقد رأينا كتبا بالغوا في مدح
الاولياء إلى أن يكاد ينخلع عنهم العبودية
وذكروا في حقهم كرامات عظيمة حتى كان
جميع الامور بأيديهم يتصرفون كيف ما شاؤوا
من غير اذن الله وجاؤا عقبه بتهديد
187

図 8-1a 『イスラームの忠告』(马敏康氏の漢訳付き刊本)

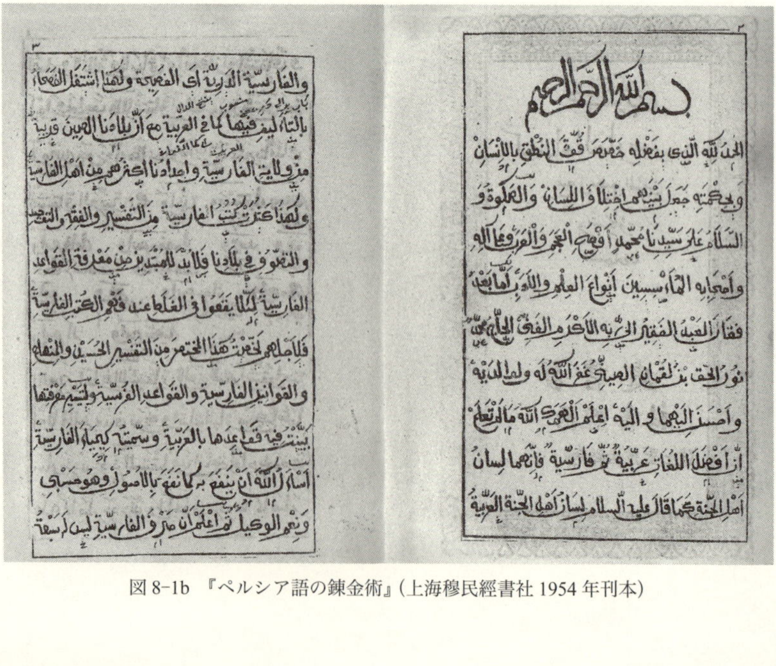

بسم الله الرحمن الرحيم
الحمد لله الذي بفضله خصص فضل النطق بالانسان
وبحكمته جعل بينهم اختلاف اللسان والصلوة و
السلام على سيدنا محمد افصح العجم والعرب وعلى آله
واصحابه المؤسسين انواع العلم والادب اما بعد
فقال العبد الفقير الى ربه الاكرم الغني الحاج محمد
نور الحق بن لقمان الصيني غفر الله له ولوالديه
واحسن اليهما واليه اعلم اكرمك الله ما لم تعلم
ان افضل اللغات عربية ثم فارسية فانهما لسان
اهل الجنة كما قال عليه السلام لسان اهل الجنة العربية

والفارسية الدرية اي الفصيحة ولهذا اشتغل الفصحاء
بالتأليف فيها كما في العربية مع ان بلادنا الصين قريبة
من ولاية الفارسية واجدادنا اكثرهم من اهل الفارسية
ولهذا كثرت كتب الفارسية من التفسير والفقه والتوحيد
والتصوف في بلادنا فلابد للمبتدين من معرفة القواعد
الفارسية لئلا يقعوا في الغلط عند فهم الكتب الفارسية
فلاجلهم لخصت هذا المختصر من التفسير الحسيني والمنهاج
والقوانين الفارسية والقواعد الفرسية ولتيسير فهمها
بينت فيه قواعدها بالعربية وسميته كيمياء الفارسية
اسأل الله ان ينفع به كما نفع بالاصول وهو حسبي
ونعم الوكيل ثم اعلم ان صرف الفارسية ليس له سعة

図 8-1b 『ペルシア語の錬金術』(上海穆民經書社 1954 年刊本)

たちのあいだでの彼らは，いわばスンナ派の神学者たち（mutakallimīn）のあいだでのムウタズィラ派やシーア派のようなものである。すなわち，シーア派は，彼らの学派に関する，見栄えのする表現を持った，多くの作品を有し，結果，彼らの見解にしたがってクルアーンを解釈し，見解の一部をクルアーンの外面的意味から遠ざけるようなことになっている。我々は，神の友たち（awliyā'）の称賛において誇張のある諸書を，神の僕としてある態度がほとんど取り去られている，と見なす。彼らは，彼らについて壮大な奇蹟を語る。そして，あらゆる事が彼らの手によって成り，彼らは神の許しがなくとも望むままにふるまう，とまで言う。さらにそのあとには，この言葉を否定する者は信仰から外れるという，強力な脅しを提示する。したがって，一部のペルシア語文献から伝えられている，シャリーアの境域を超越する神の友たちの一部を称賛するさいの，誇張のある言葉にたいして，警戒することが，知識ある人々には必要である[9]。［*Naṣā'iḥ*: 186–188］

馬德新のこの見解は，中国においてどれほど普遍的であったかは今のところ不明であるが，中国ムスリムにとってのペルシア語文献のイメージの一端を示すものとして興味深い。

また，ハーッジ・ムハンマド・ヌールルハック（Ḥājj Muḥammad Nūr al-Ḥaqq）こと馬聯元の『ペルシア語の錬金術（*Kīmiyā' al-Fārsiyya*）』[10]の序文にみえる次の記述も，清代の中国ムスリムのあいだでアラビア語に対する崇敬の念がいかに強いものであったかを示唆して興味深い。

知れ――至高全知の神が汝に霊感を賜れんことを――。諸言語のうち最も優れたるは，アラビア語であり，その次はペルシア語である。実にその2つは，天国の人々の言語である。彼〔＝預言者〕――彼の上に平安あれかし――が，「天

9　また，『イスラームの忠告』の漢語訳と思しき『醒世箴』［清真，XVII: 285］にも，次のようにある。

順主之民，惟宜固守教道，遵屢代賢哲之明經，古今典訓之名註（典謂天勅，訓謂聖訓），以惕防亂道之謬妄，則得矣。防亂之道，其一乃法爾西雜經。作之者，不知其從何典制。蓋典制有正學，曲學。曲學者，以正道而兼雜家之僞學，乃施貳擅悅口之論，嘗以私意解釋眞經，妄稱譽黨首，幾越乎爲僕之範圍也。又於羣賢之間，謬稱其神奇，甚至萬事皆任意，而勿俟乎眞宰之命令也者。諸家雜說，每以求道長爲要，聖人亦然。

10　該書については，Afshār［1361 A.H.S.: 485–488］を見よ。

国の人々の言語はアラビア語と宮廷の——すなわち正則の——ペルシア語（al-Fārsīya al-darīya ay al-faṣīḥa）である」と言われたように。それゆえに，雄弁なる者たちは，アラビア語と同じくらい，ペルシア語で書物を編纂することに専心した。加えて，我らの中国はペルシアの地から近く，我らが父祖のほとんどがペルシアの人々であった。それで，我らの国では，クルアーン注釈，法学，神の唯一性認識，タサウウフの諸書は，ペルシア語で書かれたものが多くなった。だから初学者にとっては，ペルシア語諸書の理解において過誤を来たさぬために，ペルシア語の基礎を知ることが，必要不可欠である。［*Kīmīyā'*: 2–3］

「諸言語のうち最も優れたるは，アラビア語であり，その次はペルシア語である」とは，文脈からいえばもとより，ペルシア語が優れた言語であることを純粋に讃える言辞にほかならなかったが，文脈を気にせずみるならばそこには，アラビア語の方がより優れた言語であるとの見解が表明されていることに気付く。その根拠となったハディース[11]においては，アラビア語とペルシア語の間に優劣など設けられていないから，その見解は，当時の中国ムスリムに共有された価値観として，馬聯元がひとりでに抱いていたものだと考えられる。それにしても，ペルシア語の学習を奨励するための文章において，ペルシア語に対するアラビア語の優越に言及するというのは，その思いがよほど根強くあったとしか考えられない。ペルシア語教育を推進しようとした馬聯元にしてかくあったのであるから，余の人々はなおさらだったであろう。

さて，以上に提示した事例はすべて雲南のものであり，かつ清初と清末のものに限られているため，その他の地域や時代においても同様の事態が存在したかどうかは，いまだ検討の余地がある。それについては，節を改めて考えよう。

11　当該ハディースは，オスマン朝の歴史家ケマルパシャザーデ（1533年没）の『ペルシア語の，アラビア語以外の他言語に対する優越性についての論考』にも引かれている［Bartarī: 23］。

第4節　明代におけるペルシア語の地位

前章で確認したように，清代の中国ムスリムの間では，あるいは少なくとも雲南においては，アラビア語の威信がペルシア語のそれを凌駕していたとみられるが，かかる状況は，中国ムスリムが形成され始める明代中葉から一貫して存在していたものではなかった。そもそも，明の嘉靖の初めごろまでは，まだなお西方からの移住者が，ある程度の規模で中国に流入しており，その大部分がペルシア語文化圏，とりわけ中央アジアのムスリムたちであったと考えられる。少なくともその頃までは，中国のムスリムたちの間でも，ペルシア語による著述がある程度はおこなわれていたに違いない。たとえば，ヒジュラ暦859年第6月（西暦1455年5/6月）に，おそらくは西安化覚巷清真寺の再建に関連して刻されたと思われるペルシア語碑文［Huart 1905: 269–275］は，彼らがアラビア語一辺倒ではなかったことを示唆している。

このペルシア語碑文は，おおむね次のような内容をもつ。まず，散文（一部韻文）で書かれた前半部分は，「これは，至高なる神のために汝が立つ場所として最も相応しい，神への畏怖の上に建てられたモスク［Qur'ān, IX: 109］である」という文言（アラビア語）に始まる。続いて，モスク建設という行為が来世のためにいかに功徳のある善行であるかということが，クルアーンやハディースを根拠に説明されたのち，その善行によって神に天国行きを保証された典型的なケースとして，化覚巷清真寺の再建に携わったある人物に話が向けられる。そして，彼が「カアバのごとく比類なき建物」を建てたことを告げて，前半部分は締めくくられる。

ところでその人物は，「イスラームの人々の利益の保証人，人類の拠り所にして避難所，慈善と善行の諸門を開き，敬虔と仁慈の徴を礎として置く者，サイイド（預言者ムハンマドの一族）たちや学者たちの扶養者にして，か弱き者たちや異邦人たちの助け，恵み深い神の恩寵を受けるお方」[12] とだけしか呼ばれておらず，詳細は不明だが，その表現からすると，化覚巷清真寺

12　Huartによれば，名前が書き込まれるはずであったと思しき，この後の所は，空白のままにされているという。その理由は今のところ不明である。

の再建を主導した人間というよりはむしろ，その事業に資金を提供したスポンサーであったとみられる。なお，景泰 6 年陰暦 5 月（1455 年 5/6 月）というほぼ同時期に，やはり化覚巷清真寺の再建にこと寄せて製作された漢文碑文，いわゆる「長安禮拜寺無相記」［余・雷 2001: 182–184］によれば，化覚巷清真寺再建を思い立ったのは，劉という姓の満剌（マウラーもしくはモッラーの転訛した語。経堂教育の学生を指す呼称）であったといい，同碑には彼が同宗者たちに寄付を募った話がみえている。

ペルシア語碑文の後半部分は韻文で，再建された化覚巷清真寺の「カアバのごとく比類なき」様を謳った頌詩（qaṣīda）であるが，その中には，先述のスポンサーを称えた部分もある。たとえば，「それは，彼の運命が喜ばしいものとなることにとってみれば，〔いずれ実を結ぶべく〕その根が大地にしっかりと根づいている〔樹木のようなものである〕（［Qur'ān, XIV: 29］を踏まえた表現）と，創造主は考え給うであろう。そういうことを彼は行ったのである」という一節は，彼の天国行きが神に保証されていることを謳ったものである。

碑文の末尾には，刻碑の日付につづき，「この日付の時に存命であった偉大なイマーム〔宗教指導者〕たち」として，立碑関係者と見られる 22 人の名が列挙されている。彼らのうち，「アミール（“司令官”の意）某」とよばれる 2 名はともかくも，「シャイフ・アル＝イスラーム（“イスラームの長”の意）」のタイトルをもつ 1 名と「マウラー（中国では特に経堂教育の学生を指す）」をその名に冠する 19 名は，化覚巷清真寺に関係のあるムスリム学者であったに違いない。

さて，以上のような内容からすると，問題のペルシア語碑文は，化覚巷清真寺の落成を祝う記念碑であったと同時に，その実は，例のスポンサーをイスラームの価値基準に照らして顕彰するためのものであったとみて間違いない。くわえて，あるいはこれが最も重要だったかもしれないが，碑文末尾に列挙されたムスリム学者たちの名において彼の天国行きにお墨付きを与えることも，その趣旨の一つであったと推察される。だとするとこの碑文は，彼の宗教的栄誉をいや増すために，あたうかぎり権威と品格を備えたものでなければならなかったはずである。では，そのような碑文の書写語にペルシア語が選ばれたということは，何を意味するのか。先述の漢語碑文「長安礼拝寺無相記」の存在は，1455 年当時すでに西安化覚巷清真寺周辺のムスリムたちの日常語が漢語化していたことを示唆しており，ペルシア語が選ばれたのは，伝達力を買われたためではなさそうである。ペルシア語碑文の撰者がアラビア語にも通じた人物であったことは，クルアーンやハディースの引用を巧みに散りばめた書きぶりからみて疑いないが，それでも彼が書写語にペルシア語を選んだということは，当時，ペルシア語が書写語としてアラビア語に劣らぬ地位にあったことを物語っているのである。

しかしながら，前節にみた通り，いつしかアラビア語とペルシア語の間には相当な格差が存在するようになっていた。おそらくは明末から清初にかけてアラビア語の威信が増大したのであろう。明中葉を過ぎると，中国ムスリム大衆の間では漢語化が進み，アラビア語・ペルシア語が忘れられ，イスラームの信仰さえもが消滅の危機に瀕したが，胡登洲（西暦 1597 年没）が経堂教育を提唱した万暦年間（1573〜1620 年）頃から，再イスラーム化の兆しが現れ始めていた［丁俊 2006: 32–40; 勉维霖 1997: 235–239］。それに伴い，アラブを血統的・精神的なルーツとする意識が高揚していったようである［Benite 2005: 204–210］。再イスラーム化と連動して，アラビア語の威信も高まっていったと考えられる。そしてペルシア語もまた，再イスラーム化に伴い，忘却の淵からはかろうじて救われたものの，アラビア語の威信の増大があまりにも著しかったために，その地位を相対的に低めていったとみられる。

以上のような傾向が，中国ムスリム社会全体に普遍的に存在したことは，疑いない。ただ，次節に見るように，その進展速度には，地域によって差があったようである。

第５節　開封におけるペルシア語の地位の変遷

先にふれた納家営清真寺アラビア語碑文が書かれたのとちょうど同じころと思われるが，河南省の開封でも，同じく古行か新行かの教義論争を背景とする一塊の碑文が，アラビア語とペルシア語双方を用いて刻された。こちらは古行の礼拝方式のひとつである「連班」を，納家営清真寺アラビア語碑文とは逆に擁護する碑文であった。連班とは，集団礼拝の際に礼拝指導者が他の参加者の列に混じって礼拝を行うやり方である。一方,新行の礼拝方式は,集団礼拝の際に礼拝指導者が他の参加者の列から離れて独り最前列で礼拝を行うというものであり，それは連班に対して「独班」と呼ばれた［李兴华等 1998: 607-609, 615］。

仮に「開封連班擁護碑文」とでもよびうるこの碑文は，ひとまず Huart 氏の録文によって，その内容の一部を知ることができる［Huart 1905: 4-10］。アラビア語とペルシア語が入り混じったその碑文は，氏によれば全部で 42 行から成るというが，氏の録文では，36 行目以降は摩滅によってか全く判読不能だったらしく省略されている。また，氏が抄録する 35 行目以前の部分も，多くの箇所が判読不能として空白にされており，その中かろうじて文意の通る箇所となれば，かなり限られている。

とはいえその碑文が，康熙 38 年（西暦 1699 年）に北京で連班と独班のいずれが是か非かをめぐって催された宗論会（本書第 4 章参照，以下「康熙三十八年講班」と略称）の参加者によって製作されたものであることは，碑文中の次の 3 つの記載と，その宗論会の模様を詳細に描写した『岡志』の記述[13]を照合することで，判明する。

①碑文の 8～9 行目：「それから我らは，件の 38 年のズー・アル＝ヒッジャ月に，信頼できる証拠を比較し合うことを，彼らと約した。それで，約束された決め事の縛りが我らを目的の集会に帰し（以下略）」（アラビア語）とある (a)。一方，『岡志』によれば，康熙三十八年講班は「康熙三十八年五月初十日」におこなわれたという。もし「件の 38 年のズー・アル＝ヒッジャ月」が，ヒジュラ暦 1110 年の第 12 月だとすると，それは西暦 1699 年 6 月頃であり，「康熙三十八年五月初十日」とほぼ一

13 『岡志』「康熙已卯年講班」［清真，XX: 174-182, 214-223］。一部は本書第 4 章でも紹介した。なお,『清真大典』の『岡志』「康熙已卯年講班」の部分は乱丁が激しい。［冈志: 79-87］によって頁順序を正せば，次の通り。174-182, 223, 222, 221, 220, 219, 217, 218, 216, 215, 214.

致する。

②碑文の19行目:「『カーディーのクルアーン注釈』[14]は，この節（クルアーン15章24節：実に我らは，汝らのうち先に行くものが誰で後から来る者が誰であるかを知っておる）の注釈において，「神の使徒――彼の上に平安あれかし――が第1列目を望むようにさせたので，彼らはそこに密集し，それでその節が下された」と述べている」（文全体はペルシア語，『カーディーのクルアーン注釈』引用部分はアラビア語）とある (b)。連班の合法性を証明する第1の根拠が引かれている箇所である。一方，『岡志』によると，康熙三十八年講班で連班支持派は，自説の根拠としてまず，『眞經注』の「聖人命喜趨首班，是以首班最密」，すなわち「預言者ムハンマドは第1列目に行きたがるようにさせたので，第1列目が最も〔人で〕密になった」という文言を提示したという。

③碑文の26～27行目:「《諸灯明 (al-Maṣābīḥ)》[15]によって伝えられているような，説得力のある，権威ある者たちの諸伝承によって高められた，預言者――彼の上に平安あれかし――の諸情報に『(中略)［預言者は］礼拝の時，我々の肩を撫でた』とある」（原アラビア語）とある (c)。連班の合法性を証明する第2の根拠が引かれている箇所である。一方,『岡志』によれば，連班派は，先の『眞經注』の次に，『黙薩壁合』（＝Maṣābīḥ）の「聖人臨拜時撫人肩曰: 端爾體勿傾歪，體歪則心必不正矣」，つまり「預言者ムハンマドは礼拝に臨む際に人の肩を撫でて，『汝の体を真っ直ぐにしなさい，傾けたり歪めたりしてはならない，体が歪むと心もきっと正しくならない』と言われた」という文言を提示したという。

そして，碑文の製作者が連班支持派であったらしいことは，24行目に「以下のように知らねばならない。彼〔＝預言者〕と教友たちは同じ場所に居た

14　バイダーウィー（ʻAbd Allāh b. ʻUmar Bayḍāwī，1286年没）の『啓示の諸光と解釈の諸神秘（*Anwār al-tanzīl wa asrār al-ta'wīl*）』，通称「カーディーのクルアーン注釈（*Tafsīr al-Qāḍī*）」。

15　バガウィー（Ḥusayn b. Masʻūd Baghawī，1117年没）の『スンナの諸灯明（*Maṣābīḥ al-sunna*）』。

のであり（以下略)」(原ペルシア語）とある (d) 所から窺い知られる。

さて，本章の関心にとって注目すべきは，開封連班擁護碑文においてアラビア語文とペルシア語文が奇妙な配列で併用されているという点である。

まず，1 行目〜14 行目途中は，アラビア語文。上記の，康熙三十八年講班への参加を告げる記述 (a) が見えることから判断して，この部分では主に，この碑文が製作されることになった経緯が語られていると考えられる。ただし，13〜14 行目，クルアーン 15 章 24 節（実に我らは，汝らのうち先に行くものが誰で後から来る者が誰であるかを知っておる）が引かれたところは，次のペルシア語部分の議論に対する導入部となっている。

次に，14 行目途中〜25 行目は，ペルシア語文。この部分では，クルアーン 15 章 24 節が下された理由・背景を説明した逸話と，前掲の『カーディーのクルアーン注釈』の記述 (b) が引かれ，それらを根拠として，連班の合法性を証明するための議論が展開されているようである。上にみた (d) の記述は，その結論にあたると考えられる。

そして，26 行目以後は，再びアラビア語文。この部分では，前掲の『灯明』収録のハディース (c) が引かれ，今度はこれを根拠に，連班の合法性が主張されているようである。ただし，その議論が何行目までつづいているかはわからない。また，アラビア語文が碑文の最後までつづくのかどうかも，わからない。

このようにみてくると，どうやら内容のまとまりごとに，アラビア語文とペルシア語文が使い分けられていたようにもみえるが，その真意は今のところ不明である。とはいえ，少なくとも以下のことはいいえるであろう。開封連班擁護碑文が，教義論争を背景に自説の正当性を主張するためのものであったにもかかわらず，最も伝達能力のある漢語ではなく，アラビア語とペルシア語で書かれたのは，その製作者が，いかに多くの人に伝えるかよりもむしろ，いかに人を納得させえるかを重視したからであり，なおかつ両言語の双方に威信の高さを認めていたからにほかなるまい。つまりそれは，その碑文が製作された当時の開封（河南）においては，納家営清真寺アラビア語碑文が製作されたほぼ同時期の納家営（雲南）とは異なり，ペルシア語もアラビア語と同程度の威信を享受していたということを，意味するのではあるまいか。

しかしながら，そのような開封でも，その後，ペルシア語の威信の高さを示唆するような碑記などが存在した形跡はない。道光 20 (1840) 年に開封の北大寺にて建てられた碑文は，これまた古行か新行かの教義論争を背景に刻されたもので，古行の細目 13 件を列挙してその遵守を迫るものであったが，それはアラビア語と漢語で記された。また，それ以前，嘉慶 10 (1805) 年以前に，開封近郊の朱仙鎮では，開封北大寺のアラビア語碑文とほとんど同じ内容の碑文が建てられたが，こちらもアラビア語と漢語で記された。そしてそれらの２つの碑文のアラビア語の原テクストは，17・18 世紀の交に成立していたと推測される[16]。こうした状況を鑑みるならば，おそらく開封でも，後代になると，やはりアラビア語の威信がペルシア語のそれを凌駕するようになっていたといえそうである。

章　結

清代の中国ムスリムの間でペルシア語による著述があまりおこなわれなかったのは，ペルシア語を読める人間やそれを学ぼうとする人間の数が少なかったことに加えて，イスラームに関わる事柄を説得的に伝えるのに必要な威信の点でアラビア語の方がより優れていると考えられていたことに，原因があったとみられる。もとよりアラビア語が高い威信を誇ったことそれじたいは，ペルシア語による著述の盛行をみたペルシア語文化圏中核地域においても認められたことである。しかし中国ムスリムに特徴的であったのは，アラビア語の使用が好まれた局面以外，つまりイスラームに関わりのない著述やイスラームと関わりがあっても説得性よりも伝達性が重視された著述には，やはり漢語が用いられたので，アラビア語と威信の高さを争わないで済む，ペルシア語にこそ相応しい領域が，ほとんど存在しなかったということである。

16　開封および朱仙鎮の古行 13 件に関するアラビア語碑文については，中西ほか［2012］を参照。

かつてはペルシア語も，アラビア語と同様，イスラームに関わり，かつ説得性を重視するような著述に活用の場を与えられていたが，それは，中国ムスリムが再イスラーム化を経たことによって，アラビア語の独占に帰してしまった。すなわち，明の中頃まではペルシア語もアラビア語に劣らぬ尊厳を保持していたが，明末あたりから再イスラーム化の動きに合わせ，アラビア語の威信が著しく高まったことで，アラビア語とペルシア語の間に大きな格の違いが生じたのである。地域によっては比較的遅くまでペルシア語の威信が保たれていたところもあったが，そういう地域でも，最終的にはやはりアラビア語の威信がペルシア語のそれを圧倒していったようである。

ところで，清代の中国ムスリムにおけるペルシア語文化の影響として従来注目されてきた諸現象も，おおむねは前代の遺産にすぎず，彼らのペルシア語文化に対する同時代的で能動的な傾倒を物語るものではなかった。たとえば，彼らのあいだに多くのペルシア語文献が流布していたというが，そのほとんどは明代以前に書かれたものである。また，彼らがイスラームの術語をペルシア語で表現したり，礼拝の意思表明をペルシア語で唱えたりしたのは，ペルシア語文化圏中核地域からやって来た父祖たちの慣習の名残であろう。これらの事例は，アラビア語の威信の高まりという歴史的文脈に背馳するものでは決してなかった。

そういう意味で，これまで清代の中国ムスリムにおけるペルシア語文化の影響として一律に扱われてきたいくらかの事例は，全く新たな注意を喚起するであろう。

たとえば，北荘門宦（中国西北部におよそ 40 種類ほど存在すると言われるスーフィー教団を，中国では“門宦”と呼ぶ（第 1 章参照）。北荘はそのひとつ）の初代シャイフ（スーフィー教団の教主）馬葆眞（1826 年没）の事績を中心に記した，無名氏撰「北荘拱北アラビア語碑文」［马自祥 1994: 69–95］は，ほとんどの部分がアラビア語で書かれているものの，所々で挿入される韻文がペルシア語で書かれている。光緒 8 (1882) 年に立てられ，現甘粛省東郷族自治県の北荘門宦拱北に現存するというこの碑文は，当時の中国ムスリムの一部に，ペルシア語が韻文のための書写語であるという認識が存在したことを示唆している[17]。あるいは，地理的に中央アジアに近かった西北部においては，ペルシア語が一定の分野における威信言語としての地位を保持し続けていたのかもしれない[18]。

また，常志美が『探求の道』において同時代人のアラビア語一辺倒を嘆き，前代の遺産であるペルシア語文献の活用を訴えたことや，馬聯元がペルシア語の文法書を著し，なおかつ経堂教育の教科書としていくらかのペルシア語作品を著した[19]ことは，明らかに時流に逆行する動きであった。このような反動が生じた背景とはいかなるものであったのか。この問題については，章をあらためて論じてみたい。

17　ただし，張承志によれば，ジャフリーヤ教団の歴史を綴った，アブドゥルカーディル關里爺の『ラシュフ』は，前半がアラビア語で書かれたが，ジャフリーヤ教団の第2代導師穆憲章に言及するあたりから以後は，「秘密裏にしかしなんとしても記録しておかねばならないことがらであった」ために，読める者のきわめて少ないペルシア語で書かれたのだという［張承志 1993: 95］。

18　北荘門宦初代シャイフ馬葆眞は，中央アジア（バダフシャン）出身のシャー・アウリヤーという人物にヤルカンドで師事し，彼を介して，ナクシュバンディーヤ＝ムジャッディディーヤ派の道統を継いでいる（第1章注19参照）。ナクシュバンディーヤ派は，中央アジア（ブハラ）のバハーウッディーン・ナクシュバンドを名祖とする。その支派のムジャッディディーヤ派は，南アジアのアフマド・スィルヒンディーに始まる。いずれもペルシア語文化圏中核地域に勃興し，ペルシア語文化を背景にもつ。はたして北荘門宦も，その伝統を色濃く反映していたようである。馬葆眞の三男，ムハンマド・ユースフ（Muḥammad Yūsuf，1866年没）の著作『心魂の歓喜（*Nuzha al-qulūb*）』は，ペルシア語作品であった。

19　馬聯元のペルシア語著作としては，すでに触れた『ムスリム綱要』以外に，『四節（*Chahār Faṣl*）』と『イスラームの柱（*ʻUmda al-Islām*）』が知られている。水镜君・Jaschok［2002: 122］によれば，それらは，主に女性の宗教教育のために，既存のペルシア語文献を編集したものであったという。つまり，彼自身が自主的にペルシア語を書写語に選んだわけではなかったのである。しかしながら，彼の師である馬德新がアラビア語の文法書を著すに留まったのにたいして，彼がペルシア語教育にも意を用いたことじたい，注目に値する。

第9章

中国におけるペルシア語文法学の創成

カラチ刊本（右）と，臨夏で売られていた『探求の道』写本影印刊本（左）。

はじめに

前章でのべたように，中国ムスリムのあいだでは，ペルシア語文化の影響は濃厚であった。にもかかわらず，16・17 世紀の交にはじまる再イスラーム化の進展に伴って，アラビア語の威信が増大したために，説得性が重んじられる著述においては，アラビア語の使用が好まれるようになった。いっぽう，伝達性では漢語に劣り，説得性ではアラビア語に劣るようになったペルシア語は，やがて著述に用いられなくなっていった。また，ペルシア語の学習人口も，アラビア語のそれに比べると低迷しつづけ，くわえて，ペルシア語への無理解からか，ペルシア語文献はともすれば胡散臭くみられがちであった。

こうした状況をふまえるならば，これまた前章で指摘したことだが，山東済寧のムスリム学者，常志美 (1610～1670) が，ペルシア語文法の解説書をペルシア語で著し，ペルシア語の学習と，先祖伝来のペルシア語文献の再活用を訴えたこと，またそれによって，中国ムスリムがペルシア語文化圏から離脱してゆこうとする趨勢に歯止めをかけえたことは，注意にあたいする。中国ムスリムのペルシア語文化が，衰退傾向にありながらも，簡単には滅びない底力のようなものを備えていたことを，それは示唆しているからである。そのような反動が生じた背景を探ることは，中国ムスリムがペルシア語文化圏に属していたということの内実や，文化圏辺境における文化の消長のあり方を理解するうえで，一定の意味を有しているだろう。

また，ペルシア語の文法解説が独立した作品として書かれるようになるのは，18 世紀半ば以降といわれており［Rypka 1968: 429］，おそらく常志美のペルシア語によるペルシア語文法書は，同類のものとしては世界最古と考えられる[1]。よしんばそうでなくとも，彼自身が，先行するペルシア語文法書を

1 ［*Minhāj*, muqaddima: 1 (n. 1), 2–3 (n. 3), 14］を参照。ただし，それによれば，常志美以前にも，ペルシア語文法に関する記述を一部に含むようなペルシア語作品は存在したらしい。

参考文献にもった形跡はない[2]ので，いずれにせよ，彼がペルシア語文法学を創始した，といっても誤りではない。とすると，中国というペルシア語文化圏の辺境において，しかもペルシア語文化の斜陽のなかで，かえってそれが達成されたことは，文化圏辺境の逆説的な文化創造[3]の一例としても，なかなか興味深い。文化創造は文化圏中核地域の専売特許なのではない。中国におけるペルシア語文法学の成立背景を探ることは，文化圏辺境の創造力を理解するのにも資するところがあろう。

そこで本章では，常志美がペルシア語で著したペルシア語文法書のひとつである『風 (*Hawā'*)』の成立背景を問う【コラム 6】。そしてその書が，イラン・中央アジア・南アジア，および中国に流布していたとみられる，ペルシア語によるアラビア語文法の解説書に，範をとって書かれていたことを明らかにする。以下ではまず，中国におけるペルシア語文化の退潮傾向を再確認する意味で，前章で触れなかった関係史料を，紹介しておきたい。しかるのち，『風』の雛型について検討する。

第 1 節　中国におけるペルシア語文化の衰退

日中戦争のさなかの 1939 年，中国ムスリムの著名な学者，王靜齋 (1879～1949) は，「發揚伊斯蘭文化之必要」という雑誌記事を書いた。彼は，当時の日本の対ムスリム工作を「迷夢」と断じつつも，東京モスクの建設やクルアーンの翻訳，アズハル大学への留学生の派遣といった日本の施策には，相当の対抗措置が必要であると前置きしたうえで，この記事を書いている。そ

2　ただし，ペルシア語の辞書の類は参照していたようである。『經學系傳譜』[清真, XIX: 55–56] に，常志美が「字義之典」たる『富而斯 (*fu'ersi*)』，つまり *Furs* という名の辞書を得た経緯が記されている。ちなみにペルシア語辞書として，たとえば，*Lughat-i Furs*，*Ṣiḥāḥ al-Furs*，*Majma‘ al-Furs* といった書名がある [Rypka 1968: 430]。

3　文化圏辺境における文化創造は，それぞれの背景は異なるものの，歴史上繰り返されてきた現象である。たとえば，ハディース学や神学，哲学，科学といったイスラーム諸学の胚胎もしくは育成が，当時イスラーム文化圏の辺境であった中央アジアにおいてなされたこと [濱田 2008: 6–34] が想起される。

コラム

❻『風』『探求の道』について

『經學系傳譜』［清真，XIX: 53］に，常志美が「ペルシア語文のつくりを内容とするミンハージュと，ペルシア語の字義を注解したハワーイ（内蘊 فارسی 法而西文風之 منهاج 末納哈遲，并 فارسی 所註字義之 هوای 赫華亦）」の2作品を著した，とある。これにたいして，先行研究では，常志美のペルシア語文法に関するペルシア語著作として，ミンハージュ・アッ＝タラブ（*Minhāj al-ṭalab*）と，ハワー・イ・ミンハージュ（*Hawā-yi minhāj*）の名が知られている。ミンハージュ・アッ＝タラブ（『探求の道』）については，Sharī‘at［1356 A.H.S.: 585–586］，Afshār［1361 A.H.S.: 485］，Bakhtyar［1994: 71］をみよ。いっぽうハワー・イ・ミンハージュの名は，佐口［1950］にみえ，「行為の大空」の訳が与えられている。が，ハワー・イ・ミンハージュは，おそらく転訛した呼び名であって，ハワー・ミンハージュ（*Hawā' Minhāj*）というのがもとの形であろう。それは，『風（*Hawā'*）』と『探求の道（*Minhāj al-ṭalab*）』という2つの作品の名を連ねた言い方であったと考えられる。

ところで，常志美のペルシア語文法書の校訂刊本［*Minhāj*］によれば，校訂者が参照した3つの写本は，いずれも2部から成り，いずれの第2部にも『探求の道』のタイトルがあったらしい。また，いずれの第2部の末尾にも，ヒジュラ暦1070年ラジャブ月（西暦1660年）という成書の日付があったようである。加えて，中国甘粛省臨夏市の経書屋で売られていた，とある写本の影印本も，まったく同じ体裁であった。おそらく，これらの写本の無名の第1部こそが，『風』にちがいない。

はたして，2010年夏に山東済寧の東大寺（清真寺）を調査したさい，当寺のアホン王明璧氏から，上記写本のいずれとも異なる写本の影印本を見せていただいたが，それは，他写本の第1部と第2部に当るものが別々に線装製本され，それぞれの題箋にハワーとミンハージュのタイトルが漢字で記されていた，と記憶する。王アホンには当該影印本の複写を許可していただいたが，題箋までは複写しなかったので，残念ながら，どのような漢字表記であったかは失念した。

なお，貴重な史料を提供してくださった王氏には，厚く御礼申し上げたい。また，2010年夏の山東調査は，科学研究費補助金（基盤研究B，海外調査）によって，黒岩高氏を研究代表者とする研究課題「近代中国における回民コミュニティの経済的・文化的活動」（研究課題番号：21401026）の一環として行われたものである。

済寧東大寺。礼拝大殿と帮克亭。「帮克 (bāng)」とは、ペルシア語で「礼拝の呼びかけ」の意。アラビア語でアザーン (azān) と呼ばれるものを指す。

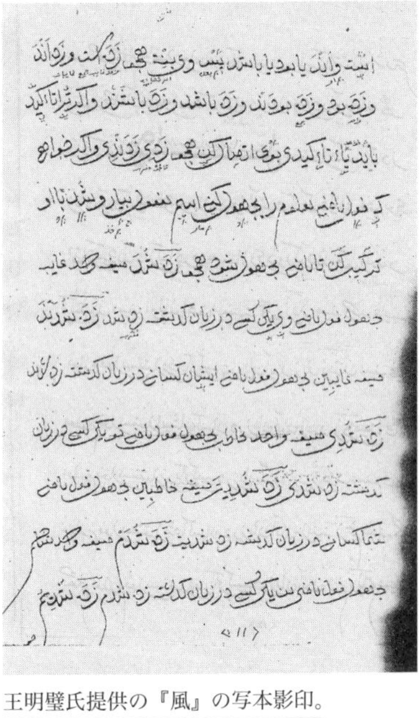

王明璧氏提供の『風』の写本影印。

甘粛省臨夏市の経書店で売られていた『風』の写本影印版。

のなかに，その対抗措置に関する提言の一環として，次のような発言がある［王静齋 1939: 925］。

中国のアラビア語の学生は，ペルシア語を附属的学課としてきたが，その価値はアラビア語と伯仲するものと見てきた。最近の新学派は，ペルシア語の一課を免除し，学生をしてアラビア語学習に専心させている。このような見解を，もとより咎めることはできない。が，先達が苦心して得てきた学業を，我々が随意に消滅させるのは，良心の呵責に耐えない。ゆえに私は，〔アラビア語と〕同時に，ペルシア語についても，もっと力を入れて講義することを希望する。我が国のペルシア語の学問科目には，かつてハディース注釈（2種），『花園録』[4]（倫理綱常に関する世界的名著），修養学（『歸眞要道』[5]の類），クルアーン注釈（『札席底』[6]のごとき）があったので，もしペルシア語が失われれば，これらの学問科目もかならずそれに付随して滅びてしまうだろう。わけもなく廃棄したのでは，きっと惜しがることになろう。ペルシア（今はイランと改称している）は東方の長い歴史を持つ国である。東方文学史で，たとえば哲学のごとく，およそ中国の史書に見られないものは，ペルシアの古い文献を調べればよい。そうすれば，ペルシア語が中国文化の発展において少しは役に立ち，注意して保存する必要が大いにあることを知るだろう。

王静齋のいわゆる「新学派」とは，おそらく，清真寺での伝統教育（経堂教育）にかわる近代的なイスラーム新式教育を提唱して，1925年に山東済南で創立され，のちに北平（北京）に遷された，成達師範學校のことを指していると思われる。この成達師範學校では，当初こそペルシア語教育が行われていたが，アラビア語に比べれば微々たるものであり[7]，しかも1931年には，学生のアラビア語のレベルを重点的に高めるために，カリキュラムからペルシア語が外されたという［刘东声 2006: 89］。

4　サアディー（Sa‘dī）の『薔薇園（Gulistān）』。

5　ナジュムッディーン・ラーズィー（Najm al-Dīn Rāzī）の『下僕たちの大道（Mirṣād al-‘ibād）』。

6　ダルワージャキー（Sayf al-Dīn Abū Naṣr Aḥmad Darwājakī, H. 549（1154/1155）年没）の『ザーヒディーのクルアーン注釈（Tafsīr-i Zāhidī）』。同文献については，Bakhtyar［1994: 105, 112］を見よ。

7　馬松亭［1936: 8–9］に掲載する民国16（1927）年のカリキュラムを参照。

王静齋の主張は，前章で紹介した常志美のそれと重なる。常志美も，当時の中国ムスリムの学者たちがアラビア語しか学ばない姿勢を批判していた。いっぽう，上の記事が書かれた 1939 年当時の成達師範學校は，1937 年以来の日本軍の侵攻を受けて，北平から桂林への遷移を余儀なくされており，そうした苦境が，ペルシア語教育までも行う余裕を奪っていたことは確かだろう。が，成達師範學校においてペルシア語教育が放棄された背景には，イスラームを学ぶうえで，アラビア語こそが重要であり，ペルシア語は必須ではない，という考え方があったことも，否めないであろう。

このような考え方は，常志美の時代以来，中国ムスリムのあいだで支配的であったと見られる。それに一定の理解を示す王静齋も，その傾向とまったく無縁ではない。ただし，王静齋のように，ペルシア語文化低迷の趨勢にたいして，ペルシア語文化を保存しようとする者が，民国時代においても絶えなかったことは，指摘しておいてよいだろう。

第２節　『風』の雛型――『知れ』とその類似作品

結論からいえば，常志美の『風』の雛型にされたのは，中央アジアや南アジアにおいて『知れ (*Bi-dān*)』の名で知られる，ペルシア語で書かれたアラビア語文法の解説書，もしくはそれに類似する作品であった，と考えられる。

『知れ』という文献は，磯貝健一氏が明らかにした[8]，19 世紀後半の中央アジアにおけるマドラサ教育のカリキュラムに，ひとまずその名が見出される。氏によれば，当該時空のマドラサでは，最初に，イスラームの基本教

8　東京外国語大学アジア・アフリカ言語文化研究所（中東イスラーム研究プロジェクト，共同研究プロジェクト「イスラーム写本・文書資料の総合的研究」）と，北海道大学スラブ研究センター（21 世紀 COE プログラム「スラブ・ユーラシア学の構築――中域圏の形成と地球化」）が主催したシンポジウム「ペルシア語文化圏研究の可能性」（東京外国語大学アジア・アフリカ言語文化研究所，2005 年 12 月 3 日）において，磯貝健一氏によって提出されたレジュメ「中央アジアのイスラーム法運営におけるペルシア語使用の問題」。また，磯貝［2009］も参照。

義について書かれた『最初の知識（*Awwal-i ʻilm*）』というペルシア語の教科書を学んだのち，アラビア語文法学へと進んだという。そして，アラビア語文法学の学習においては，まず，ペルシア語で書かれた『知れ』という名の教科書を学び，その後は，『ムイッズィー（*Muʻizzī*）』，『ザンジャーニー（*Zanjānī*）』[9]，『語尾変化を左右するもの（*ʻAwāmil*）』[10]，『母音（*Ḥarakāt*）』，『十分（*Kāfiyya*）』[11] といった，アラビア語で書かれた教科書を，順に学んだという。

また，筆者の手元には，これらの教科書を 1 冊にまとめたと思しき刊本 [*Kāfiyya*] があるが，その 166 頁から 187 頁にも『知れ』という名の作品が収録されている。この刊本は，パキスタンのカラチで出版されたものである（本章扉絵参照）。刊行年の詳細は不明だが，所収の『知れ』の末尾には，ヒジュラ暦 1324 年ラマダーン月（1906 年）という日付が書きこまれており，所収の『ザンジャーニー』の末尾にも，ヒジュラ暦 1324 年の日付がみえる[12]。このカラチ刊本に収録されている諸タイトルが，19 世紀中央アジアのマドラサ教育で使用されていた教科書として磯貝氏の提示する，アラビア語文法学の諸書のタイトルと，ほぼ一致していることからすると，当該刊本所収の『知れ』は，磯貝氏のいう『知れ』と同じ作品であるとみて，おそらく間違いなかろう。

そして『知れ』は，磯貝氏によっても，バハーウッディーン・アーミリーの著作であると同定されている[13] が，まさしくそれは，シャイフ・バハーイー（Shaykh Bahā'ī）の名でよく知られるサファヴィー朝の学者，バハーウッ

9　ʻIzz al-Dīn ʻAbdal-Wahhāb al-Zanjānī が H. 625 (1257) 年に著した『ザンジャーニー（*Zanjānī or Taṣrīf al-Zanjānī*）』[GAL, GI: 283, SI: 497]。

10　Abū Bakr ʻAbd al-Qāhir b. ʻAbd al-Raḥmān al-Jurjānī (H. 471 (1078–9) 年没）の『語形変化を左右する百の因子（*Mi'a ʻawāmil or Kitāb ʻawāmil al-mi'a*）』[GAL, GI: 287, SI: 503]。

11　イブン・ハージブ（Jamāl al-Dīn Abū ʻAmr Uthmān b. ʻUmar b. Abū bakr b. al-Ḥājib, after. H. 570 (1174)～H. 646 (1249)）のアラビア語文法書『十分（al-Kāfiyya）』[GAL, GI: 303, SI: 531]。

12　このカラチ刊本は，収録作品のページ割などから，1906 年にタシュケントで刊行されたもののリプリントと判断される。当該タシュケント刊本の書誌情報は，Shcheglova [2011: 175 (no. 223)] による。

13　磯貝 [2009, 126 (n. 16)]。また，[*Sobraine*, IX: 247 (no. 6402)] を参照。

ディーン・アーミリー（Bahā' al-Dīn 'Āmilī, 1547〜1621）の著作『バハーイーの語形変化論（Ṣarf-i Bahā'ī）』にほかならない。たとえば，カラチ刊本所収の『知れ』と，ラホールで出版された『バハーイーの語形変化論』の石印刊本（*Ṣarf-i Bahā'ī*）とを比較すると，そのように同定できる。要するに『知れ』は，その著者が生きた1547年から1621年のあいだに，おそらくはサファヴィー朝下のイランで，書かれた作品だということになる。

さて，上述したように，常志美の『風』は，この『知れ』を範として書かれた可能性がある。次節で確認するように，『知れ』と『風』とは，かたやアラビア語文法を説き，かたやペルシア語文法を説くという違いはあるものの，いずれもペルシア語で書かれ，しかも書き方があまりにも似通っているからである。17世紀を生きた常志美が，中国の山東で，アーミリーの『知れ』を参照していたとすると，流伝速度がやや早い気もするが，ありえないことではない。

ただ，別の可能性もないではない。すなわち，『風』の雛型となったのは，アーミリーの『知れ』に先行する，それと書き方の似通った，ペルシア語によるアラビア語文法書であったかもしれない。たとえば，ムザッファル朝やティムール朝の下で活躍した，ミール・サイイド・シャリーフ・ジュルジャーニー（Mīr Sayyid Sharīf Jurjānī, 1339/1340〜1413/1414）が，ペルシア語で著したアラビア語文法の解説書で，『ミールの語形変化論（*Ṣarf-i Mīr*）』という作品がある。これは，アーミリーの『知れ』ほどには，常志美の『風』と似ているわけではない。が，アーミリーの『知れ』と似ていることは，確かである。

まず，その書き出しが『知れ』と酷似している（次節参照）。British Library所蔵の『ミールの語形変化論』の写本（ヒジュラ暦1115年ジュマーダーII月9日書写）によれば，その書き出しは次の通りである。

بِسْمِ اللهِ الرَّحْمنِ الرَّحيم و به نستعين. بدان ايدك الله تعالى كه كلمات لغت عرب بر سه كونه است اسم
و فعل وحرف اسم چون رَجُلٌ و عِلْمٌ و فعل چون ضرب وَ دَحْرَجَ و حرف چون من و الَى

我らがおすがり申すところの，慈悲ふかく慈愛あまねきアッラーの御名において。知れ〈至高なる神が汝を助け給いますよう〉。アラビア語の言葉は，3種類から成る。名詞と動詞と辞詞である。名詞とは，rajul（男）や'ilm（知識）の類である。動詞とは，ḍaraba（打つ）や daḥraja（巻く）の類である。辞詞とは，min（〜から）や ilā（〜へ）の類である。［*Ṣarf-i Mīr*: 2a］

ほかにも，『ミールの語形変化論』には，『知れ』の一節（次節参照）と非常によく似たものが見られる。たとえば次のような一節が，そうである。

اسم بر دو قسم است مصدر و غیر مصدر مصدر آنست که در آخر معنی وی بپارسی تا و نون یا دال و نون باشد چون اَلْقَتْلُ کشتن وَ الضَرْبُ زدن و غیر مصدر آنست که اینجنین نباشد چون الورد گُلْ و فعل ماضی و مستقبل و امر و نهی و اسم فاعل و اسم مفعول و اسم آلة و اسم مکان وَ زَمَانْ از مصدر مشتق اند.

名詞は 2 つの部分に分かれる。動名詞と動名詞以外である。動名詞とは，そのペルシア語の〔同じ〕意味〔の単語〕の末尾に，-dan や -tan があるもののことである。たとえば，〔アラビア語の〕al-qatl（殺すこと）は〔ペルシア語の〕kushtan（殺すこと）〔の意味〕だし，al-ḍarb（打つこと）は zadan（打つこと）〔の意味〕である。動名詞以外とは，このようなものではなく，〔アラビア語の〕al-wird（薔薇），〔ペルシア語の〕gul（薔薇）のごときもののことである。動詞の完了形（māḍī）と未完了形（mustaqbal），命令形（amr）と否定命令形（nahy），能動分詞形（ism fā‘il）と受動分詞形（ism maf‘ūl），道具・手段を表す名詞，空間や時間を表す名詞が，動名詞から派生する。［*Ṣarf-i Mīr*, 8b–9a］

さらに，『ミールの語形変化論』では，ここにいう，動詞の完了形と未完了形，命令形と否定命令形の人称による変化や，能動分詞形と受動分詞形，道具・手段を表す名詞，空間や時間を表す名詞の語形変化を主に解説するが，『知れ』も，同様の内容を扱っている（次節参照）[14]。

また，『ミールの語形変化論』と比べて短いのでそれに同定することはできないが，それと内容の非常によく似ているペルシア語写本が存在するらしい［Ethé 1903: 1305 (no. 2410)］。つまり，『ミールの語形変化論』の模倣作品，

14　ただし『知れ』は，基本的に動詞 ḍaraba（打つ）の変化形を説明するのみである。いっぽう『ミールの語形変化論』は，完了形と未完了形で，第 2 根素の母音が異なる動詞 3 つ（naṣara yanṣuru，ḍaraba yaḍribu，‘alima ya‘lamu）と，第 2 根素の母音が同じになる動詞 3 つ（mana‘a yamna‘u，ḥasiba yaḥsibu，sharufa yashrufu），それぞれの変化形にも言及する。くわえて，強動詞のみならず，重子音動詞，第 1 根素弱動詞，第 2 根素弱動詞，第 3 根素弱動詞，第 2・第 3 根素弱動詞，第 1・第 3 根素弱動詞の変化形についても説明している。

もしくは『ミールの語形変化論』のモデルとなった作品，と思しきものが，存在するというのである。

要するに，アーミリーの『知れ』(『バハーイーの語形変化論』) 以前にも，それと内容のきわめて近い，ペルシア語によるアラビア語文法書がいくらか存在したのは，間違いない。そして，『ミールの語形変化論』に，模倣作品もしくは源流的作品と思しきものが存在することから推せば，『バハーイーの語形変化論』も，その先行類似作品に範をとって書かれた，というのは十分ありえる。つまり，イランや中央アジアでは，「サルフ (ṣarf)」——アラビア語の語形変化——をペルシア語で論じた，類似の作品が，改作を繰り返しながら脈々と生み出され，読みつがれてきたのであろう。また，『知れ』のカラチ刊本や『バハーイーの語形変化論』のラホール版の存在からすると，おそらくは南アジアでも，同様の状況があったにちがいない。だとすれば，常志美の『風』は，『ミールの語形変化論』や『バハーイーの語形変化論』の類似作品のいずれかを手本にして著されたとしておくのが，ひとまずもっとも妥当かもしれない。

はたして，常志美の弟子にあたる舎起靈（1638～1703）の監修下に，舎起靈の弟子の趙燦が編んだ『經學系傳譜』には，常志美が11の歳に「صرف 塞而夫」（＝サルフ）の諸経典を学んだ，とある［清真，XIX: 51］。また，同書によれば，舎起靈の学堂においては，「صرف 塞而夫三種」［清真，XIX: 19］[15]が教科書として用いられていた，ともいう。常志美が参照した，ペルシア語の『サルフ』も，ひとつではなかったかもしれない。いずれにせよ，それらの『サルフ』は，イランや中央アジア，南アジアで伝統的に生み出されてきた，アラビア語の語形変化に関するペルシア語の類似作品のいずれかであった可能性が高い。ペルシア語文化圏中核地域で流布していたそれらのあるものは，おそらくは中国においても，アラビア語文法学の権威ある古典とみなされ，同地のペルシア語文化の一部として根付いていたに違いな

15　龐士謙［1937: 101］によれば，民国期の中国では，『サルフ (*Ṣarf*)』，『ムイッズィー (*Mu'izzī*)』，『ザンジャーニー (*Zanjānī*)』の3種が，「算且夫」と総称されていた，という。「算且夫 (suanqiefu)」は「算日夫 (suanrifu)」(ṣarf) の書き間違いであろう。ただし，民国期の3つの「サルフ」は，どれもアラビア語で書かれていたらしい。

い[16]。

第 3 節　『風』と『知れ』

以下では，常志美の『風』と，アーミリーの『知れ』とが，書き方において非常に似通っていることを確認していく。なお，その際，『風』のテキストは，Sharī‘at 氏の校訂刊本所収のもの［*Minhāj*: 1-16］[17] に依拠し，『風』の典拠はその頁数で示す。また，『知れ』のテキストは，カラチ刊本所収のもの［*Kāfiyya*: 166-187］に依拠し，『知れ』の典拠はその頁数で示す。

では，両書の書き出しから比較してみよう。まず『風』の書き出しは，以下の如きである。

بدان اَلْهَمَكَ الله كه[18] سخنهاء بارسى بر سه كونه است اسم همجو مَرد و اسب، و فعل همجو زَدَ و كُشتَ و حرف همجو دَر و اَز.

知れ〈神が汝に霊感を与え給いますよう〉。ペルシア語の言葉は，3 種類から

16　龐士謙［1937: 101］によれば，民国期の中国ムスリムのあいだでは，上注 15 に挙げた 3 書に加えて，『語尾変化を左右するもの（*‘Awāmil*）』，『灯明（*Miṣbāḥ*）』の五書が，初級アラビア語文法の教科書として定番となり，「連五本」と総称されていたという。『ムイッズィー』『ザンジャーニー』『語尾変化を左右するもの』の 3 書は，磯貝氏の明らかにした 19 世紀後半中央アジアのアラビア語文法教科書のラインナップや，カラチで刊行されたアラビア語文法教科書集のうちにも，見出される。中国，中央アジア，南アジアにおいて，アラビア語文法書の定番とされてきたのは，ほぼ似たようなものだったということである。ただし，「連五本」のうちに数えられる『サルフ』は，アラビア語の作品だったようである。

17　この刊本がもとづいている，常志美のペルシア語文法書の 3 写本は，いずれも 2 部から成り，その第 1 部が『風』で，第 2 部が『探求の道（Minhāj al-ṭalab）』に相当すると考えられる。当該刊本では，第 1 部の校訂テキストが pp. 1-16 に，第 2 部のそれが pp. 17-66 に，収録されている。

18　校訂の覚書［*Minhāj*: 68］にいわれているように，校訂に使われた3つの写本のうち，ひとつの写本では，しばしば كه が，ه を落とした形（ک の語頭形のような形）で書かれているようである。校訂テキストのほうでもそのように書かれているが，ここでは كه とした。

成る。mard（男）や asb（馬）の如き名詞，zada（打つ）や kushta（殺す）[19] の如き動詞，dar（〜の中に）や az（〜から）の如き辞詞，である。［*Minhāj*: 1］

たいして，『知れ』の書き出しは，次の通り，これとよく似た形式をもつ。

بدان اسعدك الله فى الدّارين كه كلمات عرب بر سه قسم ست اسم است و فعل است وحرف اسم همچون رجل فعل همچون ضَرَبَ، حرف همچون من و عن.

知れ〈神が2つの家において汝をして幸福たらしめ給いますよう〉。アラビア語の言葉は3つの部分から成る。名詞と動詞と辞詞である。名詞とは，rajul（男）の類である。動詞とは ḍaraba（打つ）の類である。辞詞とは min（〜から）や ʻan（〜から）の類である。［*Kāfiyya*: 166］

なお，ペルシア語動詞の例として zada＝zad（打つ）や kushta＝kusht（殺す）を挙げる『風』にたいして，『知れ』の書き出しでは，アラビア語動詞の例に ḍaraba（打つ）を挙げているのみである。しかし以下に挙げる同書の別の個所では，アラビア語の動名詞を説明するために，ペルシア語の動名詞（不定詞）を引き合いに出し，-dan で終わるものの例として zadan（打つこと）を挙げ，-tan で終わるものの例として kushtan（殺すこと）を挙げている。また，それに対応するように，アラビア語の動名詞としては，とくに al-ḍarb（打つこと）と al-qatl（殺すこと）とを例として挙げている。

اسم بر دو قسم است اسم جامد و اسم مصدر اسم جامد آن است كه از وى چيزى اشتقاق كرده نشود همچون رجل و فرس اسم مصدر آن است كه از وى چيزى اشتقاق كرده شود و در اخير معنى فارسى

19　この記述の数行後に，「ペルシア語の動詞は〔アラビア語の〕語形変化に従わないが，過去形と未来形のあいだの違いによって4つの部分に分かれる。第1部分は，過去形と未来形のあいだで文字数は違わないが，読み方が違うもの。たとえば，ākanda ākanad，burda barad……」とある。以下，過去形と未来形それぞれの三人称単数の形が文字の上では同じになるペルシア語動詞が，列挙されている。校訂の覚書［*Minhāj*: 69］によれば，校訂に使われた3つの写本のいずれにおいても，ほとんどの場合，三人称単数過去形の動詞の末尾には，母音記号としてファトフが付されていた，という。そして，別のある写本の影印本（1頁）では，同じ個所が次のようになっている。「ペルシア語の動詞は〔アラビア語のように〕語形変化しないが，過去形と未来形のあいだの違いによって4つの部分に分かれる。第1部分は，過去形と未来形のあいだで文字数は違わないが，読み方が違うもの。すなわち，過去形の末尾で母音を付して読まれ，未来形の末尾でスクーンを付して読まれるもの。たとえば，ākanda ākanad，burda barad……」。

او دال و نون باشد ویا تا و نون باشد همچون الضَّرب زدن و القتل کشتن عرب از هر مصدری دواز ده چیز اشتقاق می کنند ماضی و مضارع اسم فاعل و اسم مفعول جحد و نفی امر و نهی اسم زمان و اسم مکان اسم آلت و اسم تفضیل.

名詞は2つの部分から成る。具体的な名詞と，動名詞である。具体的な名詞とは，そこから何も派生させられないものである。rajul（男）や faras（馬）の類である。動名詞（ism-i maṣdar）とは，そこから何かが派生させられるものである。そのペルシア語の〔同じ〕意味〔の単語〕の末尾には，-dan や -tan がある。たとえば，〔アラビア語の〕al-ḍarb（打つこと）は〔ペルシア語の〕zadan（打つこと）〔の意味〕だし，al-qatl（殺すこと）は kushtan（殺すこと）〔の意味〕である。アラブ人は，各動名詞から，12のものを派生させる。動詞の完了形（māḍī）と未完了形（muḍāri‘），能動分詞形（ism fā‘il）と受動分詞形（ism maf‘ūl），完了否定形（jaḥd）と未完了否定形（nafy），命令形（amr）と否定命令形（nahy），時間を表す名詞と空間を表す名詞，道具・手段を表す名詞と形容詞の比較級。［*Kāfiyya*: 170］

そして，この記述それ自体は，『風』のペルシア語動名詞（不定詞）の説明と，よく似ている。

بس بدانکه معنیِ مصدر از رویِ لغت جایِ بیرون آمدن است یعنی آنکه فعل از وی صادر شود آن فعلهایی که از وی صادر است ماضی بود و مستقبل و جَحد و نفی و امر و نهی و اسم فاعل و اسم مفعول و صفت.

そして知れ。maṣdar（動名詞，ないし不定詞）の意味は，言葉の表面上から言えば，そこから出てくる所，ということである。すなわち，動詞がそこから出てくる所である。そこから出てくる動詞とは，過去形（māḍī），未来形（mustaqbal）[20]，過去否定形（jaḥd），未来否定形（nafy），命令形（amr），否定命令形（nahy），能動分詞形（ism fā‘il）[21]，受動分詞形（ism maf‘ūl）[22]，形容詞形[23]である。［*Minhāj*: 6］

20 「未来形」といっているが，実際は「現在形」のことを指している。

21 現在形の語幹に-anda（انده）を付した形（zananda）や，現在形の語幹と名詞を複合した形（namāz　guzārなど），過去形の語幹に-［a］gār（گار）を付した形（kard［a］gārなど）をいう。

22 過去形の語幹に-a（ه）を付した形（zada）や，過去形の語幹に-ār（ار）を付した形（kardārなど）をいう。

23 現在形の語幹に-ān（ان）ないし-ā（ا）を付した形（rawānやgūyāなど）をいう。

くわえて，『知れ』の上の記述のすぐ後では，アラビア語動名詞から派生する動詞等各形の名称について説明を加えているが，『風』にも，ペルシア語動名詞から派生する動詞等各形の名称をめぐって，類似する説明が散見される。まずは，『知れ』の説明をみてみよう。

ماضی زمان گذشته را گویند مضارع زمان آینده را گویند اسم فاعل نام کننده را گویند اسم مفعول نام کرده شده را گویند جحد انکار ماضی نفی انکار مستقبل امر فرمودن نهی باز داشتن......

完了形 (māḍī) は，過去の時 (zamān-i gudhashta) をいう。未完了形 (muḍāri‘) は，未来の時 (zamān-i āyanda) をいう。能動分詞は，行う者の名 (nām-i kunanda) をいう。受動分詞は，行われる者の名 (nām-i karda shuda) をいう。完了動詞の否定形は，過去の否定を。未完了動詞の否定形は，未来の否定を。命令形は，命じること (farmūdan) を。否定命令形は，阻止すること (bāz dāshtan) を。…… [*Kāfiyya*, 170]

つぎに，『風』の各所に散見される，ペルシア語動詞等各形の名称に関する説明を，以下に示そう。

ماضی آنست که در زمان گذشته کرده شده است.

過去形 (māḍī)〔が表すの〕は，過去の時 (zamān-i gudhashta) に為されたことである。[*Minhāj*: 7]

مستقبل آنستکه در زمان آینده کرده شود.

未来形 (mustaqbal)〔が表すの〕は，未来の時 (zamān-i āyanda) に為されることである。[*Minhāj*: 9]

امر فرمودن است و طلبِ کار کردن.

命令形〔が表すの〕は，命じること (farmūdan)，事を行うことの要求である。[*Minhāj*: 11]

نهی باز داشتن است و طلبِ کار نا کردن.

否定命令形〔が表すの〕は，阻止すること (bāz dāshtan)，事を行わないことの要求である。[*Minhāj*: 12]

اسم فاعل نام کننده باشد.

能動分詞は，行う者の名 (nām-i kunanda) である。[*Minhāj*: 12]

اسم مفعول نام آن باشد که با او کار کردند و آن کار بَوی واقع شد.

受動分詞は，事が行われる対象者，ないしその行為が生じる先の者の名である（nām-i ān bāshad ki bā ū kār kardand wa ān kār ba-way wāqi‘ shud）。［*Minhāj*: 13］

『知れ』に見えるアラビア語の文法術語が，おおむね借用されていることもさることながら，それらのアラビア語文法術語にたいするペルシア語の解説までもが類似していることは，注目にあたいする。

また，『知れ』と『風』は，人称に関する説明の仕方においても酷似している。『知れ』では，上に見た，アラビア語動名詞から派生する動詞等各形の名称に関する説明ののち，アラビア語動名詞 al-ḍarb から派生する動詞等各形の基本形（ḍaraba，yaḍribu などの三人称男性単数形，ḍārib，maḍrūb などの男性単数形）を列挙し，しかるのち，アラビア語動詞の人称に関する説明に入っている。まずは，その部分をみてみよう。

فعل حدث است او را محدِث می باید محدِث او فاعل او است فاعل فعل واحد بود و تثنیه بود و جمع بود و هر یك ازینها متکلم بود و مخاطب بود و غائب بود و هر یك ازینها مذکر بود و مؤنث بود واحد یکی تثنیه دو جمع زیاده از دو متکلّم سخن گوئنده را گویند مخاطب آنکه سخن با وی گویند غائب آنکه سخن از وی گویند مذکر مرد مؤنث زن.

行為は，出来事である。それには，必ずその語り手がいる。その語り手とは，その仕手である。行為の仕手は，単数であったり，双数であったり，複数であったりする。そしてそれぞれ，一人称であったり，二人称であったり，三人称であったりする。またそれぞれ，男性であったり，女性であったりする。〔アラビア語の〕wāḥid（単数）は，〔ペルシア語で言えば〕1人のこと。tathniya（双数）は，2人のこと。jam‘（複数）は，2人よりも多い数のこと。mutakallim（一人称）は，話をする者のことを言う。mukhāṭab（二人称）は，話しかけられる人のこと。ghā’ib（三人称）は，話題にされる人のこと。mudhakkar（男性）とは，男の人のこと。mu’annath（女性）とは，女の人のこと。［*Kāfiyya*: 171］

いっぽう，『風』では，上にみた，ペルシア語動名詞（不定詞）の説明の直後に，ペルシア語動詞の人称の説明に入っている。すなわち，以下のとおりである。

هر فعلی را مُحْدِث بود و مُحْدِث او غایب بود و مُخاطَب و مُتَكَلِّم و هریکی ازین سه یکی بود و بیش از یکی بس بدین حساب صیغه هر فعلی شش شود با آنکه تَذکیر و تَأنیث در وی معتبر نیست.

あらゆる行為には，語り手がいる。その語り手とは，三人称であったり，二人称であったり，一人称であったりする。この3者の各々は，1人であったり，1人よりも多かったりする。したがって，この勘定でいくと，各動詞の変化形は，6つとなる。なお，そこでは，男性形にしたり女性形にしたりすることは考えなくてもよい。［*Minhāj*: 6］

なお，末尾に，ペルシア語では，アラビア語のように「男性形にしたり女性形にしたりすることは考えなくてもよい」とあるのは，アラビア語動詞の人称の説明を意識した書き方として，とくに注目される。

さらに，『知れ』では，動詞の人称を説明した上の記述の直後に，完了形動詞の人称等による変化の説明に移り，『風』でも，この記述の直後に節をあらためて，過去形動詞の人称等による変化の説明に移っているが，両者の説明の仕方は，ここでもやはりきわめて似通っている。まずは，『知れ』のほうからみてみよう。

معلوم فعل ماضی را چهار ده مثال است شش غائب را بود و شش مخاطب را بود و دو حکایت نفس را بود آن شش که غائب را بود سه مذکر را بود آن سه که مذکر را بود ضَرَبَ زد وی مرد در زمان گذشته صیغة واحد مذکر غائب معلوم فعل ماضی ضَرَبا زدند ایشان دو مرد در زمان گذشته صیغة تثنیه مذکر غائبین معلوم فعل ماضی ضَرَبوا زدند ایشان همه مردان در زمانِ گذشته صیغة جمع مذکر غائبین معلوم فعل ماضی آن سه که مؤنث را بود ضَرَبَتْ زد وی زن در زمان گذشته صیغه واحد مؤنث غائب معلوم فعل ماضی ضربتا...... آن شش که مخاطب را بود سه مذکر را بود و سه مؤنث را بود آن سه که مذکر را بود ضَرَبْتَ زدی تو مرد زمان گذشته صیغه واحد مذکر مخاطب معلوم فعل ماضی ضربتما......آن دو که حکایت نفس را بود ضَرَبتُ......ضربنا زدیم ما همه مردان ویا همه زنان در زمان گذشته صیغه متكلّم مع الغير معلوم فعل ماضی

اگرخواهی که معلوم فعل ماضی را مجهول کنی ما قبل اخیر را کسر کن و هر متحرکی که پیش از ما قبل آخرست او را ضم کن تا ضَرَب ضُرِبَ شود مجهول فعل ماضی را نیز چهار ده مثال است شش غائب را بود و شش مخاطب را بود و دو حکایت نفس را بود آن شش که غائب را بود سه مذکر را بود و سه مؤنث را بود آن سه که مذکر را بود ضُرِبَ زده شد وی مرد در زمان گذشته صیغة واحد مذکر غائب مجهول فعل ماضی ضُرِبا......

完了形動詞の能動態には, 14のパターンがある。三人称に6つ, 二人称に6つ, 一人称に2つのパターンがある。三人称の6つは，3つが男性形のためにある。

男性形の 3 つとは，以下である。ḍaraba，彼は打った・彼・〔1 人の〕男・過去の時に，完了形動詞の能動態の三人称男性単数の形。ḍarabā, 彼らは打った・彼ら・2 人の男・過去の時に，完了形動詞の能動態の三人称男性双数の形。ḍarabū，彼らは打った・彼ら・全ての男たち・過去の時に，完了形動詞の能動態の三人称男性複数の形。女性形の 3 つとは，以下である。ḍarabat，彼女は打った・彼女・女・過去の時に，完了形動詞の能動態の三人称女性単数の形。ḍarabatā……。二人称の 6 つは，3 つが男性形のためにあり，3 つが女性形のためにある。男性形の 3 つとは，以下である。ḍarabta，君は打った・君・〔1 人の〕男・過去の時に，完了形動詞の能動態の二人称男性単数の形。ḍarabtumā……。一人称の 2 つとは，以下である。ḍarabtu……。ḍarabnā，我々は打った・我々・全ての男たち，もしくは全ての女たち・過去の時に，完了形動詞の能動態の，別人とともにある一人称の形。

もし君が，完了形動詞の能動態を受動態にしたいならば，最後から 2 番目〔の文字〕を，カスラを付けて（母音を i にして）読み，さらに，最後から 2 番目よりも前にある，母音のついた子音を，ダンマを付けて（母音を u にして）読み，ḍaraba が ḍuriba になるようにするがいい。完了形動詞の受動態にも，14 のパターンがある。三人称に 6 つ，二人称に 6 つ，一人称に 2 つのパターンがある。三人称の 6 つは，3 つが男性形のためにあり，3 つが女性形のためにある。男性形の 3 つとは，以下である。ḍuriba，彼は打たれた・彼・〔1 人の〕男・過去の時に，完了形動詞の受動態の三人称男性単数の形。ḍuribā…… [*Kāfiyya*: 171–172]

これに対応する『風』の記述は，以下の通りである。

ماضی آنست که در زمان گذشته کرده شده است و علامت او آنست که دلالت ضمیر در حالت سالمی بَوی الحاق کنند همجو زدند و کشتند. صیغه او با لَواحِق اینست: زد صیغة غایبِ مَعلوم فعل ماضی، وی یکی کس در زمان کذشته زد. زدند صیغة غاییان معلوم فعل ماضی، ایشان کسان در زمان کذشته زدند. زدی صیغة مُخاطَب معلوم فعل ماضی، تو یکی کس در زمان کذشته زدی. زدیت صیغة مخاطبان معلوم فعل ماضی، شما کسان در زمان کذشته زدیت. زدم صیغة واحدِ مُتَکَلِّم معلوم فعل ماضی، من یکی کس در زمان کذشته زدم. زدیم صیغة جمع مُتَکَلِّمِ مَعلوم فعل ماضی، ما کسان در زمان کذشته زدیم

اکر ماضی صریح خواهی هاء ثٔرد را در آخر وی افزوده کن و لواحق بَوی الحاق کن است و اند یا بود و باشد پسِ وی بنه همجو زده است و زده اند و زده بود و زده بودند وزده باشد و زده باشند و اکر ترا تأکید باید یاء تأکیدی بوی اتصال کن همجو زدی و زدندی و اکر خواهی که فعل معلوم را مجهول کنی اسم مفعول بیار و شد با او ترکیب کن[24]. زده شد صیغة غایب مجهول فعل ماضی، وی یك کس

24　王明璧氏提供の影印写本（11 頁）では，この後に，次の記述が続いている。

در زمان گذشته زده شد. زده شدند......

過去形〔が表すの〕は，過去の時に為されたことである。そのしるしは，人称代名詞を示すものが，正常な状態で，それに付随させられていることである。zadand や kushtand の如く。その付随物をともなう変化形は，以下の通りである。zad, 過去形動詞の能動態の三人称の形, 彼・1人の人・過去の時に・彼は打った。zadand，過去形動詞の能動態の三人称複数の形，彼ら・人々・過去の時に・彼らは打った。zadī，過去形動詞の能動態の二人称の形，君・1人の人・過去の時に・君は打った。zadīt[25], 過去動詞の能動態の二人称複数形の形, 君たち・人々・過去の時に・君たちは打った。zadam，過去動詞の能動態の一人称の形，私・1人の人・過去の時に・私は打った。zadīm, 過去動詞の能動態の一人称複数の形, 我々・人々・過去の時に・我々は打った。

もし君が，明白な過去形を欲するならば，丸い hā をその末尾に増やし，付随物をそれに付随させる，すなわち ast や and，būd，bāshad をその後ろに置くがいい。zada ast，zada and，zada būd，zada būdand，zada bāshad，zada bāshand の如く[26]。もし君に，強調が必要ならば，強調の yā をそれに結合させるがいい。zadī，zadandī の如く[27]。もし君が，能動態の動詞を，受動態にしたいならば，受動分詞を持ってきて，shud をそれに組み合わせるがいい。以下の如くに。zada shud，過去形動詞の受動態の三人称の形，彼・1人の人・過去の時に・彼は打たれた。zada shudand……［*Minhāj*, 7–8］

両書の記述を比較すると，とくに説明の形式が非常に似ていることに気付くだろう。すなわち，両書ともに，完了形ないし過去形の変化形を，人称と数，あるいは性ごとに提示したうえで，その文法的属性を解説するのに，アラビア語術語による説明と，ペルシア語による嚙み砕いた説明の，双方を用いるという形式をとっているのである。また，受動態の作り方の説明におい

تا ماضی مجهول شود

この記述があると，『知れ』の対応個所との近似性は，いや増すことになる。

25　ペルシア語動詞の二人称複数の接尾辞は，文語では本来，-īd だが，『風』の全般において，-īt になっている。筆者が前章で参照した影印写本や，王明壁氏提供の影印写本でも，同様である。あるいは，口語における動詞の二人称複数の接尾辞 -īn が，写し間違えられたのかもしれない。

26　「明白な過去形」といわれているが，現在完了形や過去完了形，仮説法完了形のことである。

27　「強調」といわれているが，過去における動作の継続や習慣を表す形である。

ては，『知れ』が「もし君が，完了形動詞の能動態を受動態にしたいならば，〜するがいい」，『風』が「もし君が，能動態の動詞を，受動態にしたいならば，〜するがいい」と，それぞれよく似た表現形式を用いている。

なお，『知れ』では，アラビア語動詞完了形の変化形の説明ののち，その形式を踏襲して未完了形の変化形を説明している。いっぽう，『風』でも，ペルシア語動詞過去形の変化形の説明ののち，その形式を踏襲して現在形（原文では「未来形」）の変化形を説明している。したがって，未完了形ないし現在形の変化形という主題をめぐっても，両書のあいだに，同じような形式上の類似が確認されることはいうまでもない。

さて，ここまでみてくれば，常志美の『風』と『知れ』との類似性について，さらなる説明は不要であろうが，最後に両書の構成面での類似を指摘しておこう。

アラビア語文法を解説する『知れ』では，書き出しのあと，名詞が3文字・4文字・5文字の3種類から成ること，動詞が3文字・4文字の2種類に分かれること，3文字・4文字・5文字の語根それぞれに，文字数を変えない変化と，文字数の増添を伴う変化があること，くわえて動詞には強動詞，重子音動詞，第1根素弱動詞，第2根素弱動詞，第3根素弱動詞，第2・第3根素弱動詞，第1・第3根素弱動詞の7種類があることを説明し，しかるのち，上にみた動名詞，その派生形たる動詞等各形の種類，人称の種類，完了動詞の変化形に関する説明へと進む。そしてその後は，アラビア語動詞の未完了形，能動分詞形，受動分詞形，完了否定形，未完了否定形，命令形，否定命令形，時間を表す名詞，空間を表す名詞，道具・手段を表す名詞，形容詞の比較級，それぞれの変化形について説明している。

いっぽう，ペルシア語文法を解説する『風』では，書き出しのあと，名詞が，ものの種類の名前と性質の名前（形容詞）の2種類から成ること，動詞が，過去形と現在形（原文では「未来形」）の違い方によって4種類に分かれることを説明し，しかるのち，上にみた動名詞，その派生形たる動詞等各形の種類，人称の種類，過去動詞の変化形に関する説明へと進む。そしてその後は，現在形（原文では「未来形」），命令形，否定命令形，能動分詞形，受動分詞形，形容詞形，それぞれについて節を設け，その変化形を説明している。また，過去否定形と現在否定形（原文では「未来否定形」）については，過去形と現在形の節のなかで，それぞれの変化形のひとつとして簡単な説明を加えている。

アラビア語とペルシア語では文法体系が異なるので，重ならないところもあるが，おおむね両書の構成は似通っているといってよいだろう。そして，動名詞から派生する動詞等各形の語形変化が主な内容となっている点[28]も，両書は共通している。

章　結

以上より，常志美の『風』が，アーミリーの『知れ』（『バハーイーの語形変化論』），ないしその類似作品に範をとって著述されていたのは，ほぼ間違いないと思われる。だとすればこれは，中国のペルシア語文法学が，ペルシア語文化圏の多言語的環境のなかで育まれたアラビア語文法学の伝統を基礎として生み出されたことを意味するだろう。ただ，中国におけるペルシア語文法学の成立要因は，もちろんそれだけではない。

ペルシア語文化圏の辺境・中国において，当該文化は，絶えず他文化の優越による消滅の危機に瀕してきた。しかし同時にそのような緊迫感のなかにこそ，ペルシア語文化創造の契機が伏在していたものと思われる。常志美が中国におけるペルシア語文化の衰退を嘆き，その復興に努めたことは，前章にみた。彼をペルシア語文法書の執筆に向かわせたのは，中国におけるペルシア語文化の零落した状況であった。ということは結局，中国におけるペルシア語文法学は，ペルシア語文化圏中核地域との隔たりと一体性とが微妙な

28 『風（*Hawā'*）』というタイトルは，この主題に由来するかもしれない。漢語で「風」は「諷」に通じ，「諷」は「音読する」という意味をもつ。また，漢語の「風」や，アラビア語・ペルシア語の hawā' にも，「音」の意味がある。『風』は，ペルシア語初心者が，ペルシア語動詞の変化形を口ずさみながら覚えることを目的として編まれたがゆえに，その名を与えられたのかもしれない。ちなみに，馬聯元（1841～1903）も，アラビア語動詞の変化形についての解説書を著しているが，そのタイトルも『風（*Hawā'*）』である。

バランスを保つ特殊中国的な環境があってはじめて成立しえたといえるのではなかろうか。

付記：『バハーイーの語形変化論』のラホール石印刊本［*Ṣarf-i Bahā'ī*］は，web サイト Maktaba al-Muṣṭafā al-elektrōniyya (http://al-mostafa.info/data/arabic/depot3/gap.php?file=i002990.pdf, 2013 年 3 月 1 日最終確認) からダウンロードした。アーミリーの『知れ』の正式名称が *Ṣarf-i Bahā'ī* であり，かつ当該サイトからダウンロードしえることは，近藤信彰氏からご教示いただいた。記して謝意を表する。

終章

雲南省昆明市の明徳民族中学校の壁を飾る碑文。ムハンマドや雲南ムスリムの著名人とならんで，孔子と毛沢東の言葉が仲良く掲げられている。

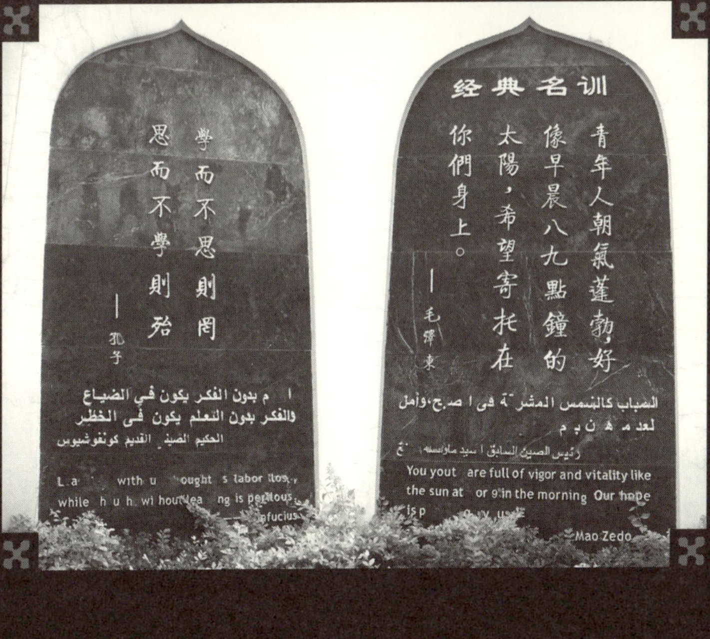

第1節　中華と対話するイスラームの歴史的展開と今日的意義

本書では，17世紀から19世紀までを対象として，中国ムスリムによる中華への適応にむけたイスラームの再解釈，イスラームの「中国化」の歴史的展開をみてきた。

17・18世紀の中国内地という時空における，イスラームの中国化のひとつの典型は，ペルシア語スーフィズム文献の漢訳のさいに，原文とは微妙に異なる訳文を作成することで，中国の現実に適したイスラームの再構築を図るというものだった。

具体的には，劉智がルーフ（rūḥ）に朱子学的性格を付加したこと（第2章）が，まず挙げられる。劉智は，ナジュムッディーン・ラーズィー・ダーヤの『下僕たちの大道』にみえるルーフの語を，元来は朱子学の術語であった「性」の語で訳した。ダーヤのルーフは，肉体を離れても存立する霊魂の類であり，それぞれに独立した存在者として観念されていた。それは，それぞれのルーフによって個性を決定された個々人が自身の分を超えられないこと，万人が一者へと収斂・回帰しうるわけではないことを意味した。いっぽう劉智の性は，朱子学のそれと同様，氣質（肉体）を離れては想定しえない原理の類として構想されていた。それゆえに劉智の性は，ダーヤのルーフとは異なって，全てが至聖の性（ムハンマドのルーフ）に収斂し，本然に回帰する可能性をもつことになった。つまり劉智は，ルーフを「性」と翻訳することによって，ダーヤのルーフにつきまとっていた宿命論を払拭し，朱子学の聖人可学論に通じる，万人の「歸眞」の可能性を創出したのである。

また，ペルシア語スーフィズム文献の翻訳操作を通じたイスラームの中国化のもうひとつの例として，余浩洲が独自の修行階梯を構想したこと（第3章）が，挙げられる。ダーヤの『下僕たちの大道』では，スーフィズムの修行階梯のひとつに，知識（ʻilm）の獲得の段階が措定されているものの，知識の過剰摂取はかたく戒められていた。しかし余浩洲の修行階梯では，知識の獲得こそが第1段階に位置づけられ，その重要性が強調された。この背景には，中国内地において，スーフィズムの実践を指導しえるシャイフが欠乏していたいっぽうで，スーフィズムの知識を授けることのできるアホンが大勢いた，という事情があった。余浩洲は，中国内地の実情にあわせるかたちで，スーフィズムの修行階梯を構想していたのである。

いっぽう19世紀の雲南という時空では，馬徳新と馬聯元が，イスラーム法を厳守しつつ中国の現実に適応する術を，イスラーム法そのもののうちに探求しようとした（第5章）。馬徳新は，夫の発言によって離縁が成立するイスラーム法の原則が中国では容認されない現実をしっかりと見据えつつ，その原則をイスラーム法学書のうちにはっきりと確認したうえで，イスラーム法と中国の現実の衝突を回避する方法を探った。馬聯元は，イスラーム法学書を精査し，聖戦を回避する諸条件や，いざ戦闘となった際の行動準則を丹念に調べ上げた。

これらの姿勢は，劉智が，中国の現実と深刻な矛盾をきたすイスラーム法の規定への言及を避けていたことと比べると，イスラームの中国化の全く新しい傾向であったといえる。その背景には，時代の変化に適合するようイスラーム法を再解釈することを唱えた中東のイスラーム改革主義の影響があったと考えられる。くわえて，雲南ムスリム反乱のさいに，中国ムスリム社会が消滅の危機に瀕したことも，イスラームを中国の現実と調和させつつ保全するための新たな方策の検討へ，馬徳新と馬聯元を向かわせる大きな契機となったに違いない。

転じて19世紀の中国西北部という時空でも，また違ったタイプのイスラームの中国化が認められた。楊保元の『綱常』では，アラビア語・ペルシア語のイスラーム文献の漢訳において原文と異なる訳文が意図的に作成された形跡を，今のところほとんど探し当てられていない。かろうじてみつかっているのは，ペルシア語文献『霊智の要旨』の説く修行の要諦の7箇条が，大学八条目，八正道，八卦などを意識してか，8箇条に増やされていたことぐらいである（第6章）。が，むしろ注意したいのは，『綱常』において，アラビア語スーフィズム文献に由来すると思しき内容が，内丹のことばによって，逐語的ではなく比喩的に漢訳され，あえて意味不明瞭で神秘的な訳文が作成された，ということである（第7章）。そうすることで楊保元は，自己を神仙として演出し，門宦の導師像をめぐる社会的通念に応えたと見られる。さらに楊保元には，スーフィズムの教説を，「河圖」という，特定の思想の枠組みを越えうる普遍的なかたちに，還元しようとする発想がみられた。これらは，門宦の戦略や西北ムスリム反乱を背景とする，イスラームと中国伝統思想の対話の新しいあり方であったといえる。

さらに，中国ムスリムに固有の歴史的条件に伴って，彼らの法学派観（第4章）やペルシア語文化受容のあり方（第8章，第9章）に独特の傾向が生じていたことも，イスラームの「中国化」に数えうるものとして確認された。

本書では，以上の事柄を明らかにすることで，イスラームの中国化が歴史的背景に即応して柔軟に展開されてきたことを具体的に確認することができた。最後に，序章で提示した4つの「優れて普遍的かつ現代的な課題」に即した，本書の各章の意味づけを試みたい。

第1に，マイノリティとマジョリティのあいだの多文化共生の問題を挙げた。この問題をめぐっては，第2章，第5章，第6章，第7章の知見が示唆的である。それらの章で我々がみたのは，いうなれば，マイノリティたる中国ムスリムが，マジョリティたる非ムスリム中国人と共生していくために，自文化をいかに取り扱い，マジョリティの文化や社会といかに向き合ったか，ということだった。われわれがみたその方法は，大まかに次の3つのパターンに整理できよう。

(1) 自文化に一定の変更を加えてマジョリティの文化と調和させるパターン。劉智がルーフに朱子学的性格を付加して翻訳したこと（第2章）が，これに相当する。あるいは，楊保元が，ペルシア語文献『霊智の要旨』の説く修行の要諦の7箇条を8箇条に増やしたこと（第6章）も，このパターンにあたるかもしれない。

(2) 自文化そのものには変更を加えずして，別の何らかの方法で，マジョリティの文化や社会との衝突を回避するパターン。馬徳新と馬聯元がイスラーム法そのもののうちに中国社会との共存方法を模索したこと（第5章）が，これに相当する。くわえて，劉智が，聖人可学論に通じる万人帰真論を唱えたいっぽうで，それと矛盾する『下僕たちの大道』の宿命論を廃棄せず，それを凡人の見方というかたちで，自らの思想体系に巧妙に編入したこと（第2章）も，このパターンに入れることができるだろう。

(3) 自文化とマジョリティの文化とをともに包摂する，より超越的ないし普遍的な枠組みを用いて，双方の文化を調停するパターン。楊保元がスーフィズムの理論を「河圖」に還元したこと（第7章）が，これに相当する。

以上の3つのパターンはおそらく，マジョリティとの共生をくわだてるマイノリティが，およそ採りうる態度の大体を尽くしているのではないか[1]。いずれにしても中国ムスリムは，歴史的条件の変移に敏感に反応して，そのたびに自文化を見つめ直し，選択肢のかぎりを尽くして，マジョリティの文化や社会と向き合えるだけ向き合ってきたといえるだろう。

従来，中国ムスリムの共生戦略としては，ともすれば (1) のパターンばかりが強調されてきたように思われる。しかし，本書全体を通じて明らかにしたように，彼らの戦略は，実際のところ，もっと多様で機微に富むものだった。まさしくそのようであったからこそ，中国ムスリムは非ムスリム中国人との衝突のみならず同化の危機をも克服してこられたはずなのである。

第2に，文明間対話の問題がある。これについても，やはり第2章，第5章，第6章，第7章が絡んでくる。それらの章で示されたのは，中国ムスリムが自身のバックボーンとなるイスラーム文明を，中華文明との対話のなかで，いかに鍛造し直したか，ということだった。その槌さばきは，ときに大胆でときに繊細，そして多彩であった。たとえば，先ほど述べたように，劉智は，ルーフを性として朱子学化してしまう大胆さと，『下僕たちの大道』の宿命論を万人帰真論と矛盾せぬようなかたちに洗練する繊細さの双方をもちあわせていた。また，馬徳新は，果敢にもイスラームと中国伝統思想の差

1　もうひとつ，マジョリティの文化を自文化の文脈で再解釈する，というパターンを挙げることができるが，このパターンもまた中国ムスリムのあいだにみられた［松本 1999b; 松本 2006］。

異を明確にしたうえに，中国を「戦争の家」と言い切ったいっぽう，その認識を前提とするからこその，中国社会と衝突しないイスラームの遵守のあり方を，きわめて慎重に探った。

このように，中国ムスリムは様々な仕方で，イスラームと中華の関係に手を加えたが，いずれの仕方でも，両者の差異を無作為に消滅させたり，いたずらに煽ったりするのではなく，できるだけ保存しつつ調和させることを旨としてきたのである。それは，まさしく人類史の過去における文明間対話の貴重な実践例にほかならない。文明間対話のあるべき姿として，普遍主義と特殊主義のいずれにも偏らない道を模索する場合，中国ムスリムの諸事例はモデル・ケースとして十分参照にあたいするのではなかろうか。そういう事例を具体的かつ豊富に提示しえたことを，関係各章の意義として強調しておきたい。

第3に，中東のイスラームのみがイスラームのイメージを表象する事態の相対化である。これについては，第3章，第4章に貢献する所があった。すなわち，スーフィー教団ないしシャイフ不在のスーフィズム（第3章）や，ハナフィー派絶対主義（第4章）の存在は，中東のイスラームを標準とする教科書的なイスラーム理解だけではカバーしきれないイスラームの多様性を，あらためて我々に知らしめた。

さらに中国におけるペルシア語文化受容をめぐる第8章，第9章の議論では，イスラームの地域ごとの多様性とともに，辺境の文化創造力を確認した。「中国化」は，かならずしも「ご本地」的要素の欠落や希薄化を意味しないこと，それどころかイスラーム文化ないしペルシア語文化の「最先端」が辺境でも生み出されうることを指摘した。

第4に，中国の多元性の理解。本書を通じて，我々は歴史上の中国ムスリムによる思想的営為を中心として追いかけてきた。一見するとそれは，漢人を主人公とする中国史の本流や現代中国の理解とは無関係の，実にマイナーな事柄に思われるかもしれない。だが，そういう見方は，典型的な「大漢族主義」的理解というべきだろう。彼らの思想的苦闘が中国ムスリム社会の存続を可能ならしめたことは，まず少なくとも現代中国にとって確実に重大な意味をもつ。

よく知られているように，中国は現在，アメリカへの対抗や資源獲得を企図して，イスラーム諸国との関係強化を積極的に推進している。その際に，中国ムスリム社会の存在は，大きな強みとなっている。たとえば，2003年から2012年まで，国務院副総理をつとめた回良玉氏は，中国ムスリム社会の出身者（回族）としてのバックボーンを生かしつつ，イスラーム諸国との外交の舞台で活躍してきたようである[2]。また，中国ムスリムのなかには，イスラーム諸国との経済交流の場で，アラビア語通訳として活躍する人も多い。とくに中東のムスリム商人が大勢来訪し，現代の「蕃坊」と呼ばれる，浙江省の義烏では，彼らの活躍が目覚ましい［松本 2010: 1–6; 新保 2012］。加えて，中国では最近，イスラーム諸国を主な市場とする，ハラール食品産業の大きな可能性に注目が集まっており，今後，当該分野における中国ムスリムの活躍が期待される。このようにしてみると，中国ムスリム社会の存在は，現代中国の貴重な財産といっても過言ではないだろう。であれば，その存続を担保した中国ムスリムの思想的努力には，「大漢族主義」史観においてすら，大きな歴史的意義が認められるべきである。また，その歴史的な思想的努力は，現代中国とイスラーム諸国との関係強化にも何がしかの作用を及ぼしているかもしれない。

さらに，本書が追いかけてきたような中国ムスリムの思想的営為は，彼ら自身のアイデンティティ形成に決定的な役割を果たしたと同時に，マジョリティたる漢人・漢族のアイデンティティ形成にも，直接的ではないにせよ何らかの影響があったと見てしかるべきである。というのも中国ムスリムは，漢人にとって最も身近な「他者」であり続けてきたからである。中国ムスリムのアイデンティティ形成と，漢人・漢族のアイデンティティ形成とが，互いに触発しあっていたということは十分想定可能であろう。その実相はいまだ未解明であるものの，この想定に立つ時，中国イスラーム思想史は俄然注意を引かれるものとなるだろう。

2　たとえば回氏は，2005年，サウジアラビアのファハド国王の弔問に，胡錦濤国家主席の特使として赴き，2012年，ナーイフ皇太子の逝去の際も，中国政府を代表して駐華サウジアラビア大使館へ弔問に訪れた（人民日報 2005.8.3; 人民日報 2012.6.21）。

第２節　今後の課題と展望
――中華と対話するイスラームの近代

以上のように本書は，イスラームの中国化の歴史的展開を探求し，多くの有意義な成果をあげることができた。といっても，もちろんイスラームの中国化の歴史的展開をめぐる全容解明には，まだまだ程遠いといわねばならない。そもそも，20 世紀以降の近現代の情況については，ほとんど検討を加えていない。そこで本書を締めくくるにあたって，近現代におけるイスラームの中国化をめぐる研究の課題，展望のようなものを，いくらか述べておきたい。

第 1 に，近現代の中国ムスリムは，中国の近代化にどのように向き合ったかという問題がある。20 世紀になると中国では，清朝の皇帝支配から中華民国の共和制への移行があった。また，近代的な思想の台頭によって，伝統的な価値観が否定されたり，再解釈されたりするようになった。こうした状況に，彼らはどのように対応したのだろうか。

この問題をめぐっては，たとえば，近代の新疆で活躍した著名な中国ムスリム学者，馬良駿 (1867–1957)[3] の事例が興味深い。

彼は，1928 年 8 月にイリで出版された自著のアラビア語作品『諸史の要約 (*Talkhīṣ al-tawārīkh*)』において，次のような主張をおこなっている。すなわち，カリフは，正統カリフ筆頭アブー・バクル以来，世界の終末に至るまで，あらゆる時代に存在する。ただし，自分の時代までに空位期間が 2 度あった。1 回目は，モンゴル来寇によるアッバース朝滅亡から，マムルーク朝に

3　馬良駿は，甘粛に生まれ，のちに激動期の新疆に活躍した中国ムスリム学者である。多くの宗教著作を残し，卓越した学者として知られるのみでない。新疆に暮らす中国ムスリムの精神的領袖となって，国民党の新疆統治に協力し，民族矛盾の調停にあたったことや，共産党の新疆「解放」に貢献したこと，さらに朝鮮戦争の際には援朝のための飛行機 (その名も「新疆イスラーム号」) 寄贈を新疆ムスリムによびかけて実現したことなど，愛国的功績でも記憶される。馬良駿の経歴や，『諸史の要約』を含む彼の諸著作 (漢語作品・アラビア語作品ともども) については，王平 [2007]，虎・马 [2007] を参照。

図終-1a　『諸史の要約』表紙

図終-1b　馬良駿アホンがかつて教長をつとめた，イリの清真寺の脇にある，ムスリム用品店街。ムスリム用品店は，日用雑貨や宗教道具のほか，書籍も扱う。書籍は漢語の書物のみならず，アラビア語・ペルシア語経典をも扱う。ムスリム用品店は，中国ムスリムの知の集積地であり，イスラームと中華の対話にとってもきわめて重要な場である。

よるアッバース家カリフ擁立までの時期で，2回目は，オスマン家最後のカリフ，アブデュルメジトII世の廃位に始まる時期。『諸史の要約』を執筆している今現在は，ちょうどこの2回目の最中にあたっている。しかし「現世は見た目にはカリフ位が空になった」が，それはカリフ在位期間の「中断（*tawaqquf*）」にすぎない［*Talkhīṣ*: 163, 214］。空位期間はいつか終わるのであり，本当の最後のカリフとは，アブデュルメジトII世ではなく，マフディー（終末の救世主）である［*Talkhīṣ*: 2, 165］，と。

そして，おそらくこのような考えからか，馬良駿は，オスマン家カリフの統治権を制限ないし奪取した，ミトハト・パシャ主導の立憲君主体制やケマル・アタテュルク主導の共和議会体制を，「不快な体制」と呼ぶ。また，後者によるカリフの廃位や，そこに至るまでの一連の経緯を，モンゴルによるアッバース朝カリフ殺害と同じく「動乱（fitna）」と呼び，とくに「自由主義による動乱」と呼んだりもしている［*Talkhīṣ*: 128, 162–163］。

ところが，このような共和体制への敵対的態度は，彼自身が『諸史の要約』をベースに漢語で著した『考證回教歴史』において，一変している。

同書は，はじめ1939年にウルムチで出版されたが，のちに修正を加えられ，同じくウルムチにて再版された。奥付には，その再版の日付を民国36（1947）年5月とする。ただし，再版本が実際にいつ出版されたのかはよく分からない。筆者が見ることのできた再版本のテキスト（新疆人民出版社1994年刊本［历史］。「民国三十六年刊本」と称する『清真大典』所収本も，実はこの新疆人民出版社版のコピーにすぎない）には，奥付の日付よりも遅い1947年11月30日付の馬良駿の前書き「考證回教歴史前言」や，1947年9月4日付の張治中の序文，さらには翌48年4月21日付の盧郁文の序文が収録されているからである。

筆者は初版本を実見できていないので，しばらく再版本テキストによって『考證回教歴史』の内容を見てみると，その本文は「序言編」と「正文編」の2部構成で，「正文編」の一部が『諸史の要約』を要約した内容となっている。前掲「考證回教歴史前言」にも，本書が「塔勒赫経」の翻訳に基づくものであると記されている。「塔勒赫経」とは「ターリーフ経」（「歴史書」の意）もしくは「タルヒース（Talkhīṣ）経」であり，『諸史の要約』のことにちがいない。『考證回教歷史』が,『諸史の要約』をベースとして書かれたものであったことは確かである。しかし,共和制にたいする態度は,『諸史の要約』と『考證回教歷史』でまったく異なるのである。

『考證回教歷史』においても馬良駿は，依然としてカリフへの執着を捨てていない。すなわち，最後のカリフはマフディー（默憨迪）であり，カリフ空位の現状がいずれ改まる暫定的状態（虚懸）にすぎないという主張を続けている。ただし『考證回教歷史』では，いわゆる正統カリフやウマイヤ朝，アッバース朝カリフの政体が「共和政府」や「民主国家」と位置づけられている。しかも，ケマル・アタテュルク主導の共和議会体制にとってかわられた，オスマン朝のカリフ政権は，「共和政府」や「民主国家」から除外されると明言されている［历史: 77］。

要するに馬良駿は，カリフ制を再定義することで，共和制を是とする当時の中国の世相に適応させたのである。ただ，この戦略は彼の独創ではないだろう。というのも，カリフ制を共和制や民主主義と同一視する発想は，たとえば，シリアのイスラーム改革主義思想家カワーキビー（al-Kawākibī, 1849～1902）にも見られる［小杉 2010: 26］からである。おそらくはそのような中東のイスラーム改革主義から霊感をえることによって，馬良駿は，中国の現実にみあったかたちで，カリフや共和制を再定位することができたのであろう。

だとすると馬良駿のイスラーム再解釈は，中東のイスラーム改革主義の影響を背景にもつという意味で，馬德新や馬聯元によるイスラームの中国化のあり方と似ているかもしれない。が，時空の異なる両者のあり方には，おそらく相違点があるはずで，その解明は今後の課題となる。

中国ムスリムによる中国の近代化にたいする応答の事例として，もうひとつ興味深い事例を挙げておきたい。

『考證回教歷史』では,『息戰論』という書物が大きく取りあげられている。『息戰論』は，1915 年，ときにわずか 9 歳だった山東の神童，江張希によって著わされたとされる書物である。のちに江張希が立ち上げた，康有爲の孔教会の亜流，萬國道德會によって出版された。同会は，発足時に孔子 77 世の嫡孫孔德成を会長にすえ，おりしも孔教運動を推進していた康有爲を名誉会長に招いたが，実は孔教（儒教）のみならず，仏教，道教，キリスト教，イスラームをも奉じて，それら五教の合一をその綱領としていたらしい。孔子，釈迦，老子，イエス，ムハンマド（！）の神像を祀っていたともいわれる。『息戰論』も，第 1 次大戦後の世界平和実現のために，五教の合一を唱えた書物だった[4]。

『考證回教歷史』「序言編」第六篇では，この『息戰論』の所論に同調して，次のように主張されている。いわく，諸宗教は，形式を異にするが本来は精神を同じくする。すなわち，イスラームは真主（アッラー）を，孔教は天を，道教は上帝を，さらにキリスト・ユダヤ・ギリシア正教の各教も上帝を，つまりそれぞれ造物主を奉じている。およそ造物主を敬う者は，万物を生み生かす真主の心（真主好生之心）を体現して，自愛を利他にまで拡張し，互いに争うことを是としない。各宗教家が偏見を捨てて各宗教の宗旨を統一すれば，世界平和を実現することができる，と。これは，五教帰一の説にかりて，真主アッラーへの帰依の正当性を宣揚する説と見られる。「正文篇」第七篇でも，イスラームがもともと平和への指向性を持つことを論じた『息戰論』の記述を引用したのち，ほぼ同じ主張がくりかえされている［历史: 64–67］。

ところで，「万物を生み生かす真主の心を体現して云々」のくだりは，まるでいわゆる「万物一体の仁」の教説を聞くかのようである。万物を生み育てる天地の心を体現して，万物の痛痒をおのれのことのように感じるという，儒教の理想を彷彿とさせるのである。このような表現の使用の背後には，中国ムスリムの伝統的戦略が透けて見える。すなわち，イスラームと中国伝統文化の本質的同一性を示唆することにより，非ムスリム中国人のイスラームに対する異端視を回避しようとする馬良駿の目論みが看取される。

ただ，そのような伝統的戦略は，近代化する中国の現実にたいしてどれほど有効だったのか。少なくとも近代中国において，儒教はもはや王朝が支持する正統思想として存在したのではなかった。康有爲の孔教運動の系譜につらなる『息戰論』を引くところからして，馬良駿は，ある程度特殊な文脈と

4　江張希，萬國道德會，『息戰論』については，森［2005: 209–211］を参照。

イスラームを調和させようとしていたかもしれない。いずれにしても，彼が儒教ないしは「孔教」との対話をおこなった意図や背景については，まだまだ探る必要がありそうである。

近代中国においてイスラームと儒教ないしは中国伝統思想の調和を試みた者は，馬良駿だけではない。彼らを対象とした，近代という文脈のなかにおけるイスラームと中国伝統思想の対話の探求は，イスラームの中国化の新たな側面に光を当てることができるかもしれない。

近現代におけるイスラームの中国化をめぐる第2の問題は，中国ムスリムは中東のイスラーム改革主義と中国の現実とが矛盾した場合，それをどのように扱ったかということである。上で見たとおり，中東のイスラーム改革主義の発想が近代中国におけるイスラームの中国化に有利にはたらくこともあっただろうが，その逆の場合は，どのような対応がなされたのだろうか。

具体的な事例をひとつ挙げておくと，阿里・金［2002］に次のような話がみえる。すなわち，1998年5月のこと，金氏の友人が北京東四清真寺での礼拝を終えたさい，ある人から，まるで秘密の宣伝ビラのような，『銘鑑』なるタイトルの小冊子を渡された。その内容を訝った友人は，それを金氏に見せた。果たしてその内容は，断章取義により是非を混淆するという武断的方法で，中国ムスリムをみなイスラームから追い出してしまわんばかりのものであった。『銘鑑』は，要するに，中国におけるイスラームの伝統的なあり方を批判する，革新的な内容を持つパンフレットに他ならなかった。かくして金氏は，『銘鑑』の異端性を暴くために，阿里・金［2002］を執筆することにした。

さて，その阿里・金［2002］によれば，『銘鑑』には，その内容の一部として，例えば，「ムハンマド聖誕祭やファーティマ聖誕祭から父母などの故人を祈念する悪風陋俗が生じた」という記述があるほか，「悪風陋俗」の一覧表が掲げられていたという。そしてその「悪風陋俗」一覧表には，確かに異端・迷信の類も含まれている一方で，子供が生まれて満1ヶ月の祝いや，結婚式を挙げた家の門前や室内に双喜や穆巴拉克（mubārak）の字を書いた紙を貼り付ける等，純粋に地方風俗に属するようなものまで入っていたと，金氏は述べている。

これにたいして金氏は次のように反論する。すなわち彼は，これらの風俗習慣は，教義に照らして褒貶を為すような代物ではないと断じた上で，「まさに先賢劉智がその名著『天方典禮・擇要解巻之十九』の最後の一段に言っているではないか」として，次の文章を引用している［阿里・金 2002: 4］。

> 婚姻の事は，各地で風俗が非常に異なっている。家同士ですら自ずと異なっているのだから，況や街を異にし，数万里の遠さを隔てる場合は言うまでもない。我々はこの土地に生まれたからには，この地の風俗に尽く反するようなことは当然ながら不可能である。とはいえ，従うべきものは従うとして，従うべきでないものは，やはり道理（理）[5] に依拠して行うべきである……

以上は，要するに，中華と対話してきた伝統的な中国イスラームにたいして，中東のイスラーム改革主義にもとづく異議申し立てがあり，それにたいして中国ムスリムの側が伝統擁護的な立場から反駁を加えたという事例である。似たような事例はほかにも沢山ある。それらの事例から，近現代におけるイスラームの中国化のあり方を分析することも，今後の重要な課題である。

---

5 『天方典禮』［清真，XV: 176］では「理」ではなく「禮」になっている。

あとがき

本書は，2008年3月，京都大学に提出した博士論文「17・18世紀における中国ムスリムのイスラームについて」に大幅な修訂と増補を施したものである。増補部分の一部は，今回あらたに書き下ろしたものであるが，別の一部は博士論文提出後に発表した論文にもとづいている。各章のもとになった論文は，次の通りである。

序章　書き下ろし。

第1章　書き下ろし。

第2章　「イスラームの「漢訳」における中国伝統思想の薫習――劉智の「性」の朱子学的側面――」堀池信夫編『知のユーラシア』明治書院，2011年，157-175頁。

第3章　「漢文イスラーム文献におけるシャイフに関する叙述とその背景」『東洋史研究』61/3 (2002)，1-32 (553-584) 頁。および，“The Logic of Succession in the Case of Chinese Muslims during the Qing Period,” *Orient* (Reports of the Society for Near Eastern Studies in Japan), 42 (2007): 55-70.　加えて，これらにもとづく博士論文の第2章。

第4章　「清初の中国ムスリムにおける「ハナフィー派への帰属」についての再検討――納家営清真寺アラブ語碑文の分析から――」『中国－社会と文化』21 (2006)，309-331頁。および，これにもとづく博士論文の第3章。

第5章　「アラビア語と漢語がむすぶ中国ムスリム像」堀池信夫編『中国のイスラーム思想と文化』勉誠出版，2009年，91-105頁。および，2012年4月27日，京都大学人文科学研究所の共同研究班「イスラムの東・中華の西－前近代ユーラシアにおける文化交流の諸相」における口頭発表。

第6章　「中国民間所蔵ペルシア語スーフィズム文献『霊智の要旨』――内丹道教と対話する漢語イスラーム文献『綱常』の一原典――」窪田順平編，小野浩，杉山正明，中西竜也，宮紀子著『ユーラシアの東西を眺める――歴史学と環境学の間――』総合地球環境学研究所，2012年，83-153頁。

第7章　ほぼ書き下ろし。2010年11月3日，東洋史研究会大会（於京都大学文学部新館第3講義室）における口頭発表にもとづく。加えて一部は，“Sources of Islamic Ideas in Chinese Qādirīs: Preliminary research on Sufism and Taoism in Northwestern China during the Eighteenth and Nineteenth Centuries,” *Proceedings of SIAS/KIAS Joint International Workshop Depth and Width of Islamic Culture and Society* (held by Islamic Area Studies Center for Islamic Area studies at Kyoto Universtiy (KIAS) and The Center of Islamic Area Studies at Sophia University (SIAS), at Lecture Room No.1 (Room: AA401), 4th Floor, Research Bldg. No.2, Main Campus, Kyoto University, in 12 July 2009), pp.3-9 にもとづく。

第 8 章 「清代の中国ムスリムにおけるペルシア語文化受容」森本一夫 編『ペルシア語が結んだ世界――もうひとつのユーラシア史』北海道大学出版会，2009 年，175-203 頁。および，これにもとづく博士論文の第 4 章。

第 9 章 「中国におけるペルシア語文法学の成立」近藤信彰編『ペルシア語文化圏史研究の最前線』東京外国語大学アジア・アフリカ言語文化研究所，2011 年，129-150 頁。

終章 ほぼ書き下ろし。一部は，「アラビア語と漢語がむすぶ中国ムスリム像」堀池信夫編『中国のイスラーム思想と文化』勉誠出版，2009 年，91-105 頁にもとづく。

本書が出来上がるまでには，実に多くの方々のご助力があった。

まず，本書出版の直接のきっかけは，京都大学大学院文学研究科教授，杉山正明先生が，平成 24 年度京都大学総長裁量経費による若手研究者出版助成への応募を勧めてくださったことである。出版が決まった後も，先生からは様々な助言・助力を賜わった。カラーの口絵を載せ，そこに比較的長めの解説をつけるというアイデアをご提案いただいたことは，そのひとつである。くわえて，中間原稿に目を通していただき，多くの有益なコメントを頂戴したほか，折にふれて度々，温かい励ましのお言葉もいただいた。杉山先生の存在なくして，本書の出版はありえなかった。先生には心より感謝を申し上げたい。

次に，博士論文の審査をお引き受けいただいた，主査の濱田正美先生（現・京都大学名誉教授，龍谷大学文学部教授），副査の東長靖先生（現・京都大学大学院アジア・アフリカ地域研究研究科教授)，中砂明徳先生（現・京都大学文学研究科准教授）にも，厚く御礼を申し上げたい。本書執筆にさいして博士論文に施した修正のなかには，口頭試問のさいに頂戴したご指摘によるものも数多くある。

また，そもそも主査の濱田先生は，私が神戸大学文学部に在籍していた当時からの恩師である。私は，大学院から京都大学文学研究科に移り，東洋史学専修に籍を置いた。先生は，のちに同研究科教授となられたが，西南アジア史学専修に籍を置かれた。したがって学部卒業以降，先生を直接の指導教員と仰ぐ機会には恵まれなかった。しかし先生からは，オスマン語・チャガタイ語の演習や，私的な交わりを通じて，ご指導を賜わりつづけてきた。それは，先生が京都大学を退かれ，龍谷大学へ移られた今も変わらない。たとえば，博士論文以降に発表した論文についても，しばしばご講評を頂戴してきた。加えて本書の原稿にも，やはり目を通していただいた。しかも，脱稿が締め切りぎりぎりだったゆえに，原稿を初校へ回すかたわら読んでいただくことをお願いすることになってしまった。しかしそのような失礼なお願いにもかかわらず，先生は，原稿をきわめて綿密にチェックしてくださった。史料原文にまであたって，訳文を直していただいたところも多々ある。先生には，このように本書の刊行にさいしても多大なご恩を賜わった。それ以前それ以上に，先生からは，学問の何たるかや研究者のあり方をめぐって，陰に陽に実に多くのことを教わってきた。私の能力不足ゆえに，実践はなかなか難しいが，少なくとも私が理想とする研究者像は，先生の有形無形の教えを通じて形成されてきた。そして本書は，その理想にほんの少しでも近づくことを目指して書いたつもりである。したがって濱田先生には，本書執筆にかかる直接のご助力のみならず，こうした長年の学恩についても，この場で重ねて感謝を申し上げたい。

くわえて，東長先生にもひとかたならぬご恩を頂戴してきたことを，深く感謝しつつ付記しておきたい。先生には，私が現在の所属（京都大学白眉センター）に移る前，日本学術振興会特別研究員のときに，京都大学大学院アジア・アフリカ地域研究研究科への受入を引き受けていただいた。さらにそれ以前，博士課程を出てからしばらくの間，私がいまだ任期付きの職すら得られていなかったときにも，アルバイトをご紹介いただくなど，大きなご助力を賜わった。当時は，研究者として今以上に先が見えず，本当に苦しい時期であったが，先生のお力添えがあったおかげで，何とか乗り切ることができた。のみならず先生には，研究者としての態度や技能をめぐる多くのことを教えてもいただいた。

以上の諸先生方のほかにも，本書の執筆にいたるまでの研究生活において，学恩を賜わった先生方は大勢おられる。まことに恐縮ながら，紙幅の都合で全ての方のお名前を挙げることはできないが，なかでもとくにお世話になった方については，感謝の意を込めて，お名前を挙げておきたい。神戸大学文学部時代の恩師，森紀子先生（現・帝京大学教授），石川禎浩先生（現・京都大学人文科学研究所准教授）。京都大学文学研究科修士課程，博士課程時代の恩師，礪波護先生（現・京都大学名誉教授），夫馬進先生（現・京都大学文学研究科教授）。修士論文の審査員のお一人，間野英二先生（現・京都大学名誉教授）。ペルシア語の手ほどきをいただいた，故・岩武昭男先生（当時・関西学院大学助教授），久保一之先生（現・京都大学文学研究科准教授）。現在，白眉プロジェクトでの受入研究者をお引き受けいただいている，稲葉穣先生（現・京都大学人文科学研究所教授）。

学恩を受けたという意味では，多くの先輩や研究仲間，友人と呼ぶべき方々にも感謝を申し上げなければならない。しかし個々のお名前を挙げることは，きりがないので控える。ただ「回儒の著作研究会」の存在にだけは言及しておきたい。「回儒の著作研究会」は，基本的に劉智の『天方性理』の会読と訳注作成を事とする集まりであるが，その作業過程では常に濃密な議論が繰り広げられてきた。そして私は，そこで交わされた議論から，実に多くの知見や示唆を得てきた。のみならず，中国イスラームというマイナー分野をめぐって熱く議論できる同志が存在するという状況そのものからも，研究をつづけていくうえでの勇気と励ましをいただいた。ゆえに当該研究会メンバーの方々には，特に謝意を表する次第である。

それから，現地調査で訪れたさいに，さまざまに協力してくださった中国ムスリムの方々にも，深甚なる感謝を申し上げたい。突然やって来ては，話を聞かせろ，史料を見せろ，などといってくる「怪しい外国人」にたいして，みなさんは実に親切に応じてくださった。こうした方々の協力が，私の研究の大きな部分を支えてきた。また，研究とは直接関係ないが，現地調査の際，いつ行っても温かく迎えてくれる，甘粛省臨夏のムスリムの友人たちにも，あえてこの場にて感謝を捧げたい。

以上に加えて，ブックデザインを担当してくれた，妻の森華と，アラビア文字をふくむ面倒な組版をご担当いただいた株式会社クイックスの辻田茂希氏，および初めての著作で右往左往する筆者を根気強く導いてくださった，京都大学学術出版会の渕上皓一朗氏と，同会編集長の鈴木哲也氏に，厚く御礼申し上げる。とくに渕上氏と鈴木氏には，読みにくい草稿を熟読いただいたうえ，周到かつ有益なコメントを頂戴し，原稿執筆それ自体をめぐっても大変お世話なった。最初の読者が両氏であったことは，筆者にとって誠に幸いであった。

以上のように，本書はさまざまな方々のご助力によって成ったが，言うまでもなく文責のすべては筆者にある。とりわけ中国ムスリムの方々に不都合が生じることのないよう明記しておくが，本書の見解は，とくに断りがないかぎり，あくまで私個人の見解であることを重ねて述べておきたい。そのうえで，読者諸氏にはご批正を請う次第である。

なお，本書は，JSPS 科研費 24820021 の助成による成果の一部を含む。助成にたいし，謝意を表したい。また，本書の刊行にあたっては，京都大学の「平成 24 年度総長裁量経費　若手研究者に係る出版助成事業」の助成をうけた。この助成にたいしても，末筆ながら，感謝を申し上げる。

2013 年 1 月 11 日　著者識す

文献一覧

【一次史料】

'Ālamgīriyya: *al-Fatāwā al-Hindiyya al-musammā bi'l-Fatāwā al-'Ālamgīriyya*. 2 ed. 6 vols. Būlāq: Maṭba'a al-Kubrā al-Amīriyya, H. 1310.

Ashi"a: Maulānā Jāmī. *Ashi"a al-Lama'āt fī Sharḥ al-Lama'āt*. In *Ashi"a al-Lama'āt-i Jāmī ba-inḍimām-i Sawāniḥ-i Ghazzālī wa chand kitāb-i 'irfānī-i dīgar*. Ed. Ḥāmid Rabbānī. Tehrān: Kitābkhāna-yi 'Ilmīya-yi Ḥāmidī, n.d. pp. 1-151.

Bartarī: Kamāl Pāshāzāda (Ibn Kamāl Pāshā). *Risāla-yi bartarī-yi zabān-i Pārsī bar zabānhā-yi dīgar ba-juz-i 'Arabī (Risāla mazīya al-lisān al-Fārsī 'alā sā'ir al-alsina mā khalā al-'Arabīya)*. Ed. Ḥusayn 'Alī Maḥfūẓ. n.p.: Anjuman Īrānwīj, 1332 A.H.S (1953/4).

闡幽：紫陽眞人張伯端 著，雲陽道人朱元育 闡幽『悟眞篇』，彭定求 輯，閻永和 増『重刊道藏輯要』（光緒三十二年刊本景印）第十四册奎集，臺北：臺北考正出版社，1971 年，6119-6163 頁。

Chahār: anonym. *Chahār Faṣl wa Muhimmāt al-muslimīn*. Lāhūr: [Maṭba' Ḥamīd ......?], H. 1326（濱田［2010］に付録）

朝覲：馬德新『朝覲途記』（同治 1（1862）年に言及する徐之銘の序文をもつ版，京都大学文学研究科図書館桑原文庫所蔵）

大清律例: 鄭秦, 田濤 點校『中國珍稀法律典籍集成』丙編・第1 册, 北京：科学出版社, 1994 年。

Fatḥ: Kamāl al-Dīn Muḥammad b. 'Abd al-Wāḥid al-Sīwāsī thumma al-Sikandarī al-ma'rūf bi-Ibn al-Hammām al-Ḥanafī. *Fatḥ al-qadīr li'l-'āziz al-faqīr*, ma'a takmilati-hi *Natā'ij al-afkār fī kashf al-rumūz wa al-asrār*, li-Shams al-Dīn Aḥmad al-ma'rūf bi-Qāḍī Zāda, 'alā *al-Hidāya sharḥ Bidāya al-Mubtadi'*, ta'līf Burhān al-Dīn 'Alī b. Abī Bakr al-Marghīnānī, wa bi-hāmishi-hi *Sharḥ al-'ināya* 'alā *al-Hidāya*, li-Akmal al-Dīn Muḥammad b. Maḥmūd al-Bābartī wa *Ḥāshiyya* Sa'd Allāh b. 'Īsā al-Muftī al-shahīr bi-Sa'dī Chalabī wa bi-Sa'dī Afandī 'alā *Sharḥ al-'ināya*. 8 vols. Būlāq: al-Maṭba'a al-Kubrā al-Amīriyya, H. 1315.

冈志：北京市政协文史资料研究委员会，北京民族古籍整理出版规划小组 编，刘东声，刘盛林 注释『北京牛街志书—《冈志》』第二版，北京：北京出版社，1991 年。

黒白：馬功（統勳）『黒白案』（附：馬吉安『性命論』）出版地不明：出版物不明，出版年不明。

Hidāya: Burhān al-Dīn 'Alī b. Abī Bakr al-Marghīnānī. *al-Hidāya: Sharḥ Bidāya al-Mubtadī*. Ed. Muḥammad Muḥammad Tāmir and Ḥāfiẓ 'Ashūr Ḥāfiẓ. 4 vols. al-Qāhira: Dār al-Salām, 2000.

Kāfiyya: [Jamāl al-Dīn 'Uthmān b. al-Ḥājib]. *al-Kāfiyya ma' ḥall al-tarkīb; wa yalī-hu Ḥarakāt; Mi'a 'āmil li-'Abd al-Qāhir b. 'Abd al-Raḥmān al-Jurjānī; Zanjānī [li-*'Izz al-

Dīn ‘Abd al-Wahhāb al-Zanjānī] *ma‘ al-tarājim; Mu‘izzī ma‘ al-sharḥ; Bi-dān; Awwal-i ‘ilm*. Karāchī: Qadīmī Kutub-khāna Ārām-bāgh, n.d.

Kanz: ‘Alī b. Aḥmad al-Ghūrī al-Sākin bi-Khiṭṭa Giza. *Kanz al-‘Ibād fī Sharḥ al-Awlād* (*Awrād* mu’allifi: Muḥyī al-Sunna Shihāb al-Dīn al-Suhrawardī). Qazan: Maṭba‘a al-Karīmiyya (Nāshiri: Khiwalik Qārī ‘Alī Akbar b. ‘Abd Allāh Nūghāyif), H.1326 (Казанъ: Лито-Типографія Т-го Д-ма Братяа Каримовы, 1908).

Khulāṣa: anonym. *Khulāṣa al-ma‘rifa* (民間所蔵の写本のコピー).

Kīmiyā’: Muḥammad Nūr al-Ḥaqq al-Ṣīnī (馬聯元). *Kitāb Kīmiyā’ al-Fārsīya.* 2nd ed. 上海: Matba‘ al-Mu’min wa Shurakā’-hu (穆民經書社), 1954.

Kullīyāt Qāsim: Qāsim Anwār. *Kullīyāt-i Qāsim Anwār*. Ed. Sa‘īd Nafīsī. Tehrān: Intishārāt-i Kitābkhāna-yi Sanā’ī, 1337 A.H.S.

Lawā’iḥ: Mawlānā Nūr al-Dīn ‘Abd al-Raḥmān Jāmī. *Lawā’iḥ* (*Lawā’iḥ dar ‘Irfān wa Taṣawwuf*). Ed. Muḥammad Ḥusayn Tasbīḥī. n.p.: Furūghī, 1342 A.H.S.

历史: 马良骏『考证回教历史』(白话文翻译 侯新生)乌鲁木齐: 新疆人民出版社, 1994 (中國宗教歴史文獻集成編纂委員会編纂『中國宗教歴史文獻集成之四　清真大典』第二十四冊, 合肥：黄山書社, 2005 年, 548-803 頁)。

聋阿訇: 无名氏『聋阿訇』临夏: 明德清真寺, 1996。

Maqṣad: Azīz Nasafī. *Maqṣad-i Aqṣā.* In *Ashi“a al-Lama‘āt-i Jāmī ba-inḍimām-i Sawāniḥ-i Ghazzālī wa chand kitāb-i ‘irfānī-i dīgar*. Ed. Ḥāmid Rabbānī. Tehrān: Kitābkhāna-yi ‘Ilmīya-yi Ḥāmidī, n.d. pp. 209-285.

Maṣābīḥ: al-Imām Muḥyī al-Sunna Rukn al-Dīn Abū Muḥammad al-Ḥusayn b. Mas‘ūd b. Muḥammad al-Farrā’ al-Baghawī. *Maṣābīḥ al-Sunna* wa yalī-hi fahāris ‘āmma. Ed. al-Doktor Yūsuf ‘Abd al-Raḥmān al-Mar‘ashlī, Muḥammad Salīm Ibrāhīm Samāra wa Jamāl Ḥamdī al-Dhahabī. 4 vols. Bayrūt: Dār al-Ma‘rifa, H. 1407 (1987).

Miftāḥ: Muḥammad Mujīr Wajīh Adīb. *Miftāḥ al-jinān*. MS Süleymaniye Library (Istanbul), Hacı Selim Ağa 568.

Minhāj: al-Zīnīmī, Muḥammad b. al-Ḥakīm [常志美]. *Minhāj al-ṭalab*: *Kuhan-tarīn-i dastūr-i zabān-i Fārsī*. ba-kūshash-i Muḥammad Javād Sharī‘at. Isfahān: Mash‘al, H. 1360 (1981-1982).

Mirṣād: Najm al-Dīn Abū Bakr b. Muḥammad b. Shāhāwar b. Anūshirwān Rāzī ma`rūf ba-Dāya., *Mirṣād al-‘Ibād*. Ed. Muḥammad Amīn Riyāhī. Tehrān: Bungāh-i Tarjuma wa Nashr-i Kitāb, 1352 A.H.S. (1973).

Mishkāt: Muḥammad b. ‘Abd Allāh al-Khaṭīb al-Tabrīzī. *Mishkāt al-Maṣābīḥ*. Ed. Muḥammad Nāṣir al-Dīn al-Albānī. 3rd ed. 3 vols. Bayrūt: al-Maktab al-Islāmī, H. 1405 (1985).

Muhimmāt: Muḥammad Nūr al-Ḥaqq b. Luqmān (馬聯元). *Muhimmāt al-Muslimīn* (教款捷要 (母信麼臺) 波斯文・漢文対照). 尤素福, 王佩山 訳編. 昆明: n.p., 2002.

Munājāt: ‘Abd Allāh b. Muḥammad Anṣārī. *Munājāt-i Khwāja ‘Abd Allāh Anṣārī ba-inḍimām-i bar guzīdayī az maqālāt wa muwā'iẓ wa maqāmāt-i ū*. Gird āwaranda wa tanẓīm kunanda Manṣūr al-Dīn Khwāja Naṣīrī (Muqaddima wa sharḥ-i ḥāl-i Khwāja 'Abd Allāh wa pīr-i ū Shaykh Abū al-Ḥasan Kharaqānī ba-qalam-i gird āwaranda). Tehrān: Iqbāl, 1372 A.H.S.

Mushtāq: [馬德新], *Mushtāq*, n.p.: n.p., n.d.（東洋文庫所蔵，請求記号 III-14-B-41）

Naṣā'iḥ: Yūsuf Rūḥ al-Dīn, Al-Ḥājj [馬德新]. *al-Naṣā'iḥ al-Islāmiyya*（[雲南]: Al-Ḥājj Yūsuf Rūḥ al-Dīn.）马复初 编著，马敏康 翻译『伊斯兰教挖尔慈系列经典之 al-Naṣā'iḥ al-Islāmiyya 伊斯兰的忠言（中阿对照）』n.p.: n.p., [2002].

Nūr: Maulānā Abū al-Barakāt Ḥasan b. 'Ammār al-Shurunbulālī. *Matn Nūr al-Īḍāḥ fī al-Fiqh 'alā Madhhab al-Imām al-A'ẓam Abī Ḥanīfa al-Nu'mān*. 2nd ed. Miṣr: Shirka Maktaba wa Matba'a Muṣṭafá al-Bābī al-Ḥalabī wa Awlādi-hi H. 1367 (1948).

Nuzha: Muḥammad Yūsuf. *Nuzha al-qulūb*. Arabic trans. Muḥammad Ṣiddīq. n.p.: n.d., n.d.

清真：中國宗教歴史文献集成編纂委員会編纂『中國宗教歴史文献集成之四　清真大典』25 册，合肥：黄山書社，2005 年。

- 劉智『天方至聖實録年譜』（清同治八年錦城寶眞堂重刊本）中國宗教歴史文献集成編纂委員会編纂『中國宗教歴史文献集成之四　清真大典』第十四册，合肥：黄山書社，2005 年，1-365 頁。
- 劉智『天方典禮擇要解二十卷附一卷』（天心圖書館藏康熙四十九年楊斐菉刻本，附「《四庫全書總目・天方典禮擇要解二十卷》提要」）中國宗教歴史文献集成編纂委員会編纂『中國宗教歴史文献集成之四　清真大典』第十五册，合肥：黄山書社，2005 年，46-190 頁。
- 馬伯良『教款捷要』（清同治六年粤東清眞寺重刻本）中國宗教歴史文献集成編纂委員会編纂『中國宗教歴史文献集成之四　清真大典』第十五册，合肥：黄山書社，2005 年，191-248 頁。
- 余浩洲『眞功發微』（清光緒十年錦城寶眞堂重刊本）中國宗教歴史文献集成編纂委員会編纂『中國宗教歴史文献集成之四　清真大典』第十五册，合肥：黄山書社，2005 年，264-334 頁。
- 馬復初 輯，馬安禮 訳『真徳彌維禮法敬愛合編』成都：敬畏堂，光緒二十五［一八九九］年（中國宗教歴史文獻集成編纂委員会編纂『中國宗教歴史文獻集成之四　清真大典』第十五册，合肥：黄山書社，2005 年，371-397 頁。
- 王岱輿『正教眞詮』（清同治十二年錦城寶眞堂藏版重刊本）中國宗教歴史文献集成編纂委員会編纂『中國宗教歴史文献集成之四　清真大典』第十六册，合肥：黄山書社，2005 年，23-166 頁。
- 張中『四篇要道譯解』（清同治十一年錦城王占超重刻本）中國宗教歴史文献集成編纂委員会編纂『中國宗教歴史文献集成之四　清真大典』第十六册，合肥：黄山書社，2005 年，275-335 頁。
- 伍遵契『歸眞要道譯義』（民国念一齋藏版排印本）卷三，五十葉裏（中国宗教歴史文献集成編纂委員会編纂『中国宗教歴史文献集成之四　清真大典』第十六册，合肥：黄山書社，2005 年，336-491 頁。

・馬注『清眞指南』(清同治九年廣州濠畔街清真寺重刻本) 中國宗教歴史文献集成編纂委員会編纂『中國宗教歴史文献集成之四　清真大典』第十六册，合肥：黄山書社，2005 年，492-881 頁。

・藍煦『天方正學』(民國十四年清眞書報社刊印本) 中國宗教歴史文献集成編纂委員会編纂『中國宗教歴史文献集成之四　清真大典』第十七册，合肥：黄山書社，2005 年，137-201 頁。

・馬德新『大化總歸　四典要會　合印』中國宗教歴史文献集成編纂委員会編纂『中國宗教歴史文献集成之四　清真大典』第十七册，合肥：黄山書社，2005 年，202-263 頁。

・馬復初『醒世箴附天理命運説』中國宗教歴史文献集成編纂委員会編纂『中國宗教歴史文献集成之四　清真大典』第十七册，合肥：黄山書社，2005 年，264-292 頁。

・馬德新『漢譯道行究竟』(清同治九年馬如龍刊刻本) 中國宗教歴史文献集成編纂委員会編纂『中國宗教歴史文献集成之四　清真大典』第十七册，合肥：黄山書社，2005 年，399-422 頁。

・蕭德珍『醒迷要録』(民國五年刊刻本) 中國宗教歴史文献集成編纂委員会編纂『中國宗教歴史文献集成之四　清真大典』第十八册，合肥：黄山書社，2005 年，189-204 頁。

・馬良駿『七篇要道』，中國宗教歴史文献集成編纂委員会編纂『中國宗教歴史文献集成之四　清真大典』第十八册，合肥：黄山書社，2005 年，452-544 頁。

・趙正軒 (講解)，花湛露 (譯述)『天方道程啓徑淺説』(民国十一年馬福祥重刊本) 中國宗教歴史文献集成編纂委員会編纂『中國宗教歴史文献集成之四　清真大典』第十九册，合肥：黄山書社，2005 年，22-34 頁。

・祁道和『清眞根源』(民国十三年臨夏大拱北門宦刊印本)，中國宗教歴史文献集成編纂委員会編纂『中國宗教歴史文献集成之四　清真大典』第十九册，合肥：黄山書社，2005 年，35-79 頁。

・作者不詳『清眞奥旨』，中國宗教歴史文献集成編纂委員会編纂『中國宗教歴史文献集成之四　清真大典』第十九册，合肥：黄山書社，2005 年，80-153 頁。

・『覺樂經』：馬統勲『覺樂經附清真九品圖一卷』，中國宗教歴史文献集成編纂委員会編纂『中國宗教歴史文献集成之四　清真大典』第十九册，合肥：黄山書社，2005 年，154-179 頁。

・馬統勲『清真安樂譜』，中國宗教歴史文献集成編纂委員会編纂『中國宗教歴史文献集成之四　清真大典』第十九册，合肥：黄山書社，2005 年，180-203 頁。

・楊保元『綱常』中國宗教歴史文献集成編纂委員会編纂『中國宗教歴史文献集成之四　清真大典』第十九册，合肥：黄山書社，2005 年，204-264 頁。

・坎離堂楊太爺『四季清』，中國宗教歴史文献集成編纂委員会編纂『中國宗教歴史文献集成之四　清真大典』第十九册，合肥：黄山書社，2005 年，874-914 頁。

・趙燦『經學系傳譜』中國宗教歴史文献集成編纂委員会編纂『中國宗教歴史文献集成之四　清真大典』第二十册，合肥：黄山書社，2005 年，1-105 頁。

・無名氏『北京牛街岡上禮拜寺誌草稿』中國宗教歴史文献集成編纂委員会編纂『中國宗教歴史文献集成之四　清真大典』第二十册，合肥：黄山書社，2005 年，106–223 頁。

Radd: Muḥammad Amīn al-shahīr bi-Ibn ʻĀbidīn. *Radd al-Muḥtār ʻalā al-Durr al-Mukhtār Sharḥ Tanwīr al-Abṣār fī Fiqh Madhhab al-Imām al-Aʻẓam Abī Ḥanīfa al-Nuʻmān*. 5 vols. n.p.: Shirka-yi Saḥāfiyya-yi ʻUthmāniyya, H. 1307.

Risāla: Muḥammad Mazhar Aḥmadī. *Risāla fī bayān-i kayfiyya-yi ʻamal-i sulūk-i Naqshbandiyya*. n.p.: Qāḍīzāda-yi sharīf-i sharīf-i makhdūm Ibn Qādī ʻAbd al-Raḥīm al-Bukhārī, n.d. (Süleymaniye Library (Istanbul) İzmirli İsmail Hakki 1209)

Rūḥ: Ismāʻīl Ḥaqqī. *Kitāb tafsīr al-Qur'ān al-musammā bi-Rūḥ al-bayān*. 4 vols. [Istanbul]: Maṭbaʻa al-ʻĀmira, H. 1285, rpt. in [Istanbul]: Maṭbaʻa al-Uthmāniyya, 1306.

Ṣarf-i Bahā'ī: Bahā' al-Dīn ʻĀmilī. *Ṣarf-i Bahā'ī maʻa-hu ḥawāshī-yi jadīda*. Lāhūr: Maṭbaʻ-i Muḥammadī, n.d.

Ṣarf-i Mīr: Mīr Sayyid Sharīf Jurjānī. Ṣarf-i Mīr. MS British Library, Shelfmark: I.O. Islamic 1221.

Sirr: ʻAbd al-Qādir al-Jīlānī. *Kitāb al-ghunya li-ṭālibī ṭarīq al-Ḥaqq ʻazza wa jalla fī maʻrifa al-ādāb al-sharʻiyya wa maʻrifa al-Ṣāniʻ ʻazza wa jalla bi'l-Qur'ān wa al-alfāẓ al-nubawiyya wa maʻrifa akhlāq al-ṣāliḥīn bi-hāmishi-hi Kitāb sirr al-asrār wa maẓhar al-anwār* (ta'līf Muḥyī al-Dīn Abī Muḥammad ʻAbd al-Qādir al-Jīlī al-Ḥasanī al-Ḥusaynī). 2 vols. Makka: al-Maṭbaʻa al-Mīriyya, H. 1314 (1896–1897).

Sharḥ Wiqāya: ʻUbayd Allāh b. Masʻūd b. Tāj al-Sharīʻa. *Sharḥ al-wiqāya maʻa ḥāshiyya ʻUmda al-Riʻāya li-Muḥammad ʻAbd al-Ḥayy al-Lakhnawī*. 4 vols. Dihlī: al-Maṭbaʻ al-Mujtabā'ī, H. 1328 (1909).

Sunan: Abū Dā'ūd Sulaymān b. al-Ashʻath al-Sijstānī. Sunan Abī Dā'ūd. Ed. Ṣidqī Muḥammad Jamīl. 4 vols. Bayrūt: Dār al-Fikr, H. 1414 (1994).

素問：『黄帝素問』四冊，王雲五主編『國學基本叢書四百種』臺北：臺灣商務印書館，中華民國 57（1968）年。

Tadhkira: Farīd al-Dīn ʻAṭṭār Nīshābūlī. *Tadhkira al-Awliyā'*. Ed. R.A. Nicholson (ba-taṣḥīḥ wa taḥshiyya-yi R.A. Nicholson; bāznigārī wa iṣlāḥ, tarjama-yi muqaddima-hā wa tanẓīm-i fihrist-hā az ʻAbd al-Muḥammad Rūḥ Bakhshān). Tehrān: Aṣāṭīr, 1379 A.H.S.

Tafṣīl: Muḥammad Nūr al-Ḥaqq b. Luqmān［馬聯元］. *Tafṣīl al-Īmān* 中阿対照　天方分信篇和　四篇要道　合訂本（*Awrāq Tafṣīl al-Īmān li'l-Dīn al-Islāmī wa yalī-hi Kitāb al-Fuṣūl al-Arba'a al-Khṭīra li'l-Sharīʻa al-Islāmiyya*）. 翻譯者 馬雲從，從另整理刻寫者 納忠品，印刷者 納林孝．南省文山州：邱北縣新城清眞寺，H. 141(1999).

Talkhīṣ: Muḥammad Yūsuf al-Hijrānī al-Ti'inshuwī al-Qanṣuwī al-Ṣīnī［馬良駿］，*Talkhīṣ al-tawārīkh*［伊犁］：al-Maṭbaʻa al-Ḥijriyya, H. 1347 (1928)

Tawḍīḥ: al-Ḥājj al-Sayyid Muḥammad Nūr al-Ḥaqq b. al-Sayyid Luqmān al-Ṣīnī al-Yunnānnī al-Sihīnnī［馬聯元］. *Tawḍīḥ*. Kānbūr: Maḥmūd al-Maṭābiʻ, H. 1321 (1903).

『天方性理』: 劉智『天方性理』京江談氏重刊敬畏堂本（同治五年喬松年序，早稲田大学図書館所蔵）

系传谱: 赵灿 著，杨永昌，马继祖 标注『经学系传谱』西宁: 青海人民出版社，1989 年。

西來宗譜: 馬啓榮 著，李偉 編『西來宗譜』李偉，吳建偉 主編『回族文獻叢刊』一，上海: 上海古籍出版社，2008 年，181–194 頁。

心言: 馬功（統勳）『清眞海潮心言』出版地不明: 出版物不明，出版年不明。

醒語: 馬明龍『認己醒語』民國 8 年楊德誠重刊本（天理大学附属図書館所蔵）。

趙州志:『中國方志叢書　華南地方　第二五九號　據清・陳釗鏜修　李其馨等編　清道光十八年修　民國二年重刊　雲南省　趙州志（一・二）』成文出版社，中華民國 64 年［1975 年］。

【二次的文献・論文】

Afshār, Īraj. 1360 A.H.S. (1981). “Du kitāb-i nādīda dar Chīn.” *Āyanda* 7: 91–95.

Afshār, Īraj. 1361 A.H.S. (1982). “Jung-i Chīnī yā safīna-yi Īlānī (Pū sī) qismat 2.” *Āyanda* 8: 479–492.

Algar, Hamid. 1982. *The Path of God's Bondsmen from Origin to Return*. Delmar and New York: Caravan Books.

阿里・金 2002.「评『铭鉴』一书」云南文山州伊斯兰教协会　哈吉・李文贵会长 编译『伊斯兰的道路』贵州: 出版者不明，1–27 頁。

安藤潤一郎 2002.「清代嘉慶・道光年間の雲南省西部における漢回対立――「雲南回民起義」の背景に関する一考察――」『史學雜誌』111/8，46–71 頁。

青木隆，佐藤実，仁子寿晴（編）2005.「訳注　天方性理　巻四」中国伊斯蘭思想研究会編輯『中国伊斯蘭思想研究』1，9–217 頁。

青木隆，佐藤実，中西竜也，仁子寿晴（編）2006.「訳注　天方性理　巻二　その一」中国伊斯蘭思想研究会編輯『中国伊斯蘭思想研究』2，55–203 頁。

Aubin, Françoise. 1990. “En Islam chinois: quels Naqshbandis?” In *Naqshbandis: cheminements et situation actuelle d'un order mystique musulman.* Eds. Marc Gaborieau, Alexandre Popovic and Thierry Zarcone. Istanbul: Institut Française d'études Anatoliennes & éditions Isis, pp. 491–572.

吾妻重二 1988.「『悟真篇』の内丹思想」坂出祥伸 編『中國古代養生思想の總合的研究』平河出版社，600–627 頁。

吾妻重二 1994.「張伯端『悟眞篇』の研究史と考證」『東洋の思想と宗教』11，102–118 頁。

吾妻重二 2004.『朱子学の新研究――近世士大夫の思想史的地平――』創文社。

白蓮父 1985.「雲南回教教育社会状況」李兴华，冯今源 编『中国伊斯兰教史参考资料选编（1911–1949）（下册）』银川: 宁夏人民出版社，1063–1066 頁。

白寿彝 主编 2000.『回族人物志』上下，银川: 宁夏人民出版社。

Bakhtyar, Mozafar. 1994. “China.” In *World Survey of Islamic Manuscripts*. Ed. Geoffrey Roper. Vol. 4 (Supplement). London: Al-Furqān Islamic Heritage Foundation, pp. 61–116.

Benite, Zvi Ben-Dor. 2005. *The Dao of Muhammad: A Cultural History of Muslims in Late Imperial China*. Cambridge (Massachusetts) and London: Harvard University Asia Center.

Blodget, H. 1866. “Arabs in Peking.” *Journal of the American Oriental Society* 8: xxi–xxii.

Bouvat, M. 1908. “Une bibliothèque de mosque chinoise.” *Revue de monde Musulman* 4: 516–521.

Böwering, Gerhard. 1980. *The Mystical Vision of Existence in Classical Islam: The Qur'ānic Hermeneutics of the Ṣūfī Sahl At-Tustarī (d. 283/896)*. Berlin, New York: Walter de Gruyter.

Buehler, Arthur. 1998. *Sufi Heirs of the Prophet: The Indian Naqshbandiyya and the Rise of the Mediating Sufi Shaykh*. Columbia, South Carolina: University of South Carolina Press.

Buehler, Arthur. 1999. “Charsimatic Versus Scriptual Authority: Naqshbandi Response to Deniers of Mediational Sufisim in British India,” *Islamic Mysticisim Contested: Thirteen Centuries of Controversies and Polemics*, ed. by Frederick De Jong and Bernd Radtke, Leiden, Boston, Köln: Brill, pp. 468–491.

Buehler, Arthur. 2000. “The Indo-Pakistani Qâdiriyya: An Overview.” *Journal of the History of Sufism* 1–2: 339–360.

Burrowes, Robert. D. 1995. *Historical Dictionary of Yemen* (Asian Historical Dictionaries No. 17). Lanham, Md.: Scarecrow Press.

陈秉渊 1986.『马步芳家族统治青海四十年（修订版）』西宁：青海人民出版社。

陈国光 1989.「略论伊玛目热巴尼及其苏菲学派」『世界宗教研究』1989 年第 3 期，77–84 頁。

陈慧生（主编）2000.『中国新疆地区伊斯兰教史』2 冊，乌鲁木齐：新疆人民出版社。

陈乐基（主编）2004.『中国南方回族清真寺资料选编』贵阳：贵州人民出版社。

Chittick, William. C. 1989. *The Sufi Path of Knowledge: Ibn al-ʻArabi's Metaphysics of Imagination*. Albany (New York): State University of New York Press.

Chittick, William C. 1998. *The Self-Disclosure of God: Principles of Ibn al-ʻArabī's Cosmology*. Albany (New York): State University of New York Press.

Chittick, William C. 1999. “Travelling the Sufi Path: A Chishtī Handbook from Bijapur.” In *The Heritage of Sufism Volume III: Late Classical Persianate Sufism (1501—1750): The Safavid & Mughal Period*. Ed. Leonard Lewisohn & David Morgan. Oxford: Oneworld Publications, pp. 247–265.

Dānish-pazhūh, Muḥammad-Taqī. 1362 AHS (1983). “Nigāhī gudharā ba-paywand-i farhangī-yi Īrān wa Chīn,” *Nuskha-hā-yi khaṭṭī*, vol. 11–12, Tehran: Mu'assisa-yi Intishārāt wa Chāp-i Dānishgāh-i Tihrān, pp. 1006–35.

Delong-Bas, Natana J. 2004. *Wahhabi Islam: From Revival and Reform to Global Jihad*. New York: Oxford University Press.

丁士仁 2006.「二十世纪河州经堂教育的两次重大突破」『回族研究』2006 年第 4 期，51-55 頁。

丁俊 2006.『中国阿拉伯语教育史纲』北京：中国社会科学出版社。

『“东方麦加”巴巴寺』(著者不明) 出版地不明：出版者不明，出版年不明。

Eaton, Richard Maxwell. 1978. *Sufis of Bijapur 1300-1700: Social Roles of Sufis in Medieval India*. Princeton, New Jersey: Princeton University Press.

Ethé, Hermann. 1903. *Catalogue of Persian Manuscripts in the India Office Library*. Oxford: Printed for the India Office by Horace Hart.

冯今源 1982.「从中国伊斯兰教汉文译著看儒家思想对中国伊斯兰教的影响和渗透」甘肃省民族研究所 编『伊斯兰教在中国——西北五省 (区) 伊斯兰学术讨论会 (兰州会议) 论文选编』银川：宁夏人民出版社，257-281 頁。

冯今源 1987.「《来复铭》析」青海省宗教局 编『中国伊斯兰教研究——西北五省 (区) 伊斯兰学术讨论会 (西宁会议) 论文选集』西宁：青海人民出版社，148-171 頁。

冯今源 1991.『中国的伊斯兰教』银川：宁夏人民出版社。

Fletcher, Joseph F. 1995. “The Naqshbandiyya in Northwest China.” *Studies on Chinese and Islamic Inner Asia*. Ed. Beatrice Forbes Manz. London: Variorum, XI.

Gaborieau, Marc. 2010. *Le Mahdi incompris Sayyid Ahmad Barelwî (1786-1831) et le millénarisme en Inde*. Paris: CNRS Éditions.

GAL: Brockelmann, Carl. *Geschichte der Arabischen Litteratur*. 5 vols., Leiden: E.J. Brill, 1937-1949.

Gilis 2002: Ibn Arabî. *Le livre du mîm, du wâw et du nûn*, texte arabe inédit. traduit et présenté par Charles-André Gilis. Beyrouth-Liban: Dar Albouraq, H. 1423 (2002).

Gladney, Dru C. 1991. *Muslim Chinese: Ethnic Nationalism in the People's Republic*. Cambridge (Massachusetts) and London: Council on East Asian Studies at Harvard University, 1991, 1996.

Hallaq, Wael B. 2002. “A Prelude to Ottoman Reform: Ibn ʻĀbidīn on Custom and Legal Change.” Histories of the Modern Middle East: New Directions. Ed. Israel Gershoni, Hakan Erdem and Ursula Wokök. Boulder, London: Lynne Rienner Publishers, pp. 37-61.

濱田正美 1993.「「鹽の義務」と「聖戰」との間で」『東洋史研究』52/2，122-148 頁。

濱田正美 1999.「中央アジアと清王朝」間野英二 編『アジアの歴史と文化 8——中央アジア史』同朋社，171-183 頁。

濱田正美 2000.「『帰真総義』初探」『五十周年記念論集』神戸大学文学部，175-196 頁。

濱田正美 2006.『東トルキスタン・チャガタイ語聖者伝の研究』京都大学文学研究科。

濱田正美 2007.「『帰真総義』——中央アジアにおけるその源流」京都大学人文科学研究所 編『中国宗教文献研究』臨川書店，447-458 頁。

濱田正美 2008.『中央アジアのイスラーム』(世界史リブレット 70) 山川出版社。

濱田 (解説・校訂) 2010: Mullā Mīr Maḥmūd b. Mīr Rajab Dīvānī Begī Namangānī. *Chahār*

Faṣl (Bidān)-Muhimmāt al-Muslimīn. 濱田正美 解説，濱田正美，塩野崎信也 校訂，京都大学大学院文学研究科，2010 年。

Hartmann, M. 1908. "Littérature des musulmans chinois," *Revue du monde musulman* 5: 275–88.

Haykel, Bernard. 2003. *Revival and Reform in Islam: The Legacy of Muhammad al-Shawkānī*. Cambridge: Cambridge University Press.

和龑 1984.「明代西域回回入附中原考」，葉哈雅・林松，蘇萊曼・和龑 著『回回歴史與伊斯蘭文化』北京：今日中國出版社，1992 年，22–38 頁。

堀井聡江 1984.『イスラーム法通史』山川出版社，2004 年。

Huart, M.CL. (publiées et traduites) 1905. "Inscriptions arabes et persanes des mosquées chinoises de K'ai-fong-fou et de Si-ngan-fou." *T'oung-pao*（通報）Série. II 6/3: 261–320. Rpt. in *Inscriptions arabes et persanes des mosquées chinoises de K'ai-fong-fou et de Si-ngan-fou*. Leiden: E.J. Brill.

＊引用時の頁数は『通報』原載時の頁数による。

虎隆，马献喜 2007.「毕生讲学　传教著述等身　以经诠经　弘扬民族文化——纪念马良骏阿洪归真 50 周年」『回族研究』2007 年第 3 期，121–128 頁。

Hussaini, Syed Shah Khusro. 1983. *Sayyid Muḥammad al-Ḥusaynī-i Gīsūdirāz (721/1321–825/1422) on Sufism*. Delhi: Idarah-i Adabiyat-i Delli, Rpt. in 2009.

胡云生 2007.『传承与认同——河南回族历史变迁研究』银川：宁夏人民出版社。

今井宇三郎 1958.『宋代易學の研究』明治圖書出版。

今永清二 1976.「清末中国における民衆運動の一形態——いわゆる雲南の回民反乱——」『史学研究』131，21–38 頁。

稲葉穣 2011.「ヘラートの「カーマ・スートラ」」田中雅一・稲葉穣 編『コンタクト・ゾーンの人文学——Material Culture / 物質文化』晃洋書房，3–37 頁。

石田志穂 2005.「修練される性——劉一明の思想——」『日本中國學會報』57，147–161 頁。

磯貝健一 2009.「イスラーム法とペルシア語——前近代西トルキスタンの法曹界」森本一夫 編『ペルシア語が結んだ世界——もうひとつのユーラシア史』（北海道大学スラブ研究センター　スラブ・ユーラシア叢書 7）北海道大学出版会，97–128 頁。

磯貝健一，矢島洋一 2007.「ヒジュラ暦 742 年カラコルムのペルシア語碑文」『内陸アジア言語の研究』22，119–156 頁。

伊東貴之 2005.『思想としての中国近世』東京大学出版会。

岩村忍 1949–1950.「中国回教社会の構造（上・下）」『社会構成史体系』日本評論社。

井筒俊彦 1980.『イスラーム哲学の原像』岩波書店（岩波新書）。

Izutsu, Toshihiko. 1983. *Sufism and Taoism: A Comparative Study of Key Philosophical Concepts of Ibn 'Arabī and Lao-Tzu and Chuang-Tzu*. Tokyo: Iwanami Shoten.

荆德新 1991.『杜文秀起义』昆明：云南人民出版社。

金宜久 1983.「苏非派与汉文伊斯兰教著述」『世界宗教研究』1983 年第 2 期，100–109 頁。

金宜久 1994.「苏非派与中国经堂教育」『世界宗教研究』1994 年第 2 期，64-76 頁。
片岡一忠 1975.「「清朝の回民政策」の再検討──清実録記事を中心に──」『歴史研究』(大阪教育大学歴史学研究室編) 13，59-79 頁。
川本正知 1988.「12 世紀におけるスーフィズムの実践について」『オリエント』31/1，1-18 頁。
木下鉄矢 2009.『朱子〈はたらき〉と〈つとめ〉の哲学』岩波書店。
小松久男 1985.「タシュケントのイシャーンについて」『イスラム世界』23-24，69-90 頁。
小杉泰 2010.「近代と邂逅するイスラーム」小杉泰 編『イスラームの歴史 2　イスラームの拡大と変容』山川出版社，3-36 頁。
黒岩高 2002.「械闘と謡言──19 世紀の陝西・渭河流域に見る漢・回関係と回民蜂起」『史學雜誌』111/9，61-83 頁。
黒岩高 2004.「「学」と「教」──回民蜂起に見る清代ムスリム社会の地域相」『東洋學報』86/3，99-133 頁。
黒岩高 2005.「清代中国社会に占める回儒の位置」『中国─社会と文化』20，348-362 頁。
黒岩高 2012.「小経──アラビア文字で漢語を書く」中国ムスリム研究会編『中国のムスリムを知るための 60 章』明石書店，2012 年，71-75 頁。
桑原隲蔵 1989.『蒲寿庚の事續』平凡社 (東洋文庫)
桑田六郎 1925.「明末清初の回儒」『白鳥博士還暦記念東洋史論叢』岩波書店，377-386 頁。
喇秉德・马文慧 2009.『青海伊斯兰教』北京：宗教文化出版社。
Leslie, Donald Daniel. 1981. *Islamic Literature in Chinese, Late Ming and Early Ch'ing: Book, Authors and Associates*. Belconnen: Canberra College of Advanced Education.
Leslie, D.D. and Mohamed Wassel. 1982. "Arabic and Persian Sources Used by Liu Chi'h." *Central Asiatic Journal* 26/1-2: 78-104.
Leslie, D.D., Yang Daye and Ahmed Youssef. 2001. "Arabic Works Shown to the Qianlong Emperor in 1782." *Central Asiatic Journal* 45/1: 7-27.
Lin, Chang-Kuan. 1990. "Three Eminent Chinese 'Ulama' of Yunnan." *Journal/Institute of Muslim Minority Affairs* 11/1: 100-117.
李兴华，秦惠彬，冯今源，沙秋镇 1998.『中国伊斯兰教史』北京：中国社会科学出版社。
李兴华 1998.「经堂教育与伊斯兰教在中国的学说化」西安市伊斯兰文化研究会编『伊斯兰文化研究：第二届西安市伊斯兰文化研讨会论文汇编』银川：宁夏人民出版社，1-20 頁。
李兴华 2011.『中国名城名镇伊斯兰教研究』上下，银川：宁夏人民出版社。
李兴华 2004a.「济宁伊斯兰教研究」『回族研究』2004 年第 2 期，129-141 頁。
李兴华 2004b.「朱仙镇伊斯兰教研究」『回族研究』2004 年第 4 期，80-86 頁。
李兴华 2005a.「昆明伊斯兰教研究」『回族研究』2005 年第 3 期，100-113 頁。
李兴华 2005b. 李兴华「纳古镇伊斯兰教研究」『回族研究』2005 年第 4 期，76-88 頁。
刘东声 2006.「成达师范学校校史述要」中文伊斯兰学术城　主办『激情与困顿──成达师范之兴衰』北京：清真书局，81-107 頁 (もと『回族研究』1993 年 2・3 期に上下で連載)。

刘东声，刘盛林 1992.「关于《冈志》」『回族研究』1992 年第 1 期，68-77 頁。

Madeleung, Wilferd. 1971. "The Spread of Maturidism and the Turks." In *Actas do IV Congresso de Estudos Árabes e Islâmicos, Coimbra-Lisboa 1968*. Leiden: E.J. Brill, pp. 109-168. Rpt. in *Religious Schools and Sects in Medieval Islam*. London: Variorum Reprints, 1985.

Madelung, Wilferd. 1982. "The early Murji'a in Khurāsān and Transoxania and the spread of Ḥanafism." *Der Islam* 50: 32-39. Rpt. in *Religious Schools and Sects in Medieval Islam*. London: Variorum Reprints, 1985.

马汉雄 2001.『固原伊斯兰教简史』[固原]: 固原地区民族宗教局。

马建石・杨育棠 (主编) 1992.『大清律例通考校注』北京: 中国政法大学出版社。

马继祖 2009.『马复初作品选译』香港: 天马出版社。

马军 2006.『沉默的历史』香港: 蓝月出版社。

马世俊 2005.『伊斯兰真理　五更月: (哲理注解) 乃格什板丁耶・穆占迪丁耶　教乘，道乘，真乘的功修 2005 年校正版』出版地不明: 出版者不明。

马世英 1991.『中国伊斯兰教库布林耶谱系 (大湾头门宦)』天津: 天津古籍出版社。

Mason, Issac. 1925. "Notes on Chinese Mohammedan Literature." *Journal of the North China Branch of Royal Asiatic Society* 56: 172-215.

馬松亭 1936.「中國回教與成達師範學校」『禹貢半月刊』5/11 (回教與回族專號)，1-14 頁 (中國宗教歷史文献集成編纂委員会編纂『中國宗教歷史文献集成之四　清真大典』第二十五冊，合肥: 黄山書社，2005 年，902-915 頁)

马廷义 1998: 穆乎引迪尼・艾比・穆罕默德・阿布杜・嘎迪尔・哲俩尼 作，马廷义 译，丁士仁，张钰 校译『玄机与真光』出版地不明: 出版者不明，[1998 年]。

马通 2000a.『中国伊斯兰教派与门宦制度史略』第三版第四次印刷，银川：宁夏人民出版社。

马通 2000b.『中国伊斯兰教牌门宦溯源』第二版第二次印刷，银川：宁夏人民出版社。

松本耿郎 (解説・編訳) 1999a.『ジャーミー「閃光」Lawâ'ih についての基礎的研究』平成 10－13 年文部省科学研究費補助金《基盤研究 (C) 2》研究課題番号 10610039 研究成果報告書・1 (平成 10 年度第一分冊)，英知大学松本耿郎研究室。

松本耿郎 1999b.「馬聯元著『天方性理阿文注解』の研究」『東洋史研究』58/1，211-176 頁。

松本耿郎 2002.「中国イスラームの精神世界――劉智の『五更月』について――」『思想』941 (2002 年 9 月号)，154-165 頁。

松本耿郎 2004.「イスラーム存在一性論の構造と知的生命力」『宗教研究』78/2，131-155 頁。

松本耿郎 2006.「馬徳新とイスラーム思想の儒教的展開――非暴力・平和の思想――」『サピエンチア』40，141-160 頁。

松本耿郎 2007.「中国イスラーム哲学思想における「全体大用」に関する考察――馬復初 (徳新) における「全体大用」を中心に――」『サピエンチア　英知大学論叢』41,

269–287 頁。

松本耿郎 2009.「イスラームの死生観と馬復初の来世観」『サピエンチア　英知大学論叢』43，143–164 頁。

松本弘 1998.「北イエメンにおける伝統的地域区分と部族」『オリエント』41–2，114–153 頁。

松本ますみ 2010.『イスラームへの回帰――中国のムスリマたち』山川出版社。

马彦虎 1992.「余海亭与成都 "宝真堂"」『回族研究』1992 年第 4 期，101–103 頁。

马自祥 1994.『中国少数民族文学史丛书　东乡族文学史』兰州：甘肃人民出版社。

勉维霖（主编）1997.『中国伊斯兰宗教制度概论』银川：宁夏人民出版。

三浦國雄 2000.「黄婆論――『老子』から『悟真篇』へ――」三浦國雄，堀池信夫，大形徹 編『道教の生命観と身体論』（野口鐵郎編集代表「講座道教」第三巻）雄山閣出版，155–178 頁。

森紀子 2005.『転換期における中国儒教運動』京都：京都大学学術出版会。

森本一夫 2009.「ものを書くことから見たペルシア語文化圏――その面的把握をこえて――」森本一夫 編『ペルシア語が結んだ世界――もうひとつのユーラシア史――』北海道大学出版会，1–36 頁。

Murata, Sachiko. 2000. *Chinese Gleams of Sufi Light: Wang Tai-yu's Great Learning of the Pure and Real and Liu Chih's Displaying the Concealment of the Real Realm (with a New Translation of Jami's Lawa'ih from the Persian by William C. Chittick)*. Albany (New York): State University of New York Press.

Murata, S., William C. Chittick, and Tu Weiming (with a Foreword by Seyyed Hossein Nasr). 2009. *The Sage Learning of Liu Zhi: Islamic Thought in Confucian Terms*. Cambridge and London: the Harvard University Asia Center for the Harvard-Yenching Institute.

Nafi, Masheer M. 2006. "A Teacher of Ibn 'Abd al-Wahhāb: Muḥammad Ḥayāt al-Sindī and the Revival of Aṣḥāb al-ḥadīth's Methodology." *Islamic Law and Society* 13/2: 208–241.

纳家璧 2001.「从纳古和看云南回族早期的伊斯兰文化教育」云南回族研究委员会编『回族学刊・第一辑・全国第十一次回族史讨论会暨全国回族学会成立大会论文集』昆明：云南大学出版社，230–236 頁。

中西竜也，森本一夫，黒岩高 2012.「17・18 世紀交替期の中国古行派イスラーム――開封・朱仙鎮のアラビア語碑文の検討から――」『東洋文化研究所紀要』162，55–120 頁。

中田吉信 1955.「中國ムスリムと宗族組織――族譜を中心として見たる――」『東洋學報』38/1，89–114 頁。

中田吉信 1959.「同治年間の陝甘の回亂について」近代中国研究委員会編『近代中国研究』第三輯，71–159 頁。

中田吉信 1993.「近代における中国イスラム境界の改革運動」『就実女子大学史学論集』8，27–77 頁。

中田吉信 1994.「西北回民軍閥擡頭の過程」『就実女子大学史学論集』9，105–181 頁。

仁子寿晴 2007.「中国思想とイスラーム思想の境界線——劉智の「有」論——」『東洋文化』87，181-203 頁。

仁子寿晴 2009.「中国思想とイスラーム思想の境界線——劉智の「有」論——」堀池信夫 編『アジア遊学 129 中国のイスラーム思想と文化』勉誠出版，61-79 頁。

二宮文子 2011.「南アジアのペルシア語神秘主義文献『神秘の鉱脈』」近藤信彰 編『ペルシア語文化圏史の最前線』東京外国語大学アジア・アフリカ言語文化研究所，113-127 頁。

Nizami, K.A. 1997. "The Naqshbandiyyah Order." In *Islamic Spirituality: Manifestations*. Ed. Seyyed Hossein Nasr. New York: The Crossroad Publishing Company, 162-193.

Norris, H.T. 2001. "The Mushaf in Beijing's Oldest Mosque." *Journal of Qur'anic Studies* 32/1: 123-134.

Pagani, Samuela. 2004. "The Meaning of the *Ikhtilāf al-Madhāhib* in 'Abd al-Wahhāb al-Sha'rānī's *al-Mīzān al-Kubrā*." *Islamic Law and Society* 11/2: 177-212.

龐士謙 1937.「中國回教寺院教育之沿革及課本」『禹貢半月刊』7/4（回教專號），99-103 頁（中國宗教歷史文獻集成編纂委員会編纂『中國宗教歷史文獻集成之四　清真大典』第二十五冊，合肥：黃山書社，2005 年，1103-1107 頁）。

Papas, Alexandre. 2003. "Soufis du Badakhshân: Un renouveau confrérique entre l'Inde et l'Asie centrale." *Cahiers d'Asie centrale* 11-12: 87-102.

Papas, Alexandre. 2007. "Note sur la Naqshbandiyya-Mujaddidiyya en Asie central Chinoise (XVIIIe-XIXe siècles)." *Journal of the History of Sufism* 5: 319-328.

Peters, Radolph. 1980. "Idjtihād and Taqlīd in 18th and 19th Century Islam," *Die Welt des Islams*, 20/3-4: 131-145.

秦惠彬 1995.『中国伊斯兰教与传统文化』北京：中国社会科学出版社。

Rapoport, Yossef. 2003. "Legal Diversity in the Age of *Taqlīd*: The Four Chief Qāḍīs under the Mamluks." *Islamic Law and Society* 10/2: 210-228.

Ridgeon, Lloyd. 1998. *'Azīz Nasafī*. Richmond, Surrey: Curzon Press.

Rizvi, Saiyid Athar Abbas. 2002. *A History of Sufism in India*. 2 vols. New Deli: Munshiram Manoharlal Publishers Pvt. Ltd.

Rypka, Jan. 1968. *History of Iranian Literature*. Written in collaboration with Otakar Klíma et al., ed. by Karl Jahn. Dorderecht-Holland: D. Reidel Publishing Company.

佐口透 1948.「中國ムスリムの宗教的生活秩序」『民族學研究』13/4，21-35 頁。

佐口透 1950.「中國イスラムの經典」『東洋學報』32/4，100-128 頁。

佐口透 1969.「中国イスラムの教派」『金沢大学法学部論集・史学編』17，1-16 頁。

佐藤実 2008.『劉智の自然学——中国イスラーム思想研究序説——』汲古書院。

佐藤実，仁子寿晴 編 2002. 回儒の著作研究会 訳注『訳注　天方性理　巻一』，文部科学省科学研究費補助金学術創成研究　イスラーム地域研究第 5 班「イスラームの歴史と文化」。

Scarabel, Angelo. 2001. “Remarques sur le *Fath al-basâ'ir* de 'Abd al-Qâdir al-Jîrânî.” *Journal of the History of Sufism*. 1-2 (2000): 1-20.

Schacht, Joseph. 1964. *An Introduction to Islamic Law*. Oxford: Clarendon Press.

Schimmel, Annemarie. 1975. *Mystical Dimensions of Islam*. Chapel Hill: The University of North Carolina Press.

Schimmel, Annemarie. 1985. *And Muhammad Is His Messenger: The Veneration of the Prophet in Islamic Piety*. Chapel Hill and London: The University of North Carolina Press.

Sharī'at, Muḥammad Jawād. 1356 A.H.S. “Kitābkhāna-yi Masjid-i Dūn Shī dar Shahr-i Pikan.” *Rāhnamā-yi Kitāb* 20: 584-589.

沙宗平 2004.『中国的天方学：刘智哲学研究』北京：北京大学出版社。

Shcheglova（Щеглова, О. П.）2011. *Литографское книгоиздание на Персидском языке в Туркестане и Бухаре（1881-1918 гг.）*. Санкт-Петербург: Нестор-История.

沈一鸣 2008.「跨越时空的苏非经典——贾米的《勒瓦一合》与刘智的《真境昭微》初步比较研究」『回族研究』2008 年第 1 期，106-112 頁。

島田虔次 1970.『中国における近代思惟の挫折』筑摩書房。

新保敦子 2012.「中東へのまなざし——マッカ巡礼，留学，ビジネスチャンス」中国ムスリム研究会編『中国のムスリムを知るための 60 章』明石書店，352-356 頁。

Sobraine: *Собрание восточных рукописей Академии наук Узбекской ССР*. 11 vols. Ташкент: Издательство Академии Наук Узбекской ССР, 1952–87.

水镜君，玛利亚・雅绍克（Maria Jaschok）2002.『中国清真女寺史』北京：三联书店。

田坂興道 1964.『中國における回教の傳來とその弘通（上・下巻）』東洋文庫。

寺田隆信 1984.「明代泉州回族雜考」『東洋史研究』42/4，53-76 頁。

Thiersant, Dabry de. 1878. *Le Mahometsime en Chine et dans le Turkestan oriental*. 2 tomes. Paris.

外川昌彦 2008.『聖者たちの国へ——ベンガルの宗教文化誌』日本放送出版協会。

東長靖，中西竜也 編 2010.『イブン・アラビー学派文献目録』京都：京都大学イスラーム地域研究センター（KIAS）。

Vissière, A. (études); E. Blochet et al. (notes) 1911. *Mission d'Ollone 1906–1909: Recherches sur les musulmans chinois, par le commandant d'Ollone*, Paris: Ernest Leroux, Éditeur.

王建新 2009.「霊明堂における宗教教義の思想的系譜」堀池信夫 編『アジア遊学 129 中国のイスラーム思想と文化』勉誠出版，106-122 頁。

王靜齋 1937.「五十年求學自述」『禹貢半月刊』7/4（回教專號），105-114 頁（中國宗教歴史文献集成編纂委員会編纂『中國宗教歴史文献集成之四　清真大典』第二十五冊，合肥：黃山書社，2005 年，1109-1118 頁）。

王靜齋 1939.「發揚伊斯蘭文化之必要」李兴华，冯今源 编『中国伊斯兰教史参考资料选编（1911-1949）』上册，银川：宁夏人民出版社，1985 年，920-928 頁（原載『回民言論半月刊』創刊号，1939 年）

王沐（淺解）1990.『悟真篇淺解（外三種）』北京：中華書局。

王平 2007.「爱国爱教虔信传世——马良骏阿洪传略」『回族研究』2007 年第 3 期，115–120 頁。

王樹槐 1968.『咸同雲南回民事變』臺北：中央研究院近代史研究所。

王永亮 1987.「从经堂教育到新式回民教育——回族教育史上的巨大转折」青海省宗教局 编『中国伊斯兰研究——西北五省（区）伊斯兰教学术讨论会（西宁会议）论文选集』西宁：青海人民出版社，245–258 頁。

Weismann, Itzchak. 2005. “Law and Sufism on the Eve of Reform: The Views of Ibn ‘Abidin.” In *Ottoman Reform and Muslim Regeneration: Studies in Honour of Butrus Abu-Manneh*. Ed. Itzchak Weismann and Fruma Zachs. London, New York: I. B. Tauris, pp. 69–80.

Weismann, Itzchak. 2007. *The Naqshbandiyya: Orthodoxy and Activism in a Worldwide Sufi Tradition*. London and New York: Routledge.

Wiederhold, Lutz. 1996. “Legal Doctrines in Conflict: The Relevance of *Madhhab* Boundaries to Legal Reasoning in the Light of an Unpublished Treatise on *Taqlīd* and *Ijtihād.*” *Islamic Law and Society* 3/2: 234–304.

吴建伟，张进海 主编 2010.『回族典藏全书总目提要』银川：黄河出版传媒集团・宁夏人民出版社。

伍贻业 1991.「从王岱舆到刘智的启示与反思——17 世纪中国伊斯兰教思潮」『中国回族研究（第一辑）』银川：宁夏人民出版社，68–82 頁。

矢島洋一 1998.「‘Alā’ al-dawla Simnānī とその教団」『史林』81/5，113–143 頁。

矢島洋一 2009.「ペルシア語文化圏におけるスーフィー文献著述言語の変遷とその意義」森本一夫 編『ペルシア語が結んだ世界——もうひとつのユーラシア史』北海道大学出版会，67–95 頁。

山田慶児 1978.『朱子の自然学』岩波書店。

楊德元 1936.「中國回教新舊派爭之今昔觀」『晨喜』2/11（宁夏少数民族古籍整理出版规划领导小组办公室，北京市民族古籍整理出版规划小组办公室 整理，上下册，银川：宁夏人民出版社；李兴华，冯今源 编『中国伊斯兰教史参考资料选编（1911–1949）』上册，银川：宁夏人民出版社，765–775 頁にも収録）

杨桂萍 2004.『马德新思想研究』北京：宗教文化出版社。

杨怀忠，余振贵 主编 1995.『伊斯兰与中国文化』银川：宁夏人民出版社。

杨万宝，马学凯，张承志（译），矣里爷 著 1993.『热什哈尔』北京：生活・读书・新知 三联书店。

杨学林，王蕾 2011.『中国伊斯兰教苏非学派史论之二 库布忍耶』银川：宁夏人民出版社。

杨永昌 1988.「《经学习传谱》及舍起灵简介」『中国伊斯兰教研究文集』银川：宁夏人民出版社，430–441 頁。

姚继德，肖芒 主编 2001.『云南民族村寨调查：回族——通海纳古镇』昆明：云南大学出版社。

余振贵，雷晓静 主编 2001.『中国回族金石录』银川：宁夏人民出版社。

余振贵，杨怀忠 1993.『中国伊斯兰文献著译提要』银川：宁夏人民出版社。

余振贵 1996.『中国历代政权与伊斯兰教』银川：宁夏人民出版社。

Zarcone, Thierry. 2000. “La Qâdiriyya en Asie central et au Turkestan oriental.” *Journal of the History of Sufism* 1–2: 295–338.

張承志（著），梅村坦（編訳）1993.『殉教の中国イスラム——神秘主義教団ジャフリーヤの歴史』亜紀書房。

张宗奇 2006.『伊斯兰文化与中国本土文化的整合』北京：东方出版社。

中国伊斯兰百科全书：中国伊斯兰百科全书编辑委员会『中国伊斯兰百科全书』成都：四川辞书出版社，1996 年。

周传斌等主 2008.『薪火相传的回族教育』(张进海 主编「中国回族历史文化丛」) 银川：宁夏人民出版社。

周彦奎 1993.「尕德忍耶九彩坪门宦」宁夏回族自治区政协文史资料委员会等合编『西北回族与伊斯兰教』银川：宁夏人民出版社，393–395 頁。

事項索引

【アラビア文字のローマ字表記】
adnā（もっと近かった） 251
aḥadiyya（純一性） 43-48, 51-52, 218, 266, 302, 325
aḥkām <pl. of ḥukm（〔神の諸名や諸属性の，被造物にたいする〕支配，被造物の諸特性） 49-50
Ahl al-Ḥadīth（ハディースの徒） 172
ākhund →アホン
'ālam al-mithāl（イメージの次元） 50
'amal（アマル） 160
'aql（知性） 81, 85, 94, 97, 321
arba'ūn（アルバウーン） xiv-xv
'Arsh（アルシュ，神の玉座） 81, 84-85, 87, 94, 304, 321
'āshiq（愛する者） 212, 216-219, 244, 258
āthār <pl. of athar（〔神の諸名や諸属性の，被造物における〕痕跡，被造物の諸効能） 49
a'yān thābita（恒常的諸実在） 48-49, 89-91
azal（太初） 247
baḥrayn →2つの海
baqā'（存続） 249, 251-252
baqā' al-baqā'（存続の存続） 251
bīgāna（見知らぬ人） 262
dār al-ḥarb（戦争の家） 183-185, 187-192, 202, 381
dār al-Islām（イスラームの家） 183, 187, 190
dhāt（本体） 43, 97, 325, 327
dhikr（ズィクル） xiv, 41, 107, 116-117, 230-231, 242, 308, 326
dil（心） 226, 229, 232, 234, 244, 255-256, 262
fanā'（消滅） 42, 240-241, 246-247, 249, 252, 326
fanā' al-fanā'（消滅の消滅） 250
farīḍa-yi dā'im（永続する神命） 220
fu'ād（心の深層） 45, 213, 246, 305, 324
Hā 242-243, 259, 297, 300-301
ḥadīth qudsī（ハディース・クドゥスィー） 51, 115, 252
Ḥanafī（ハナフィー） 8, 32-33, 39, 59-60, 73, 144-146, 153, 161-164, 171-172, 175, 177, 192, 333, 382
ḥaqīqa（ハキーカ，真相） 41, 52, 111, 113, 212-214, 216, 220-227, 229, 240, 257, 259-260, 265, 300-301, 305-307, 325-326
ḥaqīqat-i Muḥammadī（ムハンマドの真相） 47, 51, 89-90, 258, 265-266, 321
ḥayra（混乱） 262, 326
ḥukm（〔神の諸名や諸属性の，被造物にたいする〕支配） → aḥkām
Huwa 242-243, 259, 297, 300-301
'ibādāt（イバーダート） 39
ibn al-waqt（時の子） 245
ijāza（免許皆伝） 117
ijtihād（イジュティハード） 71-72, 191-192
'ilm（知ること，知識，理性的認識） 43, 47, 113-114, 131, 241, 263, 378
insān kāmil（完全人間） 50-51, 121, 124-126, 246
'ishq →愛
ism <pl. asmā'（〔神の〕名） 46-47, 49-50
isti'dād（受容力） 49
i'tibār <pl. i'tibārāt →関係性
Jabarūt（ジャバルート） 45, 50, 306, 322
jahrī（声に出すズィクル） 231
Jahriyya（ジャフリーヤ） 35-36, 61, 64-65, 104, 217, 353
jalāl（威厳） 244
jamāl（美） 244
jān（命） 226, 251, 254, 256
jawhar（実体） 80-81, 84-85
jihād（聖戦） 8, 184, 195-198, 200, 202, 379
khafī（黙然のズィクル） 231

khafī（隠されたもの） 234, 263
Khufiyya（フフィーヤ） i, 35-36
Kubrawiyya（クブラウィーヤ） 38, 59, 81
Kubriyya（クブリーヤ） 35, 210
Kursī（クルスィー，神の玉座の足置き） 81, 84-85, 87, 94
lāhūt（ラーフート） 45, 249, 302, 304, 306, 321
laṭā'if（ラターイフ） ix, 41, 45, 234, 243, 246, 301, 305-307
madhhab（法学派，学派） 8, 32-33, 144-145, 149, 161, 166, 168, 171-172, 174, 380
maḥabba →愛
malakūt（マラクート） 45, 81-85, 89-91, 117, 249, 258, 306, 322-323, 326
maqām → maqāmāt
maqāmāt <pl. of maqām（神秘階梯） 97, 110, 113, 115
ma'rifa（マアリファ，霊智，直観的認識） 116, 239-240, 256, 264, 300-301, 305, 307, 324
ma'shūq（愛される者） 212, 217-219, 244, 251, 258
mīm（ミーム） 236, 314-316
mi'rāj（昇天） 247
mīthāq（契約） 242, 261
mu'āmalāt（ムアーマラート） 39, 183, 187
muḥibb（崇拝者） 34
Mujaddidiyya（ムジャッディディーヤ） ix, xiv, 36, 239, 353
mulk（ムルク） 45, 50, 81-82, 84-85, 117, 258, 306, 322
murīd（ムリード，弟子） 34, 107, 111, 117
Mu'tazira（ムウタズィラ派） 132, 343
nafas Raḥmānī（慈愛の息吹） 44
nafs（ナフス，魂） 81-82, 84-85, 89-90, 94, 225, 229-230, 234, 244, 246, 253-254
Naqshbandiyya（ナクシュバンディーヤ） i, 35-36, 59, 208, 353
nāsūt（ナースート） 249
nisba <pl. nisab →関係性
Niẓāmiyya（ニザーミーヤ派） 230
nūn（ヌーン） 265
nūr-i rūḥ-i Muḥammadī（ムハンマドのルーフの光） 81, 85, 302
nuzūl（下降） 227
qāb qawsayn（弓２つ分） 250
qābiliyya（受容力） 49
Qādiriyya（カーディリーヤ） 5, 35, 38, 104, 122-123, 204-208, 210, 213, 224, 230-231, 235-237, 290, 327
qalam（筆） 48, 81, 85, 89-90, 265, 321
qalb（心臓，心） 45, 213, 246, 256, 305, 323
qurb al-farāyiḍ（絶対的義務による近接） 253
qurb al-nawāfil（義務以外の宗教行為による近接） 252-253
rawān（精神） 246
rind（無頼） 247
rūḥ（ルーフ，霊） 7, 68, 79, 81-86, 89-90, 93-97, 99, 115, 213, 224, 228-229, 234, 251, 256, 261, 378, 381
  rūḥ-i iḍāfī（〔神に〕帰属する霊） 48, 111, 327
  al-rūḥ al-jusmānī（肉体的霊） 246, 305-307, 322
  rūḥ-i khwāja（ムハンマドのルーフ） 81
  rūḥ-i Muḥammadī（ムハンマドのルーフ，ムハンマドの霊） 48, 82-83, 85, 89, 91, 111, 258, 260, 265, 316, 321, 378
  al-rūḥ al-qudsī（神聖な霊） 226, 246, 305-306, 325
  al-rūḥ al-rawānī（精神的霊） 246, 305-307, 323
  al-rūḥ al-sulṭānī（スルターンの霊） 246, 305-307, 322, 324
ṣadr（胸） 45, 246, 255, 305, 322
samā'（サマーウ） 115
ṣarf（語形変化） 365
sharī'a（シャリーア，イスラーム法） 6, 8, 32, 39, 54, 72-73, 100, 136, 141, 182, 184-185, 188-193, 195, 197, 200-202, 212-214, 216, 219, 221-222, 225-227, 229-230, 239-240, 257, 259-260, 265, 300-301, 305, 307,

322, 326, 343, 379
shaykh（シャイフ，導師） 34, 71, 104-105, 107, 110-111, 113, 117-118, 121, 124, 126, 128, 241, 320, 382
Shīʻa（シーア派） 343
ṣifa <pl. ṣifāt（属性） 43, 46-47, 49-50, 221
silsila（道統） 7, 34, 117, 121, 125
sirr（秘奥） 45, 213, 234, 246, 305, 325-326
ṣūfī（スーフィー） 34, 81, 114, 119-122, 124, 130, 153, 207, 245, 250, 341
ṣūra <pl. ṣuwar（表象） 48
taʻaṣṣub（狂信，狂信的党派主義） 48, 132, 144
taʻayyun（自己分節，自己規定） 46-48
tajallī（自己顕現） 42, 44, 46, 48-49, 51-52
ṭalāq（離縁） 8, 185, 187-189, 193, 202, 379
taqlīd（タクリード） 71, 175
ṭarīqa（タリーカ） 34, 111, 113, 212-214, 216, 220-227, 229, 239-240, 245, 265, 300-301, 305, 307, 323 →スーフィー教団
ṭifl al-maʻānī（精神的嬰児） 240, 306-308, 325-326
ʻurūj（上昇） 227
waḥda al-wujūd（存在一性論） 42, 51-53, 83, 217
walī（神の友，聖者） xiv, 34, 37, 81, 221
waqf（ワクフ） 160
wāqiʻa（ヴィジョン） 107
wāw（ワーウ） 236, 314-316
wujūd（存在） 43-46, 49-52, 218, 234, 251

【あ行】

愛（ʻishq, maḥabba） 51, 212, 216, 219, 244, 251
　愛される者 → maʻshūq
　愛する者 → ʻāshiq
阿訇 →アホン
アッバース朝 384, 386-387
アホン viii, 22, 24-25, 105-109, 113-114, 117-118, 120, 379
アマル → ʻamal
アルシュ → ʻArsh
意 297, 311
イジュティハード → ijtihād
イスラーム教経学院 26
「イスラームの家」 → dār al-Islām
イスラーム法 → sharīʻa
　イスラーム法学 78, 129
命 → jān
イフワーン派 xiv, 33, 172-173
イマーム（imām） 23
雲南ムスリム反乱 8, 30, 62, 64, 66-67, 73, 182, 185-186, 191-192, 202, 379
嬰兒 296, 306-307
オスマン（朝・家） 145-146, 181, 384. 387

【か行】

カーディリーヤ → Qādiriyya
海乙寺 23
開學 23, 156
　開学アホン 22
回族 iii, 2, 19, 383
回賊 20
回漢対立 61, 185, 319
回民起義 62
化覚巷清真寺 345-346
科挙 20
格物 53
華寺〔門宦〕 35-37
　華寺拱北 37
カディーム派 33, 172
河圖 310, 316-318, 380
カリフ（khalīfa） 149, 151, 154, 384, 386-387
関係性（nisba もしくは iʻtibār） 43, 46-48, 50
漢語イスラーム文献 4-5, 7, 25, 28-30, 61, 78-80, 104, 109, 120, 182, 205, 209-210, 329
漢語化 18, 20, 347
完全人間 → insān kāmil
坎離顛倒 292, 296, 307-308, 314, 316-318
氣 84, 86, 93, 296-297
義烏 383

義産　24
歸眞　86, 88-89, 96, 98-99, 378
義田　24
韭菜坪拱北　xiii
久照亭　123, 209
教長　23
郷老　23
義理　87-91, 94-95
金（王朝）　15
金液還丹　308
金丹　234, 292, 296
クブラウィーヤ　→ Kubrawiyya
クブリーヤ　→ Kubriyya
クルスィー　→ Kursī
繼性　77, 95-96, 98-99
経堂教育　6, 21-26, 104-108, 110, 113, 329, 346-347
元（王朝）　15-16
交還　222, 334
口喚　34
康熙三十八年講班　348
孔教運動　387-388
后子河拱北　xii, 207
后子河門宦　xii, 290
恒常的諸実在　→ a‘yān thābita
後天　84-85
五行　224, 234
　五行顚倒　292, 296
古行　31-33, 40, 147, 153, 157-159, 161-162, 164
　古行派　25, 147, 153, 161, 164
心　→ dil, qalb
胡門　125
魂（こん）　234, 296, 300-301, 306-307, 317
拱北（ゴンベイ）　i, 37, 211

【さ行】

ザカート（zakāt）　24
サダカ（ṣadaqa）　24
扎指　157-158
サファヴィー朝　363
サマーウ　→ samā‘
三乗　240
シーア派　→ Shī‘a
至聖　86, 111
　至聖の性　84-86, 91, 95, 378
七門〔門宦〕　208
実体　→ jawhar
シャーフィイー派　32, 144-145, 164
シャイフ　→ shaykh
ジャバルート　→ Jabarūt
ジャフリーヤ　→ Jahriyya
シャリーア　→ sharī‘a
十三經　56
十三部経　57, 59-60
儒教　3, 5, 28, 31, 40, 52, 68, 204-205, 319, 387-388
主宰　84, 98
朱子学　7, 52-53, 68, 77, 79-80, 86-87, 89, 91-93, 95, 97, 99-100, 378, 381
出家人　224
純一性　→ aḥadiyya
掌教　170
小児錦　vi, viii
稍麻寺　23
消滅の消滅　→ fanā’ al-fanā’
神　234, 296, 300-301, 306-307, 317
神の友　→ walī, 聖者
清（王朝）　17-18, 61-63, 66, 184, 189-191, 205
新行　31-33, 40, 147, 153, 158-159, 161-164
　新行派　25, 147, 153, 159, 161, 164
眞宰　83-84, 86, 96-99
新式学校　26
神聖な霊　→ al-rūḥ al-qudsī
身体中央　234, 296, 317
神秘階梯　→ maqāmāt
清律　39, 189
ズィクル　→ dhikr
スーフィー　→ ṣūfī
スーフィー教団　xii, 5, 8, 34-35, 104, 128, 130, 204, 290, 382　→門宦
スーフィズム（Sufism）　6-7, 34, 41-42, 52-54, 78, 100, 103-108, 110, 113-115, 117,

124, 127-129, 204, 206, 210, 212, 290, 382
スルターンの霊　→ al-rūḥ al-sulṭānī
性　77, 79, 83-84, 86-87, 92-93, 95, 97, 99, 209, 221, 378, 381
精　234, 296, 300-301, 306-307, 317
聖者　→ walī
聖人　86, 88-89, 126
　聖人可学論　97, 99, 378
清真寺　iv, 19, 21-24, 186
精神的嬰児　→ ṭifl al-ma'ānī
精神的霊　→ al-rūḥ al-rawānī
聖戦　→ jihād
成達師範學校　26, 360-361
西北ムスリム反乱　65, 319, 380
齊門〔門宦〕　208
性理　87-93
石塘嶺門宦　208
設帳　23
洗回　62, 65
「戦争の家」　→ dār al-ḥarb
全體大用　68, 221
先天　84-87, 121
鮮門〔門宦〕　104, 208
宋（王朝）　15
宗廟　19-20
存在　→ wujūd
　存在一性論　→ waḥda al-wujūd
存続の存続　→ baqā' al-baqā'

【た行】

大拱北（ダーゴンベイ）　5, 38, 104, 205, 207, 217, 224, 228, 237, 327
『大學』八条目　230
太極　53, 80, 84, 312
台子拱北　327
大食　15
大筆　84-85
「大分散，小集中」　21
太平天國　65-66
大命　84-86, 91
大湾頭拱北　210
魂　→ nafs
タリーカ　→ ṭarīqa
知性　→ 'aql
致知　53
中宮　→身体中央
中黄　→身体中央
中和堂　xii, 289
朝貢　16
超乗　240
張門〔門宦〕　210
ティムール朝　59, 363
デーオバンド派（Deoband）　70
唐（王朝）　14-15
道教　3, 28, 31, 204-206, 210, 233, 235, 237, 290, 387
道統　→ silsila
独班　152, 158-159, 175-176

【な行】

内丹　203-208, 235, 237, 290, 292, 297, 308, 319
ナクシュバンディーヤ　→ Naqshbandiyya
ナフス　→ nafs
肉体的霊　→ al-rūḥ al-jusmānī
捻　66

【は行】

ハキーカ　→ ḥaqīqa
魄　234, 296, 300-301, 306-307, 317
八卦　231, 379
八正道　231, 379
筏喩　220
ハディース・クドゥスィー　→ ḥadīth qudsī
ハティーブ（khaṭīb）　23
ハナフィー派　→ Ḥanafī
　ハナフィー派原理主義　8, 33, 40, 172
巴巴寺　→久照亭
ハラール食品　383
ハリーファ（khalīfa）　24
バレールウィー派（Barēlwī）　70
蕃客　15
萬國道德會　387
ハンバル派　144

万物一体の仁　388
蕃坊　15-16, 383
秘奥　→ sirr
2つの海　227, 257, 259
仏教　3, 28, 220, 230, 387
筆　→ qalam
文泉堂　38, 236
ペルシア語文化圏　54-55, 328, 351, 353, 356-357, 375
ペルシア語的漢語　331-333
法学派（学派）　→ madhhab
北庄　→北莊
北莊〔門宦〕　i, 36-37, 352-353
　北莊拱北　i, 233
堡子清真寺　26
本性　95-96, 99
本体　→ dhāt
本然　41, 86, 88, 96-99, 220-221

【ま行】

マーリク派　144
マアリファ　→ ma'rifa
マッカ巡礼　x, 8, 60, 68-69, 182, 191
マフディー　386-387
マムルーク朝　145, 384
マラクート　→ malakūt
マンラー（mawlā，もしくは mullā）　24
ミーム　→ mīm
明（王朝）　16-21
ムアッズィン（mu'adhdhin）　23
ムウタズィラ派　→ Mu'tazira
ムジャッディディーヤ　→ Mujaddidiyya
ムハンマド
　ムハンマドの真相　→ ḥaqīqat-i Muḥammadī
　ムハンマドのルーフ　→ rūḥ-i Muḥammadī
　ムハンマドのルーフの光　→ nūr-i rūḥ-i Muḥammadī
　ムハンマドの霊　→ rūḥ-i Muḥammadī
ムリード　→ murīd
ムルク　→ mulk
明徳清真寺　ii, xiv-xv, 70
もっと近かった　→ adnā
門宦　xiii, 8-9, 23, 34-35, 100, 104, 118, 130, 290, 320, 380　→スーフィー教団
モンゴル　15-19, 60, 384, 386

【や行】

8つの規定　230
弓2つ分　→ qāb qawsayn
陽明学　40, 97
楊門〔門宦〕　xii, 9, 38, 120, 206, 221, 224, 235, 303

【ら行】

ラーフート　→ lāhūt
ラターイフ　→ laṭā'if
理　53, 84-85, 87-88, 92-94
　理一分殊　53, 92-93, 95-96, 99
離縁（離婚）　→ ṭalāq
龍泉拱北　303
遼（王朝）　15
良知良能　221
臨夏外国語学校（臨夏中阿学校）　26
ルーフ　→ rūḥ
霊　→ rūḥ
靈命　115-116
靈明堂　38, 208
連班　152-153, 157-159, 175-176
老人家　34

【わ行】

ワーウ　→ wāw
ワクフ　→ waqf
ワッハーブ主義　70-72
　ワッハーブ派　vix, 70

人名索引

【アラビア文字のローマ字表記】

‘Abdullāh Anṣārī（アブドゥッラー・アンサーリー） 232
Abū Dā’ūd（アブー・ダーウード） 167
Abū Ḥafs Kabīr Bukhārī（アブー・ハフス・カビール） 333
Abū Ḥanīfa（アブー・ハニーファ） 127, 149-155, 161-171, 173, 175, 183-184, 333
Abū Nājib Suhrawardī（スフラワルディー） 114
Abū Yūsuf（アブー・ユースフ） 171, 174, 183, 333
Aḥmad Riḍā Barēlwī（アフマド・リダー） 70
Aḥmad Sa‘īd（アフマド・サイード） ix
Aḥmad Sirhindī（アフマド・スィルヒンディー） 36, 173, 353
‘Aṭṭār, Farīd al-Dīn（アッタール） 149, 166, 257, 326
‘Ayn al-Quḍāt al-Hamadānī（アイヌルクダート・ハマダーニー） 305
‘Azīz Nasafī（ナサフィー） 58-59, 97, 106, 227, 305, 340
Bahā’ al-Dīn ‘Āmilī（アーミリー） 362-363, 365-366, 375-376
Bahā’ al-Dīn Naqshband（バハーウッディーン・ナクシュバンド） 362
Birkawī, Muḥammad b. Pīr ‘Alī（ビルカウィー） 173
Burhān al-Dīn Sāgharjī（ブルハーヌッディーン・サーガルジー） 58
Burhān al-Dīn ‘Ubayd Allāh（サドルッシャリーアⅠ世） 195
Dāya → Najm al-Dīn Dāya Rāzī
Fakhr al-Dīn ‘Irāqī（イラーキー） 58, 330
Ghulām ‘Alī（グラーム・アリー） ix
Gīsūdirāz（ギースーディラーズ） 240
Ghiyāth al-Dīn al-Badakhshānī（ギヤースッディーン・バダフシャーニー） 36
Ḥarrāj（ハッラージュ） 250
al-Ḥaṣkafī, ‘Alā’ al-Dīn Muḥammad（ハスカフィー） 196
Ḥusām al-Dīn b. ‘Alā’ al-Dīn al-Nūjabādī（フサームッディーン） 58
Ibn ‘Ābidīn, Muḥammad Amīn（イブン・アービディーン） 69, 72-73, 172, 174, 183, 193, 196, 198-199
Ibn Amīr San‘ānī, Muḥammad b. Ismā‘īl（イブン・アミール・サンアーニー） 172
Ibn ‘Arabī, Muḥyī al-Dīn（イブン・アラビー） 42, 44-45, 50, 59, 260-261, 315
Ibn Baṭṭūṭa（イブン・バットゥータ） 58
Ibn Ḥanbal（アフマド・イブン・ハンバル，ムハンマド・イブン・ハンバル） 144, 149, 151, 166-168
Ibn Qayyim Jawziyya（イブン・カイイム・ジャウズィイヤ） 71
Imām Rabbānī → Aḥmad Sirhindī
Ismā‘īl Ḥaqqī Bursawī（İsmail Hakkı Bursevî, イスマイル・ハック・ブルセヴィー） 257
Jalāl al-Dīn Rūmī → Rūmī
Jāmī, ‘Abd al-Raḥmān（ジャーミー） 57-60, 217, 330
Jīlānī, ‘Abd al-Qādir（ジーラーニー） 38, 213, 301
Junayd Baghdādī（ジュナイド） 230
al-Kawākibī（カワーキビー） 387
Khālid Baghdādī, Ḍiyā’ al-Dīn（ハーリド・バグダーディー） ix
Khiḍr（ヒドル） 118, 125, 141, 257, 305
Khwāja Āfāq（ホージャ・アーファーク） 35, 104, 208
Khwāja ‘Abdullāh（ホージャ・アブドゥッラー） 38, 104, 123, 208, 290
Maḥmūd Khwush Dahān（マフムード・フシュ・

ダハーン）　240
Mālik（マーリク）　149, 165-168
Marghīnānī, Burhān al-Dīn（マルギーナーニー）　58, 151, 162-163, 184, 216, 250, 333
Mīr Sayyid Sharīf Jurjānī（ジュルジャーニー）　363
Muḥammad（ムハンマド）　7, 50, 86, 117-118, 125-128, 154, 166-167, 259, 315-316, 388
Muḥammad ʻAbd al-Ḥayy al-Laknawī　174
Muḥammad b. ʻAbd al-Wahhāb（ムハンマド・イブン・アブドゥルワッハーブ）　70, 73, 172
Muḥammad Maʻṣūm（ムハンマド・マアスーム）　36
Muḥammad Maẓhar（ムハンマド・マズハル）　ix
Muḥammad Muḥibbullāh（穆罕默德・穆罕本拉）　173, 235-236, 304
Muḥammad Shaybānī（ムハンマド・シャイバーニー）　171
Muḥammad Sibgha Allāh　36
Muḥammad Yūsuf（ムハンマド・ユースフ）　36, 353
Najm al-Dīn Dāya Rāzī（ダーヤ）　81-82, 104-105, 111, 124, 212, 229-230, 302, 329, 340, 378
Najm al-Dīn Kubrā（ナジュムッディーン・クブラー）　230
Qāḍīkhān, Fakhr al-Dīn al-Farghānī（カーディーハーン）　174
Rūmī（ルーミー）　54, 257
Saʻdī Shīrāzī（サアディー）　58, 330, 360
Sahl al-Tustarī（サフル・トゥスタリー）　305
Sanūsī, Muḥammad b. ʻAlī（サヌースィー）　172
Sarakhsī, Shams al-A'imma（サラフスィー）　174
Sayyid Aḥmad Barēlwī（サイイド・アフマド）　71
Sayyid Ajall Shams al-Dīn（サイイド・アジャッル・シャムスッディーン，賽典赤）　30
Sayyid Quṭb（サイイド・クトゥブ）　30
Shāfiʻī（シャーフィイー）　32, 149, 151-152, 161-162, 164-168
Shāh ʻAbd al-ʻAzīz（シャー・アブドゥルアズィーズ）　184
Shāh Awliyā'（シャー・アウリヤー）　35-36
Shāh Qāsim Anwār（カースィム・アンワール）　257
Shāh Walī Allāh Dihlawī（シャー・ワリーウッラー）　36
Shaʻrānī, ʻAbd al-Wahhāb（シャアラーニー）　145, 169
Shawkānī, Muḥammad b. ʻAlī（シャウカーニー）　172
Shihāb al-Dīn Suhrawardī（スフラワルディー）　114
Taftāzānī, Saʻd al-Dīn（タフターザーニー）　57-58, 60
ʻUbaydullāh b. Masʻūd Ṣadr al-Sharīʻa al-Thānī（サドルッシャリーアII世）　173

【あ行】

アアザム（Aʻẓam）　→ Abū Ḥanīfa
アーミリー　→ Bahā' al-Dīn ʻĀmilī
アッタール　→ ʻAṭṭār
アブー・ユースフ　→ Abū Yūsuf
アブー・ハニーファ　→ Abū Ḥanīfa
アブデュルメジト（I世）　181
アブデュルメジトII世　386
アブドゥルカーディル・ジーラーニー　→ Jīlānī
アブドゥルカーディル關里爺　353
アフマド・イブン・ハンバル　→ Ibn Ḥanbal
アフマド・スィルヒンディー　→ Aḥmad Sirhindī
アブラハム（Ibrāhīm）　127, 255
安洪維　xiii
安裕和　207
イエス（Īsā）　240
イエメンのアホン　129, 157 →ユースフ・カフターニー
イエメンのバーバー　→ユースフ・カフター

ニー
イブン・アービディーン　→ Ibn ʿĀbidīn
イブン・アラビー　→ Ibn ʻArabī
イラーキー　→ Fakhr al-Dīn ʻIrāqī
〔第3代正統カリフ〕ウスマーン（ʻUthmān）　15, 149
雲南馬　123, 290
袁國祚　109
袁汝琦　109, 157
袁盛之　109
王靜齋　60, 357
王岱輿　29-31, 80, 126, 302
翁葆光　292
王陽明　97

【か行】

蓋思　13
海思福　60
海文軒　156, 158
回良玉　383
ガザーリー（Ghazālī）　68
ガルダン　129
坎離堂楊太爺　207
祁介泉（Muḥammad Ibrāhīm）　xiv
祁靜一　104, 205, 207, 210, 217, 257, 290, 327
祁道和　228
祁明德（Muḥammad Kamāl al-Dīn）　70
極料理　124, 129
ケマル・アタテュルク　387
ケマルパシャザーデ（Kemal Pasha Zāda）　344
江張希　387-388
伍遵契　330
胡登洲　22, 25, 105, 118-120, 347

【さ行】

サアディー　→ Saʻdī Shīrāzī
蔡姑太太　207
蔡璿　→蔡爸爸
賽典赤　→ Sayyid Ajall Shams al-Dīn
蔡爸爸　153-157, 159-160, 384
左宗棠　66
ジーラーニー　→ Jīlānī
シャー・アウリヤー　→ Shāh Awliyā'
シャーフィイー　→ Shāfiʻī
ジャーミー　→ Jāmī
シャアラーニー　→ Shaʻrānī
舍起雲　109
舍起靈　17, 25, 32, 105-106, 109, 118-121, 125, 158-159, 330-331, 337, 365
周濂溪　125
朱元育　233, 291-293
ジュナイド　→ Junayd Baghdādī
常志美　25, 32, 55-56, 58-59, 103, 106, 109, 120, 158, 170, 335-337, 353, 356-358, 361, 363, 365-366, 374-375
スフラワルディー　→ Abū Nājib Suhrawardī もしくは Shihāb al-Dīn Suhrawardī
鮮美珍　104, 208

【た行】

ダーヤ　→ Najm al-Dīn Dāya Rāzī
大イマーム（Imām Aʻẓam）　→ Abū Ḥanīfa
タフターザーニー　→ Taftāzānī
趙燦　25, 105, 118-120, 159, 365
張少山　120
張中　29, 165-167, 169, 224, 253
張伯端　120, 233, 292-293
沈維真　104
杜文秀　62-64

【な行】

ナサフィー　→ ʻAzīz Nasafī
二程　125

【は行】

馬安禮　190
馬一龍　208
馬永和　159
馬化龍　65-66, 105
馬吉安　206-207, 221, 302-305
白彦虎　65-66
バクル　→蔡爸爸

馬君實　25
馬桂源　66
馬功　206, 212-217, 228, 230, 232
馬四　66
馬子雲　122
馬守應　20
馬如龍　62-63, 65-66, 186
馬眞吾　106, 109
馬聖麟　64
馬占鼇　66
馬大恩　30
馬注　30, 109, 115, 117, 182, 334
馬統勲　→馬功
馬道祖　→雲南馬
破衲癡　105, 119-120, 330
馬騰翼　217, 257, 327
馬德新　30-31, 60, 62-63, 65-70, 73, 100, 181-186, 188-193, 201-202, 338, 340-341, 343, 353, 379-381, 387
馬伯良　30, 331-333
馬伏海　125
馬復初　→馬德新
馬文泉　236-237
馬葆眞　36, 352-353
馬萬福　33, 172
馬明心　36, 64, 104, 221
馬明龍　25, 30, 106, 121-123, 156
馬良駿　60, 235, 384-389
馬靈明　→馬一龍
馬聯元　60, 73, 168-169, 182, 186, 192-193, 195-197, 199-202, 332-334, 338, 343-344, 353, 375, 379-380, 387
ヒドル　→ Khiḍr
馮二　120
馮通宇　108-109, 157
馮伯菴　119-120, 156
龐士謙　337, 365-366
ホージャ・アーファーク　→ Khwāja Āfāq
ホージャ・アブドゥッラー　→ Khwāja ʻAbdullāh

【ま行】

マーリク　→ Mālik
マルギーナーニー　→ Marghīnānī
ミトハト・パシャ　386
ムハンマド　→ Muḥammad
ムハンマド・イブン・アブドゥルワッハーブ　→ Muḥammad b. ʻAbd al-Wahhāb
ムハンマド・イブン・ハンバル　→ Ibn Ḥanbal
ムハンマド・シャイバーニー　→ Muḥammad Shaybānī

【や行】

ヤークーブ・ベグ　67
ユースフ・カフターニー（Yūsuf Qaḥṭānī）　154-155, 157, 159 →イエメンのアホン
楊保元　120, 205-207, 210, 217, 221, 224, 228, 230, 231, 234-235, 237, 289-293, 301, 305, 307, 319-320, 334, 379-380
余海亭　30
余浩洲　5, 29, 40, 109, 110, 113-115, 332, 378-379
余得水　208

【ら行】

藍煦　30, 122-123, 207, 302, 304-305
李永壽　109, 170
李自成　20
李定寰　25
劉一明　205, 210
劉錦棠　319
劉智　25, 29-31, 40, 56, 59, 68, 77-78, 109, 182, 201-202, 208, 217, 221, 227-228, 239-240, 378-381, 390
ルーミー　→ Rūmī
聾阿訇（聾アホン）　xiv　→祁明德
老回回　20

書名索引

【アラビア文字のローマ字表記】

Anwār al-tanzīl wa asrār al-ta'wīl（啓示の諸光と解釈の諸神秘）　349
'Aqā'id（〔ナサフィーの〕信条）　58
Arba'īn aḥādīth（〔タージュッディーンの〕40 のハディース）　58
Asās al-'ulūm（諸々の知識の基礎）　57
Ashi''a al-lama'āt（閃光の照射）　46-49, 58, 89, 106, 120, 217-218, 250-251, 253, 260
'Awāmil（語尾変化を左右するもの）　362, 366
Awwal-i 'ilm（最初の知識）　362
Bayān（修辞学）　57
Bi-dān（知れ）　361-367, 369-371, 373-376
Būstān（果樹園）　330
Chahār faṣl（四節）　166, 168, 216, 217, 242, 353
Ḍaw' al-miṣbāḥ（灯明の光輝）　57
Durr al-mukhtār（選良の真珠）　175, 196-197
al-Fawā'id al-ḍiyā'iyya（輝きの効用）　57
al-Fatāwā al-'Ālamgīriyya（世界征服者の法学見解集）　183-184
Fatāwā Qāḍīkhān（カーディーハーンの法学見解）　174
Fatḥ al-Qadīr li'l-'ājiz al-faqīr（貧しき弱者のための，万能者の開示）　198
Fiqh absaṭ　153
Fiqh akbar（大法学）　152
Gulistān（薔薇園）　58, 330-331, 360
Ḥarakāt（母音）　362
Hawā'（風）　58, 357-358, 361, 363, 365-375
Hidāya（導き）　58, 151, 174, 216-217, 250
Īqāẓ al-nā'imīn（眠り人たちの覚醒）　173
Kāfiyya（十分）　57, 362
Kanz al-'ibād（下僕たちの宝）　150, 153, 163
Khizāna al-fatāwā（法学見解の宝庫）　150, 174
Khulāṣa al-ma'rifa（霊智の要旨）　210-221, 224, 226-233, 235-236, 239, 241, 243, 252, 258, 260, 379
Khuṭab（〔イブン・ワドアーンの〕説教集）　58
Kīmiyā' al-Fārsiyya（ペルシア語の錬金術）　338, 342-343
Kitāb al-mīm wa al-wāw wa al-nūn（ミームとワーウとヌーンの書）　315
Kitāb tafṣīl al-īmān li'l-dīn al-Islāmī（〔天方〕分信篇）　168
Lama'āt（閃光）　58, 218, 259, 330
Laṭā'if（諸々の霊妙なるもの）　182
Lawā'iḥ（光芒）　46-49, 59, 217
Mabṣūt（〔サラフスィーの〕詳説）　174
Mafātīḥ（諸々の鍵）　150
Majālis al-irshādiyya（指導的集会）　173
Majmū' al-fatāwā（〔イブン・アービディーンの〕法学見解集成）　172
Majmū' al-rasā'il（〔イブン・アービディーンの〕論考集）　173
Maktūbāt（〔スィルヒンディーの〕書簡集）　173
Manṭiq al-ṭayr（鳥の言葉）　237
Maqṣad-i aqṣā（至遠の目的地）　48, 59, 65, 93, 97, 105-106, 111, 113, 126, 227-228, 241-242, 264, 305, 340-341
Maṣābīḥ al-sunna（スンナの諸灯明）　150, 176, 349
Mathnawī ma'nawī（精神的マスナウィー）　54
Mawlūd（預言者頌詩）　xv
Mi'a al-awāmil（語尾変化を左右する百の因子）→ 'Awāmil
Miftāḥ al-jinān（天国の鍵）　163-164
Miftāḥ al-'ulūm（諸学の鍵）　57
Minhāj al-ṭalab（探求の道）　58, 335, 337, 353, 355, 358, 366
Minshār（のこぎり，明沙勒）　xiv

Mirṣād al-‘ibād（下僕たちの大道） 58, 80-81, 84-85, 104-107, 111, 113-114, 116-117, 124, 212, 229-230, 240-242, 244, 247, 251-256, 258-261, 301-302, 325, 330, 340, 360, 378
Miṣbāḥ（灯明） → Miṣbāḥ fī naḥw
Miṣbāḥ fī naḥw（〔ムタッリズィーの〕文法についての灯明） 57, 366
Mishkāt al-maṣābīḥ（諸灯明の壁龕） 150, 176
Muhimmāt al-Muslimīn（ムスリム綱要） 332
Mu‘izzī（ムイッズィー） 57, 362, 365
Mukhtaṣar al-ma‘ānī（修辞学の要約） 57
Mukhtaṣar al-Qudūrī（クドゥーリーの要約） 174
Mullā Jāmī（ムッラー・ジャーミー） 57
Munājāt（秘密の語らい） 232
Mushtāq（希求者） 183, 185, 189-190, 193
al-Naṣā’iḥ al-Islāmiyya（イスラームの忠告） 341-343
Nūr al-īḍāḥ（解明の光） 153
Nuzha al-qulūb（心魂の歓喜） 353
Qur’ān（クルアーン） 54, 59, 70-73, 91, 115, 132-133, 139, 148, 248, 324, 341, 343-344, 347, 349
Radd al-muḥtār ‘alā Durr al-mukhtār（《選良の真珠》の注釈たる，迷える者への反駁） 172
Rashkh（ラシュフ） 217, 221, 353
Risāla-yi bartarī-yi zabān-i Pārsī bar zabānhā-yi dīgar ba-juz-i ‘Arabī（アラビア語以外の他言語に対する優越性についての論考） 344
Risāla fī bayān-i kayfiyya-yi ‘amal-i sulūk-i Naqshbandiyya（ナクシュバンディーヤの道における修行内容の説明についての論考） ix
Risāla-yi ṭarīqa（タリーカについての論考） 239
Rūḥ al-bayān（明証の霊魂） 257
Ṣarf（語形変化論） 57
Ṣarf-i Bahā’ī（バハーイーの語形変化論） → Bi-dān
Ṣarf-i Mīr（ミールの語形変化論） 363-365
Shāh nāma（王書） 329-330
Sharḥ al-‘Aqā’id al-Nasafiyya（ナサフィーの《信条》の注釈） 58
Sharḥ Khuṭab al-Arba‘ūn（40 の講和の注釈） 58
Sharḥ al-Laṭā’if（諸々の霊妙なるものの注釈） 182
Sharḥ al-Wiqāya（《護り》注釈） 58, 173-174, 192-193, 195, 197
Sirr al-asrār（秘中の至秘） 213, 240, 246, 259, 301-302, 304-308, 312, 319
Tadhkira al-awliyā’（聖者列伝） 149, 166
Tafsīr al-Qāḍī（カーディーのクルアーン注釈） → Anwār al-tanzīl wa asrār al-ta’wīl
Tafsīr-i Zāhidī（ザーヒディーのクルアーン注釈） 360
Talkhīṣ al-Miftāḥ（《鍵》の摘要） 57
Talkhīṣ al-tawārīkh（諸史の要約） 384, 386-387
Taqrīr Sayf al-Dīn fī radd al-Wahhābiyya（ワッハーブ派への反論におけるサイフッディーンの陳述） xiv
Ṭarīqa al-Muḥammadiyya（ムハンマドの道） 173
Taṭhīr al-i‘tiqād（信仰の浄化） 172
Tawḍīḥ（〔馬聯元の〕説明） 192-193, 195, 197
Turjumān al-ṣālāt（礼拝の翻訳者） 151, 163-164
‘Umda al-Islām（イスラームの柱） 353
‘Umda al-ri‘āya fī ḥall Sharḥ al-Wiqāya（《〈護り〉注釈》の解読のための遵守の柱） 174
Wiqāya al-riwāya（伝承の護り） 58, 195
Zanjānī（ザンジャーニー） 57, 362, 365-366

【あ行】

イスラームの忠告 → al-Naṣā’iḥ al-Islāmiyya

【か行】

開封連班擁護碑文 348, 350
覺樂經 206, 228, 230

風　→ Hawā'
華表碑記　122
漢譯道行究竟　340
希求者　→ Mushtāq
歸眞要道　29, 330, 360
吸呼解　297, 300-301
教欵捷要　331-335
クルアーン　→ Qur'ān
經學系傳譜　105-109, 118-119, 125, 128, 158
下僕たちの大道　→ Mirṣād al-'ibād
下僕たちの宝　→ Kanz al-'ibād
建修胡太師祖佳城記　22, 105, 126
岡志　106, 129, 157-159, 348-349
綱常　205-208, 214-221, 223-231, 234-237, 243, 272, 290-292, 297, 300-301, 305-309, 311, 314-316, 318-320, 334-335, 379
考證回教歴史　386-388
黄帝内經素問　224
光芒　→ Lawā'iḥ
黒白案　206-207
五更月　208
悟眞篇　120, 233, 292-293, 308, 311, 317
悟眞篇闡幽　233-234, 291-293, 296-297, 300, 307-312, 316-319
語尾変化を左右するもの　→ 'Awāmil

【さ行】

蔡爸爸墓誌銘　160
三五一解　291-293, 296-297, 300, 305, 307-309, 311-312, 316-319
ザンジャーニー　→ Zanjānī
叅同契闡幽　292
至遠の目的地　→ Maqṣad-i aqṣā
四季清　207
四庫全書總目提要　29
七篇要道　208, 235-237, 257
四典要會　30-31, 185
指南要言　182
四篇要道　29, 109, 165-166, 168, 224, 253
シャーミー　→ Radd al-muḥtār 'alā Durr al-mukhtār
修眞蒙引　29
昭元秘訣　217, 330
諸史の要約　→ Talkhīṣ al-tawārīkh
知れ　→ Bi-dān
眞功發微　29, 109-110, 113-114, 332
醒世箴　343
神秘の鉱脈（Ganj-i asrār）　305
正教眞詮　29, 80, 126, 302
清眞安樂譜　206, 217, 232
清眞奥旨　208
清眞海潮心言　206
清眞根源　207, 217
清眞根源集　228
清真寺常住碑記（納家営清真寺）　160
清眞指南　30-31, 109, 115-116, 130
性命圭旨　120
性命論　206-207, 221, 302-303
性理第五巻注釈　182
説明　→ Tawḍīḥ
閃光の照射　→ Ashi''a al-lama'āt
息戰論　387

【た行】

大清律例　188-189
探求の道　→ Minhāj al-ṭalab
中庸　91
長安禮拜寺無相記　346
朝覲途記　69, 181
趙州志　156
天国の鍵　→ Miftāḥ al-jinān
天方至聖實録　29, 78, 109
天方正學　30, 123, 165, 207, 302, 304
天方性理　29, 31, 78-81, 84-87, 91, 93-94, 96, 98, 109, 157, 182, 221, 227, 240
天方典禮　29, 31, 78, 100, 201-202, 217, 239
天方道程啓徑淺説　239
天方分信篇　→ Kitāb tafṣīl al-īmān li'l-dīn al-Islāmī

【な行】

認己醒語　30, 106, 156
納家営清真寺アラビア語碑文　146-147, 156-157, 159, 161-165, 338-339, 347-348

納之秩墓誌銘　156

【は行】
馬四爸爸傳畧　122, 156
反對新行教碑文　167
秘中の至秘　→ Sirr al-asrār
分信篇　→ Kitāb tafṣīl al-īmān li'l-dīn al-Islāmī
ペルシア語の錬金術　→ Kīmiyā' al-Fārsiyya
北荘拱北アラビア語碑文　352
本經五章譯解　182
本光道　208

【ま行】
マウラーナー・アルシッディン・ワリー伝　255
《護り》注釈　→ Sharḥ al-Wiqāya
ミールの語形変化論　→ Ṣarf-i Mīr
ムイッズィー　→ Mu'izzī
ムスリム綱要　→ Muhimmāt al-Muslimīn
銘鑑　389
明沙勒　→ Minshār
孟子　68

【や行】
四節　→ Chahār faṣl

【ら行】
來復銘　29
ラシュフ　→ Rashkh
霊智の要旨　→ Khulāṣa al-ma'rifa
礼拝の翻訳者　→ Turjumān al-ṣlāt
禮法啓愛　190
靈明上人傳略　208
連五本　57, 366
論語　68

著者略歴

中西　竜也（なかにし　たつや）

京都大学白眉センター特定助教。

京都大学大学院文学研究科博士課程研究指導認定退学。博士（文学）。専攻は東洋史学。

京都学園大学非常勤講師，京都大学大学院アジア・アフリカ地域研究研究科・日本学術振興会特別研究員（PD）を経て，現職。

主な業績

「清代の中国ムスリムにおけるペルシア語文化受容」（森本一夫 編『ペルシア語が結んだ世界 ── もうひとつのユーラシア史』北海道大学出版会，2009年）。「イスラームの「漢訳」における中国伝統思想の薫習 ── 劉智の「性」の朱子学的側面 ── 」（堀池信夫編『知のユーラシア』明治書院，2011年）。「中国民間所蔵ペルシア語スーフィズム文献『霊智の要旨』── 内丹道教と対話する漢語イスラーム文献『綱常』の一原典 ── 」（窪田順平編『ユーラシアの東西を眺める ── 歴史学と環境学の間 ── 』総合地球環境学研究所，2012年）。

（プリミエ・コレクション　37）

中華と対話するイスラーム

── 17-19世紀中国ムスリムの思想的営為

2013年3月31日　初版第一刷発行

2013年12月10日　初版第二刷発行

著　者　　中　西　竜　也

発行人　　檜　山　爲次郎

発行所　京都大学学術出版会

京都市左京区吉田近衛町69番地

京都大学吉田南構内（〒606-8315）

電　話（075）761-6182

FAX（075）761-6190

Home page http://www.kyoto-up.or.jp

振　替　01000-8-64677

ISBN 978-4-87698-273-8

Printed in Japan

印刷・製本　㈱クイックス

装幀　森　華

定価はカバーに表示してあります